I0125492

TRAITÉ

DE

FORTIFICATION.

COMPRENANT

LA FORTIFICATION PASSAGÈRE, LA CASTRAMÉTATION
LA FORTIFICATION PERMANENTE
L'ATTAQUE ET LA DÉFENSE DES PLACES FORTES

Rédigé d'après le programme adopté à l'Ecole impériale spéciale militaire de Saint-Cyr

PAR

A. RATHEAU

CAPITAINE DU GÉNIE

Ancien élève de l'Ecole polytechnique, ancien professeur de fortification
à l'Ecole militaire de Saint-Cyr

—

OUVRAGE SOUMIS A L'EXAMEN DE S. EXC. LE MARÉCHAL VAILLANT

MINISTRE DE LA GUERRE

—

TEXTE

—

PARIS

CH. TANERA, ÉDITEUR

LIBRAIRIE POUR L'ART MILITAIRE, LES SCIENCES ET LES ARTS

Quai des Augustins, 27

1858

TRAITÉ

DE

FORTIFICATION

V

50488

（c.）

TRAITÉ

DE

FORTIFICATION

COMPRENANT

LA FORTIFICATION PASSAGÈRE, LA CASTRAMÉTATION
LA FORTIFICATION PERMANENTE
L'ATTAQUE ET LA DÉFENSE DES PLACES FORTES

Rédigé d'après le programme adopté à l'Ecole impériale spéciale militaire de Saint-Cyr

PAR

A. RATHEAU

CAPITAINE DU GÉNIE

Ancien élève de l'École polytechnique, ancien professeur de fortification
à l'École militaire de Saint-Cyr

—

OUVRAGE SOUMIS A L'EXAMEN DE S. EXC. LE MARÉCHAL VAILLANT
MINISTRE DE LA GUERRE

—

TEXTE

—

PARIS

CH. TANERA, ÉDITEUR

LIBRAIRIE POUR L'ART MILITAIRE, LES SCIENCES ET LES ARTS
Quai des Augustins, 27

—

1858

Droits de traduction et de reproduction réservés.

PRÉFACE

—

Cet ouvrage a été composé pendant que nous étions professeur à l'École de Saint-Cyr, et nous nous sommes peu écarté dans sa rédaction du programme adopté dans cette École pour l'enseignement de la fortification. Il est spécialement destiné aux officiers d'infanterie et de cavalerie, et à ceux de l'artillerie et du génie qui n'ont point suivi les cours de l'École d'application à Metz. Ce n'est donc ni un ouvrage savant, ni un traité tout à fait élémentaire, et nous avons cherché à nous maintenir entre ces deux extrêmes.

La fortification passagère est traitée avec assez de développements; dans la deuxième partie, nous avons cru devoir supprimer toutes les constructions de détail et nous borner à la nomenclature des ouvrages de fortification permanente, à leur tracé général et à l'appréciation de leur valeur; la troisième partie, qui traite de l'attaque et de la défense des places, a plus d'étendue, parce que les officiers d'un grade inférieur ont souvent une grande initiative dans ces opérations; il est donc important qu'ils n'en ignorent aucun détail.

Ce traité a été soumis à l'examen de S. Exc. le maréchal Vaillant, ministre de la guerre. Nous avons accueilli avec empressement et reconnaissance ses bienveillantes observations, ainsi que celles de M. le général Charon, président du comité des fortifications; elles nous ont guidé dans la révision de notre travail.

Puisse cet ouvrage contribuer à répandre parmi les officiers la connaissance d'une partie très-importante et trop souvent négligée de l'art de la guerre ! c'est le vœu le plus ardent de son auteur.

A. RATHEAU,

Capitaine du génie.

———

INTRODUCTION.

—

La science de la guerre est tellement vaste, elle embrasse tant de connaissances diverses, qu'il a fallu la diviser en plusieurs sections, dont chacune est assez importante pour occuper des hommes spéciaux.

Néanmoins, il est nécessaire que tous les officiers puissent en saisir l'ensemble, et par suite qu'ils connaissent au moins les éléments des différentes branches de cette science. Cet ouvrage est destiné à offrir aux officiers d'infanterie et de cavalerie les notions de fortification dont ils peuvent avoir besoin dans le cours de leur carrière militaire. L'auteur a suivi, à peu de chose près, le programme de l'enseignement donné à l'École de Saint-Cyr.

De toutes les définitions que l'on peut donner de la fortification, la plus générale et en même temps la plus juste est certainement la suivante :

La fortification est l'art d'organiser une position de telle sorte que le corps qui l'occupe puisse y résister sans désavantage à un corps de troupes plus considérable.

On voit de suite que cette science est d'un usage constant à la guerre, que l'on soit sur la défensive ou que l'on ait au contraire pris l'offensive. Dans le premier cas, la nécessité de la fortification est évidente, car l'état défensif implique presque toujours une infériorité à laquelle on ne peut remédier qu'en se fortifiant. Mais quand on prend l'offensive, ne faut-il pas protéger ses magasins et sa base d'opérations? Ne faut-il pas jalonner par de petits postes mis à l'abri d'une surprise, une ligne un peu trop étendue? C'est à la fortification qu'il en faudra demander les moyens. Et, à la veille même d'une bataille, ne conviendra-t-il pas souvent de renforcer le point sur lequel on prévoit que se porteront les efforts de l'ennemi? C'est encore à la science de l'ingénieur qu'il faudra s'adresser.

Cette rapide esquisse donne une idée des services que peut rendre la fortification et fait voir combien l'étude en est indispensable pour les officiers de toutes armes. Mais, dira-t-on peut-être, c'est aux officiers chargés spécialement de l'étude de cette science, c'est aux ingénieurs militaires à indiquer les travaux qu'il convient de faire et à diriger leur exécution. Cela peut être vrai jusqu'à un certain point; mais encore faut-il que le général puisse juger par lui-même de l'ensemble des travaux à exécuter. En outre, pour l'attaque et la défense, il importe de connaître les propriétés des différents ouvrages. Souvent, d'ailleurs, un commandant de détachement est livré à lui-même et obligé d'organiser les défenses sans le secours d'officiers spéciaux.

Puisque la fortification a pour but de permettre à une troupe de se maintenir dans une position malgré les efforts d'assaillants supérieurs en nombre, les moyens qu'elle pourra employer dépendront évidemment de la nature des attaques que les défenseurs auront à craindre. Dans l'état actuel de l'art de la guerre, ces attaques sont de deux sortes : l'assaillant cherche d'abord à atteindre le défenseur au moyen de projectiles qui diminuent sa force numérique déjà inférieure, ruinent ses moyens de défense et affaiblissent son moral; ensuite il vient l'attaquer corps à corps pour le chasser définitivement de la position. De là il résulte que toute fortification pour être complète doit réunir les deux propriétés suivantes : 1° abriter le défenseur et ses moyens de défense contre les projectiles ennemis; 2° présenter en avant de la position des obstacles tels qu'ils arrêtent l'assaillant, le maintiennent aussi longtemps que possible sous les feux du défenseur et rendent plus égales les chances d'un engagement à l'arme blanche.

Les obstacles opposés à l'assaillant ou à ses projectiles prennent le nom de *fortifications*, on peut les rencontrer dans la nature, ou les créer par le travail. De là deux grandes divisions dans la fortification : la *fortification naturelle* et la *fortification artificielle*.

La nature offre rarement le premier genre d'obstacles dont nous avons parlé, celui destiné à arrêter les projectiles de l'ennemi; mais en revanche elle peut en offrir de nombreux à sa marche : ainsi une rivière que l'on met entre soi et l'ennemi devient une fortification naturelle; il en est de même d'un ravin profond, d'un escarpement de roc, d'un marécage infranchissable, de bois plus ou moins épais; la mer est une fortification naturelle donnée à un Etat dont elle vient baigner les côtes.

La stratégie et la tactique font jouer un très-grand rôle à ces fortifications naturelles; mais l'ingénieur ne les emploie jamais seules; il les combine avec les fortifications artificielles pour donner à la position fortifiée toute la valeur possible.

La fortification artificielle ou créée par la main des hommes porte plus simplement et d'une manière toute spéciale le nom de *fortification*. Elle se subdivise en *fortification passagère* et *fortification permanente*, suivant le but qu'elle se propose d'atteindre.

Quand une position, par son emplacement géographique et topographique ou par les richesses qu'elle renferme, est d'une importance constante, on l'entoure de fortifications permanentes. Ce sera par exemple une ville frontière commandant des débouchés et des routes conduisant au cœur du pays et renfermant des établissements militaires considérables, ou bien un grand port militaire dont il faut mettre les approvisionnements à l'abri de toute attaque de l'ennemi : ce sera une capitale dont la perte entraînerait peut-être celle du pays, ou simplement une position isolée dans la montagne, barrant une gorge au fond de laquelle serpente la seule route qui permette l'entrée de l'ennemi.

Alors les travaux de défense à exécuter sont étudiés longtemps à l'avance ; on les construit pendant les loisirs de la
paix, en employant toutes les ressources qu'offre l'art des
ingénieurs et celui des constructeurs ; on fait entrer comme
matières premières dans ces constructions, la terre, le bois,
la pierre, le fer, et l'on crée ainsi des *places fortes*, véritables sentinelles d'un état, le couvrant contre les incursions
subites de l'ennemi, et qui mettent à l'abri la richesse générale et les richesses privées.

S'agit-il au contraire de fortifier un point dont l'importance
momentanée dépend de la position respective des armées
belligérantes ? faut-il couvrir un dépôt provisoire de vivres
et de munitions, défendre des ponts militaires, renforcer
son front au moment d'une bataille ? alors on ne dispose que
d'un temps très-court et de moyens très-restreints ; il faut
agir vite avec les hommes, les outils et les matériaux que
l'on a sous la main : la terre, quelquefois le bois, seront les
seules matières premières à employer, et les soldats les seuls
ouvriers. On aura construit de la fortification passagère.

Si nous cherchons maintenant quelle différence existe entre les ouvrages de la fortification permanente et ceux de la
fortification passagère, nous reconnaîtrons qu'il n'y a pas de
limite tranchée ; un ouvrage accessoire de la première pourra
être moins fort qu'un ouvrage principal de la seconde. Cette
différence ne consiste pas dans la nature des ouvrages, mais
dans celle de la position à défendre, suivant qu'elle est d'une
importance constante ou momentanée ; de plus, le degré de
force de la fortification permanente est connu à l'avance et
déterminé d'après l'importance du point fortifié ; dans la

fortification passagère, il dépend surtout du temps et du nombre d'ouvriers que l'on a à sa disposition.

Les deux premières parties de cet ouvrage traiteront successivement de la fortification passagère et de la fortification permanente; nous nous étendrons davantage sur la première, plus utile pour les officiers d'infanterie et de cavalerie et plus immédiatement applicable à leur service. Nous y avons rattaché les règles de la castramétation et la construction de tous les accessoires du campement, ces travaux étant habituellement exécutés par les troupes. Nous insisterons moins sur la fortification permanente que les officiers n'ont point à construire, mais dont ils ont seulement besoin de connaître les propriétés défensives.

La troisième partie comprend les règles de l'attaque et de la défense des places fortes. L'attaque et la défense des ouvrages de campagne n'offrent jamais rien de bien particuculier; ce sont presque les épisodes d'un jour de bataille, quelques heures suffisent pour ces opérations. Il n'en est pas de même pour les places fortes : construites en matériaux résistants, organisées longtemps à l'avance pour présenter à l'ennemi des obstacles infranchissables, armées d'une formidable artillerie, elles ne succombent qu'après des semaines, des mois de travaux particuliers, longs et pénibles, soumis à certaines règles dont la description fera l'objet de la troisième partie. Les travaux, qui s'exécutent comme ceux de la fortification passagère en terre et en bois, sont élevés par les soldats des différents corps de l'armée, dirigés, il est vrai, par les officiers du génie, mais toujours commandés par leurs officiers, qui doivent par conséquent être parfaitement au courant de ce qu'il y a à faire et connaître les règles de l'attaque. Celles de la défense ne sont pas moins importantes pour eux, puisqu'ils commandent presque toujours dans les places assiégées, et que, même en sous-ordre, ils peuvent à chaque instant être mis à la tête de la défense de quelque partie de la fortification. Aussi avons-nous traité cette troisième partie avec plus de détails que la seconde.

PREMIÈRE PARTIE.

—

FORTIFICATION PASSAGÈRE.

PREMIÈRE PARTIE.

FORTIFICATION PASSAGÈRE.

———

CHAPITRE PREMIER.

DÉFINITIONS. — PROFIL. — NOMENCLATURE ET DISCUSSION DU PROFIL.

———

La fortification passagère est l'art d'organiser une position d'une importance momentanée, de manière qu'elle puisse être défendue par des forces inférieures aux forces assaillantes, en tenant compte d'ailleurs, dans cette organisation, du temps et des moyens restreints dont on peut disposer. Les ouvrages exécutés reçoivent en général le nom de *retranchements*.

Toute fortification doit réunir, pour être complète, les deux conditions suivantes : en premier lieu, intercepter les projectiles de l'assaillant ; en second lieu, arrêter l'assaillant lui-même, et l'empêcher d'arriver jusqu'au défenseur pour l'attaquer à l'arme blanche.

Voici comment on obtient ces résultats :

On creuse un fossé suffisamment large et profond, qui doit servir d'obstacle à l'assaillant pour l'empêcher d'arriver jusqu'au défenseur ; les terres tirées du fossé et rejetées vers l'intérieur forment une masse couvrante d'une certaine épaisseur, destinée à arrêter les projectiles, et qui a de plus la propriété d'augmenter l'obstacle. Cette masse couvrante porte le nom de *parapet*.

Ainsi donc un *parapet*, un *fossé* en avant forment un retranchement complet. La portion de terre excavée se nomme le *déblai ;* le parapet porte le nom de *remblai*. Le déblai comme le remblai doivent avoir des formes nettement définies, tant pour la facilité des constructions que pour remplir les conditions d'une bonne défense. On les limite habituellement par des surfaces planes auxquelles on donne le nom de *talus* quand elles sont inclinées. Un retranchement prend le nom d'*ouvrage de fortification*, ou plus simplement d'*ouvrage*.

L'ensemble du parapet et du fossé prolongés en ligne droite sur une certaine longueur forment une *face* d'ouvrage. Un ouvrage est en général formé de plusieurs faces faisant entre elles des angles différents. Ces angles sont *saillants* si leurs sommets sont tournés vers l'extérieur ; on dit alors que les deux faces forment un *saillant* de l'ouvrage : si le sommet est au contraire tourné vers l'intérieur, les deux faces forment entre elles un angle *rentrant*, ou plus simplement un *rentrant* de l'ouvrage.

Lorsque le retranchement est construit sur un terrain horizontal indéfiniment prolongé, et c'est ce que nous supposerons toujours dans les premiers chapitres, la hauteur générale du parapet au dessus du sol, de laquelle dépend la sécurité du défenseur, est constante (1), et il n'y a aucune

---

(1) Ce n'est pas toujours vrai, et en terrain horizontal on incline quelquefois les crêtes pour diminuer les effets du tir à ricochet.

raison pour changer la largeur ni la profondeur du fossé. Il en résulte qu'en tous les points du développement d'une face le retranchement doit avoir la même forme ; l'intersection de cette face par un plan vertical perpendiculaire à sa direction générale est donc une figure constante en quelque point que ce plan soit mené, et cette figure donne la forme de l'ouvrage : elle porte le nom de *profil droit*. Le profil serait *oblique* si le plan, tout en restant vertical, n'était pas perpendiculaire à la direction générale de la face. Enfin, on le nommerait *profil en talus*, s'il n'était pas vertical, quelle que fût d'ailleurs sa direction par rapport à celle de la face de l'ouvrage.

La connaissance du profil droit entraîne donc la connaissance de la forme générale de l'ouvrage, quand cette forme est constante en ses différents points. Chaque partie, déblai ou remblai, peut être considérée comme un prisme à arêtes horizontales, engendré par la surface du profil se mouvant parallèlement à elle-même, suivant la direction générale de la face ; le profil est une section droite du prisme.

La figure 1 de la planche 1re donne la forme générale d'un profil droit. ABCDEF est le remblai ou parapet ; GHLM est le déblai ou le fossé ; AM est la ligne du sol horizontal. Nous allons donner la nomenclature des différentes parties du profil, et nous indiquerons en même temps les dimensions ou les pentes de ces mêmes parties, en commençant par le remblai.

Le point D est l'intersection du plan de profil avec l'arête la plus élevée du prisme de remblai. Cette arête, que l'on appelle *crête intérieure*, a reçu aussi le nom de *ligne de feu*, parce que les défenseurs font feu par dessus. C'est la ligne la plus élevée de la fortification, celle qui abrite les défenseurs contre les projectiles. Sa hauteur au dessus du sol dépend donc de l'élévation de l'objet à couvrir et de celle que l'assaillant peut donner à son arme ; or, on admet qu'un fantassin en épaulant ne porte pas son arme à une hauteur supérieure à 1ᵐ,50, et un cavalier à 2ᵐ,00 au plus; on admet aussi qu'il suffit, pour que les fantassins soient couverts, que les projectiles passent à 2ᵐ,00 au dessus du sol, et à 2ᵐ,50 pour couvrir des cavaliers. Il résulte de là que le minimum de hauteur de la crête intérieure au dessus du sol sera de 2ᵐ,00 pour couvrir l'infanterie, et de 2ᵐ,50 pour couvrir la cavalerie. Ce sont les deux hauteurs que l'on adopte en terrain horizontal.

En avant de la crête intérieure est un talus DE auquel on donne le nom de *plongée*, sur lequel les fusiliers appuient leurs armes pour diriger le tir. Il doit être assez incliné pour que les projectiles du défenseur arrivent au plus à 0ᵐ,50 au dessus du point M, bord extérieur du fossé; cependant on a dû limiter sa pente à 4 de base pour 1 de hauteur, afin de ne pas trop diminuer l'angle formé par la plongée et le talus en arrière; sans cette précaution, un projectile frappant la plongée n'éprouverait pas une résistance suffisante.

En avant de la plongée se trouve un talus EF, suivant lequel se soutiennent les terres du parapet, et auquel on donne le nom de *talus extérieur*. Ce talus doit être assez doux pour ne pas trop se dégrader sous l'action des projectiles ennemis qui viendront s'y arrêter, et cependant suffisamment raide pour offrir un obstacle à l'assaillant lorsqu'il voudra le gravir. Or, on a remarqué que les terres ameublies se soutenaient toujours pour la même qualité sous le même talus, nommé *talus naturel des terres*. C'est la pente que l'on donne au talus extérieur; si on le tenait plus doux, l'escalade serait trop facile, et si on le raidissait davantage, il faudrait employer, pour le soutenir, des moyens artificiels qui seraient facilement détruits par l'artillerie ennemie, les terres reprendraient leur pente naturelle, et l'obstacle opposé aux projectiles ne serait plus suffisant. Le talus naturel des terres moyennes est de 1 de base pour 1 de hauteur; il est plus raide pour les terres fortes, plus doux pour les terres légères ou sablonneuses.

L'arête d'intersection des deux plans de plongée et de talus extérieur représentée au profil par le point E, se nomme la *crête extérieure*.

L'*épaisseur du parapet* est la distance *d e* comprise entre les deux plans verticaux, passant par les deux crêtes intérieure et extérieure. Elle est constante pour une même face.

Il faut faire varier l'épaisseur des parapets suivant la nature des projectiles employés par l'assaillant; la table suivante donne l'épaisseur suffisante pour résister aux projectiles indiqués en regard, projectiles tirés avec la charge ordinaire et à 25^m,00 de distance.

Boulet de 12......................	3^m,30
Boulet de 8.......................	2^m,80
Obus de 0^m,16...................	2^m,70
Obus de 0^m,15...................	2^m,30
Obus de 0^m,12...................	1^m,40
Balles d'infanterie...............	0^m,50

La terre est supposée d'une nature moyenne.

Pour que les défenseurs puissent faire feu par dessus la crête intérieure et suivant la pente de la plongée, ils monteront sur la *banquette* BC qui est horizontale, et dont la largeur dépend du nombre de rangs de défenseurs que l'on veut y placer; on lui donne 0^m,80 pour un seul rang, et 1^m,20 pour deux rangs. Comme on ne peut exécuter le feu de trois rangs, il est inutile de donner une plus grande largeur à la banquette.

Pour que les hommes, même de petite taille, puissent tirer par dessus la crête intérieure, la banquette doit être à 1^m,30 en contre-bas de celle-ci.

Entre la crête intérieure et la banquette, pour soutenir le parapet, existe un talus CD nommé *talus intérieur*. On doit le raidir autant que possible, pour que l'homme monté sur la banquette soit moins éloigné du point où il appuie son arme, et soit par suite mieux couvert. On lui donne la pente de 1 de base pour 3 de hauteur. Il faut, pour soutenir les terres, employer des moyens artificiels dont nous parlerons plus tard.

Enfin, pour que l'homme puisse facilement arriver sur la banquette, on construit un *talus de banquette*, AB, à pente douce (2 de base pour 1 de hauteur).

En arrière du talus de banquette est le *terre-plein* de l'ouvrage.

Une petite bande de terrain, nommée *berme*, FG, sépare le fossé du parapet. La berme a pour objet, en premier lieu, de reculer la masse du parapet de manière que son poids ne fasse pas ébouler les terres du fossé; en second lieu, de faciliter la construction de l'ouvrage en recevant d'abord les terres sorties du fossé, qui sont ensuite rejetées à la pelle sur le parapet. La largeur de la berme varie, suivant les terres fortes ou légères, de $0^m,30$ à $1^m,00$.

Le fossé se compose de trois parties distinctes : la première, GH, est le *talus d'escarpe*, ou plus simplement l'escarpe. Le talus doit être raidi autant que possible pour présenter un obstacle à l'assaillant; on tient sa base gH égale aux deux tiers de celle qu'aurait le talus naturel des terres pour une même hauteur Gg.

Le *fond du fossé* HL est habituellement horizontal, à moins qu'il ne soit très-humide et qu'on ne veuille y faire des disposition défensives, auquel cas on peut donner une légère pente vers l'extérieur pour rejeter les eaux de ce côté.

Le talus LM opposé à l'escarpe porte le nom de *contrescarpe*. On le tient aussi raide que possible pour rendre le franchissement du fossé plus difficile; sa base Lm est égale à la moitié de celle du talus naturel des terres pour la même hauteur Mm. Le talus de contrescarpe est donc tenu plus raide que celui d'escarpe, parce que celui-ci supporte la surcharge provenant de la masse du parapet, diminuée, mais non complétement annihilée par la présence de la berme.

La *largeur du fossé* GM se compte toujours à la partie

supérieure ; elle ne peut être moindre que 4^m,00 ; sans cela l'ennemi pourrait la franchir avec des planches ou des madriers qu'il apporterait avec lui. Ce minimum est habituellement dépassé pour satisfaire à d'autres conditions dont nous parlerons plus loin.

La *profondeur du fossé* Hh a aussi certaines limites : elle ne peut être moindre que 2^m,00, le fossé serait un obstacle trop aisé à franchir ; si elle dépassait 4^m,00, il y aurait trop de difficultés pour faire arriver les terres du fond du fossé sur la berme.

Dans le profil de la figure 1, on a supposé que le coup de feu rasant la plongée venait passer au plus à 0^m,50 au-dessus du sommet de la contrescarpe ; on dit alors que ce sommet est battu à 0^m,50 près. Mais il pourrait arriver que, même en donnant à la plongée la pente maximum de 4 de base pour 1 de hauteur, le bord de la contrescarpe ne fût pas battu à 0^m,50 près, et arrivés à ce point les assaillants échapperaient en partie aux coups des défenseurs. Pour éviter ce défaut, on élève, en avant de la contrescarpe, un petit remblai M No (PL. I, *fig. 2*), auquel on donne le nom de *glacis*. A l'intérieur les terres sont soutenues par un talus MN incliné au talus naturel des terres ; puis vient le *plan de glacis* No, qui est ordinairement parallèle à la plongée et à 0^m,50 au-dessous, de sorte qu'il est battu à 0^m,50 près.

Tel est le profil ordinaire de la fortification passagère, présentant les deux conditions dont nous avons parlé plus haut, d'arrêter l'ennemi par un fossé, et ses projectiles par une masse couvrante, sans cependant gêner les feux du défenseur. Nous verrons plus tard que l'on peut arriver à d'autres formes présentant peut-être à un degré moindre les deux conditions de bonne défense dont nous avons parlé, mais compensant ce défaut par une beaucoup plus grande rapidité d'exécution.

Quel que soit au reste le profil adopté, toutes les dimensions en sont réglées, soit par des considérations militaires, soit par des considérations de facilité de construction. Dans celui dont nous venons de donner la nomenclature, les hauteurs et les pentes sont variables, à l'exception des pentes des talus intérieur et de banquette, et de la différence de niveau entre la banquette et la crête intérieure.

CHAPITRE II.

NOTIONS SUR LA REPRÉSENTATION GRAPHIQUE
DE LA FORTIFICATION.

—

D'APRÈS ce que nous avons dit précédemment, on peut considérer une face d'ouvrage en terrain horizontal comme engendrée par le plan de profil se mouvant parallèlement à lui-même, suivant la direction de la face. Il en résulte que la connaissance de la crête intérieure, c'est-à-dire de la ligne la plus importante de la fortification, jointe à celle du profil, suffit pour déterminer la face. On pourrait donc à la rigueur, pour une fortification en ligne droite, se contenter de ces données; mais d'abord on a souvent besoin d'avoir un dessin complet de la fortification, et d'un autre côté, quand le retranchement se compose de lignes brisées, pour connaître les arêtes de rencontre des différents talus, il est nécessaire de recourir à la *géométrie descriptive*.

Les surfaces de la fortification sont habituellement des plans, quelquefois des surfaces coniques. Les procédés ordinaires de la géométrie descriptive dans lesquels on se sert de deux plans de proportion, pourraient donc être suivis pour représenter ces surfaces; mais on éprouverait dans la pratique de grandes difficultés. En effet, les projections sur le plan horizontal donneraient bien la forme générale de l'ou-

vrage ; mais les arêtes homologues des différentes faces étant
à des hauteurs sinon les mêmes, du moins très-peu différentes, la projection sur le plan vertical offrirait une grande
complication de lignes. Or, en y réfléchissant un peu, on voit
facilement que la projection verticale est surtout destinée
dans ce cas à donner les hauteurs des différents points au-
dessus d'un certain plan horizontal (ce sera quelquefois le
sol), nommé *plan de comparaison*, et qu'elle n'offre que
peu de notions sur les formes générales de l'ouvrage, bien
accusées d'ailleurs sur le plan horizontal de projection. Si
donc on conserve seulement le plan de projection horizontal
en écrivant à côté des différents points leurs hauteurs au-
dessus du plan de comparaison ou leurs *cotes*, on pourra
supprimer le plan de projection vertical. Ce mode de description a reçu le nom de *méthode des plans cotés*.

Nous n'avons pas l'intention de faire ici un traité des plans
cotés, mais nous croyons utile de donner une idée générale
de cette méthode et de rappeler ensuite en peu de mots les
problèmes simples qui se présentent constamment dans le
dessin de la fortification. Ce que nous dirons pourra suffire
pour les cas ordinaires, et si l'on voulait s'initier davantage
à la pratique de ce mode de représentation des surfaces, si
commode et si général en même temps, il faudrait avoir
recours à un ouvrage spécial.

Un point est représenté par sa projection sur le plan
horizontal, et par sa cote ou sa hauteur au-dessus de ce
plan.

Une droite est complétement déterminée par les projections de deux de ses points accompagnées de leurs cotes. Les
deux points sont habituellement joints et donnent la projection de la droite.

Un plan peut être représenté par les projections de trois
de ses points, jointes entre elles et cotées. Quand la surface
plane est limitée par des droites, leurs projections et les
cotes de leurs extrémités déterminent le plan. Presque tou-

jours pour donner une idée plus complète de sa pente, on ajoute la projection de ses horizontales à cotes entières, c'est-à-dire des intersections de ce plan par d'autres plans horizontaux, équidistants et situés à des cotes entières ; ces horizontales et leurs projections sont équidistantes, et on les termine aux lignes qui limitent le plan. Si celui-ci ne fait point partie des surfaces à représenter, mais qu'il soit nécessaire pour les constructions, on encombrerait la figure en conservant toutes les horizontales ; on mène alors une droite perpendiculaire à ces horizontales qui la partagent en parties égales. Cette droite est la projection de la ligne de plus grande pente du plan, c'est-à-dire celle qui fait le plus grand angle avec le plan horizontal : il est facile de voir qu'elle suffit à elle seule, quand elle est cotée, pour déterminer le plan dont elle est l'*échelle de pente*.

Les surfaces courbes employées dans la fortification sont presque entièrement cylindriques ou coniques ; on pourrait les définir par leur mode de génération. Mais il est plus simple et surtout plus conforme à ce que nous avons fait pour les plans, de les représenter par leurs intersections avec des plans horizontaux équidistants et à cotes entières ; ces intersections sont tracées dans la limite de l'existence des surfaces, et seront des arcs de cercle toutes les fois que les axes des cônes ou des cylindres seront verticaux, ce qui arrive le plus ordinairement.

Enfin, en suivant la même méthode, le terrain régulier ou non sur lequel est établie la fortication sera représenté, comme en topographie, par des courbes horizontales qui sont les intersections de ce terrain, par des plans horizontaux successifs, équidistants et habituellement à cotes entières.

De cette manière, toutes les surfaces existantes, quelle que soit leur génération, auront un même mode de description graphique. Des coupes ou des profils sont d'ailleurs souvent ajoutés à ces plans, pour en rendre l'intelligence plus facile.

Nous allons examiner successivement les problèmes qui

sont du plus fréquent usage dans le dessin de la fortification :

1° Trouver la rencontre de deux plans :

Il suffit pour cela de joindre les points de rencontre des horizontales à même cote, qui sont sur une même ligne droite, comme l'indique la théorie des parallèles.

2° Trouver l'intersection d'une droite et d'un plan :

Si la droite donnée est horizontale, on cherche dans le plan une horizontale à même cote, et son intersection avec la droite donnée est le point cherché ;

Si la droite est inclinée, par ses points de division à cotes entières on mène une série de droites parallèles qui peuvent être considérées comme les horizontales d'un plan auxiliaire passant par la droite donnée ; on cherche l'intersection de ce plan avec le plan donné, et le point de rencontre de cette intersection et de la droite est le point cherché.

3° Par une horizontale donnée mener un plan ayant une inclinaison donnée :

L'inclinaison du plan, donnée par le rapport de la base à la hauteur, est mesurée suivant la plus grande pente, c'est-à-dire perpendiculairement à la direction des horizontales. Il en résulte que la distance d'une horizontale quelconque à celle qui est donnée s'obtiendra en multipliant le rapport donné pour la pente, par la différence de niveau des deux horizontales. On peut donc construire successivement toutes les horizontales du plan, et par suite son échelle de pente.

4° Par une droite inclinée mener un plan ayant une inclinaison donnée :

Soit AB (PL. I, *fig. 3*) la droite donnée, cotée au moins en deux de ses points. Le point 7 peut être considéré comme le sommet d'un cône à axe vertical, dont les arêtes ont la même inclinaison que celle du plan cherché, soit 2 de base pour 3 de hauteur. Le plan sera tangent au cône ; or, si on coupe ces deux surfaces par un même plan horizontal coté 3 par exemple, la section faite dans le cône sera un cercle ayant pour rayon les deux tiers de la différence de niveau entre cette section et le sommet du cône ; la section du plan tangent sera une horizontale de ce plan, passant par le point coté 3 de la ligne A B, et on pourra la construire, car on sait qu'elle est tangente au cercle base du cône. Le plan cherché est alors déterminé, car on en connaît une horizontale et une autre droite. Parmi les deux solutions, on choisit celle qui convient à la question.

On pourrait demander de construire une horizontale, à une cote donnée, 5 par exemple. On considère alors les deux points 3 et 7 comme les sommets de deux cônes dont les arêtes ont l'inclinaison du plan cherché. Les intersections de ces deux cônes par le plan horizontal coté 5, sont deux arcs de cercle décrits de leurs sommets, comme centre avec un rayon égal aux $\frac{2}{3}$ de la différence de niveau qui existe entre les sommets et ce plan. La tangente aux deux cercles passant par le point coté 5, sera l'horizontale du plan cherché, qu'il est alors facile de déterminer complétement. Il faudra encore choisir entre les deux solutions.

Telles sont les questions qui se présentent le plus souvent dans la pratique.

D'après les considérations précédentes, nous allons indiquer comment on construit le plan d'une ou de plusieurs faces d'ouvrage.

Si on considère d'abord une portion de parapet en ligne droite, située sur un plan horizontal et ayant sa ligne de feu aussi horizontale, il est facile de voir que les deux crêtes intérieure et extérieure sont parallèles dans l'espace et par suite sur le plan de projection : d'abord elles sont dans deux plans verticaux parallèles, à cause de l'égalité d'épaisseur du parapet, et elles représentent en outre l'intersection de ces deux plans par un troisième, le plan de plongée. Ainsi la crête extérieure est horizontale et parallèle à la crête intérieure. Le pied du talus extérieur et la crête extérieure sont deux horizontales du même plan ; elles sont donc parallèles.

On ferait le même raisonnement pour prouver que toutes les autres lignes du déblai ou remblai sont parallèles entre elles. La distance de l'une à l'autre est donnée par le profil droit.

Si deux faces d'ouvrage se rencontrent en formant un angle saillant ou rentrant, il est facile de déterminer l'intersection des différents plans, en supposant les crêtes intérieures à la même hauteur et les parapets de même épaisseur. Toutes les arêtes homologues sont à la même hauteur et se rencontrent deux à deux, suivant la bissectrice de l'angle des deux faces. (PL. I, *fig. 4.*)

On termine une face d'ouvrage par un profil en talus, auquel on donne souvent la pente du talus naturel des terres; si on le tient plus raide, on empêche les éboulements par des moyens artificiels dont nous parlerons plus loin.

Voici comment on construit ce plan (PL. I, *fig. 4*) : soit A l'extrémité de la crête intérieure d'une face cotée 7,50, le sol étant coté 5. La direction cd de la trace sur le sol du plan de profil en talus est donnée; elle est souvent perpendiculaire à la crête. Cherchons d'abord cette trace; sa direction étant connue, il suffit de trouver à quelle distance elle se trouve du point A. Or, si la pente du talus est de 5 de base pour 4 de hauteur, par exemple, la distance cherchée sera les $\frac{5}{4}$ de 2ᵐ,50. Avec cette grandeur pour rayon décrivez du point A comme centre un arc de cercle, menez lui une tangente parallèle à cd, ce sera la trace cherchée, limitée aux pieds des talus extérieur et de banquette en C et en D. Cherchons l'intersection de ce plan avec ceux qui limitent la surface, et d'abord avec la crête extérieure cotée 7. L'horizontale 7 du profil en talus est parallèle à sa trace, à une distance égale aux $\frac{5}{4}$ de 2. Son intersection avec la crête extérieure en B donnera le point cherché, qu'il suffira de joindre avec les points A et C pour avoir l'intersection des plans de plongée et de talus extérieur avec le profil en talus.

La banquette est à 1^m,20 au-dessus du sol, et son intersection EF avec le plan de profil en talus est l'horizontale 6,20, située à une distance de la trace égale aux $\frac{1}{4}$ de 1,20. Puis, pour avoir les intersections du profil en talus avec les talus intérieur et de banquette, il suffit de joindre AF et DE.

Ordinairement la trace supérieure du plan en talus qui limite le fossé est dans le prolongement de la trace de celui qui limite le parapet. Etant donnée l'inclinaison de ce plan, on le construit d'une manière analogue.

Les profils droits ou obliques se construisent aussi très-facilement quand on connaît le plan de l'ouvrage. On mène d'abord la trace du profil GS sur le plan; puis sur une droite horizontale représentant cette trace (Pl. I, *fig. 5*), on place successivement les points G, *h, i, l*, M. N, *o, p*, Q, en prenant les distances qui les séparent sur le plan. Par ces points on élève des verticales dont la hauteur est donnée par les cotes des arêtes correspondantes sur le plan, et il n'y a plus qu'à joindre leurs extrémités.

CHAPITRE III.

—

Un retranchement se compose le plus habituellement d'un parapet, et d'un fossé. Nous avons donné la nomenclature de leurs différentes parties et les limites auxquelles elles sont assujetties. Il importe maintenant d'étudier les propriétés appartenant aux faces d'ouvrage prises isolément ou réunies. Tel sera l'objet du présent chapitre.

Nous ferons d'abord remarquer comme un résultat d'expérience incontestable qu'au moment d'une attaque le soldat abrité derrière un parapet dirige son coup de fusil à peu près perpendiculairement à la crête. On peut bien dans les écoles exercer les hommes au tir oblique; mais au feu, devant l'ennemi, ce tir sera seulement obtenu de quelques vieux soldats et encore au moyen d'une surveillance incessante et inadmissible. Les coups seront donc toujours considérés comme ayant une direction perpendiculaire à la ligne de feu; on développera plus tard les conséquences de ce principe.

Un retranchement peut être composé : 1° d'une seule face en ligne droite; 2° de faces en nombre indéterminé ne faisant entre elles que des angles saillants; 3° de faces faisant entre elles alternativement des angles saillants et rentrants; 4° de faces courbes. Examinons successivement ces différents cas.

Retranchements en ligne droite. — Dans ce genre de retranchement, les feux battent d'une manière uniforme tout le terrain en avant depuis le sommet de la contrescarpe, pourvu qu'on ait convenablement choisi la pente de la plongée; mais il est facile de voir (PL. I, *fig. 1 et 2*) que le fossé est au-dessous des coups partant de la crête intérieure, ainsi que la berme et une partie du talus extérieur; de sorte que si l'assaillant, en sacrifiant plus ou moins de monde, parvient dans ce fossé, il y est complétement à l'abri pour préparer ses moyens d'escalade et se reformer. Aussi on emploie rarement ce tracé avec le profil ordinaire que nous avons décrit.

Retranchements composés de faces formant entre elles des angles saillants. — Les retranchements ainsi composés ont le même défaut que le précédent, c'est-à-dire que leurs fossés ne sont atteints par aucun projectile. De plus, ils ont un autre inconvénient, qui est une conséquence du principe que nous avons établi tout à l'heure sur la direction des feux. Considérons deux faces d'ouvrage AB et BC (PL. II, *fig. 1*) indiquées seulement par leurs crêtes intérieures. Aux extrémités de ces faces élevons des perpendiculaires; puisque les coups de fusil sont toujours dirigés normalement aux crêtes, ces lignes indiqueront les derniers coups partis des faces, de sorte que la zone *a*AB*b* sera battue par les feux de la face AB et celle *b'*BB*c* par ceux de la face BC. Mais aucun coup de feu n'arrivera dans le secteur *b*B*b'*, sauf peut-être quelques coups isolés sur lesquels on ne peut compter pour la défense. Cette portion de terrain s'appelle *secteur dépourvu de feux;* elle est d'autant plus grande que l'angle saillant est plus aigu, et cet angle est un point faible, car les assaillants pourront l'atteindre sans craindre aucun coup direct, en suivant la bissectrice de l'angle ABC que l'on nomme la *capitale* de l'angle saillant.

Retranchements composés de faces formant entre elles des angles saillants et rentrants. — Considérons maintenant une succession d'angles alternativement saillants et rentrants. ABCDE sont quatre faces (Pl. II, *fig. 2*), formant un angle saillant C et deux angles rentrants B et D. En avant de l'angle saillant se trouve toujours le secteur privé de feux cCc' ; seulement il est en partie sillonné par des feux croisés, partant des faces extrêmes AB et DE, et présente par conséquent de moindres inconvénients pour le défenseur. On dit qu'il est *flanqué* par ces deux faces. Le premier effet de l'existence d'angles rentrants à côté d'un angle saillant est donc de faire flanquer le secteur dépourvu de feux, situé en avant de celui-ci ; seulement les feux flanquants seront plus ou moins éloignés suivant l'inclinaison des faces desquelles ils partent. Mais on en retire encore un autre avantage, celui du flanquement d'une partie des fossés quand les faces forment entre elles des angles convenables. Considérons en effet le fossé de la face CD, il est parcouru dans une partie de sa longueur par les projectiles partant des points de la face DE voisins du point D. Pour nous rendre compte de la partie du fossé flanqué par la face DE, faisons un profil suivant la direction de ce fossé (Pl. II, *fig. 3*). Le coup partant de la crête intérieure A et suivant la pente de la plongée, vient rencontrer le fond du fossé en un point D, situé à une distance de la crête intérieure, qui dépend de la pente de la plongée et du *relief absolu* de l'ouvrage, c'est-à-dire de la hauteur de sa crête au-dessus du fond du fossé. Ce point n'est pas la véritable limite de la partie flanquée ; on admet que le projectile est encore dangereux pour l'assaillant quand il passe en E à $0^m,50$ au-dessus du fond du fossé, de sorte que C*e* représente la portion non flanquée ou en *angle mort*, et au delà du point *e* le fossé sera flanqué par la face DE, qui reçoit alors par rapport à CD le nom de *face flanquante* ou de *flanc*. CD peut à son tour être considéré comme une face flanquante par rapport à DE. Le saillant C porte le nom d'*angle flanqué*.

Ainsi, par cette disposition des faces en angles alternativement saillants et rentrants, on a renforcé le point faible du saillant, en diminuant le double inconvénient des angles morts et des secteurs privés de feux, mais sans les détruire complétement, une portion de l'angle rentrant du fossé étant toujours en angle mort d'une part, de l'autre le secteur privé de feux n'étant jamais qu'imparfaitement flanqué.

Retranchements en lignes courbes. — Nous n'avons qu'une seule chose à dire de ce genre de retranchements, c'est que leurs défauts les font condamner d'une manière à peu près absolue. D'abord les talus sont des surfaces coniques dont la construction est trop difficile ; ensuite leurs fossés courbes ne se prêtent pas aux flanquements, puisque les projectiles se meuvent toujours en ligne droite. Enfin, dans le cas des courbes convexes, les coups de fusil vont en divergeant, et n'ont par suite que peu d'action à une certaine distance.

Limites des longueurs de faces et des ouvertures d'angles. — De l'examen que nous venons de faire des propriétés des retranchements, on peut facilement conclure quelles sont les limites de longueur des faces d'ouvrage flanquantes ou flanquées, et celles des angles saillants ou rentrants.

Cherchons d'abord les limites des faces : pour que le fossé de la face CD (PL. II, *fig. 2*) soit flanqué par les feux du flanc DE, il faut que la face CD ne soit pas plus grande que la longueur des armes en usage ; or, le fusil d'infanterie porte encore assez bien à 240^m,00, ce serait le maximum de CD ; mais alors aucun coup ne viendrait sillonner le secteur privé de feux cCc'. Pour que ce secteur soit battu d'une manière convenable, il ne faut pas que CD dépasse 150 à 170^m,00.

Le minimum de la même face serait donné par cette condition, que son fossé au saillant fût au moins battu par les feux du flanc; or, le premier point battu, e (PL. II, *fig. 3*) est à une distance du point A donnée par le relief absolu de l'ouvrage et la pente de la plongée. Cette distance Ce est le minimum de longueur que l'on puisse donner à la face flanquée pour que son fossé soit encore battu au saillant. On l'obtiendra dans chaque cas particulier, en multipliant par la pente de la plongée le relief absolu diminué de 0^m,50.

Considérée maintenant comme face flanquante par rapport à DE, la face CD n'a point de maximum de longueur, mais elle a un minimum déterminé par la condition suivante : les coups partant d'une face flanquante doivent battre non-seulement le fossé, mais encore une zone de terrain de 5 à 6^m,00 de largeur en avant de la contrescarpe. Alors, pour avoir dans chaque cas particulier le minimum de longueur d'un flanc, on prolongera la contrescarpe de la face flanquée jusqu'à sa rencontre avec le flanc, qui dépassera cette ligne de 5 ou 6^m,00 au moins.

Il nous faut maintenant déterminer les limites d'ouverture des angles. Un angle saillant n'a pas de limite supérieure; il peut augmenter jusqu'à 180°, c'est-à-dire jusqu'à ce que les deux faces se confondent; mais il a une limite inférieure fixée à 60°, d'abord pour que les défenseurs ne soient pas gênés entre deux faces trop rapprochées, et, en second lieu, parce que si l'angle diminuait encore, les arêtes de rencontre des talus seraient peu solides.

Si les angles rentrants ne sont point formés de faces destinées à se flanquer mutuellement, ils n'ont pas de limite supérieure et peuvent augmenter jusqu'à 180°; mais pour que les deux faces flanquent réciproquement leurs fossés, elles doivent faire un angle de 90°, ou peut-être mieux encore de 100°, car alors il n'y a aucun danger que les défenseurs des deux faces se frappent mutuellement. Quand l'angle est plus grand, le flanquement devient défectueux, et on admet qu'il n'existe plus quand l'angle atteint 120°, qui est l'ouverture maximum.

Dans aucun cas, l'ouverture d'un angle rentrant ne peut descendre au-dessous de 90° ou de l'angle droit, car alors les défenseurs des deux faces pourraient s'atteindre réciproquement.

Relations entre les volumes du déblai et du remblai. — Les terres du fossé, avons-nous dit dans le chapitre Ier, doivent servir pour former le parapet en arrière ; et ce principe n'est pas seulement vrai en considérant l'ensemble des faces et des fossés d'un retranchement, mais il doit se vérifier pour chaque face en particulier, de sorte que l'on n'ait point de transport de terre à exécuter d'une face sur l'autre.

Dans la pratique, les dimensions du remblai sont toujours données, et il faut déterminer les dimensions du fossé de manière que les terres suffisent pour le parapet. Au premier abord, on serait tenté de croire que, pour satisfaire à la condition énoncée tout à l'heure, il suffirait que le déblai fût égal au remblai ; mais on n'arriverait pas à un résultat satisfaisant. On a remarqué, en effet, que les terres tirées d'une excavation faite dans un sol vierge avaient au remblai un volume toujours plus considérable que celui du déblai, avec quelque soin qu'on les ait tassées, ou, pour se servir de l'expression technique, qu'on les ait *damées;* l'excédant de remblai s'appelle le *foisonnement.* Le rapport entre le volume du foisonnement et celui du déblai, ou autrement dit le foisonnement pour l'unité de volume, qui varie avec la nature des terres, mais est constant quand la nature de la terre ne varie point, s'appelle le *coefficient de foisonnement.* C'est la quantité par laquelle il faut multiplier un volume de déblai donné pour avoir son foisonnement. Il est facile d'arriver à la connaissance de ce coefficient : on fait dans le sol une excavation d'une grandeur quelconque, mais déterminée ; les terres qui avaient été mises à part avec soin y sont ensuite replacées par couches bien damées de 0^m,25 à 0^m,30 d'épaisseur ; il y en aura un excédant qui sera également damé, puis mesuré, et le rapport entre son volume et celui du déblai primitif sera le coefficient cherché. Les terres sablonneuses ont un foisonnement presque nul ; au contraire, les terres rocailleuses et les déblais faits dans le roc ont un foisonnement qui les fait presque doubler de volume.

Désignons par V et V' les volumes du remblai et du déblai, dont le premier est connu, et par $\frac{1}{m}$ le coefficient de foisonnement pour les terres employées ; on aura :

$$V = V' + \frac{1}{m} V'$$

d'où l'on tire :

$$V' = \frac{m}{m+1} V$$

or V est facile à connaître ; le remblai peut être considéré comme un prisme engendré par la surface du profil se mouvant parallèlement à elle-même ; son volume sera donc égal à cette surface S multipliée par la longueur l parcourue par son centre de gravité,

$$V = S l$$

S est connu, c'est le profil, ou une donnée de la question ; on peut sans erreur sensible prendre pour l la longueur de la crête intérieure, et V est déterminé.

Le volume du déblai peut de même être considéré comme un prisme engendré par la surface du profil du fossé se mouvant parallèlement à elle-même, et il est égal à cette surface S' multipliée par la longueur l' parcourue par son centre de gravité

$$V' = S' l'$$

Ces deux quantités S' et l' dépendent de la largeur et de la profondeur du fossé, et la seconde dépend en outre des angles que les faces d'ouvrage font entre elles. On peut dans la pratique, sans commettre une erreur trop sensible, supposer que l est égal à l', et la première relation devient, en remplaçant V et V' par leurs valeurs S et S'

$$S' = \frac{m}{m+1} S$$

S est facile à calculer en décomposant le profil en triangles et en rectangles, on connaît m, donc S' est aussi déterminé; il faut en déduire la profondeur et la largeur du fossé. Habituellement la profondeur est donnée à l'avance par la nature du terrain, puisque l'on ne peut s'enfoncer que jusqu'au roc ou à la surface de l'eau : on cherche alors la largeur correspondante; le calcul en est facile.

Soit GHLM (Pl. I, *fig. 1*), la surface du fossé dont je désigne la largeur GM par x et la profondeur Hh ou Ll par y; cette surface est un trapèze qui a pour mesure le produit de la demi-somme de ses bases par sa hauteur,

$$^{(1)} \quad S' = \frac{GM + HL}{2} H h = \frac{x + HL}{2} y$$

Mais HL est égal à GM diminué de Gh et de Ml, et en désignant par t et t' les rapports entre les bases et les hauteurs des talus d'escarpe et de contrescarpe, on a Gh = Hh × t et Ml = Ll × t'. Mettons ces valeurs dans la relation précédente, elle devient :

$$^{(2)} \quad S' = \frac{x + x - yt - yt'}{2} y = xy - \frac{t + t'}{2} y^2$$

On en tire facilement la valeur de x, c'est-à-dire la largeur cherchée, en résolvant une équation du premier degré :

$$^{(3)} \quad x = \frac{S'}{y} + \frac{y}{2}(t + t')$$

Remarquons que x doit être au moins égal à la somme des deux bases des talus d'escarpe et de contrescarpe; dans ce cas extrême, le profil du fossé se réduit à un triangle, et la solution, quoique mauvaise dans la pratique, est encore possible. Mais si on trouvait x plus petit que la somme de ces deux bases, le problème serait impossible avec la profondeur choisie qu'il faut diminuer jusqu'à ce que x devienne suffisamment grand.

Par suite de considérations particulières, il peut arriver que la largeur du fossé soit donnée et que l'on en cherche la profondeur : on l'obtient en tirant de la relation (2) la valeur de y, en résolvant une équation du deuxième degré

$$ (4) \quad y = \frac{x - \sqrt{x^2 - 2\,S'(l + l')}}{l + l'} $$

Je n'ai mis que le signe — devant le radical ; le signe + ne peut en effet convenir, puisqu'il faut que x diminue quand y augmente, ou inversement.

On doit encore vérifier si la profondeur obtenue donne pour la somme des bases des talus d'escarpe et de contrescarpe une quantité plus petite que la largeur du fossé choisie à l'avance ; s'il n'en est pas ainsi, on recommence les calculs en augmentant les dimensions de la largeur.

Voici un exemple du cas qui se présente le plus habituellement, celui où la profondeur étant donnée on cherche la largeur du fossé.

Le parapet a les dimensions inscrites à la planche 1, figure 1 ; la profondeur du fossé est de 3m,00 ; le talus naturel des terres est à 45°, le relief est de 2m50, enfin le foisonnement est de ¹⁄₅.

Calculons d'abord S. On décompose le profil en triangles et trapèzes par des verticales, et voici ce que l'on obtient :

Triangle F E e — 2m,00 × 1,00 .... — 2m,00

Trapèze D E ed — $\frac{2.00 + 2.50}{2}$ × 3,00 ..... — 6m,75

Trapèze C D dc — $\frac{2.50 + 1.20}{2}$ × 0,43 ..... — 0m,80

Rectangle B C cb — 1,20 × 1,20 ..... — 1m,44

Triangle A B b — 2,40 × 0,60 .... — 1m,44

Surface totale du profil ou S..... — 12m,43

De S on conclut facilement S$'$, car le coefficient de foisonnement étant $\frac{14}{15}$ on a :

$$S' = \frac{14}{15} S = \frac{14}{15} \times 12,43 = 11^m,30$$

On pourrait maintenant calculer x en remplaçant dans la formule [6] S$'$, y, t et t' par leurs valeurs. Cette opération ne souffrirait aucune difficulté; mais comme on peut ne pas avoir cette formule présente à la mémoire, on trouve souvent plus simple de faire le calcul directement :

S$'$ est la surface d'un trapèze; on a donc :

$$S' = 11,30 = \frac{GM + HL}{2} \times y = \frac{x + HL}{2} \times 3,00$$

Mais d'un autre côté on a :

$$HL = x - (Gh + Ml) = x - (\tfrac{1}{3} y + \tfrac{1}{3} y) = x - 3(\tfrac{1}{3} + \tfrac{1}{3}) = x - \tfrac{7}{3}$$

Donc on aura :

$$11,30 = \frac{x + x - \tfrac{7}{3}}{2} \times 3,00$$

$$\tfrac{2}{3}\; 11,20 = 2 x - \tfrac{7}{3}$$

$$4 \times 11,30 + 3 \times 7 = 12 x$$

d'où
$$x = \frac{46,10}{12} = 5^m,52$$

La largeur du fossé est donc de 5ᵐ,52, et il est facile de voir qu'elle est plus grande que la somme des bases des talus d'escarpe et de contrescarpe.

Dans tout ce qui précède, nous avons supposé qu'il n'y avait pas de glacis; s'il en était autrement, on ferait d'abord le calcul comme nous venons de l'indiquer, sans tenir compte du nouveau remblai; les terres du glacis seraient ensuite obtenues en reculant la contrescarpe parallèlement à elle-même de la quantité nécessaire pour fournir les terres. Il faudrait pour cela faire un nouveau calcul qui, d'après ce que nous venons de dire, n'offrirait aucune difficulté.

CHAPITRE IV.

DES DIFFÉRENTES MANIÈRES DE FORTIFIER UN TERRAIN. —
OUVRAGES SIMPLES.

—

Nous avons considéré les propriétés des faces d'ouvrage, soit prises isolément, soit réunies les unes aux autres, mais d'une manière quelconque, et nous avons trouvé les limites dans lesquelles les faces et les angles devaient se maintenir pour satisfaire à de bonnes conditions de défense. Il faut maintenant examiner les différents modes suivant lesquels on peut joindre ces faces les unes aux autres pour organiser la défense d'une position de la manière la plus convenable ; il faut en un mot nous occuper de la forme habituelle que l'on donne aux retranchements.

Nous rappellerons d'abord que dans tout ce qui va suivre le terrain sera considéré comme indéfiniment horizontal, ainsi que la crête intérieure ; et comme nous nous occuperons surtout des propriétés du tracé, il suffira de donner la position de cette crête, sans parler du profil.

Dans la recherche de ces différentes combinaisons, on a eu recours nécessairement à la géométrie, dont les considérations doivent toujours être soumises à celles provenant des nécessités militaires. Il faut aussi éviter avec soin les tracés

compliqués d'une exécution difficile, qui souvent ne satisfont
qu'en apparence aux conditions d'une bonne défense.

Il importe de jeter d'abord un coup d'œil général sur les
conditions auxquelles ces tracés auront à satisfaire. On peut
atteindre l'ennemi par des feux directs ou croisés sur le terrain en avant des ouvrages, ou bien dans les fossés par des
feux de flanc. Ces différents genres de défense dépendent
évidemment du tracé. Nous ferons remarquer seulement que
les feux directs ou de flanc, qui battent le terrain en avant
de l'ouvrage, ont plus d'importance que les feux qui flanquent les fossés, car ceux-ci sont toujours en petit nombre,
et souvent d'ailleurs un peu obliques.

Dans le tracé de la fortification de campagne, il faut donc
s'attacher d'abord à sillonner les abords de l'ouvrage par
des feux nombreux directs et croisés; le flanquement des
fossés ne viendra qu'en seconde ligne, comme moins important.

Les positions à défendre sont ou isolées et accessibles de
tous côtés, comme un plateau, un village, etc., ou présentent au contraire un front d'une étendue plus ou moins
considérable et qui ne peut être tourné. Dans le premier
cas on défend la position par un *ouvrage fermé*. Dans le
second, les retranchements doivent occuper toute la longueur du front, du côté des attaques; on leur donne le nom
de *lignes*.

Les lignes peuvent être formées d'une série de faces jointives disposées d'une manière quelconque, sans autres interruptions qu'un petit nombre de passages étroits et nécessaires pour les communications; on les nomme alors
lignes continues.

Quand on défend le front au moyen d'une série d'ouvrages isolés, mais se donnant une mutuelle protection par
leurs feux, et soumis par conséquent à certaines conditions
de position respective, on construit une *ligne à intervalles*.

Enfin si le front est défendu par des ouvrages n'ayant entre eux aucunes relations de position autres que celles données par la configuration du terrain, l'ensemble de ces ouvrages prend le nom de *ligne d'ouvrages détachés*.

Avant d'examiner les différents tracés des ouvrages fermés et des lignes, faisons connaître un certain nombre d'ouvrages simples qui réunis suivant des lois variables forment, soit les ouvrages isolés, soit les lignes.

Redan.—Après la ligne droite, le *redan* est l'ouvrage le plus simple que l'on puisse construire ; il se compose de deux faces formant entre elles un angle saillant vers l'extérieur (Pl. II, *fig. 4*). La ligne AC est la *ligne de gorge*, ou plus simplement la *gorge* du redan. Cet ouvrage est quelquefois employé isolément pour défendre une position qui ne peut être attaquée de face ni tournée, mais sur les côtés de laquelle on pourrait diriger les colonnes. On voit en effet qu'au saillant B se trouve un secteur privé de feux ; toute la partie en avant est donc mal défendue ; les fossés ne sont pas flanqués ; mais les abords vis-à-vis les deux faces A B et B C sont assez bien battus. Considéré en lui-même ce petit ouvrage a peu d'importance, ses faces ne doivent pas dépasser une cinquantaine de mètres de longueur ; son angle saillant ne peut pas descendre au-dessous de 60°, d'après ce que nous avons dit dans le troisième chapitre ; il peut augmenter jusqu'à 180°, c'est-à-dire jusqu'à ce que les deux faces se prolongent en ligne droite. La bissectrice de l'angle saillant se nomme la *capitale* du redan.

Tenaille.—Si les deux faces, au lieu de faire un angle saillant vers l'extérieur, font un angle rentrant, l'ouvrage prend le nom de *tenaille* (Pl. II, *fig. 5*). On peut l'employer isolément dans le cas où, ayant à défendre la ligne de front A C, on veut faire converger les feux sur une route perpendiculaire à cette ligne et suivie forcément par des assaillants génés de droite et de gauche par des obstacles naturels, comme des marécages; il est facile de voir en effet que si cette route est couverte de feux croisés, en revanche les terrains à droite et à gauche sont mal battus.

Les faces de cet ouvrage toujours peu important ne doivent pas dépasser 50 ou 60m,00; l'angle rentrant ne peut descendre au-dessous de 90°; si l'on tient à ce que le fossé d'une face soit en partie flanqué par les feux de l'autre face, cet angle ne doit pas dépasser 120°; mais il peut aller jusqu'à 180°, si l'on ne veut pas se soumettre à cette condition. On sait d'ailleurs que ce flanquement n'est jamais complet, et qu'il reste dans le rentrant un angle mort, dépendant de la pente de la plongée et du relief absolu de l'ouvrage.

Lunette. —Souvent quand on veut défendre une position avec un redan, le terrain que les colonnes d'attaque peuvent suivre s'étend sur la droite ou sur la gauche des zones battues par les faces AB et BC (PL. II, *fig. 6);* il faudrait trop les allonger pour soumettre à leurs feux ces parties accessibles. On ajoute alors d'autres faces CD et AE dont la situation est donnée par la position du terrain que l'on veut battre, mais faisant toujours avec les faces primitives des angles saillants. Ces nouveaux parapets sont appelés *flancs*, et l'ouvrage prend le nom de *lunette*. Les angles EAB et DCB formés par les faces et les flancs sont les *angles d'épaule*. La partie DE est la *gorge* de l'ouvrage. Une lunette se compose donc de deux faces et de deux flancs. Cet ouvrage est faible à son saillant, de plus les fossés ne sont pas flanqués. Cependant on l'emploie quand on ne craint pas d'être tourné; les approches de côté sont bien défendues, et certaines dispositions dont nous parlerons plus tard permettent d'atténuer beaucoup l'inconvénient du secteur privé de feux à l'angle saillant. Les faces des lunettes ne doivent guère dépasser 50 ou 60m,00, et les flancs ont de 20 à 30m,00; ces longueurs dépendent au reste de la partie de terrain à battre. Comme pour le redan, l'angle saillant doit être compris entre 60 et 180°; les angles d'épaule sont au-dessous de 180° et habituellement obtus; la bissectrice de l'angle saillant se nomme la *capitale* de la lunette.

Queue d'hyronde. — Il arrive quelquefois dans le cas où on se sert d'une tenaille que l'on craint des attaques latérales, sans cependant pouvoir être tourné; on ajoute alors à chacune des extrémités deux faces A D et C E (PL. II, *fig. 7*), auxquelles on donne le nom de *branches*. L'ouvrage que l'on obtient ainsi se nomme une *queue d'hyronde;* DE est sa gorge. Les branches qui ont des longueurs très-variables, suivant l'espace intérieur que l'on veut donner à l'ouvrage et l'étendue du terrain à battre, forment avec les faces de la tenaille des angles saillants plus grands que 60°. Dans cet ouvrage le terrain en avant de la ligne de front A C est assez bien battu par les feux croisés des deux faces de la tenaille; une partie des secteurs privés de feux des deux angles saillants A et C, dépendante de leur ouverture et de celle de l'angle rentrant B, est vue par les feux des faces de la tenaille, qui pourront aussi flanquer réciproquement une partie de leurs fossés si l'angle B est convenablement choisi : mais le fossé des branches est toujours sans flanquement.

Front bastionné. — En défendant le front A C par une tenaille A B C (PL. II, *fig. 5*), nous avions des feux plus nombreux que si nous employions la ligne droite, feux se croisant en outre sur le terrain en avant de la ligne de front; mais les approches vers les saillants A et C sont mal vues, et à moins que l'angle rentrant B ne soit à peu près droit, il n'existe aucun feu flanquant les fossés. On peut remédier à ces défauts en adoptant pour défendre la ligne de front A C (PL. III, *fig. 1*) le tracé suivant emprunté à la fortification permanente : sur le milieu I de la ligne A C que l'on nomme *coté extérieur*, on élève une perpendiculaire I B à laquelle on donne une longueur égale généralement au sixième de ce côté ; puis on joint le point B avec les deux points A et C. On obtient ainsi la disection de deux *faces A D* et CE analogues à celles de la tenaille précédente, et qui donnent des feux croisés en avant de la ligne de front ; leur longueur est habituellement le tiers du côté extérieur. Pour défendre en même temps et la partie de terrain en avant des deux points A et C et les fossés des deux faces AD et CE, on construit deux autres faces en abaissant des points D et E des perpendiculaires sur les premières faces prolongées. Ces lignes DF et EG prennent le nom de *flancs*. On voit que si les lignes AG et CF nommées *lignes de défense* ne sont point trop longues, les deux flancs satisferont bien aux conditions que nous venons de poser, à savoir qu'ils porteront des feux sur le terrain en avant des points A et C et dans les fossés des faces AD et CB. En joignant les deux points F et G on obtient une cinquième face appelée *courtine*, qui donne des feux directs sur le terrain en avant de A C. Les angles D et B se nomment *angles d'épaule ;* ceux des flancs avec la courtine se nomment *angles de flancs ;* celui des deux faces ABC s'appelle *angle de tenaille*. L'ensemble du tracé porte le nom de *front bastionné*. Ce tracé satisfait évidemment mieux aux conditions d'une bonne défense que celui en tenaille, mais il est un peu compliqué.

Cependant le flanquement des fossés est encore loin d'être complet, en supposant, comme nous l'avons fait jusqu'ici, que les fossés suivent toujours la direction des crêtes. En effet, les feux partant du flanc FG (Pl. III, *fig. 2*) et flanquant le fossé de la face AD, passent par dessus le bord supérieur de la contrescarpe du flanc DF, et ne peuvent atteindre le fond du fossé vers l'angle d'épaule D, ainsi que le fait voir le profil suivant MN (Pl. III, *fig. 3*). Il en sera de même pour le fossé de la face CE. Les fossés des flancs ont aussi un angle mort, car les feux de la courtine ne les atteignent qu'à une certaine distance. Le fossé de la courtine seul sera complétement battu par des feux très-peu obliques partant des deux flancs voisins, à la condition que la courtine sera assez longue pour que ces feux viennent se croiser au plus à $0^m,50$ au dessus du milieu du fond du fossé ; dans ce cas, en effet, toute la partie de gauche du fossé sera battue par le flanc droit, et toute la partie de droite par le flanc gauche.

Cet inconvénient des angles morts n'a pas une grande importance comme nous l'avons déjà fait remarquer, surtout quand ces parties sans flanquement sont en arrière d'un terrain défendu par des feux croisés multipliés. Cependant on peut vouloir le supprimer ; il faut pour cela enlever tout le massif de terre *dfgeh* compris entre les contrescarpes des flancs et de la courtine, et celles des deux faces prolongées jusqu'à leur rencontre en capitale, et jusqu'au niveau du fond du fossé. Mais on recule presque toujours devant l'exécution de déblais si considérables, et on se contente du moyen suivant :

On fait passer un plan par une ligne située dans le talus de contrescarpe du flanc à $0^m,50$ au dessus du fond du fossé, et par l'angle d'épaule opposé, et l'on déblaie tout le terrain compris au dessus de ce plan entre les contrescarpes de la courtine, du flanc et de la face prolongée : on supprime ainsi la portion de terrain qui empêchait les coups du flanc GE d'arriver jusqu'au fond des fossés de la face et du flanc opposé. On mène un plan symétrique de l'autre côté. Sur la figure est marquée l'échelle de pente d'un de ces deux plans nommés *plans de glacis*. Le déblai est moindre que dans le cas précédent ; mais on supprime une partie de l'obstacle opposé à l'assaillant par la contrescarpe.

Il faut maintenant, pour le tracé bastionné, chercher, comme nous l'avons fait jusqu'ici, les limites des différentes faces et lignes importantes. En premier lieu, les lignes de défense ne doivent pas dépasser 150 ou $170^m,00$, puisque c'est la distance qui doit au plus séparer une face flanquante de l'extrémité d'une face flanquée ; cependant Cormontaingne leur donne jusqu'à 190^m,00 de longueur; mais c'est évidemment aux dépens de la défense des points A et C.

Les faces sont généralement comprises entre les $\frac{2}{7}$ et les $\frac{3}{7}$ du côté extérieur : les flancs ne doivent pas avoir moins de 12^m,00 pour donner des feux non-seulement dans le fossé, mais encore sur le bord de la contrescarpe. La perpendiculaire BI qui sert à déterminer la direction des faces et des lignes de défense varie entre le sixième et le douzième du côté extérieur.

La courtine a un minimum de longueur, nécessaire pour que son fossé soit battu par les feux des flancs. Un profil passant par ce fossé (PL. III, *fig. 4*) et rencontrant les deux flancs, sert à déterminer cette limite. Soient A et A′ les deux crêtes intérieures des flancs. Les plans de plongée dont nous connaissons l'inclinaison doivent se rencontrer au milieu du fossé de la courtine en D, à 0^m,50 au plus au dessus du fond; si le point de rencontre était plus élevé, il y aurait en dessous une partie de fossé non flanquée. Si donc nous connaissons le relief absolu de l'ouvrage et la pente de la plongée, il suffira, pour avoir la longueur CD de la demi-courtine minimum, de multiplier par la pente de la plongée le relief absolu diminué de 0^m,50. Dans l'exemple choisi, avec une pente de plongée de 6 pour 1, 30^m,00 serait la longueur de la demi-courtine minimum, qui varie comme on le voit dans chaque cas particulier.

Pour trouver le maximum de côté extérieur, c'est-à-dire le maximum de la ligne de front que l'on peut défendre au moyen d'un tracé bastionné, il faut construire le front en se servant d'une courtine minimum et de flancs minimum, prenant au contraire les plus grandes lignes de défense possibles. On arrive ainsi à une longueur de 250^m,00 environ. Cormontaingne donne comme maximum 290^m,00 ; mais nous avons vu qu'il prenait ses lignes de défense un peu trop longues.

Ce tracé n'est employé que pour les ouvrages importants ; nous le retrouverons dans la fortification permanente.

Ouvrage à cornes. — Quand on veut défendre une ligne de front en employant le tracé bastionné, et que cependant on craint des attaques sur ses ailes, on ajoute aux deux côtés du front deux branches, comme pour former la queue d'hyronde. On obtient ainsi l'ouvrage à cornes. Ces branches sont seulement soumises à la condition de ne pas faire avec les faces des angles de moins de 60° ; elles ne sont point flanquées.

CHAPITRE V.

OUVRAGES ISOLÉS.

—

Quand on veut conserver en son pouvoir une position isolée plus ou moins importante, mais d'une médiocre étendue,
on en donne la garde à une troupe proportionnée à l'importance de la position; celle-ci, livrée à ses propres forces,
pouvant être entourée par des ennemis supérieurs en nombre, se met à l'abri derrière un retranchement présentant
une série continue d'obstacles. Rarement elle pourra se servir des ouvrages simples ouverts à la gorge, dont nous avons
parlé dans le chapitre précédent, à moins d'appuyer cette
gorge à des fortifications naturelles, telles que des marais,
une rivière, un escarpement, ou de la fermer par certains
genres de défenses accessoires dont nous parlerons plus
tard; ces dernières ne présentent pas habituellement une
force suffisante, et les obstacles naturels ne se rencontrent
pas toujours. Il faut donc s'entourer d'un parapet continu,
construire, en un mot un *ouvrage fermé*.

Nous allons examiner dans ce chapitre quels sont les ouvrages fermés le plus en usage; mais auparavant indiquons
les relations qui existent entre un ouvrage fermé et sa
garnison.

La première condition pour une bonne défense c'est que les crêtes soient bordées d'un nombre convenable de défenseurs, et qu'en outre il y en ait au moment du combat un certain nombre en réserve sur le terre-plein. Habituellement on admet que chaque mètre courant de crête doit avoir trois défenseurs, ce qui fait une file par mètre courant; mais ce chiffre n'est point absolu, et peut varier pour différents cas particuliers.

Désignons par n le nombre d'hommes que l'on veut placer par mètre courant de crêtes, par y le chiffre total de la garnison, et par r celui de la réserve, $y-r$ représentera le nombre de défenseurs des crêtes et $\frac{y-r}{n}$ la longueur de crête occupée par eux. En désignant par L la longueur totale des crêtes de l'ouvrage, on aura la relation suivante :

$$^{(1)} L = \frac{y-r}{n} + l,$$

dans laquelle l est la longueur de crête occupée par l'artillerie.

Au moyen de cette relation, on peut calculer la longueur des crêtes si la garnison est donnée à l'avance, ou inversement calculer la garnison nécessaire pour défendre un ouvrage déjà construit, en supposant dans les deux cas, bien entendu, que l'on fixe le chiffre de la réserve, le nombre d'hommes à placer par mètre courant de crêtes, et enfin la longueur de crête occupée par l'artillerie.

Mais il ne suffit pas que les crêtes de l'ouvrage soient bordées d'un nombre convenable de défenseurs, il faut encore que le terre-plein soit assez vaste pour les loger, eux et tout le matériel qui les accompagne, comme caissons d'artillerie, fourgons, etc. Cette nécessité va nous donner une seconde relation à laquelle devront satisfaire les résultats obtenus par la première.

Désignons par S la surface du terre-plein de l'ouvrage et par s la surface occupée par le matériel et accessoires de tout genre; on admet que chaque homme au bivouac n'occupe pas moins de un mètre et demi, on aura donc la relation :

$$(2) \quad S \geq \frac{1}{2} y + s$$

qui exprime que la surface occupée par les défenseurs et les accessoires doit être plus petite ou tout au plus égale à celle du terre-plein.

Il faudra toujours tenir compte des deux relations que nous venons d'établir, que l'on veuille trouver le chiffre de la garnison d'un ouvrage, ou inversement construire un ouvrage pour renfermer un corps de troupe. La première relation résout le problème, puis il faut vérifier si les résultats obtenus satisfont à la seconde ; s'ils n'y satisfont pas, c'est qu'on a pris *n* trop grand, et en le diminuant, c'est-à-dire en desserrant les hommes sur le parapet, la longueur des crêtes augmentera, si la garnison est donnée, ou bien si c'est l'ouvrage qui est connu, la diminution de *n* diminuera la garnison pour laquelle dans l'un et l'autre cas le terre-plein deviendra assez grand.

Il résulte de là que pour avoir soit le maximum de garnison que l'on peut renfermer dans un ouvrage donné, soit le plus petit ouvrage capable de renfermer une garnison donnée, il faudra se servir de la relation (2) prise avec le signe d'égalité : la première relation servira à déterminer *n*.

Le problème est déterminé quand on cherche la garnison d'un ouvrage, car alors S et L sont connus ; mais quand inversement on cherche l'ouvrage capable de mettre une troupe à l'abri, il y a plusieurs solutions, car les relations ne donnent pas la forme de l'ouvrage, mais seulement la longueur de ses crêtes et le minimum de son terre-plein.

Redoutes. — On ne peut construire d'ouvrage fermé au moyen de trois faces ; elles devraient former un triangle équilatéral pour que les trois angles n'aient pas moins de 60° : l'espace intérieur serait trop restreint et les secteurs privés de feux trop considérables. Tout ouvrage fermé doit donc avoir au moins quatre faces. Si les faces ne font que des angles saillants, l'ouvrage porte le nom de *redoute*.

Les redoutes ont le défaut d'avoir leurs fossés sans flanquement et un secteur privé de feux à chaque angle; cependant on les emploie très-souvent à la guerre, à cause de la facilité de leur construction. On les place en général de manière à couronner le sommet d'un mamelon.

La redoute la plus employée est la redoute carrée; elle offre l'avantage de joindre à un grand développement d'espace intérieur une grande simplicité de tracé. Il est difficile de remédier aux inconvénients de l'angle mort des fossés; mais on peut atténuer en partie ceux du secteur privé de feux, ou par l'emploi de l'artillerie comme nous le verrons dans un des chapitres suivants, ou bien surtout en dirigeant ces secteurs vers des points d'un abord difficile.

Ce genre d'ouvrage est celui auquel il est le plus facile d'appliquer les calculs que nous venons de faire pour un ouvrage fermé en général. Désignons en effet par x le côté de la redoute; L est égal à $4x$, et la première relation devient :

$$(1) \quad 4\,x = \frac{v-r}{n} + l$$

Il est facile de trouver la surface S du terre-plein : c'est un carré qui a pour côté celui de la redoute diminué de deux fois l'espace occupé par les projections du talus intérieur, de la banquette et du talus de banquette. Or, en faisant un profil pour la hauteur ordinaire de crête de $2^m,50$, et pour une largeur de banquette de $1^m,20$, on trouve que la projection du talus intérieur est de $0^m,43$, celle de la banquette de $1^m,20$, et celle du talus de banquette de $2^m,40$; soit en tout $4^m,03$, que l'on réduit à $4^m,00$. $x-8$ sera donc le côté du terre-plein, et $(x-8)^2$ sa surface. La deuxième relation devient alors :

$$(2) \quad (x-8)^2 = \tfrac{1}{2}\,y + s$$

La relation [1] fournit la force de la garnison si on connaît le côté de la redoute, ou inversement le côté de la redoute si la garnison est donnée, et il n'y a plus indétermination dans ce dernier cas; mais comme précédemment il faudra transporter dans la relation [2] les résultats obtenus pour voir si la garnison peut se loger dans le terre-plein. S'il n'en est pas ainsi, la relation [2] servira à calculer, soit le maximum de garnison correspondant à une redoute carrée, soit le minimum de côté de la redoute pouvant contenir une garnison connue. La relation [1] donnera le nombre de défenseurs par mètre courant de crêtes.

En général on ne fait guère de redoute de moins de $20^m,00$ de côté; il faut pour la défendre une garnison de 150 hommes environ, qui, disposés sur les crêtes à raison de 3 hommes pour 2 mètres courants, laissent encore disponible une réserve de 30 hommes.

Fortins. — On nomme fortins des ouvrages fermés dans lesquels les crêtes forment un polygone à angles saillants et rentrants. L'existence des angles rentrants procure un flanquement aux fossés vers les angles saillants dont les secteurs dépourvus de feux sont en outre sillonnés de feux croisés. Lorsque le terrain sur lequel on établit ces ouvrages est horizontal, que les abords sont également faciles de tous côtés, on leur donne la forme de polygones étoilés réguliers, construits avec huit, dix ou douze saillants (PL. IV, *fig. 2* et *3*). Nous n'insisterons pas sur ces constructions faciles; nous ferons remarquer seulement que le flanquement des fossés ne commence réellement à avoir lieu que pour un fort étoilé à 8 pointes, l'angle rentrant de ceux à 6 pointes étant de 120°, c'est-à-dire juste à la limite admise. Pour ceux à 12 pointes, l'angle rentrant est de 90°, c'est-à-dire à la limite inférieure; on ne peut donc en construire de plus grands.

Mais le cas que nous avons supposé d'un terrain parfaitement régulier existe rarement; le plus souvent donc la forme du terrain réglera celle du polygone, les angles étant assujettis aux conditions ordinaires d'être au dessus de 60° pour les angles saillants, et entre 90° et 120° pour les angles rentrants.

Pour qu'un fortin acquière de la valeur, il faut que ses faces aient une longueur de 25 à 30ᵐ00; alors seulement les fossés seront convenablement flanqués vers les angles saillants; mais un pareil fortin à 8 pointes ne peut avoir moins de 7 ou 800 défenseurs pour que les crêtes soient suffisamment garnies. Lors donc qu'il faudra protéger une troupe de moins de 700 hommes, on l'enfermera dans une redoute, et on ne construira de fortins que pour des garnisons d'un chiffre supérieur à 700 hommes.

Forts. — Quand la position est très-importante, on peut augmenter sa force défensive en se servant du tracé bastionné. Les côtés extérieurs forment un polygone de 4 ou de 5 côtés; ils ne doivent pas avoir moins de 100ᵐ,00 de longueur pour que les différentes parties du front soient assez grandes; de plus le relief doit être considérable, sans cela les feux d'un flanc pourraient aller atteindre les défenseurs de l'autre. Le nombre de défenseurs de l'ouvrage doit être au moins égal à celui que pourrait renfermer une redoute formée avec les côtés extérieurs des fronts; or, une redoute carrée de 100ᵐ,00 de côté renferme de 16 à 1,800 hommes de garnison; ce sera le nombre de défenseurs nécessaire pour le plus petit fort carré bastionné.

Par suite de l'élévation des crêtes et de la largeur des fossés, la construction de ces forts est longue; on ne peut donc les employer que pour des positions d'une importance majeure.

Le passage d'entrée ou de sortie est habituellement placé sur le milieu d'une courtine, du côté le moins exposé. Souvent, en imitation de la fortification permanente, on le couvre au moyen d'un petit redan dont la capitale coïncide avec

la perpendiculaire du front (Pl. V, *fig. 1*); son angle saillant
est de 60° et ses faces aboutissent vers les angles d'épaule des
bastions. Ses fossés sont battus par les feux des faces, avec
les fossés desquelles ils communiquent.

Avant de terminer ce chapitre, nous reviendrons sur l'inconvénient qu'il y aurait à s'attacher à des constructions
purement géométriques pour déterminer la forme des ouvrages fermés. Même quand ils seront situés en terrain horizontal, il y aura presque toujours un côté plus attaquable
qu'un autre, et une construction parfaitement régulière serait alors défectueuse, comme donnant trop de force à des
parties peu attaquables, ou pas assez à d'autres dirigées vers
les points d'attaque. Mais le plus souvent il s'agit d'occuper
un terrain irrégulier dont la forme détermine le tracé de
l'ouvrage : une partie peu accessible sera couverte par des
faces formant entre elles des angles saillants; on augmentera
ainsi l'espace intérieur et on pourra diminuer le travail en
abaissant le relief et donnant peu d'épaisseur aux parapets;
d'autres portions plus accessibles seront défendues avec plus
de soin par des faces formant entre elles des angles saillants
et rentrants; on augmentera aussi le relief et l'épaisseur du
parapet. Enfin, s'il y a un point d'attaque bien distinct,
quand par exemple on fortifie un mamelon accessible par des
pentes douces d'un seul côté, on défendra ce point au moyen
de fronts bastionnés.

CHAPITRE VI.

DES LIGNES CONTINUES.

—

On peut avoir à couvrir, avons-nous dit dans le quatrième chapitre, un front d'une certaine étendue et qui ne peut être que difficilement tourné : c'est, par exemple, un terrain compris entre deux rivières, ou bien aux extrémités de la ligne se trouvent des obstacles naturels, une forêt, des marécages, la mer. Il suffit dans ce cas de défendre la position de face, et on emploie les lignes, soit continues, soit à intervalles, soit à ouvrages détachés. Nous allons dans ce chapitre chercher comment on peut réunir les ouvrages simples de manière à former un retranchement continu présentant les propriétés nécessaires pour une bonne défense.

Au commencement du troisième chapitre, nous avons jeté un coup d'œil général sur la manière d'obtenir un bon retranchement. Nous avons rejeté la ligne droite comme n'ayant ni feux flanquants ni feux croisés ; nous repousserons de même une ligne formant une portion de polygone convexe, qui joindrait à ces défauts celui des secteurs privés de feux. Nous sommes donc conduits à adopter des faces formant des angles saillants et rentrants, faces alternativement flanquantes et flanquées, et soumises comme les angles aux limites indiquées dans le troisième chapitre : le terrain en avant du parapet est couvert de feux croisés; les angles rentrants sont des points forts et les saillants des points faibles, d'autant plus faibles qu'ils avancent davantage dans la campagne.

De là il résulte que dans la construction des lignes il faut éloigner les saillants les uns des autres autant que le permet la nécessité du flanquement; on a ainsi moins de points faibles ou points d'attaque, la surveillance est plus facile, les défenseurs moins disséminés. On trouve en outre l'avantage de diminuer la longueur des crêtes, c'est-à-dire la quantité de travail à exécuter. Nous chercherons dans chaque cas particulier cet écartement maximum des saillants donné par la limite de la portée des armes; nous ferons aussi entrer, dans l'évaluation de la valeur d'une ligne, un élément bien important à la guerre, la rapidité d'exécution à laquelle il est souvent nécessaire de sacrifier quelques-unes des propriétés défensives les moins essentielles.

Dans tout ce qui va suivre, le front à défendre est supposé droit ou composé de lignes droites.

Lignes à redans. — La manière la plus simple de fortifier une ligne est de composer le retranchement de redans successifs, ayant leurs angles saillants égaux et leurs capitales perpendiculaires à la ligne de front (PL. V, *fig. 2*). Les angles rentrants sont alors égaux, et comme ils doivent être compris entre 90° et 100° pour assurer la condition du flanquement, les angles saillants varieront dans les mêmes limites; seulement, à un changement de direction, ils pourront descendre jusqu'à 60°, si les deux directions forment un angle saillant en C, ou s'ouvrir jusqu'à 180° si elles forment un angle rentrant en B. Le maximum d'écartement des saillants sera donné par cette considération que le coup partant d'un saillant doit atteindre la capitale du saillant voisin au plus à 240^m,00 de distance, pour que des feux croisés sillonnent le secteur dégarni de feux directs.

Quelquefois on construit les angles saillants alternativement aigus ou obtus (PL. V, *fig. 3*). Les premiers ont 60° d'ouverture, on donne 90° à tous les angles rentrants, et alors les saillants obtus forment un angle de 120°. Les faces des redans à angles obtus ont une longueur de 120^m,00 environ. Ce tracé porte le nom de *tracé à tenailles*, parce qu'on peut le considérer comme formé d'une série de tenailles, CDE, dont l'angle rentrant D est couvert par un redan. Outre l'avantage de n'avoir pas tous leurs saillants également attaquables, ce qui facilite beaucoup l'organisation de la défense, ces lignes occupent moins de profondeur que les précédentes pour une même longueur de face, et ont besoin de moins de terrain. On ajoute à leur force en reculant la pointe des redans à angle aigu, qui se trouvent ainsi dans un rentrant par rapport aux saillants obtus moins attaquables.

Lignes à crémaillères. — Les lignes à crémaillères sont des lignes à redans dont les angles tant saillants que rentrants sont droits, et dont les capitales des angles saillants ne sont point perpendiculaires sur la ligne de front. Il en résulte que les faces seront alternativement longues et courtes ; les premières portent le nom de *longues branches*, les autres de *flancs*. Voici (PL. VI, *fig. 1*) la construction que donne Cormontaingne dans son Mémorial de fortification passagère : on divise la ligne de front en parties égales à 120^m,00 ; sur chacune de ces longueurs comme diamètre on décrit une demi-circonférence ; à 40^m,00 au-dessous de la première ligne, on lui mène une parallèle qui remonte la circonférence en deux points *b* et *d* ; joignant l'un des deux avec les premiers points de division, on obtient le tracé de la crémaillère : C*d* et AB sont les longues branches ; BC est le flanc. On voit que de A en G tous les feux des longues branches sont dirigés vers le point G, c'est-à-dire sur la gauche de la ligne de front, tandis que les flancs donnent des feux sur la droite. Les derniers feux seront évidemment moins nombreux, et la zone qu'ils sillonnent s'étend moins loin dans la campagne; les lignes ont donc pour principale propriété de porter la plus grande partie de leurs feux soit vers la droite soit vers la gauche du front, suivant le besoin. De A en G ils sont dirigés vers la gauche; il faudrait pour les diriger vers la droite joindre *b* avec les points de division G et C.

Quand après avoir dirigé les feux d'un côté de la ligne de front on veut les porter sur l'autre côté, on change la direction des crémaillères, en faisant faire un angle saillant à deux longues branches voisines, au point de changement, comme en E; les feux vont alors en divergeant de droite à gauche à partir de ce point. Si l'on voulait qu'ils allassent en convergeant sur le terrain en avant de ce point, le changement de direction s'obtiendrait au moyen d'un angle rentrant fait par deux longues branches voisines comme en G; souvent alors cet angle rentrant est couvert par un redan L G K.

Quand il y a un changement de direction dans la ligne de front, on place au saillant un point de brisure, et l'angle au lieu d'être droit est aigu ou obtus suivant que les deux directions forment des angles rentrants ou saillants.

Le tracé que nous avons donné est un type auquel on n'est point forcé de s'astreindre; ainsi on peut diminuer la profondeur de ces lignes, pourvu que le flanc ne descende pas au-dessous de 15^m,00; on peut aussi diminuer les longues branches, mais il ne faut pas qu'elles dépassent 120^m,00, pour que le terrain qui est en avant soit sillonné par les feux de deux flancs successifs. Ainsi les feux de G K doivent atteindre à hauteur du point A, ce qui exige que la somme des deux longues branches A B et C K ne dépasse pas 240^m,00.

Les lignes à crémaillères donnent des feux croisés sur le terrain en avant; leurs fossés vers les saillants sont assez bien flanqués, au moins ceux des longues branches, et de plus la zone de terrain qu'elles occupent n'a pas une grande pro-

fondeur. Elles sont donc avantageuses dans beaucoup de cas,
par exemple pour faire converger des feux sur une route
que doivent suivre les attaques.

Lignes à redans et courtines. — Pour diminuer le travail
à exécuter dans le tracé des lignes à tenailles, on peut supprimer le redan à angle obtus et le remplacer par une ligne
droite joignant les extrémités des faces des redans aigus
voisins; cette ligne se nomme *courtine*, et l'ensemble du
tracé (PL. VI, *fig. 2*) porte le nom de *ligne à redans et
courtines.*

Voici comment Vauban, qui a le premier employé ce
genre de lignes, indique la manière de faire le tracé dans
son Traité de l'attaque des places : il met les saillants à environ 240^m,00 les uns des autres, leur donne 60° d'ouverture
et à leurs faces de 50 à 60^m,00 de longueur; les courtines
ont alors de 180^m,00 à 190^m,00 de longueur. En campagne il
n'est pas toujours commode de construire un angle de 60°;
aussi Cormontaingne dans son Mémorial donne-t-il la construction suivante pour le redan : la gorge DE a 60^m,00 de
longueur, et la capitale BF a 44^m,00.

Dans ce tracé Vauban et Cormontaingne se préoccupent
surtout de la rapidité d'exécution, aussi éloignent-ils tellement les saillants pour diminuer le travail que la condition
de faire flanquer à 240^m,00 la capitale d'un redan par les
feux du redan voisin n'est pas remplie : il sont obligés d'admettre de l'artillerie dans leurs ouvrages, et Cormontaingne
le dit expressément.

Mais on peut désirer rester dans la limite d'écartement
qu'impose le flanquement par les feux d'infanterie; alors le
saillant B′ sera donné par cette considération que le dernier
coup de feu partant de la face AC atteigne à 240^m,00 au plus
la capitale de B′.

Le minimum d'écartement sera donné par la condition
que les coups partant d'une face ne viennent pas atteindre

les défenseurs de la face opposée du redan voisin : pour avoir ce minimum, il faudra donc que la direction du dernier coup $b'' C$ passe par le pied b'' des talus extérieurs du saillant cherché B''.

Les longueurs données par Vauban et Cormontaingne ne sont pas nécessairement constantes; on peut les faire varier et reculer ou avancer la courtine. Mais on ne peut la faire reculer indéfiniment; la dernière condition que nous venons de poser donne le maximum de longueur de face Ac correspondant à un écartement des saillants choisi à l'avance : le dernier coup bc pour ne point atteindre les défenseurs du saillant B doit passer par le point de rencontre b des pieds de talus extérieurs de ce saillant.

Les changements de direction quand les deux lignes de front forment un angle rentrant se font au saillant même des redans; quand l'angle est saillant, on peut remplacer le redan par une lunette H dont les flancs donneront des feux sur les capitales des redans voisins, et dont les faces seront autant que possible flanquées par les feux de ces redans.

Dans ce genre de retranchement le terrain en avant est assez bien battu par des feux croisés; mais les fossés sont mal flanqués; car en supposant l'angle du redan de 60° environ, les angles rentrants sont de 120°, les feux flanquants sont très-obliques, et le flanquement mauvais. Mais le tracé du retranchement est simple, son exécution rapide, et par suite il est souvent employé.

Lignes bastionnées. — On a quelquefois employé le tracé bastionné dans les lignes pour obtenir le flanquement des fossés, pensant par suite avoir une défense beaucoup meilleure; mais on a presque toujours manqué le but que l'on voulait atteindre. Nous avons vu en effet dans le chapitre précédent que pour se servir avec avantage des fronts bastionnés, il faut leur donner un grand relief. Or quand on a un grand développement de ligne à construire, on ne peut admettre ces hauts reliefs qui nécessiteraient un immense travail, travail qui cesserait tout à fait d'être en rapport avec les résultats que l'on veut obtenir si on voulait en outre, pour avoir tout le bénéfice du flanquement des fossés, exécuter tous les déblais dont nous avons parlé. On sacrifierait un temps bien précieux pour un résultat bien minime, celui du flanquement du fossé ; les obstacles à opposer aux colonnes résident surtout dans les feux qui se croisent sur le terrain en avant de l'ouvrage, et non dans quelques coups de fusil sillonnant les fossés.

D'un autre côté, si on trace les lignes bastionnées en faisant contourner au fossé les faces et les flancs, si on n'adopte pas de grands reliefs, elles deviennent inférieures aux lignes à redans et courtines ; les fossés ne sont pas mieux flanqués, et les saillants sont moins bien défendus, car les flancs de ces lignes sont moins longs que les faces des redans des lignes à redans et courtines : les faces des bastions sont peu utiles, parce qu'elles croisent leurs feux en avant de la courtine, c'est-à-dire en avant d'un point déjà très-fort par lui-même. Le tracé bastionné sera donc en général peu employé dans les lignes. Cependant il y a des cas où l'on s'en servira pour fortifier une ligne de médiocre étendue appuyée à des obstacles situés en arrière. On peut couvrir le terrain par deux ou trois fronts bastionnés (PL. VI, *fig. 3*) s'appuyant sur l'obstacle par deux longues branches situées aux extrémités. On obtient ainsi des ouvrages semblables aux ouvrages fermés, jouant le même rôle, et que l'on peut organiser avec la même force par l'emploi du tracé bastionné à grands reliefs. Ils portent le nom d'*ouvrages à couronne simple*, ou d'*ouvrages à double couronne* suivant qu'ils se composent de deux ou trois fronts.

Pour résumer en peu de mots tout ce que renferme ce chapitre concernant la valeur des différentes espèces de lignes, nous dirons que les tracés les plus employés sont ceux à redans et courtines, et à crémaillères, comme satisfaisant le mieux dans les différents cas aux conditions d'une bonne défense organisée promptement. Le tracé à tenailles peut aussi être employé comme une amélioration du tracé à redans et courtines, les courtines étant brisées de manière à mieux flanquer les fossés des faces des redans, à en être mieux flanquées, et aussi de manière à donner plus de feux croisés sur les capitales des redans. Seulement le développement des crêtes est plus grand, le travail plus considérable.

Quant aux lignes bastionnées, elles seraient presque complétement à rejeter d'après les considérations précédentes; d'ailleurs leur tracé s'applique moins bien au terrain.

Nous pourrions au reste répéter ici ce que nous avons dit à la fin du précédent chapitre relativement au tracé. Rarement il sera unique dans tout le développement de la ligne; en certains points on préférera le tracé à crémaillères, en d'autres celui à redans et courtines; dans les points plus menacés on améliorera ce dernier en le transformant en tracé à tenailles; quelquefois même sur un point très-important on emploiera le tracé bastionné avec ses hauts reliefs et ses grands déblais: rien d'absolu ne peut être prescrit à ce sujet.

Il en sera de même pour la construction du genre de ligne choisi : les tracés donnés sont des types bons à suivre, mais que la forme du terrain comme l'importance à donner à l'ouvrage pourront faire varier.

CHAPITRE VII.

—

Dans certains cas les retranchements continus gêneraient l'action des troupes de la défense, qui ne pourraient faire de retours offensifs qu'en défilant par d'étroites ouvertures. On les couvre alors par des ouvrages isolés plus ou moins éloignés. Nous avons dit dans le quatrième chapitre que ces ouvrages pouvaient être placés de deux manières différentes, ou bien ils se flanquent les uns les autres et sont soumis par suite à certaines conditions de position réciproque ; le retranchement porte dans ce cas le nom de *ligne à intervalles :* ou bien leur position est seulement subordonnée à la forme du terrain, et leur ensemble est une *ligne à ouvrages détachés*. Occupons-nous d'abord des lignes à intervalles.

Lignes à intervalles. — On emploie habituellement pour la construction de ces lignes soit des ouvrages simples ouverts à la gorge, soit des redoutes. Les premiers ont un grand avantage, c'est que si l'ennemi vient à s'en emparer, il ne peut s'abriter contre un retour offensif au moyen des parapets ; cet avantage sera surtout sensible si en arrière de la première ligne il s'en trouve une seconde dont les feux sillonnent l'intérieur des premiers ouvrages. Cependant, même dans le cas de l'existence de ces deux lignes, il faut fermer la gorge de chaque ouvrage par les obstacles accessoires dont nous parlerons au dixième chapitre, pour que l'ennemi ne puisse par un mouvement rapide traverser un des intervalles, pénétrer dans un ouvrage, en chasser le défenseur, ou le mettre au moins dans un grand désordre, enclouer l'artillerie, et se retirer aussi rapidement devant un retour offensif : ces obstacles mettent la garnison de l'ouvrage à l'abri d'une pareille surprise, sans cacher le terre-plein aux feux des ouvrages en arrière.

Si à la bataille de la Moskowa les Russes eussent pris cette précaution pour les ouvrages qui couvraient leur front, l'un d'entre eux qui avait déjà résisté à une première attaque directe n'eût peut-être pas succombé devant une seconde combinée avec une attaque à dos faite par la cavalerie ; mais la gorge de l'ouvrage n'étant point fermée, le général Caulaincourt, à la tête de ses cuirassiers, put arriver par un mouvement rapide jusque dans l'intérieur de l'ouvrage, mettre le désordre parmi les défenseurs, et faciliter ainsi l'attaque de front.

Les ouvrages sans parapets à leur gorge seront donc généralement les meilleurs ; cependant si la ligne est très-étendue, si on ne peut mettre qu'un seul rang d'ouvrages, si enfin on redoute les efforts d'un ennemi disposant de masses considérables de troupes, alors on pourra employer des redoutes se soutenant mutuellement, comme nous le dirons tout à l'heure. C'est à peu près en suivant cette méthode que les armées alliées anglo-françaises ont défendu leurs positions autour de la partie sud de la ville de Sébastopol, ainsi que la position de Balaclava. S'aidant avec intelligence de la forme du terrain, les alliés ont ainsi transformé leurs positions en un vaste camp retranché d'un aspect formidable, et qui leur a permis de braver les efforts de l'armée russe.

Les lignes composées d'ouvrages ouverts à la gorge sont généralement formées de lunettes ; si on n'en met qu'un seul rang, voici la disposition que l'on emploie (PL. VI, *fig. 4*). Les lunettes ont leurs saillants sur la ligne de front, et leurs capitales perpendiculaires à cette ligne. Comme elles doivent se flanquer réciproquement, en admettant que les défenseurs se servent seulement du fusil d'infanterie, il faut que le coup partant du saillant d'une lunette, et perpendiculairement à la direction de sa face rencontre à 240^m,00 au plus la capitale de la lunette voisine. On obtient ainsi l'écartement des saillants, qui sera d'autant plus grand que l'angle saillant sera plus aigu. Pour diminuer le travail en augmentant cet écartement, on prend l'angle saillant minimum, c'est-à-dire de 60°; alors la distance entre chaque lunette est de 210^m,00 environ. Les faces ont une longueur de 50 à 60^m,00, et les flancs ont généralement 20^m,00, ce qui permet de les armer de 4 pièces d'artillerie; ils sont dirigés de manière à porter leurs feux sur les saillants des lunettes voisines sans en atteindre les défenseurs, c'est-à-dire que leur dernier coup Fb doit passer par le point de rencontre des pieds des talus extérieurs au saillant de la lunette voisine B.

Dans ce genre de retranchement le terrain en avant des ouvrages est couvert de feux croisés de mousqueterie qui en rendent les approches difficiles; mais si on parvient à forcer la ligne, on est sur un terrain dépourvu de feux, aucun obstacle ne couvre les réserves. On trouvera donc quelquefois qu'une seule ligne d'ouvrages ne suffit pas pour la défense, et si on a du temps et surtout des travailleurs, on construira une seconde ligne de lunettes en arrière de la première. Les lunettes du second rang seront au milieu des intervalles des lunettes du premier rang, qui sont disposées comme dans le tracé précédent. Leurs faces auront la même longueur que les faces des lunettes en première ligne, et leur seront perpendiculaires, de manière à les flanquer. On les arrêtera au pied du talus extérieur prolongé des faces des lunettes du premier rang, afin que leur dernier coup ne puisse pas prendre d'enfilade les défenseurs de ces faces. Si on a quelques pièces d'artillerie pour en armer les flancs des lunettes du second rang, on construira ceux-ci de manière que leurs derniers coups Mc et Na viennent passer par les points de rencontre des pieds de talus extérieurs des faces en c et a. Les saillants des lunettes du premier rang sont donc défendus d'abord par les feux d'infanterie de faces et de flancs des lunettes voisines du même rang, puis par les feux de mousqueterie venant des faces des lunettes du deuxième rang, enfin par les feux d'artillerie partant des flancs des lunettes du premier et du second rang. Si on n'a point d'artillerie, on dirige ces flancs de manière que leurs feux battent les saillants des lunettes voisines du même rang.

Quand on a une grande quantité d'artillerie, on peut adopter une autre disposition, avantageuse sous certains rapports, inférieure sous d'autres; ce sera au général en chef à choisir la meilleure. Les saillants des lunettes du premier rang (PL. VII, *fig. 1*) sont espacés de manière à ce que les feux d'artillerie qui en partent flanquent les capitales des lunettes voisines à 7 ou 800^m,00. Ils sont flanqués directement par les feux d'infanterie des faces des lunettes du deuxième rang, et par les feux d'artillerie des flancs des lunettes du premier rang voisines. En adoptant pour les lunettes du second rang l'angle minimum de 60°, celui des lunettes du premier rang sera de 120°, et l'écartement de leurs saillants d'environ 400^m,00. Les flancs des lunettes du deuxième rang dirigent des feux d'artillerie sur les saillants des lunettes du premier rang.

On voit que par suite de cette construction il y aura moitié moins de lunettes en première ligne, moitié moins de travail, de points d'attaque et aussi de garnison : cependant les saillants de la première ligne sont encore défendus par des feux croisés de mousqueterie et d'artillerie. En outre les secteurs privés de feux des lunettes du premier rang sont moins grands que dans la première construction, et les faces sont moins ricochables.

On pourrait ajouter une troisième ligne d'ouvrages ayant la forme de redans ; on placerait leurs saillants sur la capitale des lunettes du premier rang, et leurs faces seraient dirigées de manière à flanquer le terrain en avant des lunettes du second rang ; mais il est rare qu'on ait le temps de construire cette troisième ligne.

Remarquons qu'il n'est question dans ce qui précède que des feux croisés en avant des saillants des ouvrages, et nullement du flanquement de leurs fossés. C'est en effet, d'après ce que nous avons dit déjà pour les lignes continues, le point capital de la défense. Certaines dispositions dont nous parlerons plus tard retiennent l'assaillant sous ces feux croisés qui lui font perdre du monde et le démoralisent ; une sortie faite à propos suffira peut-être alors pour faire échouer sa tentative ; mais si les colonnes arrivent jusque dans le fossé, ce ne sont point quelques coups de fusil qui pourront les arrêter. Ce flanquement n'aura donc pas grande utilité ; cependant il est des moyens pour l'obtenir, mais ils exigent un grand surcroît de travail, et comme ils ont peu d'importance, nous ne nous y arrêterons pas.

On emploie habituellement, pour les lignes à intervalles composées d'ouvrages fermés, des redoutes carrées distribuées de telle sorte que leurs faces se flanquent réciproquement. Voici la manière la plus simple de les disposer (PL. VI, *fig. 5*) : les redoutes sont placées sur deux lignes, leurs diagonales perpendiculaires à la ligne de front ; les crêtes des faces des redoutes du deuxième rang sont dans le prolongement des pieds des talus extérieurs des faces des lunettes du premier rang, afin que le dernier coup partant de B C ne prenne pas d'enfilade les défenseurs de la face A E. Il faut en outre que les coups partant du saillant B de la redoute du deuxième rang atteignent à 240^m,00 au plus la capitale de la redoute A du premier rang, ce qui donne pour le maximum de distance entre les saillants voisins des redoutes de remier rang environ 340^m,00. La longueur des faces des redoutes est en général de 40 ou 50ᵐ,00. On peut donner moins d'épaisseur aux parapets des faces intérieures qui ne sont point exposées directement aux coups de l'artillerie. On diminue ainsi le travail à exécuter.

Lignes à ouvrages détachés. — Il y a peu de choses à dire sur ce genre de ligne, dont la construction dépend tout à fait de la forme du terrain et ne repose que sur des principes généraux. Les ouvrages étant indépendants les uns des autres et ne se prêtant mutuellement aucun secours, il est indispensable qu'ils soient fermés soit par la forme du retranchement, redoute, fortin ou fort, soit en employant des ouvrages ouverts à la gorge, mais appuyés à des obstacles infranchissables; ils doivent commander tous les abords. Leur importance dépendra de celle de la position; si on a un grand intérêt à la conserver, on la couvrira par de grands ouvrages armés d'artillerie et bien flanqués; s'il s'agit seulement d'un passage étroit, peu praticable, une petite redoute renfermant deux ou trois pièces de canon pourra suffire. En arrière des ouvrages on construira une route stratégique qui les reliera les uns avec les autres et avec la position centrale de l'armée de défense, toujours prête à se porter vers les points attaqués; des estafettes, des signaux télégraphiques la mettront en communication constante avec tous les points de la ligne.

A défaut de tracés bien définis, il faut étudier les exemples que nous offre l'histoire; un des plus remarquables peut-être est celui des lignes de Torrès-Védras, exécutées par l'armée anglo-portugaise dans les années 1809 et 1810 pour couvrir Lisbonne contre les attaques de l'armée française, et décrites avec le plus grand soin par l'ingénieur militaire anglais John Jones.

Ces lignes, qui appuyaient leur gauche à la mer et leur droite au Tage, c'est-à-dire à deux obstacles infranchissables, l'armée française n'ayant pas d'équipage de pont, se composaient d'un premier rang d'ouvrages isolés couvrant un front en arc de cercle de 38 à 40 kilomètres de longueur. Tous les accidents de terrain entre les ouvrages avaient été utilisés pour la défense. Des ouvrages fermés et garnis de batteries coupaient toutes les routes allant du centre à la circonférence ; leur garnison se composait de milices portugaises avec un noyau de troupes anglaises. Des routes établissaient des communications intérieures entre eux et aussi avec le point central où se trouvait l'armée du duc de Wellington. Des signaux télégraphiques donnaient avis au quartier général de tous les mouvements des Français. Plus tard, en arrière de cette ligne, on en construisit une seconde organisée de la même manière et ayant encore 30 ou 32 kilomètres de développement ; enfin, quelques ouvrages étaient élevés en avant de Lisbonne pour couvrir cette capitale, dans le cas où les lignes auraient été forcées.

L'armée du maréchal Masséna se présenta devant ces obstacles ; pendant un mois le général français côtoya ces lignes, cherchant un point faible ; mais enfin ne pouvant tromper la vigilance du général anglais, manquant de vivres dans un pays aride et ravagé d'ailleurs par les Anglais dans leur retraite, il fut obligé de se retirer.

CHAPITRE VIII.

DÉFILEMENT.

—

Tout ce que nous avons dit dans les chapitres précédents sur le tracé des ouvrages supposait toujours que les crêtes étaient horizontales et situées à la même hauteur pour un même retranchement, et en même temps que le terrain duquel partent les coups était aussi horizontal dans la limite de la portée des armes. Mais on comprend qu'il en sera rarement ainsi dans la nature et que le terrain sur lequel on place les ouvrages comme celui qui se trouve en avant sera toujours plus ou moins accidenté. Nous allons voir que ces accidents du sol peuvent changer les reliefs et aussi dans certains cas le tracé de la fortification. Pour simplifier nous supposerons l'ouvrage situé sur un terrain horizontal, celui des attaques étant seul accidenté.

Considérons d'abord une face isolée en avant de laquelle se trouve une hauteur, dans la limite de la portée des armes, et dessinons (PL. VII, *fig. 2*) un profil passant par la hauteur et la face. Le parapet doit seulement couvrir de l'infanterie, c'est-à-dire qu'en terrain horizontal il suffirait de lui donner 2ᵐ,00 de hauteur, les coups de l'ennemi partant de 1ᵐ,50 au-dessus du sol. Mais si dans la limite de la portée des armes se trouve la hauteur M, les coups partant de M' à 1^m,50 au-dessus de M et rasant la crête A plongeront dans l'intérieur de l'ouvrage dont les défenseurs ne seront plus couverts. L'art de les garantir de ces coups plongeants s'appelle l'*art du défilement*, et *défiler* un ouvrage, c'est *soustraire l'intérieur de cet ouvrage aux coups plongeants partant des hauteurs voisines.* En général on ne cherche à garantir les défenseurs contre ces coups que sur une zone d'une certaine largeur en arrière du parapet; on nomme *limite du défilement* la ligne qui termine cette zone plus ou moins étendue.

Supposons que le point *c* soit la limite de cette zone dans le profil précédent; il faut que le défenseur situé en ce point soit couvert à 2^m,00, c'est-à-dire que les coups partant de M' ne puissent pas arriver au-dessous du point *b*. On atteindra évidemment ce résultat si on élève la crête de A en B sur la ligne *b* M' : tous les coups qui porteraient au-dessous de *b* sont interceptés, et l'ouvrage est défilé. De là un premier mode de *défilement* obtenu *par l'exhaussement du relief*. Mais si on eût creusé le terre-plein en arrière, sans toucher à la crête A, de manière qu'il se trouvât à 2^m,00 au moins au-dessous du coup le plus dangereux M' A, le défenseur serait encore abrité des coups partant du point M' par la crête primitive A, et l'ouvrage serait *défilé par l'abaissement du terre-plein*.

En résumé il existe donc deux modes de défiler un ouvrage, soit en élevant son relief, soit en abaissant son terre-plein, de manière que dans les deux cas le défenseur placé sur le terre-plein à la limite du défilement soit couvert par la crête contre les coups plongeants. On peut employer l'un ou l'autre de ces deux modes; nous les appliquerons successivement à un ouvrage simple.

Remarquons d'abord que dans la PL. VII, *fig. 2*, la ligne *b* M' peut être considérée comme l'intersection par le plan de profil d'un autre plan passant par la ligne limite du défilement située à 2^m,00 au-dessus du sol et tangent à la hauteur dangereuse relevée de 1^m,50, ou pour mieux dire tangent à une surface artificielle parallèle à la première, à 1^m,50 au-dessus, et de laquelle partent les coups de l'assaillant; pour défiler le terre-plein nous avons placé la crête B dans ce plan passant à 1^m,50 au moins au-dessus de la hauteur dangereuse, et à 2^m,00 au moins au-dessus du terrain à défiler. Il est facile de voir que toutes les fois que les crêtes d'un ouvrage seront placées d'une manière analogue, aucun coup plongeant ne pourra arriver dans l'intérieur du terre-plein à moins de 2^m,00 au-dessus du sol, c'est-à-dire de manière à atteindre les défenseurs. Nous pourrons donc dire d'une manière générale que pour défiler un ouvrage il suffit de *mettre les crêtes dans un plan passant au moins à 2^m,00 au-dessus du terre-plein que l'on veut défiler et laissant au moins à 1^m,50 au-dessous de lui toutes les hauteurs dangereuses dans la limite de la portée des armes* (1). Ce plan porte le nom de *plan de défilement*.

Le problème du défilement est donc ramené à celui de la recherche d'un plan satisfaisant aux conditions que nous venons d'énoncer, problème moins simple dans la réalité qu'il ne l'est en apparence; il est susceptible en effet de plusieurs solutions parmi lesquelles il faudra choisir le plan donnant les reliefs moindres, c'est-à-dire la moins grande quantité de travail à exécuter : quelquefois même les reliefs sont tellement considérables que la solution directe est impossible, comme on le verra tout à l'heure.

Dans le défilement par l'abaissement du terre-plein, la crête est choisie à l'avance en A, le plan de défilement *a*M′

---

(1) Il est bien entendu que l'on veut seulement défiler de l'infanterie ; la cavalerie exige, pour être couverte, une hauteur de 2^m,50 ; il faudrait donc pour la défiler tenir le plan de défilement au moins à 2^m,50 au-dessus du terre-plein.

passe par cette crête et doit encore laisser à 1^m,50 au moins au-dessous de lui toutes les hauteurs dangereuses; le terre-plein est tenu dans un plan parallèle et à 2^m,00 au-dessous du plan de défilement, qui satisfait donc encore à des conditions analogues aux précédentes, car il passe toujours à 2^m,00 au moins au-dessus du terre-plein excavé à cet effet.

Il n'est pas commode dans la pratique de construire un plan passant à 1^m,50 au-dessus des hauteurs dangereuses; il est plus facile de trouver un plan parallèle au premier, situé à 1^m,50 au-dessous, et tangent par conséquent à ces hauteurs. On donne à ce plan auxiliaire de construction le nom de *plan de site;* son intersection avec le plan de profil est *b'*M (PL. VII, *fig. 2*): il se trouve à 0^m,50 au moins au-dessus de tous les points du terre-plein quand on veut défiler de l'infanterie, puisque le plan de défilement doit être à 2^m,00 au-dessus. Il serait au moins supérieur de 1^m,00 à ce terre-plein si on devait défiler de la cavalerie qui a besoin d'être couverte à 2^m,50 près. L'intersection du plan de site avec le plan vertical passant par la limite du terrain à défiler se nomme la *charnière*. Dans le défilement par l'exhaussement du relief, cette ligne est située à 0^m,50 ou 1^m,00 au-dessus du sol suivant que l'on veut défiler de l'infanterie ou de la cavalerie, et habituellement horizontale; cependant comme elle appartient au plan de site, qui ne peut rencontrer les hauteurs dangereuses, qui doit au plus leur être tangent, on sera quelquefois obligé de l'incliner quand des hauteurs se trouveront dans son prolongement. Dans le cas du défilement par l'abaissement du terre-plein, la charnière s'abaisse même quelquefois au-dessous du sol; le plan du terre-plein est creusé à 0^m,50 au-dessous du plan de site pour défiler de l'infanterie, à 1^m,00 pour défiler de la cavalerie.

Il faut donc choisir d'abord une charnière dont la projection soit la limite du terrain défilé, puis mener par cette ligne un plan tangent aux hauteurs dangereuses, c'est-à-dire à celles qui sont situées à une distance ne dépassant pas la portée des armes de l'assaillant. Ce plan relevé de 1^m,50 donnera le plan de défilement dans lequel on tiendra les crêtes, et à 2^m,00 ou à 2^m,50 au moins au-dessous duquel sera le terre-plein.

Appliquons les idées générales que nous venons d'exposer à quelques ouvrages simples, et d'abord aux ouvrages ouverts à la gorge : nous choisirons le redan comme le plus simple de tous. En avant du redan A C B (Pl. VII, *fig. 3*), se trouvent des hauteurs représentées par leurs courbes horizontales, comme en topographie ; la courbe xy située à 800^m,00 de C si l'on craint d'être attaqué par de l'artillerie, et à 300^m,00 seulement si l'on redoute une attaque d'infanterie, est la limite du terrain dangereux. La gorge A B est la limite du terrain à défiler ou du défilement, car le choix d'un ouvrage ouvert à la gorge pour défendre la position indique que l'on n'a rien à craindre du terrain situé en arrière : cette ligne relevée de 0^m,50 au-dessus du sol sera la charnière, pourvu, comme nous l'avons dit, que prolongée jusqu'à la limite du terrain dangereux, elle ne vienne pas le rencontrer. Soit 7^m,00 la cote du sol, celle de la charnière sera 7^m,50. Par cette horizontale on mènera un plan tangent au terrain dangereux *(voir la note à la fin du chapitre)*; ce sera le plan de site. Soit M le point de contact ; pour avoir le plan de défilement P, il suffira de relever le plan de site de 1^m,50, ce qui revient à augmenter toutes ses cotes de la même quantité. Les crêtes seront tenues dans ce plan, et la cote 10^m,60 du point C s'obtiendra en menant l'horizontale Cc.

Il pourrait arriver, ou par suite de l'élévation du point M ou à cause de sa proximité du redan, que le plan de défilement donnât pour le point C un relief supérieur à 4^m,00, alors la solution ne serait pas admissible, car le parapet ne doit pas dépasser cette hauteur pour pouvoir être exécuté avec les faibles moyens d'une armée en campagne. Si la raideur du plan de défilement tient à la trop grande élévation de la hauteur M, on peut combiner le défilement par l'exhaussement du relief avec celui produit par l'abaissement du terre-plein, ou bien avoir recours à des masses couvrantes appelées traverses, comme nous l'indiquerons plus loin, ou bien enfin changer la position de l'ouvrage.

Mais si la hauteur sans être dominante est seulement rapprochée de la charnière de manière à raidir beaucoup le plan de défilement, on peut, au lieu de changer la position de l'ouvrage qui est d'ailleurs forcée dans certains cas, se contenter de changer la direction de la charnière, qui ne sera plus dirigée suivant la ligne de gorge. On la fait passer par l'extrémité C de la partie de l'ouvrage la plus éloignée de la hauteur (PL. VIII, *fig.* 1) et de manière qu'elle soit à peu près perpendiculaire à la ligne qui joindrait le point C au point dangereux. Une fois la charnière fixée, on construit de même le plan de site tangent à la hauteur dangereuse, en M, puis le plan de défilement P à 1^m,50 au dessus.

Les crêtes seront tenues dans ce plan et couvriront par conséquent le défenseur situé sur le terre-plein. L'ouvrage sera défilé d'après la définition que nous avons donnée plus haut, c'est-à-dire que les défenseurs situés sur le terre-plein seront bien garantis. Voyons quelle est la position de ceux situés sur les banquettes. Dans les ouvrages ordinaires, ils sont couverts de face à 1^m,30 de hauteur par la crête, et des vues de dos au moins à la même hauteur par les crêtes des autres faces : dans le cas actuel il en sera bien de même pour les défenseurs de la face BC; la crête de cette face les abrite contre les coups directs partis du terrain en avant, la crête AB contre ceux partis de la hauteur M. Mais les défenseurs de la face AB couverts à 1^m,30 des vues de face partant de la hauteur, sont vus à revers par les coups partant du terrain en arrière de la charnière D E, comme le montre le profil fait suivant S N (PL. VIII, *fig. 2*), dans lequel le point N est à 1ᵐ,50 au dessus du sol, hauteur de laquelle partent les coups. Pour obvier à cet inconvénient, il faut élever à l'intérieur de l'ouvrage une masse couvrante BV à laquelle on donne le nom de *parados*. Son épaisseur varie suivant la nature des projectiles à redouter; elle est soutenue par deux talus inclinés au talus naturel des terres. Il suffirait à la rigueur qu'elle couvrît les défenseurs à 1ᵐ,30; mais on l'élève de manière à les abriter complétement des vues de dos, c'est-à-dire que les coups rasant sa crête doivent passer à 1ᵐ,80 au moins au dessus de la banquette. Pour cela on tient cette crête dans un plan R passant par la crête A B relevée de 0ᵐ,50, et situé au moins à 1ᵐ,50 au dessus du terrain dangereux situé en arrière de la charnière D E. Ce plan porte le nom de *plan de revers;* il est marqué au profil par la droite H L. Le parados a ordinairement sa crête dirigée en capitale de l'ouvrage.

Enfin il pourrait arriver qu'aucun plan de défilement ne pût satisfaire aux différentes conditions que nous avons énoncées, c'est-à-dire à celle de passer à 2ᵐ,00 au moins au dessus du terre-plein de l'ouvrage, à 1ᵐ,50 au moins au dessus du terrain dangereux, et enfin, de ne pas donner plus de 4ᵐ,00 de relief pour les crêtes. C'est ce qui arriverait par exemple si l'ouvrage était entouré à droite et à gauche de hauteurs très-rapprochées de la ligne de gorge prolongée. Alors si la position du retranchement ne peut être changée par suite d'autres considérations, voici d'une manière générale comment on se mettra à l'abri des coups plongeants : on sépare l'ouvrage en deux parties (PL. VIII, *fig. 3*) par une ligne BD située à peu près en capitale; on défile la partie droite D B C de la hauteur de droite M, en tenant la crête B C dans un plan de défilement passant au moins à 1ᵐ,50 au dessus de M et à 2ᵐ,00 au dessus de la partie de terre-plein D B C. Un autre plan sert au défilement de la partie de gauche D B A des coups partant de la hauteur M'. Les crêtes sont donc ainsi tenues dans deux plans différents et couvrent les parties du terre-plein en arrière des coups partant des hauteurs opposées. Seulement, la partie de droite D B C ne sera pas défilée par la crête de gauche A B des coups partant de la hauteur de gauche, et de même la crête de droite B C ne garantit pas les défenseurs de la partie de gauche D B A des coups partant de la hauteur de droite. Une masse couvrante nommée *traverse* élevée suivant B D servira à garantir les portions de droite et de gauche des coups de revers partant des hauteurs de gauche et de droite ; on considérera alors chacune de ces deux parties comme un ouvrage isolé qu'il faudra défiler par la crête B D, la première D B A de la hauteur M, la seconde D B C de la hauteur M' ; on construira deux plans de défilement dits *plans de revers*, et la crête de la traverse sera tenue dans le plus élevé des deux.

Si on veut défiler un ouvrage par l'abaissement du terre-plein, la méthode sera exactement la même : on prend en général pour charnière la gorge de l'ouvrage, cotée au plus bas sur le sol si on veut défiler de l'infanterie, et 0^m,50 en dessous si on veut défiler de la cavalerie, afin que les crêtes aient au moins 1^m,50 de relief ; si elles avaient moins, l'ennemi placé sur le bord de la contrescarpe ne serait plus dominé par les défenseurs des banquettes. La charnière choisie on mène à l'ordinaire le plan de défilement dans lequel on tient les crêtes, et on abaisse le terre-plein à 2^m,00 ou à 2^m,50 en dessous.

Mais il y a un cas particulier qui permet de maintenir horizontales les crêtes de l'ouvrage comme nous le faisions dans les premiers chapitres ; c'est lorsque tout le terrain dangereux situé au-dessus du sol horizontal est compris entre les branches de l'ouvrage prolongées (PL. IX, *fig. 1*). Tenons les crêtes A B et B C horizontales à 2^m,00 au-dessus

du sol; par la crête AB abaissée de 1^m,50 menons un plan
tangent à la hauteur au point M, et tenons le terre-plein en
arrière à 0^m,50 au-dessous de ce plan de site; de même par
la crête CB abaissée de 1^m,50 menons un autre plan de site
tangent à la hauteur dangereuse en M′ et tenons le terre-
plein en arrière de CB à 0^m,50 en dessus de ce plan. Les
deux plans de terre-plein se couperont suivant une droite BD
passant par le point B; les défenseurs situés dans la partie
ABD sont défilés des coups passant au-dessus de AB et partant de la hauteur; de même les défenseurs de la partie DBC
sont couverts contre tous les coups passant au-dessus de la
crête BC. Pour montrer que l'ouvrage est complétement
défilé, il suffit de prouver qu'un coup passant au-dessus de
AB par exemple ne peut atteindre un défenseur de la partie
DBC. Et en effet la direction M′E du projectile qui rencontre AB en I coupe BC prolongé en I′. Mais ce point élevé à
2^m,00 au-dessus du sol suffirait d'après la construction pour
garantir le défenseur situé en E; donc *à fortiori* le point E
est garanti par le point I qui a le même relief et est plus
rapproché du point à couvrir que le point I′. Le défilement
est donc complet.

Après tout ce que nous venons de dire, un seul mot suffira
pour faire comprendre le défilement des ouvrages fermés. On
choisit pour charnière une droite passant par un des points de
la crête et laissant tout l'ouvrage d'un même côté entre elle et
la hauteur, comme nous l'avons fait à la figure 1 de la planche VIII pour un ouvrage ouvert à la gorge. Par son moyen
on construit un plan de site, puis un plan de défilement dans
lequel on cote les crêtes. Le terre-plein est défilé par l'exhaussement du relief; mais un profil perpendiculaire à la charnière ferait voir comme dans le cas que nous venons de
citer que les défenseurs des banquettes des faces qui sont
vis-à-vis de la hauteur M sont pris à revers par les coups
partant du terrain en arrière de la charnière. Il faudra pour

les garantir élever un parados dont le relief se déterminera comme nous l'avons dit pour un ouvrage ouvert à la
gorge.

Quand un seul plan ne peut remplir toutes les conditions
nécessaires pour être le plan de défilement d'un ouvrage
fermé, on divise le terre-plein en deux parties par une traverse comme dans le cas d'un ouvrage ouvert à la gorge.
Chaque partie a un plan de défilement particulier qui défile
son terre-plein des coups de face ; puis la crête de la traverse est choisie de manière à garantir les défenseurs des
coups de revers provenant de la hauteur dont le terre-plein
sur lequel ils sont n'est pas défilé, élevant cette crête jusqu'au plus élevé des deux plans de revers construits comme
précédemment.

De tout ce que nous venons de dire il résulte que dans
la pratique la crête des ouvrages est rarement horizontale.
La construction des ouvrages en plan qui dépendait du profil
dans le cas des crêtes horizontales sera donc un peu changée,
puisque le profil varie en chaque point d'une crête inclinée.
Voyons comment se fait cette construction (PL. IX, *fig. 3*) :
soit AB une crête intérieure cotée 18,40 et 17,80 aux deux
points A et B, dans un certain plan de défilement, 15 étant
la cote du sol. D'abord l'épaisseur du parapet étant constante,
de 2^m,00 par exemple, la crête extérieure *ab* est parallèle à
la crête intérieure et à 2^m,00 de distance ; puis comme l'inclinaison de la plongée a été déterminée d'après la pente à
donner au coup de fusil, qui est toujours perpendiculaire à la crête, à 5 de base pour 1 de hauteur, par exemple, on tiendra les points *a* et *b* respectivement à 0^m,40 en
dessous des points correspondants A et B ; c'est-à-dire que la
pente réelle de la plongée est un peu plus raide que celle de
5 pour 1, qui est la pente suivant le profil droit.

Pour les autres talus, la pente suivant le profil ne se con-
fondra pas non plus avec la pente absolue ; seulement ce ne

sera plus suivant le profil droit que le talus extérieur, par exemple, devra être incliné au talus naturel des terres, mais d'une manière absolue ; car autrement la pente réelle étant plus raide que celle suivant le profil droit, le talus extérieur serait plus raide que le talus naturel des terres, et les projectiles le dégraderaient trop facilement. Il en sera de même du talus intérieur et du talus de banquette. Les horizontales de ces talus se trouvent facilement ; il faudrait par exemple pour le talus extérieur mener un talus à 45° par la crête extérieure *a b* cotée en deux de ses points. C'est la quatrième question tracée au chapitre II, nous n'y reviendrons pas.

La banquette est tenue parallèle au plan de défilement et à 1^m,30 en dessous. Il est donc facile de chercher son intersection avec le talus intérieur et d'avoir les cotes de ses différents points.

L'inclinaison des crêtes apporte encore d'autres changements dans la construction des ouvrages, et aussi dans le rapport qui existe entre les volumes du déblai et du remblai. D'abord les crêtes extérieures ne se rencontreront généralement pas. En effet, soit F le point de rencontre coté 17,68 des deux crêtes intérieures (PL. IX, *fig. 3*); si la plongée est inclinée à 5 pour 1, et si le parapet a 2^m,00 d'épaisseur, les deux points cotés 17,28 des deux crêtes extérieures s'obtiendront en abaissant du point F des perpendiculaires sur ces crêtes, puisque la différence de niveau entre les deux crêtes suivant le profil droit doit être de $\frac{2,00}{4}$ ou de 0^m,40. Ces points sont à égale distance du point de rencontre des projections des crêtes extérieures, et pour que ce dernier fût à la même cote sur les deux crêtes, il faudrait qu'elles fussent également inclinées et dans le même sens à partir des points cotés 17,28, ce qui n'aura lieu que dans le cas où l'échelle de pente du plan des crêtes est parallèle à la bissectrice de l'angle qu'elles forment.

S'il n'en est pas ainsi, on fait en ce point un raccordement en prenant environ 0^m,60 sur les crêtes extérieures à partir du point de rencontre de leurs projections et joignant les points I et I′ ainsi obtenus entre eux et avec les points F et M, points de rencontre des crêtes intérieures et des pieds de talus extérieurs.

Les relations entre les volumes du déblai et du remblai changent quand les crêtes sont inclinées. On ne peut donner au fossé une largeur et une profondeur constantes, car il y aurait des portions de fossé qui fourniraient trop de terre pour la partie correspondante du remblai, tandis que d'autres n'en fourniraient pas assez. L'excès du déblai à l'extrémité d'une face devrait donc être transporté à l'autre extrémité pour combler le déficit du remblai ; le travail serait mal organisé. Il vaut mieux que le remblai soit fourni par la partie du déblai qui est directement en avant. Pour obtenir ce résultat on laisse habituellement la profondeur constante en faisant varier la largeur du fossé. Ce qu'il y a de plus simple et conduisant à un résultat pratique suffisamment exact est de donner au fossé à chacune de ses extrémités la largeur fournie par les deux profils extrêmes, pour une même profondeur choisie à l'avance : ainsi on fait un profil à chaque extrémité; on calcule les largeurs correspondantes du fossé pour la profondeur donnée et en tenant compte du foisonnement; ce sont les largeurs pour les deux extrémités; on les dessine, et joignant leurs extrémités on a le bord supérieur de la contrescarpe.

Nous avons indiqué quel était le profil des traverses et leur position ordinaire en capitale. Rarement on les prolonge jusque vers l'angle saillant dont on a besoin, comme nous le verrons dans le chapitre suivant, pour placer de l'artillerie dont les feux à mitraille balayent le secteur dépourvu de feux d'infanterie.

Arrivées à une certaine distance du saillant, elles sont dirigées, soit sur la droite (Pl. X, *fig. 1*), soit sur la gauche, perpendiculairement à la crête, et on les prolonge jusqu'à leur rencontre avec le talus extérieur.

————

————

Supposons d'abord la droite donnée horizontale (Pl. VII, *fig. 3*); AB est cette droite cotée 7ᵐ,50 à 0ᵐ,50 au-dessus du sol. On remplace la surface quelconque à laquelle il faut mener un plan tangent par une surface cylindrique dont les génératrices sont parallèles à la droite AB, et qui est tangente à la surface primitive. Ces génératrices sont des tangentes aux différentes courbes horizontales, et le plan tangent à la surface cylindrique le sera aussi à la première. Or ce plan est facile à trouver : il suffit d'avoir la génératrice de contact; pour l'obtenir coupons le cylindre et la droite AB par un plan vertical perpendiculaire aux génératrices que nous rabattrons autour de la trace DE, cotée 0 par exemple. La courbe de section est facile à construire, puisque nous connaissons la hauteur de chaque génératrice au-dessus du sol ou du plan de comparaison; le point où A B rencontre le plan vertical se rabat en *d'*, et la tangente *d' m* est l'intersection du plan tangent cherché par le plan vertical DE. M*m*, parallèle à AB, sera donc la génératrice de contact que l'on peut coter facilement, connaissant la hauteur du point *m* au-dessus de la droite DE. Il ne reste plus qu'à faire passer un plan par les deux droites parallèles et horizontales M*m* et AB.

Dans le cas où la droite donnée est inclinée, il est encore facile de construire le plan tangent; soit AB (Pl. IX, *fig. 2*) la droite donnée avec les cotes correspondantes à celles des courbes de la surface. Par les points de division menons des tangentes aux courbes à mêmes cotes; ce seront les horizontales d'autant de plans passant par la droite A B et coupant généralement le terrain. Le plus raide de tous ces plans sera en même temps le plus élevé et ne fera que toucher la surface suivant une certaine zone; ce sera donc le plan tangent cherché. Or le plan le plus raide sera évidemment celui dont l'horizontale fera le plus petit angle avec la partie descendante de la droite A B; il correspondrait ici à l'horizontale CD cotée 10. Connaissant l'horizontale et une droite par laquelle passe le plan, il est facile d'en construire l'échelle de pente. Le problème est donc complétement résolu.

CHAPITRE IX.

ORGANISATION INTÉRIEURE DES OUVRAGES. — RÉDUITS.

—

Il ne suffit pas de connaître le tracé de l'ouvrage que l'on veut employer, il faut encore être au courant de certaines dispositions particulières, soit intérieures, soit extérieures, comme les entrées ou sorties, la manière de placer l'artillerie, de fermer la gorge des ouvrages, d'opposer à l'assaillant des obstacles destinés à le retenir sous le feu du défenseur; en un mot, il faut que l'organisation de l'ouvrage facilite autant que possible le rôle de la défense. Parmi les dispositions à adopter, les unes ont pour but d'opposer à l'assaillant un certain nombre d'obstacles successifs à franchir sous les feux du défenseur, obstacles qui les rebuteront ou mettront au moins les colonnes en désordre; on leur donne le nom de *défenses accessoires*, comme n'étant point nécessaires à l'existence de l'ouvrage. D'autres dispositions au contraire sont d'un usage continuel et indispensable, comme les passages donnant accès dans un ouvrage fermé, ou permettant de franchir une ligne continue; elles sont toutes intérieures, et nous allons nous en occuper d'abord.

Passages. — Pour permettre de franchir un retranchement, on pratique dans son parapet des interruptions ou

coupures auxquelles on donne le nom de passages; elles ont
la largeur nécessaire pour donner accès aux troupes et au
matériel, largeur mesurée sur le sol, et variable suivant
l'importance du passage et sa destination pour la circulation
des hommes, des chevaux ou des voitures; 1^m,00 peut suffire à la rigueur pour les hommes, 2^m,00 ou 2^m,50 pour les
voitures; mais si le passage doit servir à de fortes colonnes,
et surtout dans le cas des lignes, on lui donne 4^m,00 de largeur, et même au delà. Ces passages ont habituellement leur
axe perpendiculaire à la direction de la face dans laquelle ils
sont ouverts; les terres sont soutenues de chaque côté par
des profils en talus, inclinés à la pente naturelle des terres
quand ils peuvent être frappés par les projectiles ennemis,
mais tenus plus raides quand ils échappent aux vues de l'artillerie. On diminue ainsi la trouée produite par l'ouverture
pratiquée dans le parapet, et qui permet aux projectiles
d'entrer dans l'intérieur de l'ouvrage; seulement il faut maintenir ces talus par des moyens artificiels dont nous parlerons
plus loin.

La trouée dans le parapet offre quelquefois un inconvénient trop grave pour qu'on ne cherche pas à y remédier; en
voici le moyen : en arrière de la coupure (Pl. IV, *fig. 1*) et à
une distance variable suivant la largeur du passage, on
élève une traverse avec un profil défensif ordinaire, c'est-à-
à-dire munie à l'intérieur d'une banquette sur laquelle sont
placés des hommes pour défendre plus efficacement ce point
faible. Cette traverse arrête les projectiles si on lui donne
une longueur suffisante; or, en prenant pour points cou-
vrants les limites des talus intérieurs et extérieurs à 2^m,00
au-dessus du sol, les coups dangereux pourraient provenir
de tous les points du secteur MON, et la traverse devrait être
prolongée de manière à arrêter les coups extrêmes MO et NO.
Elle atteindrait ainsi, par suite de l'ouverture du secteur,
une longueur très-considérable et encombrerait le terre-
plein. Pour la raccourcir, on construit de chaque côté du

passage une petite traverse de 1^m,50 à 2^m,00 d'épaisseur. Le point couvrant intérieur est transporté sur l'arête de la traverse, toujours à 2^m,00 au-dessus du sol; l'ouverture du secteur dangereux est diminuée, et par suite la longueur de la traverse, qui est prolongée de manière à dépasser de 1^m,00 environ la direction N′l et M′l′ des derniers coups dangereux. Elle est soutenue à ses extrémités par des profils en talus. Si on la trouvait encore trop longue et qu'elle dût arrêter seulement la mousqueterie, au lieu de la construire en terre on la formerait de corps d'arbres jointifs enfoncés verticalement dans le sol et le dépassant de 2^m,00 ou 2^m,50. (Voyez le paragraphe sur les *palanques*.)

En avant de la coupure on peut interrompre le fossé; mais il vaut mieux pour qu'il soit continu établir la communication au moyen d'un petit pont construit de la manière suivante : on pose en travers sur le fossé et parallèlement à l'axe du passage des poutrelles équarries, espacées de 0^{m}50 à 1^m,00 suivant leur force, en nombre variable avec la largeur du passage, et dépassant les bords supérieurs de l'escarpe et de la contrescarpe de 0^m,40 au moins. Elles supportent le tablier du pont composé de madriers. Si la largeur à franchir était considérable, on diminuerait la portée en plaçant un chevalet au milieu du fossé.

L'emplacement de ces passages varie suivant le genre de retranchement. Comme ce sont des points faibles, il faut toujours les mettre sur les parties les moins attaquables.

Dans les fortins et les lignes à redans, ils seront placés vers les angles rentrants et sur les courtines dans les tracés bastionnés. Les passages qui traversent une ligne à crémaillères ne peuvent être mis sur les flancs déjà très-courts; on les ouvre sur les faces près du rentrant.

Quelquefois on remplace la traverse qui bouche la trouée par un parapet extérieur en forme de redan (PL. V, *fig. 1*) : la construction est un peu plus longue, mais elle offre quelques avantages en facilitant les sorties. Deux passages sont alors ménagés entre les extrémités des faces du redan, et le bord de la contrescarpe.

Passage sous les traverses. — Quand on est obligé de construire une traverse pour défiler un ouvrage (Pl. X, *fig. 1*), on le divise ainsi en deux parties qui ne peuvent rester isolées l'une de l'autre sans que cet isolement ne nuise à une bonne défense. On construit alors une galerie traversant le massif de la masse courante et dont la partie supérieure doit être au-dessous des plans de défilement, pour que les projectiles ne puissent atteindre les pièces de bois qui soutiennent les terres. L'axe du passage est généralement dirigé d'équerre sur celui de la traverse. S'il ne doit servir que pour l'infanterie, il suffit de lui donner 1^m,00 ou 1^m,50 de largeur; mais il devra avoir au moins 2^m,10 si l'artillerie doit y passer. Les figures 3 et 4 de la planche X sont deux coupes faites dans le passage. On place d'abord à droite et à gauche une série de poteaux verticaux de 0^m,15 à 0^m,18 d'équarrissage, enfoncés dans le sol de 0^m,60 à 0^m,80 et le dépassant de 1^m,90. Ils sont distants de 1^m,00 environ d'axe en axe. Les têtes des poteaux placés du même côté sont réunies par une pièce de bois horizontale nommée *chapeau*. Des madriers de 0^m,03 à 0^m05 d'épaisseur placés jointifs en arrière de ces poteaux soutiennent les terres; pour former le *ciel* de cette galerie et supporter les terres qui la recouvrent, on place de mètre en mètre au-dessus des poteaux verticaux des pièces de bois horizontales reposant sur les chapeaux perpendiculairement à l'axe du passage; leur équarrissage est le même que celui des montants. Sur ces traverses reposent des madriers jointifs parallèles à l'axe et qui supportent les terres.

Magasins. — Lorsque l'ouvrage doit être abandonné pendant un certain temps à ses propres ressources, il faut y avoir des magasins pour renfermer les munitions et les mettre à l'abri des injures de l'air et surtout des projectiles de l'ennemi ; on les construit sous les traverses, ou sous les portions de parapet les moins exposées aux projectiles. Les magasins en charpente sont disposés comme les passages dont nous venons de parler ; leur axe est dirigé suivant celui de la traverse, et souvent ils aboutissent dans le passage. Placés sous le parapet, leur construction est toujours la même ; les figures 1 et 2 de la planche X donnent le plan et la coupe d'un magasin ainsi disposé. La coupe est faite perpendiculairement au magasin et suivant l'axe du passage qui y mène, lequel n'est autre chose qu'une coupure faite dans le massif de la banquette et de son talus, en soutenant les terres au moyen de pieux et de madriers. Pour que la circulation ne soit pas interrompue sur la banquette, on recouvre le passage avec des madriers, qui doivent être au moins à 1^m,80 au-dessus du fond. Pour cette raison, et aussi pour que le ciel soit recouvert d'une quantité suffisante de terre, le plancher du magasin est habituellement au-dessous du sol naturel ; il est formé de madriers soutenus par des poutrelles ; en dessous est une rigole avec puisard pour l'écoulement des eaux d'infiltration.

La paroi extérieure doit se trouver au moins à 1^m,00 en arrière du talus extérieur et le ciel à 0^{m}60 au moins au-dessous de la plongée.

Au lieu de soutenir les parois du magasin avec des montants et des madriers, on peut se servir de fascines disposées suivant un talus au quart ou au tiers et piquetées comme nous l'indiquons plus loin à propos des revêtements de talus. Les terres à droite et à gauche du passage sont soutenues de la même manière, et le ciel se compose de poutrelles reposant sur les fascines et soutenant les madriers.

Barrières. — Les ponts en bois dont nous avons parlé plus haut sont démontés la nuit et rentrés dans l'intérieur de l'ouvrage. Alors la communication est interrompue ; mais pour que la fermeture existe de jour comme de nuit, il faut placer des barrières dans les coupures. Leur forme est la même que celle des barrières employées dans les campagnes; seulement les bois sont d'un plus fort équarrissage pour présenter plus de résistance (Pl. X, *fig. 5*); elles sont à un ou à deux ventaux suivant la largeur du passage, et doivent être fermées avec un fort cadenas. Les fuseaux verticaux sont espacés de 0^m,10 à 0^m,12 et leurs pointes sont au moins à 1^m,80 ou 1^m,90 au-dessus du sol. On les pose habituellement dans le prolongement des crêtes intérieures, les poteaux fixes plantés aux pieds des profils en talus. Des palissades dont nous parlerons au chapitre suivant bouchent la trouée qui reste entre les poteaux fixes et les profils en talus.

Il existe beaucoup d'autres formes de barrière; mais leur description nous entraînerait trop loin.

Revêtements. — Parmi les talus qui limitent les parapets, les uns sont inclinés au talus naturel des terres ou suivant un talus plus doux, et se soutiennent sans aucun secours; les autres plus raides que le talus naturel s'ébouleraient sous l'action des pluies, si on ne les soutenait artificiellement, ce qui s'appelle les *revêtir*. On nomme donc *revêtement* un mode artificiel de soutenir les terres sous un talus plus raide que le talus naturel.

Le revêtement employé le plus souvent est le *revêtement en gazons* (Pl. XI, *fig. 1*). On coupe dans un pré nouvellement fauché des mottes régulières ayant la forme de parallélipipèdes de 0^m,30 de longueur, 0^m,20 de largeur et 0^m,15 à 0^m,18 d'épaisseur. On en dispose une première couche à plat, l'herbe en dessous, au pied du talus que l'on veut monter, comme il est indiqué sur le plan. Les gazons dont le long côté forme parement sont placés en *panneresses;* ceux qui ont ce long côté perpendiculaire au talus sont placés en *boutisses;* il y a alternativement deux panneresses et une boutisse. En dessus de cette première couche on en met une seconde, toujours l'herbe en dessous, disposant les gazons pleins sur joints, et alternant aussi l'emplacement des boutisses. De distance en distance on fixe les gazons entre eux par des piquets verticaux. Cette espèce de muraille destinée à soutenir les terres suivant la pente donnée est montée ainsi par couches successives en même temps que le parapet, dont le massif se relie avec elle par le moyen des boutisses.

Au lieu de placer les gazons comme nous venons de l'indiquer, on se contente quelquefois de les plaquer sur le talus préparé à l'avance, les maintenant par un ou deux piquets, et les posant l'herbe en dehors. Mais ce genre de revêtement sans solidité ne doit s'employer que pour les terres très-fortes qui exercent peu de poussée.

On construit aussi des revêtements en *fascines*. On appelle fascine une espèce de fagot fait avec des menus branchages, de $0^m,22$ de diamètre, de $2^m,00$ à $2^m,50$ de longueur et serré par trois ou quatre liens ou *harts* en osier ou bois flexible. On place d'abord au pied du talus que l'on veut revêtir une rangée de fascines à demi enterrées dans le sol (PL. XI, *fig. 2*). Une seconde rangée se place au dessus de la première, en ayant soin de bien suivre le talus et de faire croiser les joints. De distance en distance la seconde rangée est fixée à la première par des piquets. On pose les rangs successifs à mesure que s'élève le remblai ; puis pour résister à la poussée des terres, on plante dans le terrassement et à 1^m00 en arrière, de forts piquets reliés au revêtement par des *harts de retraite*.

Quelquefois on soutient les terres au moyen d'un *clayonnage* fait avec de petites branches flexibles; les perches autour desquelles on clayonne sont enfoncées dans le sol au pied du talus et suivant sa pente à une distance de $0^m,25$ à $0^m,30$ les unes des autres. Pour que ce genre de revêtement soit solide, il faut le soutenir contre la poussée des terres au moyen de harts de retraite et de forts piquets.

Enfin on se contente quelquefois de pilonner fortement entre deux parois de madriers, dont l'une a la pente du talus, la terre un peu humide qui doit former le revêtement. Le travail achevé on retire les madriers et il reste une espèce de muraille qui acquiert par le desséchement une grande solidité et peut résister à la poussée des terres. Ce genre de revêtement porte le nom de *revêtement en pisé*.

Armement des ouvrages en artillerie. — Il y a deux manières différentes de placer l'artillerie dans un ouvrage. Dans le cas où le tir doit embrasser un vaste secteur, on dispose la pièce de manière qu'elle puisse tirer par dessus le parapet : on dit alors qu'elle tire à *barbette*; si la direction du tir est au contraire peu étendue, on pratique dans le parapet suivant cette direction une espèce de coupure à travers laquelle la pièce doit tirer, et qui reçoit le nom d'*embrasure*.

Occupons-nous d'abord du tir à barbette. La volée de la pièce devant passer au-dessus de la plongée de l'ouvrage, la pièce doit être sur une plate-forme en terre assez élevée pour remplir cette condition. D'après la construction des affûts de campagne, la différence de niveau entre la plateforme et la crête est de $0^m,80$: c'est ce que l'on nomme la hauteur de *genouillère*, et on appelle *barbette* la plate-forme disposée pour ce tir.

On peut construire les barbettes en un point quelconque des crêtes; mais le plus souvent on les place aux angles saillants, en capitale, de manière que les pièces tirent dans le secteur dégarni de feux, à l'inconvénient duquel on remédie en partie de cette manière. Supposons d'abord les crêtes horizontales (Pl. IV, *fig. 1*). Nous remarquerons que la pièce ne peut s'approcher du saillant, ce qui rend le tir difficile; pour éviter cet inconvénient, on construit une crête AB, formant un pan coupé perpendiculaire à la capitale, de $3^m,30$ de longueur et par lequel on mène une plongée à 6 de base pour 1 de hauteur, dont on construit les intersections avec les anciennes plongées et les talus extérieurs. La plate-forme est horizontale à 0^m,80 au dessous des crêtes ; à cause du recul de la pièce on lui donne 7^m,00 de profondeur en capitale à partir du pied du talus intérieur. On la termine par un pan coupé de 3^m,00 de longueur, et par des perpendiculaires abaissées des extrémités du pan coupé sur les crêtes. La plate-forme étant ainsi limitée, on la soutient de chaque côté par des talus inclinés au talus naturel des terres, dont on cherche les intersections avec le talus intérieur, la banquette et le talus de banquette. Le pan coupé pourrait aussi être l'origine d'un talus à même pente, mais souvent il sera la ligne d'arrivée d'un chemin en rampe placé en capitale et destiné à amener facilement les pièces sur la plate-forme (PL. V, *fig. 1*). Cette rampe, que l'on ne tient pas plus raide que 4 de base pour 1 de hauteur, est en général inclinée à 6 ou 8 pour 1. Elle est soutenue de chaque côté par des terres inclinées au talus naturel. Au lieu de la placer en capitale, on la met souvent soit à droite, soit à gauche, comme l'indique la figure 1 de la planche IV ; dans cette position elle encombre moins le terre-plein.

Dans le cas où les crêtes sont inclinées par suite des nécessités du défilement, la construction de la barbette devient un peu plus difficile ; la plate-forme doit être maintenue horizontale pour la facilité du service ; les crêtes allant en s'abaissant ne couvriraient plus suffisamment les canonniers et les pièces ; on les tient aussi horizontales (PL. X, *fig. 1*) et on les arrête aux prolongements des limites de la plate-forme. Les nouveaux plans de plongée passant par ces crêtes sont plus élevés que les anciens ; on les raccorde au moyen de plans à 45° dont les horizontales sont perpendiculaires aux crêtes de la barbette. Les crêtes extérieures sont les intersections des nouvelles plongées avec les talus extérieurs prolongés. Dans la figure, nous avons placé la rampe sur le côté gauche, et la brisure de la traverse est inclinée à droite, c'est-à-dire du côté d'où partent les coups de revers, et disposée de manière à conserver les dimensions ordinaires de la plate-forme.

Si à côté de la pièce au saillant on voulait placer d'autres pièces en barbette tirant par dessus les faces, il faudrait agrandir la plate-forme en lui donnant 5^m,00 de largeur de plus pour chaque pièce, et conservant toujours 7^m,00 de profondeur pour le recul.

Dans le tir à embrasure, la plate-forme est à 2^m,30 au dessous de la crête, et par suite les hommes et le matériel sont bien abrités. La pièce tire à travers une coupure faite dans le parapet qui porte le nom d'embrasure, laquelle est droite ou oblique suivant que son axe est perpendiculaire ou non à la crête intérieure.

Parlons d'abord des embrasures droites. On construit la plate-forme avec 5^m,00 de largeur et 7^m,00 de profondeur à partir du pied du talus intérieur prolongé. Puis on fait l'ouverture dans le talus intérieur de manière que la droite horizontale AB soit à 0^m,80 au-dessus de la plate-forme, hauteur de la genouillère (PL. XI, *fig. 3*), et que l'ouverture soit réduite à son minimum de largeur, qui est de 0^m,50, pour laisser passer la volée des pièces de campagne : les deux droites AG et BH sont donc à 0^m,50 de distance et perpendiculaires sur la crête intérieure. Construisons maintenant l'ouverture dans le talus extérieur : le plan du fond de l'embrasure passera par l'horizontale AB et son inclinaison dépendra de la position du point a battre ; on cherchera son intersection CD avec le talus extérieur ; puis pour évaser suffisamment l'embrasure et agrandir le champ de tir sans trop découvrir la pièce, on fera CD égal à ÷ de 00′. Joignant AC et BD, on limite le fond ; il reste à déterminer les talus qui soutiennent les terres de chaque côté et que l'on nomme les *joues de l'embrasure*. Pour cela on achève d'abord de déterminer la sortie de l'embrasure dans le talus extérieur en menant CE et DF dans des plans à ÷ passant par les côtés AC et BD du fond de l'embrasure. Les joues seront des surfaces gauches engendrées par une droite qui a pour directrices pour la joue de gauche par exemple, les lignes AG et CE, et qui en s'appuyant sur ces lignes doit toujours les partager en parties proportionnelles.

Lorsque l'embrasure est oblique, les constructions sont à peu près les mêmes, sauf pour la détermination du fond. Dans tous les genre de tir on place une pièce de bois horizontale au pied du talus intérieur pour empêcher les roues de le dégrader; cette pièce nommée *heurtoir* a 2ᵐ,10 de longueur sur 0ᵐ,22 d'équarrissage. Dans le tir oblique on la place perpendiculairement à l'axe qui la divise en deux parties égales et de manière que son extrémité touche le pied du talus intérieur (PL. IX, *fig. 3)*. C'est à partir de ce heurtoir qu'il faudra compter 7ᵐ,00 de longueur de plate-forme nécessaires pour le recul. La ligne AB ne peut plus être à 0ᵐ,80 au-dessus du sol, car la volée de la pièce qui s'en écarte beaucoup ne pourrait s'incliner suffisamment. On fait passer le plan du fond de l'embrasure par le point O situé contre le heurtoir et élevé à 0ᵐ,80 au-dessus de la plate-forme; puis on le tient à la pente convenable en dirigeant les horizontales perpendiculaires à l'axe. On cherche alors les intersections AB et CD de ce plan avec les talus intérieurs et extérieurs; les deux droites AG et BH qui limitent l'ouverture dans le talus intérieur sont toujours perpendiculaires à la crête et à 0ᵐ,50 de distance. L'ouverture dans le talus extérieur est telle que la largeur de l'évasement soit donnée par une droite *cd* perpendiculaire à l'axe au point 0" et ayant pour longueur la moitié de O' 0"; joignant A*c* et B*d*, on limite complétement le fond de l'embrasure. Le reste de la construction se fait comme pour l'embrasure droite, CE et DF sont dans des plans à ⅟ passant par les droites AC et BD et la surface gauche formant les joues à la même génération.

Les pièces qui ne sont pas destinées à faire un service de longue durée reposent habituellement sur le sol de la plate-

forme ; cependant comme par suite du mauvais temps il peut
se former des ornières qui rendent la manœuvre difficile et
le tir inexact, on place quelquefois sous les roues et sous la
crosse de l'affût des madriers dirigés suivant l'axe, et qui
sont soutenus en dessous par d'autres pièces de bois placées
d'équerre et nommées *gîtes*.

Des réduits et des blockhaus. — Nous avons déjà dit à
propos des ouvrages fermés, au chapitre V, que l'on devait
tenir en réserve un certain nombre de défenseurs pour
secourir les points les plus menacés au moment de l'attaque ;
mais cette précaution ne suffira pas toujours pour assurer
une défense opiniâtre et donner le temps aux secours d'arriver : le moral des défenseurs sera bien affermi s'ils sentent
derrière eux un point d'appui matériel à l'abri duquel ils
puissent se rallier et qui leur permette s'ils ne sont pas
secourus et s'ils sont entourés par des forces supérieures, de
faire une composition honorable, ou mieux encore de s'ouvrir un passage les armes à la main. Ils trouveront cet appui
dans un petit ouvrage intérieur auquel on donne le nom de
réduit et qui a sa garnison à part.

Si l'ouvrage principal est considérable et d'une grande
capacité, le réduit pourra être un retranchement en terre
organisé à la manière ordinaire, presque toujours une
redoute, quelquefois un ouvrage ouvert à la gorge et s'appuyant alors sur des parties inaccessibles (V. au ch. XIII, les
têtes de pont). Quel que soit au reste le tracé adopté, il faut
avoir soin de diriger les faces de manière qu'elles couvrent
de leurs feux les parties les plus exposées de l'ouvrage principal ; il faut donner aussi une grande attention au relief : de
même que le premier ouvrage a été défilé des hauteurs voisines, le réduit sera mis, s'il est possible, à l'abri des coups
partant du parapet de l'ouvrage principal sur lequel l'assaillant ne manquera pas de monter pour plonger dans l'intérieur.
Le relief du réduit sera donc toujours élevé, mais il aura

une faible épaisseur de parapet, comme étant à l'abri de l'artillerie.

Cette nécessité d'avoir des reliefs considérables empêche d'employer les réduits terrassés pour les ouvrages peu importants, dont ils encombreraient d'ailleurs le terre-plein. On a recours alors à d'autres genres d'ouvrages, dans lesquels la masse couvrante est en bois et que l'on nomme *blockhaus*.

En général les blockhaus s'établissent suivant la forme rectangulaire (PL. XI, *fig. 4*). Les parois sont composées de pièces de bois équarries sur 0^m,30 à 0^m,35 de côté, de manière à pouvoir à la rigueur résister au boulet de 8, placées verticalement, jointives et enfoncées dans le sol de 0^m,80 à 1^m,00. On consolide les parois en réunissant les poutrelles à leur partie inférieure par une pièce de bois horizontale nommée *semelle* et à leur partie supérieure par une pièce semblable nommée *chapeau*.

Pour que les coups plongeants n'arrivent pas dans l'intérieur du blockhaus, on lui forme une toiture avec d'autres pièces de bois de même équarrissage, placées horizontalement et jointives sur les chapeaux qu'elles dépassent de 0^m,30 à 0^m,40. En dessus de cette toiture est une couche de terre de 1^m,00 d'épaisseur pour empêcher que les obus ne mettent le feu. Un fossé de 2^m,00 de profondeur sur 3^m,00 de largeur règne autour des parois; les terres qui en proviennent sont d'abord placées sur la toiture, et ce qui en reste est relevé contre les parois suivant un talus à 45° pour les protéger contre l'incendie.

De mètre en mètre dans les parois sont percées des ouvertures appelées *créneaux*, présentant à l'intérieur une largeur de 0^m,40 environ et de 0^m,08 seulement à l'extérieur; leur hauteur intérieure est de 0^m,40 et l'extérieure de 0,50 à cause de la pente donnée au fond du créneau. Par ces ouvertures le défenseur tire contre l'assaillant.

A l'intérieur sont habituellement des lits de camp pour la

garnison du blockhaus; une porte en chêne de 0ᵐ,10 d'é-
paisseur sur 0ᵐ,90 de largeur et 2ᵐ,00 environ de hauteur
donne entrée dans l'ouvrage. On traverse le fossé au moyen
d'un pont en bois analogue à ceux dont nous avons parlé.

Dans ce genre de blockhaus il y a des secteurs privés de
feux considérables et le pied de la muraille est mal flanqué.
Pour remédier à cet inconvénient quand on n'a pas à craindre une attaque d'artillerie, on peut ajouter au blockhaus un
étage au moyen duquel on obtient des feux verticaux battant le pied du mur du rez-de-chaussée. Pour cela (PL. XII,
fig. 1) on incline la paroi inférieure de manière qu'il existe
entre elle et la paroi supérieure une ouverture à laquelle on
donne le nom de *machicoulis*. De cette ouverture ou fente
longitudinale partent les coups de fusil destinés à flanquer le
pied des murailles. L'épaisseur de celles-ci est de 0ᵐ,10 pour
résister à la balle d'infanterie ; elles sont percées de créneaux
de mètre en mètre environ. Un toit ordinaire recouvre ce
blockhaus qui peut contenir 18 hommes. On l'a souvent
employé en Afrique comme réduit d'un plus grand ouvrage,
et surtout pour garantir de petits postes reliant des positions
un peu éloignées au centre d'un pays hostile.

CHAPITRE X.

—

Dans ce chapitre nous étudierons les différents obstacles que l'on peut placer en avant des ouvrages pour retenir plus longtemps l'assaillant sous le feu du défenseur.

On peut les construire en matériaux de plusieurs sortes : le bois et la terre sont les plus usuels. Les obstacles en bois ont le défaut de pouvoir être détruits à distance par l'artillerie ; il faut les abriter en choisissant convenablement leurs emplacements.

Palissades. — Les palissades sont des pièces de bois habituellement triangulaires, quelquefois rondes, appointées à une de leurs extrémités et longues de 3^m,00 à 3^m,50. Les palissades triangulaires ont de 0^m,15 à 0^m,18 de côté, et sont tirées de corps d'arbres de 0^m,30 à 0^m,35 de diamètre, refendus en 6 parties ; les rondes ont environ 0^m,20 de diamètre et proviennent des arbres trop petits pour être refendus.

Les palissades sont placées verticalement dans le sol, la pointe en l'air, à 0^m,07 ou 0^m,08 de distance l'une de l'autre.

au fond d'une rigole de 0ᵐ,80 à 1ᵐ,00 de profondeur, qui est ensuite recomblée (Pʟ. XII, *fig. 2*). Les pointes sont alignées au cordeau et les palissades réunies à leur partie supérieure au moyen d'une pièce de bois ou *liteau* de 0ᵐ,10 de hauteur sur 0ᵐ,05 d'épaisseur, fixée à chaque palissade par une cheville de bois et située à l'intérieur à 0ᵐ,50 au-dessous des pointes.

Les lignes de palissades doivent être abritées du canon ; on les place souvent dans le fond du fossé. Au pied de la contrescarpe, elles empêchent l'assaillant de descendre ce talus ; au pied de l'escarpe, il faut les couper pour la franchir et arriver sur la berme ; enfin elles seront assez bien placées à 1ᵐ,00 en avant de l'escarpe formant un petit corridor, où peuvent se tenir quelques défenseurs hardis pour flanquer à bout touchant les angles morts situés dans ces fossés. On peut encore les placer au pied du talus intérieur, les pointes ne dépassant pas la crête de plus de 0ᵐ,15 à 0ᵐ,20 pour que le canon ait moins de prise ; ou encore au pied du talus intérieur d'un glacis ou d'un avant-glacis qui les abritent contre l'artillerie. Enfin, on peut s'en servir pour fermer un ouvrage à la gorge et l'empêcher d'être tourné.

On compte 8 ou 9 palissades pour 2ᵐ,00 courants.

Fraises. — Les fraises sont des palissades ordinaires que l'on pose sur la berme d'un ouvrage la pointe un peu inclinée vers le fond du fossé et ne dépassant pas l'aplomb du pied de l'escarpe (Pʟ. I, *fig. 2*). Elles sont enfoncées de 1ᵐ,30 dans l'épaisseur du parapet et maintenues par deux liteaux, l'un en dessous à leur entrée à terre, l'autre en dessus à leur extrémité ; des chevilles en bois les fixent à ces liteaux. On compte environ 4 fraises par mètre courant. On les pose vers les saillants abordables ou vers les angles morts pour éviter l'escalade ; aux angles elles sont disposées en éventail. Un glacis doit autant que possible se trouver en avant pour les abriter contre e canon

Palanques. — Les palanques sont des pièces de bois équarries de $0^m,20$ à $0^m,25$ de côté et de $3^m,50$ à $4^m,50$ de longueur, appointées par un bout. On les pose jointives, verticales et enfoncées dans le sol de $0^m,80$ à $1^m,00$. On obtient ainsi une espèce de muraille en bois impénétrable à la balle, et dans laquelle on perce de distance en distance, le plus souvent de mètre en mètre ou de trois en trois palanques, des créneaux, construits comme ceux des blockhaus, entaillés par moitié dans deux palanques voisines; le fond à l'extérieur doit être au moins à $2^m,00$ au-dessus du sol pour qu'on ne puisse les emboucher. Si on ne pouvait obtenir cette différence de niveau, on creuserait en avant un petit fossé dont le fond serait à $2^m,00$ au-dessous du créneau; les terres du fossé sont rejetées contre les palanques, qu'elles garantissent contre l'incendie; les défenseurs sont sur une banquette placée $1^m,00$ plus bas que l'ouverture du créneau. La figure 3 de la planche XII représente une coupe faite dans une ligne de palanques. L'ensemble du retranchement ainsi organisé porte aussi le nom de *palanque.*

Quelquefois on ne se donne pas la peine d'équarrir les bois et on pose seulement les rondins jointifs, mais alors les balles peuvent pénétrer par les joints. On remédie à cet inconvénient en disposant d'autres palissades plus petites entre les premières.

Les palanques se placent habituellement à la gorge des ouvrages ouverts, suivant quelquefois un tracé bastionné; elles peuvent aussi servir à organiser dans l'intérieur de l'ouvrage un réduit qui remplace le blockhaus. On les met encore au fond du fossé, à $1^m,00$ du pied de l'escarpe, pour former un petit corridor défensif. Si le défenseur y était dominé par l'assaillant posté sur le bord de la contrescarpe, on pourrait n'en disposer qu'en un petit nombre de points convenablement choisis, et on abriterait les hommes au moyen d'une toiture analogue à celle des blockhaus. Ces petits ouvrages portent le nom de *tambours* ou de *caponnières blindées;* on les a souvent employés avec succès dans les ouvrages importants.

Chevaux de frise. — Un cheval de frise se compose (Pl. XII, *fig. 5*) d'une poutrelle de 3 à 4ᵐ,00 de longueur et de 0ᵐ,15 à 0ᵐ,20 d'équarrissage ; les faces sont alternativement percées de trous distants entre eux de 0ᵐ,15, dans lesquels passent des lances ou fuseaux en bois de 3ᵐ,00 de longueur, appointées aux deux bouts, ferrées s'il est possible, et dépassant également des deux côtés. La poutrelle est placée horizontalement, de manière que le cheval de frise repose sur les pointes des deux rangs de fuseaux.

Les chevaux de frise doivent être à l'abri du canon ; on les dispose au lieu de palissades, soit en arrière d'un avant-glacis, soit pour fermer la gorge d'un ouvrage, sur trois rangs, enchevêtrés les uns dans les autres, et les poutrelles du même rang reliées par des chaînes de fer fixées à leurs extrémités. On les a employés quelquefois en plaine et à découvert contre la cavalerie.

Abatis. — On appelle abatis une réunion d'arbres abattus garnis de leurs branches grosses et moyennes taillées en pointes, placés dans le même sens, les uns auprès des autres, de manière que les branches s'enchevêtrent et présentent leurs pointes du côté de l'ennemi ; les troncs sont solidement fixés au sol par des harts et des piquets.

Les abatis doivent être garantis de l'artillerie ; leur emplacement est le même que celui des chevaux de frise. On les dresse quelquefois le long des talus de contrescarpe.

L'artillerie a une puissante action sur toutes les défenses accessoires dont nous venons de parler ; leur position était donc indiquée à l'avance. Il n'en est pas de même de celles que nous allons décrire ; le canon y fait peu de ravages ; leur position sera choisie exclusivement d'après les besoins de la défense.

Petits Piquets. — Ils ont de 0^m,50 à 0^m,60 de longueur et sont appointés aux deux bouts. On les place irrégulièrement à 0^m,25 ou 0^m,35 de distance, et dépassant inégalement la surface du sol ; pour les enfoncer sans émousser la pointe supérieure, on les coiffe d'un petit rondin évidé en forme de cône, comme la pointe qui s'y enfonce, et sur lequel on frappe avec la masse.

Les petits piquets sont habituellement placés sur les glacis en avant de la contrescarpe couvrant une zone de 4 ou 5^m,00, ou dans le fond des fossés. Dans la première position l'artillerie en détruira quelques-uns peut-être, mais jamais assez pour que le restant ne gêne encore beaucoup les colonnes assaillantes.

Chausse-Trapes. — Une chausse-trape se compose de la réunion de trois broches en fer de 0^m,12 à 0^m,15 de longueur, forgées et soudées sur moitié de cette dimension ; on écarte ensuite les trois parties libres que l'on appointe ainsi que la partie soudée ; et l'on obtient un système composé de 4 pointes formant entre elles des angles égaux, de manière que dans n'importe quelle position les chausse-trapes reposent par trois pointes sur le sol, et ont la quatrième en l'air.

Pour qu'elles soient utiles, il faut en avoir une grande provision, et on les sème soit sur les glacis soit au fond des fossés ; quelquefois on les met en plaine en avant d'un front de bataille pour garantir contre les attaques de la cavalerie ; elles sont excellentes aussi pour rendre les gués impraticables.

A défaut de chausse-trapes, on peut employer des herses de laboureur renversées les pointes en l'air et placées à côté les unes des autres, solidement reliées entre elles et avec le sol au moyen de piquets et de harts. Des planches traversées par de longs clous présentant leurs pointes en l'air peuvent encore être employées dans le même cas.

Trous-de-Loup. — Ce sont des trous creusés dans le sol

en forme de tronc de cône renversé à axes verticaux, avec
certaines dimensions et à une distance telle les uns des autres
que les terres provenant du déblai puissent être placées régulièrement dans les intervalles. Au fond de chaque trou-de-
loup est un pieu appointé de 0^m,50 à 0^m,60 de hauteur. On
donne ordinairement aux trous-de-loup les dimensions sui-
vantes (Pl. XII, *fig. 4*) : diamètre supérieur, 2^m,00; diamètre inférieur, 0^m,83; profondeur, 1^m,17. L'écartement d'axe
en axe doit être alors de 3^m,25 pour qu'on puisse placer le
déblai dans les intervalles (1); le remblai est limité par des
surfaces coniques inclinées à 45°; ces surfaces se rencontrent suivant des arcs d'hyperboles situés dans des plans verticaux et projetés par conséquent suivant des droites qui
forment autour de chaque trou-de-loup un hexagone régulier; les centres des trous-de-loup étant à 3^m,25 les uns des
autres, chacun est par conséquent entouré de six autres placés d'une manière régulière. Cette disposition donne une
méthode facile pour déterminer les centres sur le sol : on
construit un triangle équilatéral en corde de 3^m,25 de côté
et après avoir placé deux trous-de-loup, les autres s'en dé-
duisent en transportant le triangle de manière que deux
sommets soient sur deux centres connus; le troisième sommet donne un autre centre.

On place habituellement les trous-de-loup en avant des
glacis, vis-à-vis les points d'attaque, ou bien au fond des
fossés dans les angles morts. Dans le premier cas il doit y
en avoir au moins trois rangs pour qu'ils aient quelque efficacité.

Fougasses ordinaires. — Ce sont des puits de 2^m,00 à 4^m,00
de profondeur, creusés à l'avance aux points où l'ennemi

---

(1) Ces dimensions ont un peu varié; on adopte aujourd'hui les suivantes
dans les écoles du génie : diamètre supérieur, 2^m,00; diamètre inférieur,
0^m,70; profondeur, 1^m,30; écartement d'axe en axe, 3^m,00.

peut se rassembler, au fond desquels on dépose une boîte remplie de poudre et qui sont ensuite recomblés avec soin (Pl. I, *fig. 5*). Le diamètre du puits varie entre 0ᵐ,60 et 0ᵐ,80 ; la boîte renferme 20 ou 25 kilogrammes de poudre ; il faut la goudronner pour éviter l'effet de l'humidité. Pour communiquer le feu aux poudres, on se sert de différents moyens : le plus commode en campagne consiste à construire un petit canal rectangulaire en bois de 0ᵐ,07 à 0ᵐ,08 de côté, auquel on donne le nom d'*auget ;* après avoir suivi les parois verticales du puits, l'auget et amené jusqu'au point d'où on veut mettre le feu, en restant toujours à 0ᵐ,35 ou 0ᵐ,40 au dessous de la surface du sol pour que l'ennemi ne le découvre pas. Dans l'intérieur de l'auget est un petit cylindre en toile rempli de poudre est nommé *saucisson* qui sert à communiquer le feu aux poudres de la boîte. Au moment de l'explosion le sol est soulevé jusqu'à une assez grande hauteur, et il se forme une excavation en forme de tronc de cône renversé qui reçoit le nom d'*entonnoir*.

Les fougasses se placent ordinairement sur un rang à 10 ou 12ᵐ,00 en avant de la contrescarpe, de manière à ne pas la renverser par leur explosion ; on les met à peu près à la même distance les unes des autres, afin que leurs entonnoirs se touchent et qu'aucun point n'échappe à leur action. Ces distances varient au reste suivant les profondeurs et les charges.

L'effet des fougasses pourrait être assez considérable si elles jouaient toujours à temps ; malgré la difficulté de les faire partir régulièrement, on doit les employer à cause de l'effet moral qu'elles produisent sur les troupes.

Fougasses-Pierriers. — Les fougasses-pierriers sont destinées à lancer des pierres et autres projectiles contre les colonnes assaillantes. On creuse à l'avance dans le sol une excavation en forme d'entonnoir conique ou pyramidal dont l'axe est incliné à 45° et est dirigé vers le terrain que l'ennemi doit parcourir (Pl. XIII, *fig. 1*). Au fond de l'excavation on dépose une boîte goudronnée remplie de poudre ; en dessus est un fort plateau en chêne perpendiculaire à l'axe et sur lequel on dispose les pierres qui doivent servir de projectiles. Le poids de chacune de ces pierres ne doit pas dépasser 2 à 3 kilogrammes. On communique le feu au moyen d'un saucisson renfermé dans un auget comme pour les fougasses ordinaires.

La charge de poudre est en général de 25 kilogrammes ; on met sur le plateau deux ou trois mètres cubes de pierres qui au moment de l'explosion couvrent une zone de terrain de 50 à 60^m,00 de longueur sur une largeur à peu près égale.

On place les fougasses-pierriers au pied des glacis, à droite et à gauche des capitales et en arrière des défenses accessoires pour tirer sur les colonnes occupées à les franchir. Quelquefois on les met au fond des fossés pour battre les angles morts ; mais alors il ne faut pas que leurs axes fassent avec l'horizon des angles de plus de 22° pour que les projectiles soient plus rasants et ne risquent pas d'atteindre les défenseurs des parapets.

CHAPITRE XI.

CONSTRUCTION DES OUVRAGES DE CAMPAGNE.

—

Nous traiterons dans ce chapitre de la construction des retranchements et des moyens pratiques à employer pour l'exécuter avec ordre et méthode. Nous distinguerons d'abord deux cas tout à fait différents suivant l'importance des ouvrages à construire : ou bien il s'agit d'un retranchement considérable, dont la durée présumable est assez longue et pour lequel il faut employer tout l'art de l'ingénieur; ou bien au contraire on ne doit établir qu'un simple poste, dont l'exécution est le plus souvent confiée au corps chargé de le défendre et auquel il doit servir d'abri pendant un temps assez court. Dans le premier cas on dispose d'un temps suffisant et de tous les ouvriers nécessaires; on agit sur un terrain bien connu, sur lequel on peut s'installer en toute sécurité sans craindre l'ennemi; l'importance des travaux nécessite la présence d'officiers du génie qui sont chargés de la direction du travail exécuté par des corps d'infanterie mis à leur disposition; les officiers de ces corps de troupe n'ont cependant pas à jouer un rôle purement passif; ils ne sont point seulement chargés de la discipline; il est fort important qu'ils puissent venir en aide aux officiers du génie; toujours peu nombreux, et ils doivent par conséquent avoir des notions sur l'exécution de ces grands travaux.

Dans le second cas au contraire c'est le plus habituellement l'officier commandant le poste qui reste chargé de tout; il importe donc qu'il ait à cet égard l'instruction la plus complète. C'est par l'étude de ce second cas que nous allons commencer; nous donnerons ensuite une idée générale de la construction des grands ouvrages et du rôle que doivent y jouer les officiers d'infanterie.

Exécution d'un petit ouvrage. — La grandeur de l'ouvrage fermé par un obstacle quelconque naturel ou artificiel, sinon par un parapet, sera calculée de manière qu'il puisse contenir tout le détachement et que les crêtes soient suffisamment garnies de défenseurs, sa position est arrêtée et ses crêtes sont piquetées. Supposons que l'ouvrage choisi soit un redan fermé à la gorge par une des défenses accessoires décrites au chapitre précédent. Pendant qu'une partie du détachement est sous les armes par mesure de précaution, le reste fait des piquets, des lattes, des perches, et recueille dans les villages voisins, si on ne les a apportés avec soi, les outils nécessaires à l'exécution de l'ouvrage, tels que pelles, pioches, marteaux, pointes, échelles simples ou doubles, masses pour enfoncer les piquets, niveaux de maçon, fils à plomb, etc., etc.

Il faut ensuite déterminer la position des saillants dans l'espace: pour cela on plante à chaque saillant une perche suffisamment haute; puis si le terrain est horizontal dans la limite de la portée des armes que l'on redoute, on scie la perche à 2m,00 ou à 2m,50 au-dessus du sol toujours horizontal sur lequel est établi l'ouvrage, suivant que l'on a de l'infanterie ou de la cavalerie à couvrir. (Nous supposerons dans tout ce qui va suivre qu'il s'agit seulement d'infanterie.) Mais si en avant de l'ouvrage se trouvent des terrains plus élevés que celui sur lequel il est établi, il faudra défiler son terre-plein, ce qui se fait habituellement par l'exhaussement du relief. On choisit d'abord la position de la charnière ; nous supposons que c'est la gorge A B de l'ouvrage (PL. XIII, *fig. 2*) : cette ligne sera jalonnée, puis il faudra la déterminer dans l'espace. Pour cela on plante sur sa projection deux jalons verticaux D et E à 1^m,50 environ de distance l'un de l'autre et vis-à-vis le centre du terre-plein à défiler. Une latte fixée par des pointes à ces deux jalons, à 0^m,50 au moins au-dessus du sol de l'ouvrage, et supérieure aux hauteurs dans la limite de la portée des armes sera la charnière dans sa véritable position ; le plan de site passe par cette latte et par le plus élevé des rayons visuels rasant le dessus de la latte et tangent aux hauteurs dangereuses. Il est facile de le construire dans l'espace : à 1^m,20 ou 1^m,30 en avant de la charnière on plante une autre perche verticale F, vis-à-vis des deux premières, puis on fixe aux deux extrémités de la latte qui représente la charnière (PL. XIII, *fig. 3*) deux bouts de latte dont les extrémités rassemblées et tenues par un aide peuvent glisser le long de la perche F *f*. L'observateur placé en arrière de la charnière dirige des rayons visuels rasant la latte D E et les hauteurs dangereuses ; en même temps il fait signe à l'aide qui élève ou abaisse le point F jusqu'à ce que l'une des deux lattes se trouve dans le plan déterminé par D E et le rayon visuel le plus élevé ; averti par l'observateur l'aide fixe alors les lattes par des pointes et le triangle D E F représente le plan de site ; il est alors facile de déterminer la hauteur des crêtes en un point quelconque, au saillant par exemple où une perche a été plantée ; un aide se tient auprès faisant glisser le long de la perche une règle ou simplement un morceau de papier formant *voyant*, jusqu'à ce qu'il se trouve dans le plan de site, ce dont il sera averti par l'observateur qui aperçoit le voyant dans le prolongement du plan du triangle en arrière duquel il est placé.

La hauteur ainsi obtenue est relevée de 1^m,50 et on

a le point cherché de la crête intérieure; la perche est sciée en ce point qui est la limite du remblai. Par la même méthode on obtiendra autant de points de la crête intérieure qu'il sera nécessaire, et le relief sera complétement déterminé. L'épaisseur du parapet est choisie à l'avance d'après la nature des projectiles auxquels il doit résister : soit 2^m,00 ; on se donne aussi la profondeur ou la largeur du fossé suivant les cas, et l'autre dimension est alors facile à calculer. Pendant que le commandant fait ce calcul ou le fait faire par un de ses officiers, on détermine complétement dans l'espace la forme de l'ouvrage pour guider les travailleurs dans l'exécution du remblai. Pour cela on construit deux profils droits par face, situés à une dizaine de mètres de chaque extrémité; ils sont nécessaires quand les crêtes sont inclinées pour construire les intersections aux angles saillants et rentrants. Nous allons expliquer la construction d'un de ces profils; nous verrons ensuite leur emploi pour avoir les intersections des faces.

On détermine d'abord la trace du profil que l'on veut construire perpendiculaire à la direction de la crête au moyen d'une équerre d'arpenteur, ou à son défaut au moyen d'un triangle rectangle fait avec un cordeau qui servira d'équerre. Pour que ce triangle soit rectangle, il suffit que ses côtés soient dans le rapport des trois nombres 3, 4 et 5. Cette ligne GH est tracée sur le sol avec la pointe d'une pioche, ainsi que la projection BC de la crête intérieure. Soit n le point de rencontre de ces deux droites (PL. XIII, *fig. 4)*; on élève en ce point une perche verticale et solidement maintenue dans cette position, pour avoir la hauteur de la crête intérieure, que l'on obtient comme précédemment. La crête extérieure étant parallèle à la crête intérieure et à une distance connue 2^m,00 par exemple, on plantera en o à 2^m,00 de n une autre perche verticale sur laquelle se trouvera cette crête; la différence de niveau entre le point N et le point O sera donnée par la pente choisie, 5 sur 1, de la plongée : ce sera 0ᵐ,40. On prendra donc n' à 0ᵐ,40 au-dessous de N, puis menant l'horizontale n'O au moyen du niveau de maçon on aura la rencontre de la crête extérieure et du plan de profil; la latte NO fixée par des pointes aux extrémités des perches verticales donnera la position de la plongée (1). Il faut maintenant placer la latte OP dans le talus extérieur supposé à 45°; si la crête était horizontale, il suffirait de prendre Po égal à Oo; mais dans le cas d'une crête inclinée, le talus serait trop raide en agissant ainsi, comme nous l'avons indiqué à la fin du huitième chapitre. On pourrait alors faire sur le terrain la construction que l'on exécute sur le papier, traçant les arcs de cercle avec la pointe de la pioche, et menant des tangentes communes au moyen d'un cordeau, les deux profils d'une même face étant exécutés simultanément. Mais ce sont des opérations longues et souvent difficiles à cause de l'irrégularité du sol; on se contentera le plus souvent de donner à Po une longueur égale à celle de Oo augmenté de 0ᵐ,10 ou 0ᵐ,15.

Le talus intérieur se construit comme le talus extérieur, en prenant mn un peu plus grand que le tiers de Nn, et plaçant la latte Nm, fixée en m contre un piquet enfoncé dans le sol.

La latte représentant la banquette est facile à placer, on sait en effet qu'elle est parallèle au plan de site et à 0ᵐ,20 en dessus. On aura donc le point m' sur la perche Nn, et on y fixe la latte par une seule pointe de manière qu'elle puisse se mouvoir dans un plan vertical autour de ce point. On place ensuite une autre perche verticale Ll à peu près à l'extrémité de la banquette prise approximativement, on détermine le point L comme le point m' à 0ᵐ,20 au-dessus du plan de

(1) On peut mettre dans le talus le dessus ou le dessous des lattes : il est plus commode pour la construction du profil de mettre le dessus de la latte dans le plan du talus, et c'est ce que nous supposons; seulement il faut alors sacrifier les lattes, ou réparer les talus dégradés par leur enlèvement.

site, et on y fixe la latte Lm' qui rencontre celle du talus intérieur au point M. On prend LM égal à la largeur de la banquette, choisie d'après les conditions de la défense.

La position de la latte GL du talus de banquette sera déterminée exactement comme celle des lattes représentant les talus intérieurs et extérieurs, en prenant toujours Gl un peu plus grand que le double de Ll.

Les lattes correspondantes des deux profils construits sur chaque face doivent être dans le même plan ; c'est une vérification que doivent faire les hommes chargés de la pose des profils, en menant des rayons visuels rasant le dessus des deux lattes du même talus : si elles semblent se confondre, la construction est bonne, et l'on dit alors qu'elles se *dégauchissent*. L'opération du *dégauchissement* des lattes est donc indispensable ; souvent même le second profil est posé en dégauchissant ses lattes sur celles correspondantes du premier, sans s'inquiéter de leur pente : le travail marche plus vite, mais il n'y a pas de vérification.

C'est au moyen des deux profils élevés sur chaque face que l'on construit leur intersection. Les points X, V, U, C, T sont connus (PL. XIII, *fig. 2*), le premier et le dernier directement en joignant sur le sol par un cordeau les pieds des talus extérieurs et de banquette, et les traçant à la pioche, et les autres par leurs projections. Le point c a été déterminé *à priori* dans l'espace au moyen du plan de site, et il est déjà marqué par une perche verticale ; on en plante deux autres en U et V sur le sol ; leurs extrémités doivent être dans le plan de la banquette, et on les détermine facilement au moyen d'un rayon visuel rasant les deux lattes qui dessinent la banquette dans les profils des faces et dont la rencontre avec les perches U et V sera marquée par un aide d'après les indications de l'observateur. Il suffira alors de joindre CU et VX par des lattes qui devront se trouver respectivement, si les opérations ont été bien faites dans les plans de talus intérieurs et de talus de banquette des deux faces. On vérifiera si en effet elles se dégauchissent avec les lattes dessinant ces plans.

Le raccordement à faire pour les crêtes extérieures sera très-facile : on prend deux points R et S sur les projections de ces crêtes, à 0^m,60 environ de leur point de rencontre, et on y plante des perches verticales. On place ensuite les lattes CR et CS, TR et TS au moyen du dégauchissement dans les plans des talus auxquels elles appartiennent. Il ne reste plus qu'à joindre RS par une autre latte.

Il faut maintenant pour déterminer complétement le remblai dans l'espace savoir comment on obtient les profils en talus qui soutiennent les faces soit à leurs extrémités, soit le long d'un passage. Nous supposerons d'abord (Pl. XIII, *fig. 5*) que la trace C'F' du profil soit donnée perpendiculaire à la crête intérieure ; l'inclinaison est prise à 45° par exemple. Au point a' où la crête intérieure rencontre la trace C'F', on place une latte Aa' située en même temps dans le talus à 45° et dans le plan vertical de la crête intérieure. Le point A où elle rencontre cette crête sera donné par un rayon visuel dirigé suivant son prolongement d'après les deux profils droits construits, et allant rencontrer la latte, que l'on soutient au moyen d'une perche verticale A. Le point D' se déterminera comme le point A en mettant la perche D'd' dans le plan vertical passant par la crête extérieure et dans le talus à 45°, puis cherchant le point où elle est rencontrée soit par le plan de plongée, soit par le plan de talus extérieur ; le point est ensuite joint par des lattes avec les points A et C' qui devront se trouver dans le plan du talus en profil et respectivement dans les plans de plongée et de talus extérieur, ce que l'on vérifiera à la manière ordinaire.

On cherche ensuite la rencontre du talus intérieur avec le profil incliné. Pour cela on marque en g' le point de rencontre des traces de ces deux plans, celle du premier étant donnée par les deux profils droits faits sur la face ;

et la latte Ag' est l'intersection cherchée, et elle doit toujours se dégauchir avec les deux plans auxquels elle appartient.

Pour déterminer la rencontre du plan de profil avec la banquette, on place encore dans le premier plan une latte $E'e'$ située aussi dans le plan vertical passant par la limite de la banquette; puis on en fait glisser une autre sur Aa' et $E'e'$ jusqu'à ce qu'elle soit dans le plan de la banquette, ce dont on s'aperçoit toujours au moyen de rayons visuels; on la fixe alors dans cette position, on la coupe au point E', et il ne reste plus qu'à joindre $E'F'$ par une latte et à faire la vérification ordinaire.

Si la trace du plan de profil rencontre obliquement la crête intérieure (PL. XIII, *fig. 6*), la construction se fait ainsi: on pose d'abord dans un plan perpendiculaire à la trace $A'D'$ une latte $E'e'$, maintenue par des perches verticales dans le plan du profil en talus, incliné par exemple à 2 de base pour 3 de hauteur; les lattes Bb', $C'c'$ situées dans le prolongement des crêtes sont tenues dans le plan de la latte $E'e'$ par le dégauchissement: le reste de la construction s'achève alors à la manière ordinaire.

Pendant la pose des différents profils on a fait le calcul de la largeur du fossé, et une fois le pied du talus extérieur tracé, on a pu tracer aussi les bords supérieurs de l'escarpe et de la contrescarpe.

Tout est alors disposé pour mettre les ouvriers au travail; mais on comprend facilement qu'il faut les distribuer avec un certain ordre, de sorte qu'ils ne se gênent pas mutuellement et soient répartis à peu près uniformément sur le développement de l'ouvrage. C'est par le moyen des outils les plus communs, que l'on peut se procurer partout, les pelles et les pioches, que la terre doit être remuée; on l'ameublit d'abord à coups de pioche pour pouvoir l'enlever ensuite facilement à la pelle et la jeter sur le remblai. Les travailleurs sont divisés en un certain nombre de brigades auxquelles on donne ainsi qu'au terrain sur lequel elles travaillent le nom d'*ateliers*.

Un homme ne peut jeter les terres à la pelle à plus de 4ᵐ,00 de distance horizontale, ou 2ᵐ,00 de distance verticale : un seul pelleteur ne suffira donc pas en général pour jeter immédiatement à leur place sur le remblai les terres prises au déblai ; mais il faudra une file de pelleteurs pour reprendre les terres, et les faire arriver ainsi par jets successifs du point de départ au point d'arrivée. Chaque brigade de travailleurs se compose d'une file de pelleteurs et du nombre de piocheurs nécessaires pour ameublir les terres enlevées par le premier homme de la file de pelleteurs. Les brigades ou files de travailleurs occupent des zones à peu près parallèles et de 2ᵐ,00 environ de largeur, afin que les hommes d'un atelier ne gênent point ceux d'un atelier voisin. On obtient l'emplacement de chaque atelier (PL. XIII, *fig. 2*) en divisant la contrescarpe de l'ouvrage en parties égales à 2ᵐ,00, la crête intérieure en un même nombre de parties égales, et joignant les points de division correspondants par un trait de pioche sur le sol. Il faut aussi déterminer la force de chaque atelier : on nomme *relais* la distance soit horizontale soit verticale à laquelle un homme peut jeter les terres ; le relais horizontal sera donc de 4ᵐ,00 et le relais vertical de 2ᵐ,00. Or, si pour chaque atelier nous prenons la moitié de la distance qui sépare le bord de la contrescarpe du pied du talus de banquette, nous aurons la moyenne de la distance horizontale à faire parcourir aux terres, et divisant par 4 nous aurons le nombre de relais horizontaux ; de même prenons la moitié de la différence de niveau entre le fond du fossé et le point correspondant de la crête, ce sera la distance verticale moyenne à faire parcourir aux terres, et divisant par la hauteur 2 du relais vertical, nous aurons le nombre de relais verticaux (1). La somme des re-

(1) Pour que le procédé fût complétement exact, il faudrait pour avoir la

lais tant horizontaux que verticaux donne le nombre de pelleteurs de chaque file ou de chaque atelier. Cherchons le
nombre de piocheurs qu'il faut leur adjoindre.

Toutes les terres ne sont pas de la même qualité, c'est-à-
dire ne sont pas également dures; les unes sont assez mou-
bles pour être enlevées de suite à la pelle, d'autres au contraire demandent à être préalablement ameublies à la pioche.
Un appelle *terre à un homme* celle qui est assez meuble
pour être enlevée de suite à la pelle; *terre à deux hommes*
celle dont un volume donné est ameubli par un piocheur
juste dans le temps nécessaire au pelleteur pour l'enlever;
si au pelleteur il fallait adjoindre deux piocheurs pour lui
ameublir la terre qu'il enlève sans que son travail éprouvât
de temps d'arrêt, cette terre serait de la *terre à trois hommes;* mais si le peu de ténacité de la terre permet à un piocheur de fournir du travail à deux pelleteurs, un de ceux-
ci n'a besoin que de la moitié de la terre ameublie par le
piocheur, et la terre est dite *terre à un homme et demi.* En
résumé la qualité de la terre s'exprime par l'unité représentant un pelleteur, plus le chiffre représentant le nombre
de piocheurs à adjoindre à ce pelleteur pour qu'il ne chôme
jamais. Ce nombre de piocheurs indique les travailleurs
nécessaires pour compléter chacun de nos ateliers; dans la
pratique et pour les petits ouvrages on classe la terre en
terre forte à deux hommes, et terre végétale à un homme et
demi; suivant les cas on met donc un piocheur par atelier,
ou un seul pour deux ateliers voisins.

Il faudra ajouter en outre pour deux ateliers un *régaleur*
chargé de *régaler* les terres, c'est-à-dire de les placer à peu
près par couches uniformes à mesure qu'elles arrivent sur le

nombre de relais horizontaux diviser par 4 la distance horizontale séparant
les centres de gravité du déblai et du remblai, et pour avoir le nombre de
relais verticaux diviser par 2 la distance verticale de ces mêmes points; mais
le moyen que nous indiquons est plus commode et suffisamment exact dans
la pratique.

remblai, et un *dameur* chargé de tasser, de fouler les terres, au moyen d'un instrument nommé *dame*, qui est un cylindre en bois de $0^m,18$ à $0^m,20$ de diamètre et de $0^m,30$ de hauteur, emmanché suivant son axe; le dameur foule la terre avec la base inférieure de l'instrument; à son défaut, il emploie les pieds pour cette opération destinée à donner de la consistance aux terres et à réduire le foisonnement.

Voici un exemple du calcul que l'on aura à faire pour déterminer ainsi la composition de chaque atelier : soit $22^m,00$ la distance de la contrescarpe au pied du talus de banquette et $6^m,00$ la différence de niveau entre la crête intérieure et le fond du fossé; le nombre de relais horizontaux est de $\frac{22}{4}$; celui des relais verticaux de $\frac{6}{4}$, ce qui donne en tout 4 relais et $\frac{1}{4}$ de relais; négligeons la fraction, on voit qu'il faut quatre pelleteurs par atelier; si la terre est à un homme et demi, on ajoutera un piocheur pour deux ateliers, plus un dameur et un régaleur, ce qui donne pour deux ateliers contigus : 1 piocheur, 8 pelleteurs, 1 dameur, 1 régaleur; total 11 hommes. On fait ce calcul pour les différents ateliers, car le nombre de pelleteurs change avec la hauteur de la crête; il est établi d'ailleurs dans chaque atelier d'après une moyenne un peu trop forte au commencement du travail, un peu faible vers la fin.

Lorsque les ouvriers sont disposés sur leurs ateliers, ils doivent travailler avec méthode de manière à ne pas se nuire mutuellement et sans dégrader les talus d'escarpe et de contrescarpe; pour cela ils commenceront le déblai près de l'escarpe, s'enfonçant verticalement à une distance RS (Pl. XIII, *fig. 4*) telle que pour une profondeur S s de $1^m,00$, le talus d'escarpe ne soit pas entamé. La ligne S doit donc être marquée sur le sol à l'avance. Ils travaillent ainsi en déblayant sur $1^m,00$ de profondeur jusqu'au point T, tel qu'en s'enfonçant verticalement suivant T t, ils ne puissent atteindre le talus de contrescarpe.

Quand cette première couche de $1^m,00$ d'épaisseur est

enlevée, ils en déblaient une seconde de la même épaisseur en prenant les mêmes précautions pour ménager les talus, c'est-à-dire laissant subsister des gradins de 0m,66 et 0m,50 environ de largeur. Ils continuent par couches successives de 1m,00 de profondeur jusqu'au fond du fossé, les gradins de l'escarpe servant de lieu de dépôt aux terres pour les élever successivement de relais en relais. Ils enlèvent ensuite les gradins de contrescarpe, puis ceux d'escarpe et recoupent les talus suivant la pente.

Les remblais s'élèvent par couches horizontales de 0m,25 d'épaisseur environ, régalées et damées; le talus de banquette est immédiatement réglé par des ouvriers nommés *taluteurs*, au moyen de cordeaux tendus sur les lattes qui dessinent ce talus. Ces mêmes ouvriers font le revêtement du talus intérieur en même temps que le parapet est élevé, puis ils règlent à la fin le talus extérieur et la plongée.

Si le détachement est assez fort, d'autres hommes disposent les défenses accessoires : sinon on ne s'en occupe qu'après l'achèvement des terrassements.

Les fraises seules, s'il y en a, doivent être posées dans tous les cas avant l'achèvement de l'ouvrage; on monte le parapet en reculant le talus extérieur de 1m,30 environ pour laisser l'emplacement nécessaire à la partie enterrée des pièces de bois que l'on met en place, et on achève l'ouvrage en donnant au parapet toute son épaisseur.

Comme le détail des opérations aura pu faire perdre de vue l'ordre suivant lequel on doit les exécuter, nous allons les résumer en quelques lignes :

Après avoir reconnu le terrain, le chef du détachement détermine la forme et la grandeur de l'ouvrage d'après la force de la garnison; il fait alors piqueter les crêtes, construire le plan de site, les différents profils nécessaires, c'est-à-dire deux par face, les intersections des faces et enfin les différents profils en talus. Pendant ce temps il détermine la largeur ou la profondeur du fossé, ainsi que la composition et l'emplacement des ateliers; il divise alors les hommes, distribue les outils et fait commencer le travail. En même temps on prépare et on pose les défenses accessoires.

Même quand une grande habitude permet de placer rapidement les profils, en admettant aussi, ce qui arrive presque toujours, que l'on mette les ouvriers à l'œuvre avant que le proflement ne soit complétement terminé, l'exécution régulière des ouvrages est toujours longue. Le temps de la construction dépend de celui employé par le premier pelleteur pour enlever la terre de l'atelier le plus chargé d'ouvrage, c'est-à-dire celui où la hauteur de crête est la plus grande : c'est donc l'atelier du saillant. Or, on sait par expérience qu'un homme à la tâche dans une journée de travail peut jeter $10^m,000$ de terre à $4^m,00$ de distance ou à $2^m,00$ de hauteur, s'il est bon ouvrier; mais que s'il est peu habitué au travail, il en fera à peine la moitié, c'est-à-dire $5^m,000$. Partant de cette donnée et du nombre de mètres cubes à enlever dans l'atelier le plus considérable, il sera facile de déduire le temps nécessaire à l'exécution de l'ouvrage; il ne faut guère moins que quatre ou cinq jours, à raison de dix heures de travail par jour, pour un ouvrage ordinaire.

Exécution des grands ouvrages. — Lorsque le commandant en chef veut faire construire d'importants ouvrages, il donne directement ses ordres au commandant du génie de l'armée, qui fait procéder au lever des terrains. Sur les plans on dresse un premier projet qui est soumis au général en chef, et d'après lequel on arrête les bases du projet définitif. Celui-ci est dessiné avec soin et en tous détails, en défilant les terre-pleins et banquettes par les procédés géométriques dont nous avons parlé, posant les traverses, barbettes, embrasures, magasins, défenses accessoires, etc. On rapporte alors sur le terrain, au moyen de la base qui a servi au lever, d'abord le tracé général, puis successivement tous les détails, que l'on profile avec des lattes comme pour un petit ouvrage. Le fossé est tracé à la pioche suivant la largeur qui lui a été attribuée dans le projet à la suite d'un calcul dans lequel on a dû tenir compte du foisonnement déterminé par expérience.

On fixe aussi à l'avance la position des ateliers et leur composition, ce qui permet de rassembler les outils nécessaires, et au moment de l'exécution de demander le nombre de travailleurs. Seulement ces calculs ne sont pas aussi simples que dans le cas d'un petit ouvrage. Pour avoir le nombre de piocheurs par atelier, on ne peut se contenter de déterminer à vue la qualité de la terre, il faut l'avoir par une expérience directe que voici : on prend un ou plusieurs hommes de force moyenne, et on les fait piocher pendant un certain temps t; ils ameublissent un certain volume V de terre, qu'il est inutile de mesurer. Les mêmes hommes enlèvent ensuite à la pelle ce même volume V de terre ameublie, et ils mettent un temps t' pour le jeter à la distance de $4^m,00$ environ. Le volume de terre qu'ils eussent ameubli dans l'unité de temps eût été $\frac{V}{t}$, et $\frac{V}{t'}$ celui qu'ils auraient enlevé dans le même temps. Si n représente le nombre de piocheurs qu'il faut adjoindre à un pelleteur pour que celui-ci ne chôme jamais, ou autrement dit le rapport du nombre de piocheurs au nombre de pelleteurs travaillant ensemble sans chômer, $n\frac{V}{t'}$ représentera le volume ameubli dans l'unité de temps par n piocheurs, et enlevé dans le même temps par un pelleteur, lequel est aussi représenté par $\frac{V}{t'}$. On aura donc l'égalité

$$n\,\frac{V}{t} = \frac{V}{t'}$$

d'où l'on tire :

$$n = \frac{t}{t'}$$

La qualité de la terre est, d'après ce que nous avons dit, égale à $1 + n$. On déterminera donc d'une manière exacte le nombre de piocheurs à adjoindre aux pelleteurs dans les ateliers.

D'un autre côté quand précédemment nous avons admis une composition unique et moyenne d'ateliers depuis le commencement jusqu'à la fin du travail, le nombre des pelleteurs était un peu trop grand au commencement, car il n'y a pas de relais verticaux, et un peu faible à la fin, car alors le nombre des relais verticaux est plus grand que la moyenne sans que celui des relais horizontaux ait sensiblement diminué. Cet inconvénient n'est pas grand pour des ouvrages de peu d'importance ayant de faibles reliefs et des fossés étroits et peu profonds; mais dans l'exécution des grands ouvrages il est inutile au commencement de demander plus de travailleurs qu'il ne faut et on ne doit pas à la fin les surcharger de travail. On divise alors la construction en deux ou trois époques pour chacune desquelles il faut calculer le nombre de travailleurs nécessaire.

On fait aussi à l'avance le calcul du temps que l'on doit employer pour exécuter les terrassements, préparer les défenses accessoires et les mettre en place.

Quand tous ces préparatifs sont faits, quand l'ouvrage est complétement profilé et les ateliers marqués, on se met au travail comme pour un petit ouvrage. C'est alors que les officiers d'infanterie qui auront pu déjà aider à l'exécution du profilement devront diriger leurs travailleurs de manière à en tirer le meilleur parti possible, et rendront ainsi le grand service d'activer la construction de l'ouvrage.

CHAPITRE XII.

MANIÈRES D'ACCÉLÉRER LA CONSTRUCTION DES OUVRAGES.

—

En suivant les méthodes indiquées dans le chapitre précédent, il faut au moins quatre ou cinq jours pour construire des ouvrages de défense d'un profil assez faible, et pour les ouvrages plus importants il ne faudrait guère moins de huit ou neuf jours. Nous remarquerons au reste que ce temps est indépendant du développement de l'ouvrage, parce que l'on suppose qu'il existe toujours assez de bras pour compléter les ateliers, mais qu'il varie avec la force plus ou moins grande du profil, et par suite avec l'importance de la position. La fortification ainsi comprise deviendrait inutile dans beaucoup de cas, deviendrait même quelquefois nuisible, car son exécution fatiguerait inutilement les troupes que l'ennemi pourrait d'ailleurs surprendre en désordre au milieu de ces travaux. Son emploi serait donc restreint au cas où il faut se défendre contre une attaque prévue longtemps à l'avance sur un point connu, par exemple pour mettre à l'abri une portion de pays en la couvrant par des lignes, comme les Anglais firent en 1809, pour couvrir Lisbonne contre l'armée française en construisant les lignes de *Torrès-Védras*.

Mais souvent on a peu de temps pour construire la fortification ; il est alors différents moyens pour en accélérer la construction, ils résident dans l'organisation même du travail. En décrivant dans le chapitre précédent celle que l'on emploie quand le temps ne manque pas, nous avons toujours supposé que l'on tirait le meilleur parti possible de la force des hommes, en les plaçant à des distances convenables pour qu'ils ne se gênent pas mutuellement, en ne les faisant travailler que huit ou dix heures par jour, et comme corvées, c'est-à-dire sans les payer. De plus le profilement de l'ouvrage retardait l'époque de la mise au travail.

Mais du moment où le temps manque, il faut aux dépens même de la perfection de l'ouvrage changer ces dispositions, quitte à rectifier après la construction ce qu'il y aura de défectueux.

On met les hommes à la tâche, doublant la quantité de travail obtenue dans les corvées ; on délivre des rations de vin ou d'eau-de-vie à ceux qui ont fini les premiers ; enfin on excite l'amour-propre des travailleurs pour créer une certaine rivalité entre les ateliers. On peut être sûr d'arriver ainsi à un excellent résultat ; seulement il faut égaliser les forces des hommes composant les différents ateliers ; et en outre un certain coup d'œil, une certaine habitude sont nécessaires pour ne pas imposer une tâche trop forte, ce qui irriterait et dégoûterait les travailleurs. Il est aussi fort important d'exercer une active surveillance, et d'être très-sévère sur l'achèvement du travail imposé.

Si on veut obtenir encore un meilleur résultat, on paye les hommes, non point à la journée, mais suivant le travail fait, leur donnant par exemple 0^f,20 ou 0^f,25 par mètre cube enlevé dans chaque atelier. Les hommes du même atelier se partagent ensuite le prix du travail fait pendant la journée ; une gratification est accordée à l'atelier qui a le mieux travaillé. Le rôle des officiers devient alors assez important : outre la surveillance ordinaire, ils devront le soir faire le métré du travail exécuté par chaque atelier, afin de régler la somme à laquelle ont droit les hommes qui le composent. Ce moyen est des plus efficaces, mais on ne peut l'employer que sur l'ordre du général en chef qui fait ordonnancer les fonds nécessaires.

En même temps on accélère la pose des profils, et on met les ouvriers au travail avant que le profilement ne soit achevé; il suffira d'avoir déterminé le pied du talus extérieur et par suite la berme et le sommet de l'escarpe.

Enfin on relève fréquemment les travailleurs. En excitant les hommes comme nous venons de le dire, on leur fait employer toute leur force au commencement du travail; mais ils se fatiguent vite, et une journée de dix heures est trop longue si on ne leur donne que les repos habituels aux moments des repas. On forme alors deux détachements de travailleurs ayant chacun la même composition, qui se relèvent de quatre heures en quatre heures.

De cette manière chaque homme ne travaille que huit heures en deux reprises de quatre heures chacune, et dans les journées ordinaires d'été, on peut obtenir seize heures de travail. Si les jours sont trop courts, on fait les reprises de trois heures seulement, mais jamais moins longues, car le bénéfice que l'on retire du relèvement des travailleurs serait détruit par la perte inévitable de temps produite au moment du changement.

Si l'on veut en outre mettre les hommes à la tâche, il faut avoir soin de conserver les mêmes travailleurs aux mêmes ateliers : chacun de cette manière sait ce qu'il faut faire, et l'opération du relèvement des travailleurs se fait plus vite.

Si tous ces moyens ne conduisent pas à une rapidité suffisante, on peut l'augmenter en changeant la disposition des travailleurs, ce qui n'exclut pas l'emploi des moyens précédents.

La largeur de nos ateliers a été réglée de manière que les files de pelleteurs soient espacées de 2^m,00 environ ; en les rapprochant davantage, les hommes se gêneront à la vérité, mais le travail ira plus vite, car chaque atelier aura moins de terre à enlever, et la diminution de la quantité de travail fera plus que compenser la gêne éprouvée par les travailleurs. Cependant il ne faut pas donner aux ateliers moins de 1^m,00 de largeur, car le travail deviendrait difficile, et le désordre se mettrait parmi des travailleurs trop rapprochés.

Enfin il est un dernier mode d'exécution des ouvrages dont il convient de parler, et que l'on emploiera si tous ceux indiqués précédemment ne permettaient pas d'achever l'ouvrage en temps opportun. Il consiste à mener le travail de telle sorte qu'à chaque instant on puisse se servir pour la défense de la portion d'ouvrage exécutée.

On prolonge (PL. XIV, *fig. 1*), le talus intérieur du profil à exécuter jusqu'à sa rencontre avec le sol en *c* et on construit d'abord un parapet *cdef* ayant la crête à 1^m,30 au-dessus du sol, et une épaisseur suffisante pour résister à la balle; son talus intérieur est revêtu, le talus extérieur est à terres coulantes; les terres proviennent d'un déblai G *hil* commencé sur le bord de l'escarpe. Une fois ce travail fait, l'assaillant aurait déjà un désavantage marqué, car le défenseur est couvert à 1^m,30 contre la balle, et le fossé suffirait pour arrêter la cavalerie ennemie. On continue ensuite le travail de la manière suivante : on élève le revêtement du talus intérieur, épaississant et élevant aussi le parapet, et massant en même temps une banquette toujours tenue à 1^m,30 au-dessous de la crête, de telle sorte qu'à un moment quelconque le profil $a'b'c'd'e'f'$ soit toujours défensif. Les terres sont tirées du fossé qui s'approfondit et s'élargit en même temps. L'organisation des ateliers n'est point changée, mais le travail est un peu plus difficile, un peu plus long, et il faut un pelleteur de plus par file pour faire franchir aux terres de la banquette la hauteur du parapet.

Il existe dans certains cas une manière d'accélérer encore la construction des ouvrages, en se servant du défilement par le terre-plein qui fera éviter des reliefs considérables, et en le combinant avec le défilement par l'exhaussement des crêtes. Nous en avons dit un mot au chapitre VIII.

Tous les moyens précédents ne comportent aucun changement dans le profil défensif. Mais dans beaucoup de cas il n'est pas nécessaire de réunir toutes les conditions de défense qu'offrent les ouvrages ordinaires pour mettre de son côté toutes les chances du combat. On change alors le profil qui reste constant sur tout le développement de l'ouvrage, c'est-à-dire que l'on ne s'inquiète point du défilement, et que la crête est tenue parallèle au sol. On obtient ainsi des retranchements qui s'exécutent rapidement surtout si on adopte le travail à la tâche.

Le meilleur de tous, mais aussi celui qui demande le plus de travail, se compose toujours d'un parapet pour abriter contre les projectiles et d'un fossé pour arrêter l'assaillant; seulement les terres sont prises à la fois dans le fossé et dans une tranchée faite en arrière du parapet (PL. XIV, *fig. 2*). De cette disposition il résulte une exécution plus rapide, car d'un côté les troupes se tenant dans la tranchée, on n'a pas besoin pour les couvrir d'un relief aussi grand, et de l'autre les terres nécessaires pour masser le parapet viennent à la fois des deux excavations, en employant bien entendu le double de travailleurs.

Voici les dimensions adoptées habituellement : le parapet a une épaisseur de $4^m,20$ pour résister au boulet de 12; la hauteur de la crête est de $1^m,80$; la plongée est à 6 de base pour 1 de hauteur, ce qui met la crête extérieure à $1^m,10$ au-dessus du sol; le talus extérieur est à 45°, le talus intérieur est au tiers et revêtu avec des claies préparées à l'avance ou avec des fascines; la banquette a $1^m,20$ de largeur; elle est soutenue par deux fascines placées sous un talus au quart. Le fossé a les dimensions minimum, c'est-à-dire $4^m,00$ de largeur et $2^m,00$ de profondeur. La tranchée est creusée à $0^m,50$ en arrière de la banquette, elle a $4^m,00$ de largeur au fond, 0m,50 de profondeur près du parapet et 0m,70 à l'extrémité; des gradins de 0,50 de largeur ou une rampe à 2 de base pour 1 de hauteur relient le fond de la tranchée avec le sol.

L'établissement des travailleurs est des plus simples. Pendant qu'on fait le tracé, les hommes qui ont formé les faisceaux et déposé leurs sacs et leurs fourniments se reforment sur trois rangs, puis reçoivent une pelle et une pioche par file, et alternativement une pelle et une dame : on les dispose ensuite le long du fossé et de la tranchée, chaque file formant un atelier travaillant sur une zone de 1m,00 de largeur. Il faut donc deux files par mètre courant de crête. Le travail commence immédiatement, pendant qu'on achève la pose des profils; quelques sous-officiers sont chargés de régler les talus; les caporaux travaillent avec la troupe.

Le déblai du fossé est de 5m,670 par mètre courant, et comme en mettant les hommes à la tâche on obtient qu'ils enlèvent près de 1m,00 par heure, il en résulte qu'il ne faut pas plus de six heures pour construire ce retranchement; quelque peu exercés que fussent les hommes, on ne devrait pas mettre plus de huit heures. Les travailleurs de la tranchée, qui n'ont que 2m,700 à déblayer sont chargés des fascinages et du revêtement. On voit que la nuit qui précède une bataille suffit à la rigueur pour la construction d'un pareil retranchement, et en relevant les travailleurs et ne leur imposant que trois heures de travail, ils n'éprouveront pas une trop grande fatigue.

Cependant cette rapidité peut encore ne pas être suffisante; pour en obtenir une plus grande, on sera obligé de sacrifier une des parties essentielles de la fortification : c'est habituellement le fossé. Le retranchement ne présente alors qu'une masse couvrante pour abriter le défenseur contre les projectiles; les terres en sont données par une tranchée de 4m,00 de largeur sur 1m,00 de profondeur, située en arrière (Pl. XIV, *fig. 3*); la hauteur du parapet est de 1m,30, afin que le défenseur placé sur le sol comme sur une banquette puisse faire feu par dessus la crête : deux gradins de 0ᵐ,50 de largeur sur autant de hauteur, soutenus par des talus au quart le conduisent du fond de la tranchée sur cette espèce de banquette.

Le déblai de la tranchée est environ de 4ᵐ,500 ; l'ouvrage qui d'ailleurs s'exécute comme le précédent doit donc être achevé en cinq heures de temps environ et avec moitié moins de monde. La base du remblai est de 8ᵐ,00 environ.

Dans le tracé donné par la figure 2, le défenseur séparé de l'ennemi par un fossé ne peut prendre l'offensive qu'en défilant par des trouées ménagées de distance en distance ; dans le second système on n'a plus besoin de ces interruptions ; des gradins ménagés le long du talus intérieur et soutenus par des fascines permettent au défenseur de franchir en ordre le parapet pour prendre l'offensive et se porter en masse sur l'ennemi. Vis-à-vis des points où l'on veut observer strictement la défensive, on peut remplacer le fossé par une ligne d'abatis couverte par un avant-glacis.

Le général du génie Rogniat a proposé un tracé d'ouvrages à exécution rapide qui paraît offrir quelques avantages, malgré les critiques assez vives dont il a été l'objet : la pratique n'est encore venue justifier ni ces critiques peut-être un peu outrées, ni la confiance que l'inventeur accordait à son tracé. Voici néanmoins en quoi il consiste :

Le général partage sa ligne de front en parties de 240ᵐ,00 de longueur (Pl. XIV, *fig. 4*) : les points de division sont les saillants d'autant de lunettes destinées à couvrir de l'infanterie, ayant 50ᵐ,00 de longueur de face, et 36ᵐ,00 de longueur de flanc. La ligne *a b* qui sert à déterminer la direction des faces a 44ᵐ00 de longueur environ. Le profil du parapet des lunettes est donné à la figure 5 de la planche XIV : la crête a 2ᵐ,00 de hauteur, le parapet 1ᵐ,50 d'épaisseur, et le fossé 2ᵐ,00 de profondeur sur 3ᵐ,95 de largeur, ce qui donne un déblai de 5ᵐ,600 ne demandant pas plus de six heures pour son exécution. Entre les extrémités des flancs de deux lunettes voisines est une distance de 120ᵐ00 défendue de la manière suivante : dans le prolongement des faces des lunettes est une courtine brisée dont les crêtes donnent des feux en avant des flancs ; le profil de la courtine est donné à la figure 3 de la planche XIV ; les terres du parapet sont fournies par une tranchée creusée en arrière, dans laquelle se tiennent les troupes. L'artillerie est placée sur le sol, au saillant de cette courtine, abritée par un épaulement de 0ᵐ80 de hauteur sur 3ᵐ,00 d'épaisseur, par dessus la crête duquel elle tire à barbette. La figure 6 de la planche XIV en donne le profil. Trois pièces sont généralement placées en ce point : l'une tire en capitale, et les deux autres balayent le terrain en avant des faces des lunettes. Un fossé situé en avant de l'épaulement fournit les terres nécessaires à sa construction. Ce parapet et celui de la tranchée demandent moins de temps pour leur exécution que celui des lunettes.

Des passages de 10ᵐ,00 de largeur sont ménagés entre les extrémités des flancs et de la courtine.

Dans ce tracé les lunettes se flanquent à bonne portée et sont flanquées par les feux de mousqueterie et d'artillerie de la courtine. Le terrain en avant est donc sillonné de feux croisés et tout est bien disposé pour la défensive ; comme les lunettes attirent par leur position saillante les efforts de l'ennemi, le général Rogniat recommande en outre l'emploi d'abatis dans leurs fossés. Pour passer à l'offensive, les troupes de la courtine franchissent les gradins rapidement et en bon ordre, et s'avancent vers l'ennemi, soutenues par l'artillerie légère et la cavalerie sortant par les passages laissés entre la courtine et les flancs.

En résumant ce que nous venons de dire sur l'exécution des ouvrages de fortification, on voit que si pour des ouvrages importants et dont la construction demande des soins et de l'exactitude il faut de cinq à six journées de travail, on peut soit en sacrifiant quelques détails et en changeant la disposition normale des travailleurs, soit en donnant au retranchement un profil moins fort que le premier, on peut, dis-je, se couvrir en très-peu de temps, presque en présence de l'ennemi. Les méthodes que nous venons d'exposer sont d'une grande importance ; moins que jamais on doit être disposé à abandonner les secours que l'on peut tirer de la fortification de campagne alors que par suite du perfectionnement des armes à feu les rencontres deviennent de plus en plus meurtrières. Seulement comme la facilité des communications croît aussi chaque jour, les champs de bataille ne seront jamais occupés que la veille du combat, et il faudra par tous les moyens possibles accélérer la construction de la fortification. Il serait par suite à souhaiter, comme le demande le général Rogniat dans ses Considérations sur l'art de la guerre, que les soldats fussent habitués à porter et à manœuvrer des outils de pionniers.

CHAPITRE XIII.

ORGANISATION DÉFENSIVE DES OBSTACLES NATURELS, ET MISE EN
ÉTAT DE DÉFENSE DES LIEUX HABITÉS.

—

Dans les chapitres précédents nous avons successivement décrit les différents ouvrages que l'on emploie dans la fortification passagère, et nous avons donné la manière de les armer et de les construire. Pour compléter ces différentes notions il nous reste à dire comment on peut tirer parti des obstacles naturels et des constructions diverses.

Cours d'eau. — Les grands cours d'eau peuvent servir dans bien des cas pour couvrir une portion d'ouvrage qui devient alors inattaquable. Souvent même on peut ne faire aucun ouvrage le long de la rivière dont la largeur et la profondeur suffisent pour garantir ce côté du retranchement; tout au plus protége-t-on l'enceinte par une rangée de palissades pour éviter les surprises. Mais si la largeur du cours d'eau ne met pas à l'abri des feux d'artillerie, il faudra s'en garantir par un parapet.

Quelquefois l'eau de la rivière est introduite dans les fossés de l'enceinte; mais il faut qu'elle y atteigne une hauteur de

1^m,00 au moins pour en rendre le franchissement impossible; sinon on supplée à cette insuffisance de hauteur de l'eau en parsemant le fond du fossé de chausse-trapes, de petits piquets, de trous de loup, etc.

Si la rivière n'est ni assez large ni assez profonde pour offrir un obstacle réel à l'ennemi, on peut encore en tirer parti pour couvrir une portion de terrain en avant de l'ouvrage et la rendre inaccessible, ce qui permet de diminuer la quantité de travaux à exécuter. On produit ces inondations artificielles qui portent la hauteur de l'eau à 1^m,60 sur une largeur de 8^m,00 ou 10^m,00 au moins, en lui opposant un obstacle qui la force à s'élever en amont. Cet obstacle porte le nom de *digue de retenue* ou de *barrage;* il se compose (PL. XIV, *fig. 7*) d'un parapet en terre assez épais pour résister à l'artillerie ennemie. En aval, on donne aux terres leur talus naturel; en amont, on fait le talus beaucoup plus doux, en général à 2 de base pour 1 de hauteur, afin que le clapotement de l'eau ne le détruise pas. Ces digues sont construites comme les parapets des ouvrages de campagne et avec tout le soin possible pour qu'elles ne laissent pas filtrer l'eau; on leur fait même dans le sol une espèce de fondation ou *enracinement,* et les terres sont prises dans le bassin d'inondation, qui est ainsi approfondi.

Le sommet de la digue, légèrement incliné pour l'écoulement des eaux de pluie, est à 0^m,25 ou 0^m,30 au-dessus du niveau de l'inondation. Pour que ce niveau ne dépasse pas la limite qu'on lui assigne et que l'eau ne s'échappe pas par dessus la digue qu'elle dégraderait, on construit, soit au milieu, soit sur les côtés, un *déversoir* ou *trop-plein.* Ce n'est autre chose que l'abaissement d'une partie du parapet à la hauteur du niveau que l'on veut conserver et sur une longueur variable avec la quantité d'eau fournie par la source. Le *radier,* ou la partie du parapet sur laquelle s'écoule le trop-plein de l'eau, est solidement revêtu en gazons, fascines ou clayonnages.

Si une seule digue ne suffit pas pour rendre inaccessible tout le terrain que l'on veut soustraire aux attaques, on augmente la longueur de la surface inondée en soutenant les eaux au moyen de digues successives placées à une distance telle que leur hauteur ne dépassant pas 4^m,00, comme celle des ouvrages de fortification passagère, la profondeur de l'eau ne soit pas moindre que 1^m,60 sur une largeur de 8^m,00 ou 10^m,00 dans chaque bassin ainsi formé. Si l'on ne pouvait, par suite de la pente rapide du sol, atteindre ce minimum de hauteur de 1^m,60 sans trop rapprocher les digues, on tirerait encore parti d'une inondation n'ayant pas plus de 0^m,50 à 0^m,60 de profondeur d'eau en parsemant à l'avance le terrain inondé de chausse-trapes, de trous de loup, ou même simplement de fossés de 2^m,00 de largeur sur 1^m,00 à 1^m,20 de profondeur.

Marécages. — Quand on place des ouvrages, soit au milieu, soit en arrière de terrains marécageux, on en rend évidemment l'attaque plus difficile ; les abords n'en sont praticables ni pour l'artillerie ni pour de fortes colonnes, qui ne pourraient arriver que par les chaussées traversant ces sortes de terrains. Ainsi placés, les ouvrages acquièrent donc un degré de force considérable, et pour en rendre l'attaque sinon impossible, au moins extrêmement difficile, il suffit de couper les chaussées par lesquelles l'ennemi peut arriver, de les enfiler au moyen de feux nombreux d'artillerie disposés en arrière, ou enfin de les occuper par des postes solidement établis. Ces moyens peuvent d'ailleurs se combiner ordinairement avec ceux provenant de l'existence des cours d'eau ; des digues placées entre les chaussées élèvent les eaux et produisent des inondations ; des chausse-trapes, trous de loup, etc., les rendent inaccessibles à l'assaillant, qui est alors forcé de diriger ses attaques sur les chaussées bien défendues dont nous venons de parler.

Ravins. — Si des ravins plus ou moins profonds se trouvent sur le terrain à défendre, on les fait battre par quelque ouvrage ou face d'ouvrage pour que l'assaillant ne puisse s'y abriter. Quelquefois on s'en sert comme d'un fossé large et profond que l'assaillant ne pourra franchir, ce qui permet de diminuer l'épaisseur du parapet et de supprimer les défenses accessoires.

Escarpements. — Les escarpements procurent les mêmes avantages que les ravins; on les utilise de la même manière : ils servent d'escarpe à la condition, s'ils ne sont pas très-élevés, de faire battre leur pied par un ouvrage avancé, ou mieux encore par une face en retour de l'ouvrage principal.

Forêts. — Les forêts peuvent aussi être d'une grande utilité pour la défense du terrain. Pour empêcher l'ennemi de les traverser, il suffit de barrer les routes au moyen de coupures formant parapet et suffisamment garnies d'artillerie; en avant des abatis opposent un premier obstacle; dans l'intérieur de la forêt une ligne d'abatis, précédée d'un terrain découvert de 3 à 400^m,00 de largeur, forme une très-bonne défense.

On sait que Dumouriez, en 1792, avait basé son système de défense sur les défilés de la forêt de l'Argonne. Par une marche de flanc presque téméraire, il y avait devancé l'armée prussienne et il avait occupé les différents passages. Malheureusement un de ses lieutenants, chargé de la garde du passage de la Croix-aux-Bois, négligea de prendre les précautions que nous venons d'indiquer; les Prussiens, repoussés sur les autres points, parvinrent à forcer celui-là et Dumouriez fut tourné, mais après un retard de quinze jours apporté par la force de sa position, retard qui sauva la France.

D'après ce que nous venons de dire on peut juger de l'importance des obstacles offerts par la nature et du parti que l'on peut en tirer. Mais il existe aussi de nombreuses ressources pour l'art de la défense dans les différentes constructions exécutées par l'homme, pour se mettre à l'abri de l'intempérie des saisons, ou clore ses propriétés, comme les haies, les murs de clôture, les maisons d'habitation, fermes, etc.

Nous traiterons d'abord de l'organisation défensive des haies, des murs et des maisons isolées; puis ensuite nous les supposerons réunis comme dans un village, et nous chercherons la manière d'organiser cet ensemble.

Des haies. — On sait tout le service que les haies peuvent rendre dans une guerre de partisans; mais ce n'est point ici le lieu de nous étendre sur ce sujet, et nous devons seulement considérer les haies au point de vue de la fortification, c'est-à-dire comme pouvant renforcer une troupe et lui permettre de résister à un corps plus considérable. Si deux troupes sont ainsi séparées par une haie, celle qui sera immédiatement contre cet obstacle aura l'avantage, car elle verra l'ennemi à travers les jours laissés par le feuillage, tandis que celui-ci sera obligé de tirer au hasard. Dans ce cas la haie ne sera qu'un obstacle de faible valeur; mais si l'on est maître du terrain quelque temps à l'avance, on peut élever un parapet en arrière; les terres sont prises dans un fossé situé en avant. Alors la haie se trouve sur la berme et remplace avec avantage des palissades trop facilement destructibles par le canon qui a peu de prise au contraire sur le premier genre d'obstacle; seulement il faut la déraser de manière qu'elle ne dépasse pas le plan de plongée, arrêtant ainsi la vue du défenseur.

Si on n'a pas le temps de faire ce travail, on supprime le fossé en prenant les terres dans une tranchée en arrière du parapet, et la haie placée au pied du talus extérieur remplace cet obstacle; il faut toujours la recouper de manière qu'elle n'arrête ni la vue ni les coups du défenseur.

Murs de clôture. — On peut tirer un fort bon parti des murs quand la maçonnerie en est suffisamment solide ; seulement ils ne peuvent résister à l'artillerie, et par conséquent doivent surtout être employés contre les attaques d'infanterie. En général leur hauteur ne dépasse pas 2m,50 et leur épaisseur varie entre 0m,30 et 0,m40. Pour organiser ces murs d'une manière défensive, il faut y percer des créneaux de distance en distance ; on les place habituellement à 1m,10 ou 1m,20 au-dessus du sol (PL. XV, *fig. 1*) ; leur ouverture intérieure est de 0m,40 à 0m,50 suivant l'épaisseur du mur, et l'extérieure de 0m,08 à 0m,10 : on se ménage ainsi un champ de tir assez considérable sans trop se découvrir. La hauteur de l'ouverture à l'intérieur est de 0m,40, le ciel du créneau est horizontal et le fond est incliné de 0m,10 environ de l'intérieur vers l'extérieur, pour que les coups de fusil atteignent aussi près que possible du pied du mur. Le créneau ainsi placé pourrait être facilement embouché de l'extérieur ; pour éviter cet inconvénient qui paralyserait la défense, on creuse à 1m,00 du pied du mur un petit fossé de 1m,00 de profondeur sur 1m,50 de largeur environ. L'assaillant descendu dans le fossé sera alors à 2m,00 au-dessous du fond des créneaux qu'il ne pourra emboucher ; l'angle mort situé au pied du mur sera supprimé en relevant contre son parement extérieur une partie des terres provenant de l'excavation, car les coups de fusil rasent cette espèce de talus extérieur et battent le fond du fossé. En outre, on donne ainsi plus de solidité au mur.

Au lieu de construire ce petit fossé on pourrait élever le créneau de manière qu'il fût à 2m,00 au-dessus du sol à l'extérieur : il faudrait alors élever à l'intérieur et à 1m,10 en dessous du créneau une banquette pour le défenseur, soit avec de la terre, soit au moyen de planches échafaudées. Mais rarement le mur sera assez haut pour couvrir le défenseur monté sur cette banquette ; de plus le pied du mur n'est pas battu directement, et il faut avoir des feux de

flanc fournis par des murs ou des parapets en retour. Il
vaudra donc mieux en général s'en tenir à la première méthode.

Les créneaux sont percés à environ 1ᵐ,00 de distance les
uns des autres dans les parties flanquantes; le percement se
fait avec le pic à roc ou le marteau de maçon, et l'ouverture
est ensuite régularisée avec du plâtre et des petites pierres,
en lui donnant les dimensions indiquées plus haut. On peut
ne pas avoir de maçons, et d'ailleurs les balles en venant
frapper ces maçonneries en détachent des éclats qui blessent
les défenseurs; il est alors souvent plus commode de tailler
à l'avance les surfaces intérieures du créneau dans des
planches peu épaisses qui sont mises dans les ouvertures
grossières faites aux murs; les joints et les vides sont ensuite
bouchés avec du mortier de terre grasse.

Quand on craint l'artillerie, le mur ne sert plus alors que
de seconde ligne de défense ou de réduit, et il est abrité
par un parapet ordinaire. On peut aussi appliquer directement les terres contre l'extérieur du mur, qui remplace le
talus intérieur; on leur donne une épaisseur de 2ᵐ,00 ou de
2ᵐ,50. En avant se trouve un fossé (Pl. XV, *fig. 2*) qui fournit les terres, et en arrière du mur on construit une banquette en terre ou avec des planches échafaudées; elle est
à 1ᵐ,30 en dessous du sommet, et on y arrive par des escaliers faits à la hâte et placés de distance en distance.

Organisation défensive d'une maison isolée. — De faibles
détachements poursuivis par des corps de troupe beaucoup
plus considérables ont souvent trouvé un abri dans des maisons d'habitation. Voici comment on en fait l'organisation:
nous supposons que la maison est complétement isolée; elle
est composée d'un rez-de-chaussée et d'un étage.

On commence par boucher toutes les issues qui sont au
rez-de-chaussée, à l'exception d'une porte conservée pour
se ménager la possibilité de s'échapper au besoin; il faut

employer pour cette opération des matériaux peu inflam-
mables : la maçonnerie sera préférable à toute autre méthode, la maçonnerie de briques surtout, qui peut être
élevée rapidement par des ouvriers quelconques, et avec du
mortier de terre grasse. Si le temps ou les matériaux manquent, on se sert du bois en établissant à l'intérieur une
cloison en madriers assez épais pour arrêter les balles : on
les pose verticalement et jointifs, après les avoir coupés de
la longueur nécessaire, et on les maintient au moyen de
deux ou trois traverses horizontales en bois scellées dans
les ébrasements de fenêtres ou clouées contre les châssis
fixes.

On double les ventaux de la porte conservée avec d'autres
madriers pour les rendre impénétrables à la balle, et on
prépare les moyens de la barricader rapidement par des traverses horizontales qui ne doivent être mises en place qu'au
moment où l'assaillant cherche à enfoncer la porte. On
cherche d'ailleurs à la garantir d'une pareille tentative en
l'entourant à une certaine distance d'une ligne de palanques
ou de palissades laissant une ouverture fermée par une
solide barrière. Cette espèce d'ouvrage extérieur porte le
nom de *tambour* (Pl. XV, *fig. 3*).

On s'occupe en même temps de percer de créneaux les
murs de façade et de pignon. On peut les percer simplement
à 1m,00 au-dessus du sol du rez-de-chaussée, leur donnant
la forme indiquée à propos de l'organisition défensive des
murs; alors en avant du mur on creuse un petit fossé comme
celui dont nous avons parlé : si le temps manque, et si la
hauteur du plafond le permet, on place les créneaux à 2m,00
au dessus du sol extérieur, et les défenseurs y arrivent au
moyen d'une banquette en planches soutenue par des tré-
teaux ou des meubles à 1m,00 en dessous des créneaux. Le
chevalier de Folard et M. de Clayrac proposent dans ce dernier cas d'en percer d'autres à 0m,30 ou 0m,40 seulement au-
dessus du sol de la maison, et placés vis-à-vis les intervalles

des premiers; une petite tranchée de 0ᵐ,60 à 0ᵐ,70 de profondeur creusée en arrière du mur permet au défenseur de tirer par ces créneaux en mettant un genou en terre.

On place les créneaux à 1ᵐ,00 ou 1ᵐ,50 de distance les uns des autres; vers les angles on oblique leur direction de manière à diminuer le secteur privé de feux : partout ailleurs elle est perpendiculaire au mur. Pour que la défense du rez-de-chaussée soit complète, il faut que les chambres qui le composent aient entre elles de faciles communications; on doit donc s'il n'y a pas assez de portes en pratiquer dans les murs de refend; mais en même temps il faut préparer à l'avance des moyens de barricader ces issues avec des cloisons en madriers à l'épreuve de la balle, afin de pouvoir, si l'ennemi venait à pénétrer dans une des pièces, se retirer dans les autres et les défendre ainsi successivement : pour cette raison on perce aussi des créneaux dans les murs de refend, mettant l'ouverture la plus large du côté que l'on pense abandonner en dernier lieu.

En même temps on coupe l'escalier pour que l'ennemi ne puisse pas s'en servir s'il se rend maître du rez-de-chaussée. La communication avec le premier étage est rétablie au moyen d'une échelle que l'on peut enlever à volonté.

Voici maintenant quelle est l'organisation du premier étage. Il faut d'abord boucher les croisées jusqu'à une hauteur de 1ᵐ,80 environ au-dessus du plancher pour mettre les défenseurs à couvert des projectiles. Cela se fait avec des madriers, comme au rez-de-chaussée. On ouvre ensuite des créneaux dans les murs de face et de pignon à 1ᵐ,00 au dessus du plancher, et correspondant au milieu des intervalles de ceux du rez-de-chaussée afin que l'assaillant ne puisse dresser une échelle entre deux créneaux; vers les angles on leur donne toujours une direction oblique. On pourra en ménager quelques-uns dans les madriers bouchant les fenêtres, la construction en sera plus facile.

Pour arrêter l'ennemi au moment où il pénètre au rez-de-chaussée, il faut percer le plancher de l'étage d'un certain nombre de fentes de 0ᵐ,12 à 0ᵐ,15 de largeur situées au-dessus de la porte d'entrée; on en met aussi au-dessus de toutes les autres portes intérieures, afin d'en favoriser la défense pied à pied, et d'avoir une action constante contre l'assaillant. Ce moyen des plus faciles à mettre en œuvre présente de grandes ressources, et nous ne saurions trop le recommander.

Il faut maintenant chercher à flanquer le pied des murailles. Le tambour que nous avons placé en avant de la porte donne des feux flanquants horizontaux le long de cette face du bâtiment; on pourrait en placer sur les autres; mais cela nécessiterait le percement des murs en arrière pour établir la communication, et il faut en outre du temps et des matériaux. On peut avoir ce flanquement au moyen de feux verticaux. Si la maison a des balcons, rien de plus simple : on perce le plancher du balcon de manière à pouvoir tirer verticalement par les ouvertures ainsi pratiquées, et on garantit les défenseurs par une muraille en madriers soutenue par le balcon.

S'il n'y a pas de balcon pouvant former *mâchicoulis*, on les construit de la manière suivante : on dispose sur l'appui d'une fenêtre (Pl. XV, *fig. 3*) et perpendiculairement à la façade trois ou quatre poutrelles horizontales et dépassant le mur de 0ᵐ,25 à 0ᵐ,30 à l'extérieur; l'extrémité intérieure est fixée au plancher par un montant. Sur l'extrémité extérieure on place une autre poutrelle de 0ᵐ,15 d'équarrissage environ, horizontale, parallèle au mur, et laissant entre elle et lui une fente de 0ᵐ,12, qui forme le mâchicoulis. Un plancher établi sur les premières poutrelles supporte les défenseurs qui sont abrités en avant et de côté par des madriers placés debout sur la poutrelle extérieure, et appuyés par leurs extrémités supérieures contre le mur au-dessus de la fenêtre.

Ces balcons-mâchicoulis s'établissent au dessus de la

porte et sur les faces qui n'ont pas de flanquements horizontaux.

Si on veut à l'étage se défendre aussi de chambre en chambre, il faut créneler les murs de refend, et préparer des barricades aux portes. Mais si le nombre de défenseurs est trop faible pour la grandeur de la maison, on abandonne une partie de l'étage, et l'on s'isole de la partie que l'on ne veut pas défendre en coupant les planchers en avant des portes sur une largeur de 2^m,00 environ. Les étages supérieurs au premier s'organisent comme celui-ci.

Si la toiture est faite en matériaux combustibles, il faut la démolir : les bois servent à l'organisation de la défense, et on recouvre le plafond de l'étage supérieur d'une couche de fumier afin d'éviter les incendies.

Telles sont les différentes précautions à prendre pour organiser une maison d'une manière défensive ; nous les avons décrites en détail parce qu'elles sont toutes assez importantes, et que l'occasion de les employer peut se présenter fréquemment. Si on n'a ni le temps ni les moyens de compléter cette organisation, on va au plus pressé, barricadant les portes, bouchant les ouvertures du rez-de-chaussée et perçant les créneaux ; le reste vient ensuite, si on le peut, et on se défendra toujours avec avantage si l'ennemi n'a pas d'artillerie. Nous en citerons plus tard quelques exemples.

Organisation défensive d'une ferme. — Considérons maintenant la manière d'organiser défensivement une ferme au lieu d'une maison isolée. Pour fixer les idées nous la supposerons composée d'un certain nombre de corps de bâtiment, habitations, écuries, granges, etc., réunis autour d'une cour fermée par ces constructions ou par des murs ; tout autour se trouvent des jardins ou des enclos entourés de haies ou de murs ; une ou plusieurs routes aboutissent à la ferme.

On commence par organiser une première enceinte défensive avec les haies et les murs de clôture qui sont en avant. On détruit tous les obstacles qui, en arrière de ceux que l'on veut conserver, gêneraient les communications, c'est-à-dire ceux qui se dirigent du centre vers la circonférence; puis on perce les murs de créneaux, et on organise les haies comme nous l'avons indiqué. S'il y a des interruptions dans la ligne ainsi formée, on rétablit la continuité au moyen de palanques ou de palissades. Dans ce tracé il faut faire en sorte d'avoir des saillants ou des rentrants pour se procurer des flanquements; si la disposition des murs ou des haies ne le permet pas, on ajoute quelques redans ou tambours en palanques ou palissades.

On apporte une attention spéciale aux points où les routes traversent cette enceinte, car ce sont des parties faibles. Si on ne veut pas conserver la communication, on l'intercepte au moyen d'une coupure composée d'un fossé dont les terres rejetées en arrière forment un parapet, armé d'artillerie; comme point faible la coupure est placée un peu en arrière de l'enceinte pour en être mieux flanquée. On peut la remplacer par une barricade construite avec des voitures dont on enlève les roues, des caisses, des tonneaux, etc., remplis de terre, et suffisamment accumulés.

Si on ne veut pas se priver de communication, mais seulement l'interdire à l'ennemi, on construit la coupure en ménageant au milieu un passage de 2^m,50 à 3^m,00, que l'on ferme par une barrière; un pont en bois sert à traverser le fossé et une traverse en arrière bouche la trouée produite par l'ouverture; l'enceinte déborde la coupure et flanque le passage à bout portant. Dans une barricade, on laisse une ouverture de la largeur nécessaire, et on la ferme par des chevaux de frise.

On déblaye le terrain en avant de cette première enceinte de tout ce qui gêne le tir ou même la vue, dans la limite de la portée des armes et on le couvre de défenses accessoires, surtout d'abatis, faciles généralement à se procurer.

Passons maintenant à l'organisation d'une seconde enceinte formée par les murs de la cour et ceux des bâtiments qui l'entourent.

Les murs sont percés de créneaux; un petit fossé en avant tient l'ennemi à 2^m,00 en dessous de leurs ouvertures, pour qu'il ne puisse les emboucher. Les murailles extérieures des bâtiments sont organisées de la même manière, mais avec plusieurs rangs de créneaux, à cause de leur plus grande hauteur. Il faut boucher avec soin et en matériaux incombustibles toutes les ouvertures extérieures; les fenêtres des étages sont seulement bouchées jusqu'à 1^m,80; quelques-unes sont transformées en balcons-mâchicoulis pour se procurer des flanquements verticaux. Des communications sont ouvertes tout le long de cette enceinte dans les différents murs intérieurs pour la facilité de la défense. S'il y a quelque brèche ou quelque interruption dans l'enceinte, on rétablit la continuité par des lignes de palanques ou de palissades, ou par des parapets en terre précédés de fossés, et en arrière desquels on met l'artillerie.

Si on n'a pas de flanquements horizontaux par suite de la disposition convexe des différentes lignes de bâtiments, on construit des tambours aux angles ou au milieu des faces. Ils communiquent avec l'intérieur par des ouvertures percées dans les murs.

En général on ne laisse qu'un seul passage pour pénétrer dans cette enceinte, le plus facile à défendre par sa position rentrante, par les feux croisés qui sillonnent le terrain en avant, ou par les obstacles extérieurs dont ce terrain est couvert. Ce passage est fermé par une porte à l'épreuve de la balle et percée de créneaux, ou par une barrière, et couvert par un tambour formant ouvrage avancé. Si la disposition des lieux le permet, on le flanque en outre par des balcons-mâchicoulis. Les autres passages sont fermés par de fortes barricades précédées de tambours.

Là ne se bornent point toutes les ressources que l'on peut

tirer de la position : il est possible en effet que l'ennemi surmonte tous les obstacles dont nous venons de parler, et pénètre dans la cour de la ferme. On peut encore s'y défendre en organisant chaque bâtiment comme nous l'avons indiqué pour une maison isolée ; l'assaillant en arrivant dans la cour sera accueilli alors par une grêle de feux croisés sous lesquels il devra faire l'attaque successive de chaque maison.

On doit donc boucher à l'avance toutes les ouvertures du rez-de-chaussée donnant sur la cour et on perce des créneaux dans les murs. Les portes réservées pour les communications et tenues ouvertes pendant les premiers moments du combat, sont fermées par des barricades préparées à l'avance ; un ou plusieurs abatis placés à l'intérieur les pointes en dehors donnent dans ce cas un mode de fermeture rapide et commode. Les planchers des étages sont percés de mâchicoulis, les escaliers sont coupés, et les toitures enlevées si on craint l'incendie.

Le plus considérable des bâtiments, isolé des autres et organisé avec encore plus de soin, forme le réduit et la dernière ressource de la garnison.

L'emploi de tous ces moyens de défense dépend du temps et du nombre d'hommes dont on dispose ; il est évident qu'avec un faible détachement on se contentera d'occuper la ferme sans construire de première enceinte, et encore faudrait-il au moins 150 ou 200 hommes pour la défense d'une pareille position : 6 ou 700 hommes seraient nécessaires pour défendre la position complète. En un mot il faut toujours avant d'entreprendre les travaux veiller à ce que leur développement ne soit pas hors de proportion avec la force du détachement chargé de la défense.

Organisation défensive d'un village. — Tous les villages ne sont point également propres à former des positions retranchées ; il faut pour cela qu'ils réunissent certaines conditions dans la distribution des bâtiments et dans leur mode de construction. Ainsi il serait difficile d'organiser la défense d'un village dont les maisons seraient très-éloignées et séparées par des jardins ou des vergers ; et les maisons construites en bois et couvertes en chaume craignent trop l'incendie pour être utilisées. Nous supposerons dans ce qui va suivre et pour fixer les idées que les maisons sont en maçonnerie ; le village est percé de trois ou quatre routes venant aboutir au centre où se trouve l'église située sur une place, et entourée du cimetière.

Le travail est précédé d'une reconnaissance attentive qui sert à en établir les bases, et qui doit même, si on a le temps, être accompagnée d'un lever à vue. On se décide alors sur ce que l'on doit faire.

On organise d'abord comme pour une ferme une première enceinte extérieure formée par les murs de clôture, et les haies de jardins disposées comme nous l'avons déjà indiqué. Si ces obstacles ne donnent point une enceinte continue, on les remplace là où ils manquent par des parapets en terre précédés de fossés, des palanques, des palissades, ou même simplement des abatis. Dans cette organisation on se procure des flanquements en choisissant les obstacles formant alternativement des saillants et des rentrants : on les obtient au moyen de tambours, si ce tracé n'est pas possible. Les routes que l'on ne veut pas conserver sont couvertes d'abatis et coupées à leur point de rencontre avec cette première enceinte ; les autres sont organisées comme nous l'avons dit au sujet des fermes. L'artillerie est disposée derrière des parapets battant le terrain des attaques.

Le terrain en avant de cette enceinte est déblayé de tout ce qui peut gêner le tir ; on détruit donc les clôtures ayant une direction parallèle à l'enceinte, on peut conserver celles qui vont du centre à la circonférence, qui désunissent les colonnes ennemies sans les protéger. Ce terrain est semé de défenses accessoires de toutes sortes, sans négliger les inondations.

On procède en même temps à l'organisation d'une deuxième enceinte ; les maisons du village forment des groupes ou îlots séparés par les routes qui aboutissent à la place centrale ; chaque groupe est organisé isolément à peu près comme une ferme isolée, composant l'enceinte d'abord des deux parties qui sont le long des routes, puis de la portion extérieure qui est formée de murs, de haies, de maisons, et à leur défaut de palissades, de palanques ou de parapets ordinaires tracés de manière à se procurer des flanquements. Les murs sont crénelés avec soin, les maisons fermées au rez-de-chaussée, et les portes barricadées ; au contraire les étages sont mis en communication ; mais on prépare des barricades pour fermer au besoin les ouvertures, et se défendre pied à pied dans chaque maison. Les façades sur les routes sont organisées défensivement et tirent leur flanquement de la place centrale comme nous le verrons tout à l'heure. Ainsi organisé chaque groupe est un ouvrage particulier, qui peut se défendre isolément : il communique avec les autres ou avec la place centrale par des ouvertures fermées par de solides barrières.

Les routes sont barricadées de manière que la barricade soit un peu en arrière des premières maisons pour en être flanquée. D'autres barricades sont élevées en arrière de distance en distance.

Enfin l'église située au centre est organisée en réduit : on crée d'abord une première enceinte au réduit en crénelant le mur du cimetière ou établissant à son défaut une enceinte de palanques ou de palissades. Vis-à-vis des routes les palanques sont remplacées par un parapet en terre abritant de l'artillerie qui balaye ces routes.

L'église est percée de plusieurs rangs de créneaux ; les défenseurs sont placés sur des banquettes échafaudées ; la forme en croix de l'édifice permet presque toujours d'avoir des flanquements; sinon, on s'en procure avec des tambours en palanques. La porte est barricadée; si elle est précédée d'un porche on en profite pour se procurer des feux verticaux. Le réduit n'est pas toujours placé dans l'église; on peut prendre un bâtiment quelconque pourvu qu'il soit suffisamment solide et isolé; il n'est pas même nécessaire qu'il ait une position centrale. Souvent à côté d'un village se trouve un ancien château seigneurial qui conserve quelques restes de sa première destination guerrière, comme des fossés, des tours, etc. Il est facile d'en faire un réduit fortement constitué en réparant les fossés, en se servant des tours pour avoir des flanquements, et en l'organisant du reste à la manière ordinaire.

Si une hauteur dominante se trouve à proximité du village, il faut l'occuper pour empêcher l'ennemi d'en profiter et de plonger ainsi dans l'intérieur des défenses. On y place le réduit que l'on construit plus fort que les autres parties de l'enceinte; si l'église ou le château y sont construits, on les organise à la manière ordinaire; à leur défaut la hauteur est occupée par une redoute ou un fortin suivant les cas. Une communication défendue par des palanques, des palissades, des murs, des haies sera ménagée entre le village et son réduit.

Il arrive quelquefois que le détachement n'est pas assez fort pour occuper un aussi grand développement d'ouvrage; on supprime alors l'enceinte extérieure en se bornant à la défense du village dont il faut même détruire une partie si cette deuxième enceinte est encore trop considérable.

C'est ce qui arriverait aussi dans le cas où une partie des maisons du village construites en bois ou couvertes en chaumes serait plus nuisible qu'utile; il faut les détruire de peur que l'ennemi en les incendiant ne communique le feu à celles que l'on occupe. Le bois et les planches que l'on en retire servent à l'organisation de la défense; la paille est transportée à une certaine distance et brûlée.

Il est cependant des cas où ces maisons doivent être conservées, quand on en a besoin pour servir d'abri aux approvisionnements. Le village est alors défendu par des ouvrages en terre placés à l'extérieur vers les points saillants. Ce sont en général des lunettes dont la gorge est palissadée; leurs flancs armés d'artillerie flanquent les saillants des lunettes voisines. Ces ouvrages sont réunis par une espèce de courtine formée avec les haies et les murs de clôture intermédiaires organisés défensivement, ou à leur défaut avec des palissades.

Enfin on ne peut pas toujours compléter l'organisation de la défense dans le temps limité que l'on a à sa disposition; alors on commence par les parties les plus importantes, se réservant de perfectionner ensuite le travail; on barre d'abord les routes avec des abatis ou des barricades faites de coffres, de tonneaux ou de chariots remplis de fumier; on perce de créneaux les murs de la première enceinte, on fait précéder les haies d'abatis; en dernier lieu on élève des épaulements pour l'artillerie. La seconde enceinte est organisée de la même manière en courant toujours au plus pressé.

Si au lieu d'un village on avait à organiser la défense d'une petite ville, les moyens à employer seraient les mêmes, mais la position pourrait devenir beaucoup plus forte, car les maisons sont mieux et plus solidement construites, et il serait plus facile d'en tirer parti.

Il y aurait à citer une foule d'exemples de villages, de fermes, de maisons isolées mis ainsi en état de défense. Le chevalier de Clayrac dans son ouvrage intitulé l'*Ingénieur de campagne* en cite un assez grand nombre, ainsi que Folard dans ses Commentaires sur Polybe. On en trouverait aussi beaucoup dans l'Histoire des guerres de l'empire. Ainsi les deux villages d'Aspern et d'Essling, après avoir à la bataille de ce nom soutenu les ailes de l'armée française contre tous les efforts de l'armée autrichienne, furent ensuite fortifiés par l'archiduc Charles pour rendre impossible toute nouvelle tentative de passage en ce point. Ainsi les Anglais arrivés avant nous sur le champ de bataille de Waterloo tirèrent parti de la ferme de la Haie-Sainte et du château de Hougoumont, et les efforts de l'armée française ne purent suffire à les en déloger d'une manière définitive.

CHAPITRE XIV.

APPLICATION DE LA FORTIFICATION AU TERRAIN.

—

Les différents retranchements n'ont été considérés jusqu'ici que d'une manière isolée et sans chercher à coordonner leur existence soit avec la forme du terrain, soit avec les ouvrages environnants, soit encore avec le but direct de leur construction ; nous exposions pour ainsi dire leur théorie particulière. Passant dans ce chapitre de la théorie à la pratique, nous étudierons à un point de vue plus général quelles sont les différentes positions que l'on peut avoir à couvrir dans une guerre offensive ou défensive, et nous chercherons quels sont les retranchements à employer dans les différents cas.

Les positions que l'on veut retrancher à la guerre se divisent en deux grandes catégories : il y a les positions isolées qui doivent être entourées d'obstacles, et celles qui présentent un front d'une grande longueur ne peuvent être tournées, et sont alors couvertes par des lignes. Nous les examinerons successivement.

Nous placerons d'abord dans la première catégorie les ouvrages isolés qui en pays ennemi relient une armée avec sa base d'opération, et permettent la circulation de convois faiblement escortés. En augmentant l'espace occupé par la fortification, ces positions deviennent des *camps retranchés* dans lesquels des corps considérables peuvent trouver un abri. Nous y mettrons aussi les ouvrages qui assurent à une armée le passage d'une rivière, et que l'on nomme *têtes de pont*.

Dans la deuxième série seront les lignes de frontières terrestres ou maritimes, les retranchements exécutés par une armée pour fortifier sa position à la veille d'une bataille, et enfin les lignes destinées à couvrir une armée de siége. Nous ne parlerons de ces dernières que dans la troisième partie du cours.

Postes isolés en pays ennemi. — Ces postes sont plus ou moins forts et étendus suivant l'importance du passage qu'ils assurent : ainsi pour s'assurer d'un défilé, on peut se contenter de placer au débouché un fortin, ou même une simple redoute. Mais s'ils doivent en même temps servir d'abri aux convois et à leurs escortes, on les organise d'une autre manière : au centre est un réduit destiné à la garnison habituelle de la position et dont la capacité est en rapport avec le chiffre de cette garnison; autour s'étend un espace assez vaste pour enfermer le convoi, espace protégé par une enceinte défensive.

De pareils postes ont été établis en Algérie pour donner de la sécurité aux routes reliant les centres de population; un blockhaus à étage, analogue à ceux que nous avons décrits, renfermait la garnison permanente, forte par conséquent de 18 hommes environ; une enceinte, dont le parapet était souvent en pierres sèches, suffisait pour couvrir les troupes et les convois de passage contre les attaques des indigènes.

Ces retranchements doivent être placés sur un site avantageux, à portée de l'eau, du bois de chauffage et des approvisionnements; on choisit les points élevés pour n'être pas obligé d'avoir recours au défilement, facile à employer pour de petits ouvrages, mais conduisant à de trop grands reliefs aussitôt que l'ouvrage est un peu considérable.

Souvent on établit ces postes dans un village retranché ; les maisons abritent les troupes et les approvisionnements ; quelquefois même on pourra occuper ainsi une petite ville.

Ces postes ne sont pas utiles seulement pour protéger les communications, mais aussi pour couvrir la retraite d'une armée trop engagée dans un pays ennemi.

Camps retranchés. — Quand la position que l'on veut conserver acquiert une très-grande importance ou qu'une armée est trop faible pour tenir la campagne en pays ennemi, sans cependant vouloir l'abandonner, on construit un camp retranché qui se compose en général d'une enceinte continue renfermant le matériel, les approvisionnements et une garnison convenable. La masse de l'armée campe à l'extérieur, autour de cette position, couverte par une série d'ouvrages détachés se prêtant un mutuel appui et reliés par des défenses accessoires ou des obstacles naturels : ce sont habituellement des lunettes palissadées à leur gorge. La première enceinte intérieure sert de réduit à cette position ; c'est un fort à quatre ou cinq bastions, ou bien un gros bourg, une petite ville, organisés défensivement et fournissant des abris pour les approvisionnements et le matériel.

Le choix de ces positions est fait avec soin d'après la forme du terrain, et de manière que les camps soient bien à l'abri en arrière des ouvrages avancés ; les meilleurs seront toujours ceux défendus sur un certain développement par des fortifications naturelles ; on défend le reste de l'enceinte par des lignes continues ou à intervalles. On peut voir à ce sujet la discussion établie par M. de Clayrac dans son *Ingénieur de campagne*, à propos des camps retranchés de Russenheim ou de Spire, exécutés ou projetés par lui.

Têtes de pont. — Lorsqu'une armée débouche en pays ennemi après avoir traversé une rivière, il est pour elle du plus haut intérêt de conserver ses ponts, c'est-à-dire sa ligne de communication et au besoin de retraite. On les garantit par des retranchements de campagne nommés têtes de pont.

L'importance de la communication règle naturellement celle de l'ouvrage chargé de sa conservation; mais en tous cas, le retranchement employé ne doit présenter de parapet que vers l'extérieur, et non point du côté de la rivière qui forme un obstacle suffisant; il faut au contraire qu'il soit ouvert de ce côté pour que les feux provenant de la rive de départ sillonnent son terre-plein dans tous les sens et empêchent l'ennemi de s'y établir.

Les différents retranchements ouverts à la gorge dont nous avons parlé, tels que redans, lunettes, ouvrages à cornes ou à couronne, seront choisis suivant les cas et d'après l'importance de la position. On peut aussi la couvrir au moyen de lignes continues appuyées à la rivière par leurs deux extrémités.

Quel que soit l'ouvrage employé, les deux faces extrêmes qui s'appuient aux rives doivent autant que possible leur être perpendiculaires, afin de recevoir leur flanquement de batteries placées sur la rive de départ comme il est indiqué à la figure 3 de la planche VI. Le flanquement du terrain en avant des autres faces dépend du tracé adopté. Dans certains cas, le flanquement des branches extrêmes ne peut être tiré de la rive de départ, par exemple quand la rivière est trop large pour la portée des pièces d'artillerie. Dans ce cas on peut remplacer les branches extrêmes par un front bastionné dont toutes les parties se flanquent mutuellement (PL. XV, *fig. 4*), ou bien, vers le bord de la rive, briser la crête en forme de *retirade*, comme l'indique la figure 5 de la planche XV. Sur une rivière très-large on peut quelquefois trouver des positions où l'inconvénient que nous venons de signaler n'existe pas vis-à-vis d'îles situées dans le cours de la rivière. Ces positions offrent de grands avantages. En premier lieu, les ponts ont moins de longueur; ensuite, des batteries établies peuvent flanquer l'ouvrage ; enfin les îles sont de véritables postes avancés, d'où on peut tenter des passages de vive force, et qui servent de dernier réduit pour faciliter l'évacuation de la tête de pont.

Ces ouvrages ne se distinguent des autres retranchements de campagne que par leurs dispositions intérieures appropriées au but particulier qu'ils doivent atteindre. Le choix de la position est d'abord d'une importance majeure ; il faut tâcher de trouver un point où la rive de départ soit un peu plus élevée que l'autre ; le flanquement en sera plus facile. Il en est encore de même quand la rivière forme un coude, mettant l'ouvrage dans un rentrant ; la défense par les rives de départ est plus complète et faite au moyen de feux croisés ; puis l'ouvrage avec la même capacité a moins de développement de crête, moins de saillie vers l'ennemi, sa garnison est moindre et son attaque plus difficile ; enfin, l'existence du coude abrite les ponts. On doit aussi éloigner l'ouvrage des hauteurs dominantes, car pour défiler non-seulement son terre-plein, mais les ponts en arrière, il faudrait recourir à des reliefs trop considérables.

Quand il y a plusieurs ponts, il faut les écarter d'environ 100^m,00 les uns des autres, de manière que si l'un d'eux venait à rompre, on eût le temps d'arrêter ses débris flottants avant qu'ils ne vinssent frapper et peut-être détruire aussi le pont suivant. A 800 ou 1000^m,00 en amont, on barre en outre la rivière avec une *estacade* composée de pièces de bois flottantes liées les unes aux autres par des chaînes, afin d'arrêter les brûlots ou machines incendiaires lancées par l'ennemi pour détruire les ponts. Un poste garanti par un petit ouvrage est chargé en ce point de la surveillance.

Nous ne voulons pas décrire les ponts employés à la guerre ; nous rappellerons seulement qu'ils sont de deux sortes : ceux construits par l'artillerie au moyen d'un matériel préparé à l'avance et formant l'équipage de ponts, et ceux construits avec les matériaux que l'on trouve sous la main par le corps du génie. Dans les premiers on emploie des bateaux ou pontons tous de même modèle ; le tablier des seconds est soutenu par des bateaux du commerce, c'est-à-dire de grandeurs différentes, ou par des radeaux, ou par des chevalets, ou enfin par des pilots enfoncés dans la rivière. On en construit habituellement un de plus que le nombre reconnu nécessaire, afin de servir de pont de rechange.

Les batteries élevées sur les rives de départ pour flanquer les longues branches se composent d'épaulements percés d'embrasures. Si l'on craignait les courses de quelque parti ennemi, on pourrait les entourer d'une enceinte en palissades, ou même les placer dans de petites redoutes.

Les communications doivent attirer surtout notre attention ; elles sont placées le long des rives, à droite et à gauche, pour ne pas gêner le tir des défenseurs de l'ouvrage ; la retraite peut ainsi s'opérer sous leur protection et sans que la défense soit paralysée par la présence des troupes en dehors. Voici comment on les construit : on arrête le parapet à une distance de la rive égale à la largeur du passage (PL. XV, *fig. 5)* ; mais le fossé est continué jusqu'à la rivière ; on le traverse sur un pont en bois, que l'on enlève quand on veut rétablir l'obstacle. En arrière, pour boucher la trouée, on place une traverse perpendiculaire à la rive, garnie d'une banquette à l'intérieur ; des palissades se prolongeant dans la rivière jusqu'au point où l'eau acquiert une profondeur de 2ᵐ,00, empêchent l'ennemi de se glisser le long des rives pour surprendre l'ouvrage par la gorge.

A 10 ou 15ᵐ,00 en avant du débouché des ponts se trouve une ligne de palissades qui forme le long de la rive une espèce de chemin, et sépare les défenseurs de la tête de pont des troupes qu'ils sont chargés de protéger dans leurs mouvements en avant ou en retraite. Si on ne prenait la précaution d'isoler ainsi cette garnison, peut-être serait-elle la première à abandonner l'ouvrage au moment d'une retraite précipitée, ou au moins il y régnerait un grand désordre qui ne lui permettrait plus de protéger efficacement les colonnes en retraite: De plus cette palissade a l'avantage de garantir le retranchement contre une surprise par la gorge.

Il est extrêmement important d'avoir des réduits dans l'intérieur de ces retranchements; ce sera sous leur protection que les défenseurs de l'ouvrage principal pourront en faire l'évacuation. Dans les petits ouvrages ces réduits sont des blockhaus construits de manière à flanquer la fermeture de la gorge; dans les grands ouvrages on emploie de petits redans, placés vis-à-vis des ponts, et ayant eux-mêmes un blockhaus pour réduit secondaire (PL. VI, *fig. 3*); au lieu du redan on peut employer une ligne tenaillée en palanques (PL. XV, *fig. 4*). Si on veut que la tête de pont puisse servir en même temps de camp retranché, on n'augmente pas son développement, mais on construit à une certaine distance en avant une ligne de lunettes se flanquant mutuellement ou flanquées par l'ouvrage en arrière; leur gorge est fermée par une forte palissade. On obtient ainsi entre la tête de pont et les lunettes un vaste terrain bien défendu, surtout si les lunettes sont reliées par des défenses accessoires. L'armée peut camper sur ce terrain en attendant le moment d'entrer en campagne, ou au contraire celui de faire sa retraite qui s'effectuera dans l'ordre suivant : l'armée abandonne sa position sous la protection des lunettes armées d'artillerie légère; à leur tour les garnisons des lunettes les évacuent sans bruit, pendant la nuit, emmenant leurs pièces et le matériel, détruisant les palissades de la gorge, et protégées au besoin par les défenseurs de la tête de pont. Si on veut évacuer complétement le terrain ennemi, ceux-ci quitteront à leur tour l'ouvrage, sous la protection du réduit et de l'artillerie de position placée sur la rive de départ. Tous les ponts sont alors repliés, sauf un laissé pour servir à la retraite des défenseurs du réduit principal. Ceux-ci s'échappent à leur tour protégés par le blockhaus. Le dernier pont est alors replié et les défenseurs du blockhaus font leur retraite la nuit sur des bateaux préparés à cet effet. Pour couvrir leur passage toute l'artillerie de position couvre de feux le terre-plein de la tête de pont et le terrain en avant.

Quand on établit des passages sur les rivières en pays ennemi, il faut protéger les ponts sur les deux rives, et on construit des doubles têtes de pont. L'organisation sur chaque rive est la même que celle que nous venons de décrire. Souvent de petites villes sont placées sur ces rivières, et on se sert de leurs ponts, si l'ennemi n'a pas eu soin de les couper : les maisons organisées défensivement sur les deux rives forment alors une excellente tête de pont.

Des Lignes. — Dans les chapitres VI et VII nous avons décrit les différents genres de lignes que l'on peut construire ; nous avons vu qu'on les distinguait en trois classes différentes : lignes continues, lignes à intervalles et lignes à ouvrages détachés, pour chacune desquelles il existe différents modes de tracé. Ainsi nous avons parlé des lignes continues à redans, à crémaillères, à redans et courtines, bastionnées ; des lignes à intervalles formées d'ouvrages ouverts à la gorge ou de redoutes ; et enfin des lignes à ouvrages détachés composées d'ouvrages de toutes sortes, fermés ou non, comme redans, lunettes, redoutes, fortins, etc. Examinons dans quel cas on peut et on doit les employer, et d'abord quelles sont celles dont il vaut mieux faire usage.

De vives discussions se sont élevées entre différents auteurs militaires sur la prééminence des diverses classes de lignes dont nous venons de parler : les uns soutenaient l'excellence des lignes continues et en exagéraient peut-être la valeur ; d'autres portant dans leurs critiques une exagération contraire repoussaient ces lignes dont ils faisaient ressortir les défauts, et ne voulaient employer que les lignes à intervalles. De ce choc d'opinions contradictoires résulta la preuve que ni l'un ni l'autre des deux partis n'avait complètement tort ou raison, et que si dans certains cas on devait préférer les lignes à intervalles, les lignes continues rendraient de plus grands services dans d'autres. Ainsi pour couvrir un pays contre les courses de partis ennemis pillant et levant des contributions, pour empêcher les secours de s'introduire dans une place dont on fait le siége et couvrir l'armée assié-geante, on préfère généralement les lignes continues. L'exemple du prince Eugène forçant en 1706 avec 40,000 hommes de troupes les lignes établies par l'armée française devant Turin et gardées par 70,000 hommes, prouve seule-ment que les Français en firent un mauvais usage, et non point qu'elles fussent mauvaises en elles-mêmes. Un même sort attendait peut-être l'armée française devant Mantoue en 1796, si le général Bonaparte se fût renfermé dans ses lignes pour continuer le blocus, au lieu de se porter au devant du maréchal Alvinzy. Les lignes de Wissembourg et de Mayence furent tournées, il est vrai; mais les avait-on construites pour arrêter une armée considérable, ou seule-ment des partis ennemis? D'ailleurs il est une autre obser-vation à faire, c'est que bien rarement on construit des lignes continues telles que nous les avons décrites. La conti-nuité est établie le plus habituellement au moyen d'obstacles naturels tels que rivières, inondations, forêts semées d'abatis, villages organisés défensivement, soutenus de distance en distance par des lunettes ou des redoutes; là où ces obstacles font défaut, on y supplée par des portions de lignes conti-nues. De pareils ouvrages plus faciles à défendre qu'un sim-ple parapet précédé d'un fossé, et moins longs à construire, n'attireront point les mêmes critiques que les lignes conti-nues également vulnérables en tous leurs points, malgré l'emploi d'un grand nombre de défenseurs.

Ainsi en réalité la distinction entre les différentes espèces de lignes est plutôt théorique que pratique, et la forme du terrain indique le genre de lignes à employer.

Sur un terrain plat et sur lequel on ne tient pas à avoir de débouché, on élève une portion de ligne continue, précédée de défenses accessoires; si des pentes douces semblent favoriser l'offensive, on se préparera un excellent champ de bataille en employant les lignes à intervalles; partout ailleurs les obstacles naturels seront combinés avec des ouvrages détachés.

En résumé, de ce que des lignes continues ont été forcées comme celles de Turin, ou tournées comme celles de Wissembourg et de Mayence, nous n'en conclurons pas qu'il faille les proscrire, mais seulement qu'elles ne sont bonnes que dans certains cas et pour un but donné dont il ne faut point les écarter. Ainsi des lignes établies pour couvrir un pays contre les incursions ennemies et pour rassurer la population ne pourront résister à l'attaque d'une armée.

Examinons maintenant les changements que la nature du sol apporte au tracé d'une ligne. Nous avons indiqué dans le chapitre VIII comment on défile des ouvrages isolés: s'il s'agit d'une ligne à intervalles ou à ouvrages détachés, le terre-plein de chaque ouvrage sera défilé par les moyens indiqués; mais il n'en saurait être de même du terrain situé en arrière ou compris dans les intervalles, et si on veut l'occuper, il faut qu'il soit abrité par suite même du tracé de l'ouvrage, c'est-à-dire en occupant les hauteurs : alors le terrain en pente douce situé en arrière échappe aux coups de l'assaillant. Le défilement vient donc plutôt de la position et du tracé des ouvrages que de leur relief qu'il importe de ne pas faire trop considérable.

Les mêmes précautions doivent être employées dans la construction des lignes continues, et voici à cet égard les prescriptions que donne Vauban dans son Traité de l'attaque des places : « Il faut occuper le terrain le plus avantageux,
« évitant de se mettre sous les commandements qui pourront
« incommoder le dedans de la ligne par leur supériorité,
« ou par leurs revers. Où ces défauts se rencontreront, il
« vaut mieux les occuper soit en étendant les lignes jusque-
« là, ou en y faisant de bonnes redoutes ou fortins, que de

« s'y soumettre ; observant aussi de faire servir aux retran-
« chements les hauteurs, ruisseaux, ravins, escarpements,
« abatis de bois et buissons, et généralement tout ce qui
« approche de son circuit et le peut avantager. »

Non-seulement il faut placer l'ouvrage sur le terrain le
plus propice, mais on évite d'en diriger les faces vers des
parties élevées et accessibles à l'artillerie ennemie qui pourrait les ricocher. Les parties situées en terrain élevé doivent
pour cette raison faire saillie sur celles construites en terrain
bas. Ainsi le terrain intérieur des lignes sera abrité par leur
position et leur tracé. Nous ne pouvons donner plus de détails sur ce sujet, car le tracé est excessivement variable, et
de plus il est rarement exécuté par les officiers auxquels cet
ouvrage est destiné. Il suffit qu'ils en connaissent les conditions générales telles que nous venons de les exposer pour
en comprendre les raisons et savoir le parti qu'ils peuvent
tirer des ouvrages au moment du combat.

Lignes de frontières. — Nous allons donner quelques détails sur les différentes espèces de lignes en commençant
par les lignes de frontières. Elles sont en général établies
le long d'une frontière ou un peu en arrière pour couvrir le
pays contre les incursions des partis, rassurer les habitants,
et permettre les travaux de la campagne ; elles serviront donc
surtout dans une guerre défensive. Pour atteindre les différents buts que nous venons d'indiquer, il faut que les obstacles opposés à l'ennemi soient continus, ce que l'on obtient,
comme nous l'avons déjà dit, en combinant les obstacles naturels avec quelques ouvrages. Les cours d'eau, les forêts,
les marécages seront les obstacles principaux ; ils sont soutenus de distance en distance par les places fortes et par
des ouvrages passagers.

Construites suivant ces principes, les lignes de frontières
atteindront toujours bien le seul but que nous nous soyons
proposé, celui de rassurer les habitants contre les incursions

des partis. Ainsi, vers la fin de la malheureuse guerre de la succession, la France épuisée et obligée de se tenir sur la défensive couvrit constamment par des lignes la Picardie et l'Artois; protégés par des places fortes, ces retranchements tinrent l'ennemi en respect, donnèrent un peu de repos à nos armées, et préparèrent la victoire de Denain.

Mais si l'on veut en même temps que ces lignes barrent le passage à une armée et offrent un champ de bataille favorable à l'armée de défense, voici les précautions à prendre : il faut d'abord avoir soin d'appuyer les ailes de la position pour qu'elle ne soit pas tournée; le développement des lignes doit être peu considérable pour que l'armée de défense située en un point central puisse arriver rapidement au secours de la partie attaquée; de nombreuses voies de communication seront créées en arrière de la position, et on détruira au contraire celles qui, en avant, favoriseraient les mouvements de l'ennemi; enfin les différents points de la ligne seront mis en communication entre eux et avec l'armée de défense par des signaux télégraphiques. Bousmard recommande en outre d'élever de distance en distance des redoutes ou fortins capables d'une longue résistance et présentant aux défenseurs des points d'appui et de ralliement. C'est ainsi qu'étaient organisées les lignes de Torrès-Védras dont nous avons déjà parlé au chapitre septième : les ouvrages étaient éloignés les uns des autres, mais l'obstacle était continu par suite de la manière remarquable dont on avait tiré parti d'un terrain déjà très-favorable.

On voit donc que la plupart des lignes de frontières ont été élevées seulement dans le but de se couvrir contre les partis ennemis et qu'il n'est pas étonnant qu'on n'ait jamais pu les défendre contre une armée entière; d'un autre côté, les lignes de Torrès-Védras prouvent que dans certains cas on peut élever des lignes de frontières capables d'opposer à une armée un obstacle réellement infranchissable.

Des Lignes de frontières maritimes. — Les forts et batteries établis sur les côtes peuvent ne pas suffire pour empêcher un débarquement; aussi on a quelquefois élevé des retranchements passagers en forme de lignes pour border les rivages les plus exposés aux attaques. Ces lignes se composent habituellement d'un parapet sans fossé, suivant les sinuosités de la côte et destiné à abriter les défenseurs contre l'artillerie des vaisseaux protégeant un débarquement. De larges passages sont ouverts de distance en distance pour que le défenseur puisse au moment du débarquement s'élancer à la baïonnette sur l'assaillant, et des épaulements couvrent l'artillerie chargée de balayer la plage.

On voit encore aux environs de Brest des lignes de cette espèce construites d'après les ordres de Vauban, et qui rendirent de grands services. Ainsi en 1694, les Anglais tentèrent un débarquement sur une plage située entre la petite ville de Camaret et la gorge de la presqu'île de Quélern; il n'y avait derrière les lignes qu'une compagnie d'artilleurs garde-côtes et quelques habitants; une batterie masquée aux vues de la mer et qui existe encore sous le nom de batterie de la Mort-Anglaise, accueillit les Anglais avec de la mitraille au moment du débarquement et les mit en désordre; chargés vigoureusement à la baïonnette par les soldats et les habitants, ils se rembarquèrent précipitamment en éprouvant des pertes considérables.

Retranchements d'armées. — Il arrive souvent à la guerre qu'un général forcé de livrer bataille malgré son infériorité numérique, ou désireux dans une opération sujette à tant de hasards de mettre de son côté toutes les chances de réussite, cherche dans les ressources de la fortification passagère les moyens de fixer l'inconstance de la fortune ou de diminuer l'influence du nombre sur les résultats du combat. Il peut alors se présenter deux cas différents: ou bien l'armée arrive à l'avance sur un champ de bataille choisi et adopté ensuite forcément par l'ennemi, ou bien, et c'est le cas le plus ordinaire, les troupes n'occupent leurs positions que la veille du combat. Le temps, cet élément si important à la guerre, devra donc être pris en sérieuse considération et influera non-seulement sur le mode d'exécution, mais aussi sur le tracé des ouvrages. Quoi qu'il en soit, et si l'on examine le tracé à un point de vue général, il faudra rejeter d'une manière absolue les lignes continues de manière à se préparer les moyens de prendre l'offensive sur un terrain favorable et au moment propice, sans dégarnir cependant aucune partie de sa ligne que l'on couvre par des ouvrages dont la force dépend du nombre et de la qualité des troupes.

Avec des troupes aguerries et peu inférieures en nombre à celles de l'ennemi, on occupe quelques positions dominantes ou saillantes, organisées dans le but de protéger l'artillerie; loin d'éviter le combat, on le cherche pour trancher plus vite la question avec l'arme blanche qui seule promet un résultat décisif; il faut donc se ménager toutes facilités pour aborder l'ennemi. On multiplie le nombre des ouvrages en raison de son infériorité. Si l'armée est faible ou composée de nouvelles recrues, le général ne peut espérer livrer une bataille décisive, il borne ses efforts à conserver sa position en la couvrant de feux nombreux, et en évitant les engagements à l'arme blanche; on construit alors jusqu'à deux lignes d'ouvrages; mais il faut toujours se ménager des passages pour lancer de la cavalerie, peut-être même quelque colonne d'infanterie sur l'ennemi ébranlé par les feux, et le forcer à la retraite sinon à la fuite.

Si la position est occupée à l'avance, on emploie le profil ordinaire avec un tracé quelconque, n'oubliant pas d'utiliser les villages qui sont sur le front; s'ils sont trop écartés, les troupes qui les occupent pourraient être cernées et forcées de mettre bas les armes, et il faut les détruire.

Si l'on est pressé, n'ayant que quelque heures à sa disposition, on peut toujours organiser rapidement la défense des villages et couvrir le reste de la ligne de bataille par des ouvrages à exécution rapide. Dans tous les cas il faut apporter le plus grand soin à l'organisation des ailes de la position pour que l'ennemi ne puisse la tourner par une marche de flanc.

CHAPITRE XV.

—

Nous connaissons maintenant les différentes méthodes que fournit la fortification passagère pour organiser défensivement une position. Nous compléterons l'étude de cette partie de l'art de la guerre en faisant connaître la manière d'attaquer ou de défendre ces positions retranchées.

Nous ne nous occuperons pas des mouvements stratégiques qui précèdent ou qui suivent l'attaque d'un retranchement, afin de ne pas empiéter sur le domaine de la tactique ou de la stratégie. Au reste en définissant la tactique l'art de diriger les troupes dans un combat, nous voyons que l'attaque et la défense des retranchements forment une partie intégrante de cette science.

Il y a trois manières d'attaquer un retranchement : de vive force, par surprise ou par ruse; de plus on fait souvent de fausses attaques pour attirer l'attention de l'ennemi sur un point pendant que l'on dirige ses efforts sur un autre. Commençons par l'attaque de vive force.

Nous parlerons en premier lieu de l'attaque de vive force d'un ouvrage fermé couvrant une position isolée.

Il y a d'abord à considérer les dispositions préliminaires

qu'il faut prendre pour mettre de son côté toutes les chances de réussite ; puis ensuite l'attaque elle-même.

Pour assurer le succès de l'opération projetée, il faut avoir par des espions dont on contrôlera le témoignage des renseignements sur les troupes de la défense, sur leur nombre, sur la confiance qu'elles accordent à leur commandant. On tâchera aussi de savoir quelle est la fortification que l'on veut attaquer, si elle est terminée, quelle est la force du profil, s'il y a un réduit dans l'ouvrage et quelles sont les défenses accessoires qui l'environnent. On devra interroger encore les déserteurs et les paysans sur la force de la garnison, sur le matériel de guerre qu'elle possède, sur ses approvisionnements en armes, munitions, vivres, sur la plus ou moins grande surveillance que l'on exerce à l'intérieur, etc., etc.

Mais il ne faut pas se contenter de pareils renseignements souvent contradictoires et toujours peu exacts. Il y a des faits dont il faut s'assurer par soi-même, et pour cela on fait faire une reconnaissance directe habituellement par des officiers du génie et de l'état-major, et souvent vérifiée, au moins pour les parties les plus importantes, par le commandant en chef lui-même.

Les officiers chargés de cette reconnaissance s'avancent la nuit avec une faible escorte de cavalerie ; ils mettent pied à terre et s'approchent du poste autant que possible ; si la surveillance est mal faite, ils pourront arriver jusqu'au bord des fossés reconnaissant en chemin les défenses accessoires, puis ils se retireront au petit jour de manière à distinguer le plus de choses possible sans cependant se laisser voir. Si la surveillance est très-bien faite, ces reconnaissances de nuit sont impossibles, on les fait en plein jour en simulant une attaque.

L'ensemble des renseignements que l'on obtient ainsi sert à déterminer par quel point il est le plus convenable d'attaquer : ce sont les points faibles, dépourvus de flanquement

ou de défenses accessoires, ceux où le parapet n'est pas terminé, ceux que l'artillerie domine, enfin les saillants.

On doit en même temps préparer tout ce qui est nécessaire
pour détruire les obstacles opposés à la colonne d'attaque.

Voici comment on peut renverser les différentes défenses
accessoires.

On essaye de détruire les palissades par un feu violent
d'artillerie dirigé d'enfilade ; mais ce moyen est rarement
suffisant, et il faut achever de renverser avec la hache
les palissades déjà ébranlées. Il est plus expéditif de placer
devant les palissades que l'on veut détruire un sac de poudre
de 10 à 15 kilogrammes contrebuté par des sacs à terre ; on
met le feu soit au moyen d'une traînée de poudre, soit avec
le saucisson. Les palanques et les fraises sont détruites par
les mêmes moyens.

Après avoir commencé la destruction des abatis et chevaux
de frise au moyen de l'artillerie, on l'achève à coups de
hache, ou bien s'il ne sont pas trop enchevêtrés, on les
écarte les uns des autres.

Si des chausse-trapes sont semées en grande quantité sur
les glacis ou au fond des fossés, il faut les balayer avec des
branches un peu fortes garnies de leurs feuilles et menus
branchages, ou bien couvrir le terrain avec des fascines sur
une largeur dépendant du front des colonnes d'attaque. Les
petits piquets qui auront échappé à l'action de l'artillerie
seront brisés à la hache ou arrachés.

Pour rendre praticable l'espace occupé par les trous de
loup, il faut couvrir la surface qu'ils occupent avec des
claies ou des planches recouvertes de fascines.

Les barrières se renversent à coups de hache ou avec le
pétard. On descend dans le fond des fossés secs et on remonte
l'escarpe ou bien en s'aidant les uns les autres, ou avec des
échelles, ou en préparant de petits gradins avec la pioche,
ou en enfonçant dans cette escarpe des piquets préparés à
l'avance et qui servent à arrêter le pied des assaillants. Si le

fossé a de l'eau sur une hauteur de 1ᵐ,60 au moins, on le comble avec des fascines.

Pour empêcher l'action des fougasses, il faudrait envoyer à l'avance quelques sapeurs hardis et intelligents pour rechercher les augets et les couper; mais comme cette recherche est souvent difficile, et que l'effet moral des fougasses est très-grand, on doit éviter les attaques sur les points ainsi défendus.

Les inondations de plus de 1ᵐ,60 de hauteur sont franchies sur des bateaux ou des radeaux; s'il n'y a qu'un blanc d'eau, on le franchit à gué; mais s'il est coupé par des fossés ou des trous de loup, ou parsemé de chausse-trapes et de petits piquets, il ne reste d'autre moyen pour arriver à l'ennemi que de construire une espèce de pont de fascines, opération longue et difficile sous le feu du défenseur.

De tout ce que nous venons de dire il résulte que suivant le genre des défenses accessoires il faudra se munir pour attaquer l'ouvrage de pelles, pioches, haches, pétards, sacs à poudre, fascines, planches, claies, échelles, etc., etc.

On forme alors les colonnes d'attaque. Rarement on attaque un seul point de l'ouvrage; on arrive toujours au moins de deux côtés afin de diviser l'attention du défenseur : une de ces attaques peut être une simple démonstration, une fausse attaque, comme nous l'avons déjà dit; mais les troupes doivent être munies de tous les objets nécessaires pour que cette démonstration devienne une attaque réelle, si elles n'éprouvaient qu'une faible résistance.

Chaque colonne sera en général composée de la manière suivante : en tête un détachement de tirailleurs presque toujours choisis parmi les hommes de bonne volonté. Ils sont chargés de couvrir un peloton de travailleurs formé de sapeurs du génie et d'ouvriers d'art pris dans les troupes, qui doivent détruire les défenses accessoires, et qui portent par conséquent les matériaux nécessaires. Ils ont le fusil en bandoulière. Enfin en arrière viennent les colonnes d'attaque précédées de l'artillerie. Les sacs sont laissés avec la réserve. Un ou plusieurs officiers du génie ou de l'état-major sont attachés à chaque colonne.

Quand toutes ces dispositions sont prises, on commence l'attaque. L'artillerie vient d'abord se mettre en position hors de portée de la mousqueterie pour ricocher et plonger les défenses accessoires, et commencer ainsi leur destruction, lançant en outre force obus le long des banquettes et sur le terre-plein pour écréter les parapets, répondre à l'artillerie de l'ouvrage et mettre le désordre parmi les défenseurs.

Quand on juge que l'artillerie a suffisamment ravagé les défenses accessoires, on tourne tous ses efforts contre l'intérieur de l'ouvrage, puis on lance les tirailleurs suivis des travailleurs. Les premiers se développent quand ils sont arrivés à portée de mousqueterie du retranchement, prennent le pas de course, s'arrêtent à peu de distance des parapets, s'abritent comme ils peuvent derrière les débris des défenses accessoires, et de là entretiennent le feu le plus vif contre tout ce qui se montre au-dessus du parapet et surtout contre les artilleurs. Sous leur protection les travailleurs munis des matériaux dont nous avons parlé préparent le chemin aux colonnes en détruisant les défenses accessoires sur la largeur nécessaire.

A la suite des travailleurs les colonnes s'ébranlent; les bataillons sont serrés en masse par divisions ou par pelotons, et assez rapprochés les uns des autres pour se porter secours, assez éloignés pour ne pas être soumis aux mêmes éventualités. Les colonnes s'avancent l'arme au bras en suivant les secteurs privés de feux, et au pas accéléré jusqu'à bonne portée de mousqueterie; là elles prennent le pas de course sans trop se déformer. Pas un coup de fusil n'est tiré par les hommes des colonnes, tandis que les tirailleurs placés à droite et à gauche continuent leur feu.

Arrivés au bord de la contrescarpe, les travailleurs se

jettent dans le fossé pour en détruire les défenses accessoires; ils sont suivis par la première colonne dont les
hommes se lancent de suite sur l'escarpe pour l'escalader,
ou vont se réfugier et se reformer dans les angles morts en
attendant la destruction des obstacles qui les arrêtent. La
seconde portion de la colonne qui devait soutenir la première,
si le feu violent de l'ouvrage ou une sortie la faisait hésiter,
se développe sur la contrescarpe pour tirer aux parapets et
surtout aux flancs, prête à se jeter à son tour dans le fossé
au secours de la première.

Celle-ci escalade alors l'escarpe, s'arrête un instant sur
la berme pour se reformer et s'étendre sur un assez grand
front, gravit le talus extérieur, arrive sur la plongée, fait
feu sur les défenseurs, et se précipite dans l'ouvrage, où
s'engage une action corps à corps à laquelle viennent prendre part successivement les portions de colonnes restées en
arrière. Pendant ce temps les travailleurs renversent une
partie du parapet dans le fossé pour faciliter l'arrivée des
réserves et préparer un chemin pour la retraite si une trop
vive résistance y obligeait. La réserve composée de quelques
compagnies de voltigeurs, de la cavalerie et de quelques
pièces de canon, suit à peu de distance, soit pour soutenir la
retraite des assaillants s'il en est besoin, soit si l'on est vainqueur pour couper la retraite aux défenseurs restants et les
empêcher de s'ouvrir un passage les armes à la main.

S'il n'y a pas de réduit, le défenseur, accablé par le
nombre, est presque toujours obligé de céder, et là s'arrête
le combat.

Mais s'il y a un réduit, il faut l'attaquer pour se rendre
maître de la position d'une manière définitive. Quand il est
en terre, l'attaque sera menée comme pour le premier ouvrage. Les tirailleurs répandus tout autour, et surtout sur les
plongées du retranchement, dominent le défenseur et l'empêchent de se montrer sur le parapet; sous leur protection
les travailleurs détruisent les défenses accessoires, puis une

partie des colonnes qui se sont reformées franchit le fossé, escalade l'escarpe et entre dans le réduit pendant que l'autre partie se tient prête à repousser les retours offensifs. Si c'est un blockhaus qui forme réduit, après avoir entouré l'ouvrage de tirailleurs qui visent aux créneaux, on cherche à emboucher ceux-ci en se glissant au pied des murailles, avec des coins en bois préparés à l'avance, ou on les masque avec des madriers fixés aux parois par de longues broches en fer. On lance en même temps de la composition asphyxiante dans l'intérieur pour le rendre inhabitable, et on cherche à pétarder la porte. Si tous ces moyens ne réussissent pas, on tente de mettre le feu, ou bien en désespoir de cause on se sert de l'artillerie pour faire brèche dans les murailles.

Telle est la marche à suivre par l'assaillant. Voyons comment on doit conduire la défense :

Aussitôt qu'une troupe occupe une position fortifiée, le commandant a pour premier devoir de reconnaître ses retranchements et le terrain en avant, pour se rendre parfaitement compte de la valeur de cette position, savoir tout le parti qu'il en peut tirer, quels sont les points faibles, les points forts, ceux par conséquent par lesquels il pourra être attaqué et au contraire ceux qui sont à l'abri de toute tentative de l'ennemi. Il complète alors et augmente ses défenses si on lui en laisse le temps, portant son attention sur les points faibles, entre autres sur les passages et les barrières contre lesquels on peut tenter des surprises. A l'extérieur, il fait raser tout ce qui pourrait gêner la défense dans la limite de la portée des armes, conservant seulement, dans le cas où il a assez de monde, soit une maison isolée, soit quelques pans de mur organisés défensivement pour servir d'abri à des postes avancés. Sur ce terrain déblayé il fera marquer par des piquets coiffés de paille les portées extrêmes du canon à boulet et à mitraille et du fusil, afin que dans le combat les hommes ne commencent le feu qu'en temps utile. « On peut aussi, dit Vau-
« ban, faire des bûchers de deux ou trois charretées de bois

« sec, à quelque cinquante pas des ouvrages, vis-à-vis les
« angles flanqués, également espacés, et les arranger comme
« les vignerons font les tas d'échalas dans les vignes, après
« les avoir arrachés et mis en réserve pour l'année suivante,
« garnissant le milieu de menu bois et de paille sèche pour
« y mettre le feu quand on a donné le signal, c'est-à-dire
« quand l'ennemi sera aux deux tiers de la portée de canon
« près. Ces feux allumés suppléeront au défaut de la lumière
« qui pourrait encore manquer et feront un jour artificiel
« très-dangereux pour l'ennemi. »

À l'intérieur le commandant veillera sur les approvisionnements de toute espèce ; il aura soin que les armes soient
tenues en bon état, et s'il craint une attaque de nuit, il fera
bivouaquer la troupe à son poste de combat. Ce poste a dû
être indiqué à l'avance de manière que chacun soit bien au
courant de ce qu'il a à faire. D'abord, la garnison du réduit
est désignée ainsi que son commandant particulier ; on ne
les change pas et ils bivouaquent dans l'intérieur ; le reste de
la troupe est divisé en deux parties, la réserve et les défenseurs des banquettes. Le poste de combat de la réserve est
un point central à portée des attaques ; les défenseurs de la
banquette se tiennent au pied de son talus pour ne pas être
exposés inutilement aux feux de l'artillerie. Quelques sentinelles ou mieux des sous-officiers sont seuls sur la banquette,
vers les angles, pour observer les mouvements de l'ennemi
et avertir du moment où il sera à portée de mousqueterie ;
alors seulement les défenseurs doivent garnir les crêtes. Ils
sont prévenus de ne point se déranger pour porter secours
aux blessés, le feu en serait ralenti ; des hommes de la réserve sont commandés à cet effet. Les canonniers sont à leurs
pièces ; un poste particulier, plus ou moins fort, est affecté
à la garde des barrières ; les hommes les plus exercés sont
sur les flancs ou en arrière des palanques.

Quand tous les postes sont ainsi distribués, on peut la nuit
donner une fausse alerte pour voir si chacun est au courant ;

mais il ne faut pas la renouveler, de peur de fatiguer et de mécontenter les hommes, qui auraient ensuite moins de bonne volonté au moment d'une attaque véritable.

Toutes ces occupations ne doivent pas empêcher le commandant du poste d'exercer et de faire exercer la plus grande surveillance sur tout ce qui se passe à l'extérieur pour ne pas se laisser surprendre. Des espions bien payés doivent lui rendre compte des mouvements de l'ennemi; en même temps il envoie la nuit, à 3 ou 400^m,00 de l'ouvrage, des grand'-gardes, qui détachent elles-mêmes des sentinelles avancées; de petites patrouilles continuellement en circulation relient ces postes entre eux; on empêche de cette manière les reconnaissances de l'ennemi et on déjoue les surprises. Le commandant désigne à l'avance les officiers les plus anciens de grade appelés à lui succéder s'il succombe dans le combat, et il leur fait part de ses instructions particulières.

Examinons maintenant comment la défense doit être conduite. Au premier signal donné par les éclaireurs, chacun prend position; l'artillerie répond d'abord au feu des pièces ennemies, tirant à boulet et concentrant son feu sur un point sans le disséminer, ce qui produirait moins d'effet. Puis elle le dirige contre les colonnes d'attaque, sitôt qu'elles sont à portée, tirant à boulet d'abord, puis ensuite à mitraille, à moins que les colonnes ne soient très-profondes.

Les défenseurs des banquettes garnissent les crêtes aussitôt que l'ennemi est à bonne portée de mousqueterie, et ils font le feu le plus vif. Si ce feu, joint aux obstacles apportés par les défenses accessoires et au jeu des fougasses, fait hésiter les colonnes, si elles paraissent ébranlées, la plus grande partie de la réserve, suivie de cavalerie et d'artillerie légère, profite de ce moment d'hésitation pour faire une sortie, s'élancer vigoureusement sur les flancs de la colonne d'attaque et la mettre en déroute. Si le succès couronne cet effort, il faut se garder de poursuivre les fuyards, mais rentrer immédiatement, laissant les feux des parapets agir sur les colonnes qui viendraient au secours de la première. Si la sortie est repoussée, elle rentre en bon ordre, et les feux un instant interrompus reprennent avec vivacité.

Quelquefois, pour mettre plus de désordre à un moment donné dans les colonnes assaillantes, pour agir davantage sur leur moral, on n'exécute les feux à mitraille et de mousqueterie qu'au moment où elles arrivent à 25 ou 30 pas des ouvrages, et on les fait suivre d'une sortie vigoureuse. Le moyen est bon surtout contre les attaques de nuit; les troupes françaises l'ont souvent employé dans la campagne de Crimée, et il leur a toujours réussi.

Quand les colonnes assaillantes se jettent dans le fossé, c'est le cas de renouveler la sortie, en n'y employant que la moitié au plus de la réserve; quelques détachements d'hommes déterminés peuvent agir en même temps dans le fossé. C'est aussi le moment de faire usage des grenades à main, dont il serait bon d'avoir provision.

Si l'ennemi résiste à tous ces moyens, il escaladera d'abord l'escarpe, puis le talus extérieur, et arrivera sur la plongée. La baïonnette mise au bout du fusil ne forme pas une arme assez longue pour que le défenseur placé sur la banquette puisse s'en servir pour renverser l'assaillant. Aussi le maréchal de Saxe demande-t-il que l'on ait quelques armes assez longues, en forme de piques, comprises dans l'armement des ouvrages; mais cela n'a pas été admis en principe. Un commandant actif pourra y suppléer en faisant fabriquer quelques longs manches, aux extrémités desquels on fixe des baïonnettes.

« A défaut de cette arme, dit le chevalier de Bousmard « dans son *Essai général de fortification*. liv. V, on a vu de « braves gens, ne consultant que leur courage, monter sur « le parapet au moment où ils ont vu l'ennemi descendu dans « le fossé. Avec tant de valeur, on réussit ordinairement, et « on doit surtout réussir contre un ennemi entassé dans un « étroit fossé et gravissant un talus glissant. Mais si les assail-

« lants sont soutenus par d'autres restés sur la contrescarpe
« du retranchement, les défenseurs montés sur le parapet y
« seront passés par les armes. »

Cet élan du défenseur, mauvais en principe quand l'assaillant attaque dans toutes les règles, ne peut donc être conseillé; cependant on peut le régulariser en préparant à l'avance aux troupes des moyens d'escalader le talus intérieur avec des escaliers portatifs en bois, et en ne faisant monter les hommes qu'au moment où la tête de l'assaillant dépasse la plongée. Alors la troupe restée sur la contrescarpe ne peut tirer sous peine d'atteindre en même temps amis et ennemis, et le défenseur acquiert l'avantage d'une position dominante dont il peut se servir pour rejeter l'assaillant dans le fossé, s'y précipiter à sa suite et l'en chasser. Mais encore une fois, cette opération un peu hasardée ne s'ordonne pas; elle s'exécute à un moment donné sous l'impulsion d'un élan généreux, et faite au moment favorable, elle doit être couronnée de succès : c'est une inspiration et non point une règle.

Si malgré tous ces efforts l'assaillant pénètre dans l'intérieur de l'ouvrage, les défenseurs des parapets se forment derrière la réserve, et tous ensemble attaquent l'ennemi à la baïonnette. S'ils voient, après plusieurs charges, l'impossibilité de réussir, ils se reforment sous la protection du réduit, et s'ouvrent un passage les armes à la main pour aller chercher du secours et dégager ce dernier ouvrage. Jamais ils ne doivent se retirer dans son intérieur, car l'assaillant pourrait les poursuivre d'assez près pour y entrer avec eux, et toutes les défenses tomberaient à la fois. Les portes de celui-ci resteront donc fermées, et son rôle sera de protéger par ses feux la réunion, puis la retraite définitive des défenseurs.

La défense d'un réduit en terre sera conduite comme celle de l'ouvrage principal; on tiendra en réserve une partie de sa garnison pour la porter vers les points les plus menacés. Toute résistance étant enfin surmontée par l'assaillant, les

défenseurs s'ouvrent un passage les armes à la main et rejoignent le premier corps de troupe.

La défense d'un blockhaus servant de réduit est complètement passive, et se borne aux feux des créneaux et à empêcher ceux-ci d'être embouchés. Si la fumée force à évacuer le blockhaus, il faut, plutôt que de se rendre, ouvrir la
porte de l'ouvrage, fondre sur l'ennemi à la baïonnette et
chercher ainsi à lui échapper.

Ce que nous venons de dire donne une idée de l'attaque et
de la défense d'un ouvrage fermé; mais il ne faut pas y attacher un sens trop absolu : la méthode et la régularité que
nous avons été obligé d'admettre ne seront jamais possibles
dans la pratique; l'exécution entraîne toujours un désordre
inévitable. C'est à l'intelligence et à l'instruction des officiers
en sous-ordre et des commandants des colonnes qu'il appartient de redresser les fausses directions, de réparer les erreurs commises et de savoir même au besoin en profiter pour
porter à l'ennemi des coups plus inattendus.

Passons maintenant à l'attaque et à la défense des lignes
continues. Nous ferons remarquer d'abord que toutes les
dispositions à prendre, soit pour l'attaque, soit pour la défense, sont à peu près les mêmes que dans les cas d'un ouvrage isolé; elles diffèrent seulement par quelques détails
sur lesquels nous appelons l'attention.

D'après les renseignements obtenus, le commandant fixera
les points d'attaque; la forme des retranchements et du
terrain extérieur ne déterminera pas seule ce choix; il faut
en outre faire attention à la disposition des troupes du défenseur, rechercher les points les plus éloignés des secours et
des réserves et ceux où les camps trop rapprochés des lignes
gênent les manœuvres des défenseurs. On évitera les parties
précédées d'ouvrages avancés, qui par leur résistance donneraient le temps aux réserves d'arriver.

On fait en même temps les approvisionnements d'outils et
de matériaux, puis tous les ordres sont donnés pour l'attaque

avec clarté, précision et laconisme. La formation des colonnes est la même, on doit seulement disposer de plus fortes réserves que dans le cas précédent, car on peut avoir affaire à un instant donné à la majeure partie des troupes qui gardent la ligne. Ce sera aussi le cas de faire une ou plusieurs fausses attaques pour diviser l'attention du défenseur, et le porter à diriger ses forces vers des points éloignés de l'attaque principale.

Celle-ci se conduit comme l'attaque d'un ouvrage isolé; on fait d'abord agir l'artillerie; puis les travailleurs s'élancent pour achever de détruire les défenses accessoires, précédés et couverts par les tirailleurs. A leur suite viennent les colonnes, échelonnées comme nous l'avons dit afin de se soutenir mutuellement : la réserve se tient à portée, mais sans s'exposer aux feux de la défense.

Les retranchements enlevés, les tirailleurs poursuivent l'ennemi en désordre; les travailleurs se hâtent d'ouvrir les barrières et de pratiquer des coupures dans le parapet pour le passage du reste des colonnes, de la cavalerie et d'une partie de l'artillerie. L'infanterie se déploie rapidement, et s'avance ensuite avec lenteur et précaution; l'artillerie prend position pour résister aux retours offensifs; la réserve se rapproche pour être plus à portée de soutenir ces premiers corps.

En cas d'insuccès on effectue sa retraite en bon ordre, protégé par l'artillerie et la cavalerie et soutenu par la réserve.

Dans la défense des lignes continues les dispositions préliminaires à prendre sont les mêmes que dans celle d'un ouvrage fermé, à l'exception de la manière de disposer les troupes. Ici en effet le front à défendre est très-considérable, et on ne peut être partout en force pour repousser l'ennemi. On ne désigne pour garnir les banquettes qu'un assez petit nombre de défenseurs chargés plutôt de donner l'éveil que de faire une vigoureuse résistance; en arrière et vis-à-vis des rentrants, à 3 ou 400 mètres les uns des autres sont des postes assez forts pour compléter la défense des banquettes vers les points attaqués. Puis enfin on place le gros des troupes avec de l'artillerie légère en deux ou trois positions centrales. Il est bon d'avoir de distance en distance et un peu en arrière, des redoutes armées d'artillerie et ayant une garnison à part; elles serviront de point de ralliement aux troupes de la défense.

La grande étendue du front force à déployer une surveillance encore plus active que dans le cas des ouvrages fermés, surveillance plus facile d'ailleurs, car les troupes sont plus nombreuses. Des grand'gardes avec des sentinelles avancées seront donc envoyées à 3 ou 400 mètres en avant de l'ouvrage et reliées par des patrouilles continuelles. Si l'on est attaqué d'un côté, il ne faut pas dégarnir les autres, mais envoyer seulement une fraction des réserves de peur que l'ennemi n'arrive en force sur les fronts dégarnis.

Au moment où l'ennemi paraît, tout le monde est à son poste, et des ordonnances à cheval, s'il n'y a pas de signaux télégraphiques, partent au galop pour prévenir le général en chef afin qu'il fasse avancer les réserves. Les petits postes dont nous avons parlé complètent en attendant la défense des banquettes et fournissent une petite réserve provisoire. L'artillerie après avoir tenu tête à celle de l'attaque tire sur ses colonnes quand elles sont à portée, d'abord à boulet, puis à mitraille. Les défenseurs des banquettes commencent le feu à leur tour, quand la distance est convenable. Arrêtées par les défenses accessoires, accablées par cette masse de feux, si les colonnes hésitent, si le désordre s'y met, peut-être essayera-t-on une sortie, possible seulement si ce point de la ligne a déjà reçu du renfort.

Contre l'escalade la résistance sera la même que pour un ouvrage fermé; mais contrairement à ce qui arrive pour ce dernier, c'est au moment où l'assaillant vient de réussir dans cette opération que sa position deviendra réellement critique si les réserves sont arrivées à temps : et c'est ce dont il faut bien convaincre les troupes que l'on a sous ses ordres. Le plus souvent elles croient qu'il n'y a plus rien à faire quand la ligne est forcée, et sous l'impression de cette fausse idée leur moral s'abat, et elles se retirent avec plus ou moins de désordre ; ainsi s'explique la faible résistance opposée en général par les lignes, et les critiques exagérées dont elles ont été l'objet de la part de grands capitaines qui les proscrivaient même complétement. Mais si leur développement n'est pas en disproportion avec la force des troupes qui les gardent, et elles ne seront bien organisées qu'à cette condition, les réserves arriveront au moment où l'ennemi ayant franchi le parapet commencera à se répandre dans l'intérieur ; soutenues par les défenseurs des banquettes qui se sont ralliés sous les réduits, elles prendront l'avantage de l'initiative et le chargeront de front tandis que l'artillerie légère et la cavalerie les prendront en flanc. L'assaillant probablement inférieur en forces, privé de son artillerie qui n'a pu encore traverser le parapet, séparé de ses réserves, se trouve alors dans une position très-difficile, et on lui fera probablement repasser en désordre et avec des pertes considérables le parapet qu'il escaladait tout à l'heure en vainqueur.

Ainsi, nous le répétons, les lignes continues sont susceptibles d'une très-bonne défense. En effet l'assaillant est loin d'être vainqueur quand il a escaladé le parapet ; alors au contraire, il est dans la position la plus fausse, et le défenseur loin de se décourager doit à ce moment redoubler d'énergie. Cependant, si les réserves n'arrivent pas assez vite, si les retours offensifs n'ont point de succès, le défenseur se rallie sous la protection des réduits dont nous parlions tout à l'heure, pour recommencer l'attaque avec les troupes qui viennent d'arriver, ou pour se retirer en bon ordre. Le réduit peut encore résister dans l'espoir de voir arriver des secours, puis la garnison battra en retraite à son tour.

Après la description détaillée que nous venons de faire de l'attaque d'un ouvrage isolé et de celle d'une ligne continue, il reste peu de choses à dire sur l'attaque et la défense des lignes à intervalles.

D'abord nous assimilerons complétement aux lignes continues, d'après ce que nous avons dit dans le chapitre précédent, celles qui ont un très-grand développement et qui doivent couvrir une grande étendue de pays : les ouvrages, isolés il est vrai, sont reliés par des obstacles naturels ou artificiels qui rendent la ligne continue.

Il reste donc à considérer une ligne de peu d'étendue, couvrant par exemple un champ de bataille. Dans ce cas, l'action est plus rapide, et le coup d'œil militaire du chef doit suppléer aux renseignements qui font défaut. Souvent même on ne donne pas le temps à l'artillerie de commencer l'action, et les colonnes se lancent immédiatement à l'arme blanche contre les ouvrages, couvertes par les tirailleurs. On les attaque en même temps de front et de flanc, pour les tourner; les attaques de flanc peuvent même se faire avec de la cavalerie pour être plus rapides, quand l'ouvrage n'est pas fermé à la gorge : c'est ainsi qu'une lunette russe à la bataille de la Moskowa fut tournée par les cuirassiers du général Caulaincourt en même temps qu'une colonne d'infanterie l'abordait de front.

Dans la défense les ouvrages doivent se soutenir mutuellement par leurs flanquements d'artillerie : des troupes massées dans les intervalles viennent à leur secours, soit au moyen de retours offensifs après l'escalade, soit en cherchant à arrêter les colonnes par des charges de cavalerie. Nous ne nous étendrons pas davantage sur une matière qui appartient à la tactique plutôt qu'à la fortification.

Nous ajouterons seulement un mot au sujet des retranchements exécutés à la veille d'une bataille : il faut chercher à en cacher l'existence à l'armée ennemie. Ainsi à la veille du combat d'Albuféra, le duc de Wellington fit couvrir avec des branches d'arbre les retranchements qu'il préparait, pour qu'ils échappassent aux reconnaissances des Français.

Nous avons encore à nous occuper de l'attaque de vive force des positions habitées organisées défensivement; nous commencerons toujours par le cas le plus simple, c'est-à-dire celui d'une maison isolée.

Si le corps assaillant possède de l'artillerie, il faut, après avoir fait une reconnaissance rapide du terrain environnant la maison, choisir une position favorable hors de portée de mousqueterie, y mettre ses pièces en batterie, et démolir la maison avec le boulet, ou l'incendier avec des obus; on occupe en même temps les principales voies de communication pour empêcher la fuite de l'ennemi.

Devant une pareille attaque la défense ne pourra tenir que si les murs ont une grande épaisseur; autrement son unique chance de salut sera d'évacuer la position en cherchant à s'ouvrir un passage les armes à la main.

Mais si l'assaillant n'a pas d'artillerie, l'attaque de vive force devient très-difficile et peut échouer devant une vigoureuse résistance du défenseur. Le chef de la colonne assaillante fait d'abord une reconnaissance rapide des abords de la maison pour tâcher d'en découvrir le côté faible; puis il dispose autour une partie de sa troupe en tirailleurs : ces hommes s'approchent abrités par les murs, les haies, les arbres que les défenseurs ont négligé d'abattre, et ils entretiennent le feu le plus vif contre les créneaux. On forme en même temps une colonne d'attaque, munie de pioches, de pics à roc pour saper les murs, de haches pour briser les barrières et les portes, de sacs de poudre pour les faire sauter, de matières incendiaires pour y mettre le feu, de pétards pour les renverser, de madriers pour emboucher les créneaux, d'échelles pour escalader les toits. Une petite troupe est laissée en réserve.

La colonne s'avance rapidement, mais en bon ordre sous la protection de la ligne de tirailleurs qui serre alors la maison de plus près et en suivant autant que possible un secteur privé de feux. On embouche les créneaux, on enfonce les tambours, les portes, les fenêtres nouvellement barricadées; au besoin on fait dans la muraille un trou que l'on élargit par l'explosion d'un sac de poudre, et on pénètre dans l'intérieur la baïonnette en avant; on poursuit le défenseur dans ses retranchements successifs, cherchant à y entrer avec lui; on embouche les créneaux des murs de refend, on force les barricades intérieures, et on pénètre ainsi de chambre en chambre.

Si on ne tient pas à conserver la maison, on peut ou bien la faire sauter en partie avec un baril de poudre placé au rez-de-chaussée, ou bien y mettre le feu avec des matières incendiaires. Mais si on veut la conserver, on continue l'attaque pour chasser définitivement le défenseur : on escalade alors le mur avec des échelles; arrivé sur le toit, on le perce, on descend dans le grenier, on perce le plafond, et on tire sur les défenseurs de l'étage dans lequel on pénètre en même temps par les fenêtres ou par l'intérieur. Arrivées à ce point, l'attaque et la défense sont presque toujours également acharnées, et il est rare qu'on fasse de quartier.

Quand la maison est mal barricadée, quand d'ailleurs l'affaire doit être conduite avec rapidité, on néglige une partie de ces précautions, on se munit seulement de haches et de sacs de poudre pour enfoncer les portes et on attaque immédiatement à l'arme blanche; seulement presque toujours la rapidité exige quelques sacrifices en hommes.

Ainsi au siége de Rome en 1849, à l'assaut du 21 juin, une compagnie de grenadiers et une brigade de 30 sapeurs se précipitèrent malgré une fusillade assez vive sur une maison (la casa Barberini) située à leur droite; il ne leur fallut que quelques instants pour s'en rendre maitres : mais le commandant de la compagnie de grenadiers, capitaine d'Astelet, et celui de la brigade de sapeurs, capitaine de Jouslard, tombèrent mortellement frappés, victimes peut-être d'un excès de bravoure qui les porta à négliger les précautions indiquées précédemment.

Pour défendre une maison, on cherche d'abord à écarter l'ennemi par les feux ; ce sera le seul obstacle à lui opposer tant qu'il sera à quelque distance. Le commandant devra donc garnir les créneaux de défenseurs sans négliger d'avoir auprès de lui quelques hommes déterminés servant de réserve. Quand les assaillants sont au pied des murailles, on leur envoie en outre tous les projectiles que l'on a rassemblés à cet effet, comme tuiles, pavés, etc. ; on renverse leurs échelles avec des crochets préparés à l'avance et manœuvrés par les créneaux ; s'ils entrent dans la maison, on se défend de chambre en chambre, et on regagne même le terrain perdu au moyen de retours offensifs faits à la baïonnette par la petite réserve dont nous avons parlé.

On fusille les assaillants par les mâchicoulis percés dans les plafonds ; des cuves d'eau sont préparées à l'avance pour éteindre les commencements d'incendie. Chaque pièce de la maison ne sera ainsi abandonnée qu'après un combat acharné qui doit coûter beaucoup de monde à l'assaillant, et peut-être même finira par le rebuter. Probablement alors il cherchera à mettre le feu en se retirant ; si on ne peut éteindre l'incendie, la garnison réunie fera une sortie vigoureuse pour s'ouvrir un passage les armes à la main et regagner les postes amis les plus rapprochés.

Pour faire ainsi une défense brillante et échapper à la honte et aux ennuis de la captivité, il n'y a besoin ni de beaucoup de monde, ni d'une organisation défensive aussi complète que nous l'avons supposé. La vie du maréchal de Saxe nous en offre un exemple bien frappant.

Voyageant en 1715 avec cinq officiers et douze domestiques, il est surpris la nuit dans une auberge par 200 dragons et 600 cavaliers suédois. Il fait rapidement barricader portes

et fenêtres, percer les planchers; il poste trois ou quatre
hommes dans chaque chambre et en garde autant avec lui.
Les portes sont enfoncées, mais les premiers assaillants sont
tués; on essaye alors d'escalader les fenêtres; le comte de
Saxe accourt avec sa réserve et rejette l'ennemi au dehors.
Rebutés, les Suédois cernent la maison en attendant le jour
pour agir avec plus de succès; mais le maréchal qui n'a plus
de munitions s'échappe avec sa petite troupe sans avoir
perdu un seul homme.

Considérons maintenant l'attaque d'un village retranché.
Après tout ce que nous avons dit jusqu'ici, il reste peu de
détails à donner sur l'attaque de ce nouveau genre de position. Les dispositions préliminaires seront toujours les
mêmes; tirer du déserteur, du paysan et de l'espion tout ce
que l'on pourra sur le retranchement et ses défenseurs,
compléter et corriger leur dire par une reconnaissance
directe, telle sera la première chose à faire. Ces renseignements, cette reconnaissance acquièrent d'autant plus d'importance que l'ouvrage que l'on veut attaquer est plus
irrégulier, plus dépendant de circonstances inconnues. On
détermine ensuite le point d'attaque, choisissant celui ou
ceux qui sont les moins forts, les moins protégés par l'artillerie ou les défenses accessoires, qui conduisent le plus
directement au réduit dont la prise entraîne celle du village.
Habituellement les colonnes sont dirigées le long des routes.
On fait provision des outils et matériaux nécessaires, qui
sont les mêmes que pour les autres attaques, en multipliant
les échelles, haches, pics à roc, sacs de poudre, sacs à terre,
en raison des obstacles plus nombreux qu'il faut détruire;
au contraire on prendra peu de pelles ou de pioches. Pour
la même raison la colonne de travailleurs sera plus forte que
dans les cas précédents; il y aura même un moment où tout
le monde sera appelé à remplir alternativement le rôle de
travailleur et de combattant.

L'organisation étant complète, les ordres étant donnés,

l'artillerie prend position et engage l'action contre le point d'attaque; les obus auront surtout un grand effet pour détruire les défenses accessoires et mettre le feu aux maisons qui forment la seconde enceinte; les boulets seront dirigés contre les murs isolés de la première.

Lorsque l'effet produit par l'artillerie paraît suffisant, on lance les colonnes ayant les travailleurs en tête et précédées de tirailleurs. Ceux-ci seuls font usage de leurs armes; les autres l'arme au bras ou en bandoulière prennent le pas accéléré, puis le pas de course, détruisent et franchissent les obstacles accessoires, et escaladent la première enceinte à la manière ordinaire.

Arrivés devant la seconde enceinte formée de maisons, ils attaquent d'abord celles qui flanquent les barricades, auxquelles l'artillerie a peut-être déjà fait brèche; ils s'en emparent par les moyens indiqués plus haut et tournent ou forcent la barricade. On attaque ainsi des deux côtés de la route, cheminant dans les maisons, s'y établissant successivement, et retournant à mesure les défenses. Ces opérations successives longues et meurtrières et dans lesquelles se développent au plus haut degré l'intelligence et le courage des hommes isolés se continuent jusqu'à ce que l'on arrive au réduit; on cherche à y pénétrer avec le défenseur; si on ne le peut, s'il est trop fortement organisé pour être enlevé à l'arme blanche, on fait venir son artillerie par les routes, l'épaulant des barricades abandonnées du défenseur, et on ouvre une brèche. Pendant ce temps les tirailleurs se répandent dans les maisons voisines pour tâcher de dominer la position, et les colonnes qui auront eu le temps de se reformer s'avancent sous leur protection, précédées de travailleurs, et attaquent le réduit à la manière ordinaire.

Si les troupes sont rebutées par une résistance acharnée, on fait sa retraite en bon ordre en incendiant le village pour forcer le défenseur à l'évacuer. Mais il n'est pas toujours bon d'y mettre le feu en commençant, si le réduit est grand et éloigné du village de manière à renfermer tous les défenseurs et à être respecté par le feu ; on élèverait une barrière infranchissable entre l'ennemi et soi sans se rendre maître de la position.

Nous n'avons parlé que d'une seule colonne d'attaque ; il est évident qu'il en faut plusieurs pour diviser l'attention, mais le rôle de chacune sera exactement le même. Les réserves suivent les colonnes à une faible distance, et s'engagent après elles dans le village pour les soutenir.

La défense d'un village faite par une troupe déterminée et intelligente est toujours une opération brillante, et si elle n'est pas couronnée de succès, au moins on fera payer bien cher à l'assaillant une victoire difficile. L'organisation de la troupe dans ses positions est l'opération préliminaire la plus importante ; chaque fraction du village défendue séparément aura sa garnison, son commandant ; les troupes doivent être mises au courant de ce qu'elles ont à faire ; c'est aux officiers à les instruire à ce sujet, à leur donner tous les détails, et surtout à exalter leur moral en leur faisant sentir combien leur position est supérieure à celle de l'assaillant ; on veille avec soin à ce que les sous-officiers qui se trouveront dans bien des cas avoir la direction de la défense, connaissent parfaitement l'espèce de dédale formé par les maisons, dédales si favorables aux défenseurs, et que l'assaillant au contraire doit avoir tant de mal à franchir.

La surveillance à l'extérieur doit être très-exacte pour ne pas se laisser surprendre et pour empêcher les reconnaissances. Nous n'avons rien à dire de nouveau sur la résistance opposée par la première enceinte ; si elle est forcée, les troupes se retirent de muraille en muraille, de haie en haie, jusque dans le village, n'abandonnant le terrain que sous les efforts successifs de l'assaillant. Elles viennent se rallier dans le village même, près du réduit, formant une réserve pour les retours offensifs.

La défense dans les maisons du village est encore plus

énergique; chaque maison, chaque chambre permet de soutenir une lutte opiniâtre, et on ne l'abandonne que s'il n'y a plus moyen d'y rentrer par des retours offensifs. On sait toutes les ressources que présentent le courage, l'intelligence du soldat français pour soutenir une pareille lutte.

Si malgré tant d'efforts on ne peut conserver sa position, on se retire autour du réduit sur l'esplanade qui l'isole, et protégé par ses feux, on essaye de s'y maintenir, on tente encore s'il est possible quelques retours offensifs. Dans le cas où l'incendie du village ne peut atteindre le réduit, on prépare à l'avance les matières incendiaires, et on met le feu aux maisons; on élève ainsi un obstacle infranchissable entre l'ennemi et soi, on le force à reculer, et on gagne du temps, soit pour attendre des secours, soit pour être plus à même de faire sa retraite en bon ordre.

L'attaque et la défense d'une ville ouverte mais organisée défensivement se feront exactement de la même manière; la défense aura un plus beau rôle encore, et l'assaillant pour perdre moins de monde devra employer plus d'artillerie.

Pour achever ce qui a rapport aux attaques de vive force, il nous reste à dire un mot de l'attaque des barricades faites dans l'intérieur d'une ville. Malheureusement au moment de nos discordes civiles, l'occasion de conduire et de diriger ces attaques s'est trop souvent présentée; on peut d'ailleurs la rencontrer aussi dans l'attaque des villes ennemies. Si la barricade est faiblement organisée, on l'attaque à la baïonnette, vivement, se faisant flanquer à droite et à gauche par des hommes qui tirent aux croisées. S'il est nécessaire, cette attaque sera précédée de quelques salves d'artillerie, pour renverser une partie de l'obstacle; mais si l'artillerie ne suffit pas, si la rue est étroite, si on craint que la colonne ne soit accablée par les projectiles venant des fenêtres, il faut se résoudre à entrer dans les maisons, à y cheminer lentement en perçant les murs mitoyens, chassant successivement les défenseurs des fenêtres qu'ils occupent, forçant ceux de la barricade à l'abandonner quand ils seront dominés, ou s'ils veulent encore résister, lançant contre eux une colonne pour les attaquer à la baïonnette.

Il nous reste à parler maintenant de l'attaque par surprise et de l'attaque par ruse.

L'attaque par surprise est une attaque de vive force faite au moment où l'ennemi s'y attend le moins, et en général sur le point le plus mal gardé de son retranchement. Il est facile de déduire de cette définition les principes qui doivent guider dans une attaque de ce genre. Il faut d'abord chercher à donner de la sécurité à la garnison en répétant qu'on ne veut ni qu'on ne peut rien tenter contre elle, que l'on n'est là que pour l'observer; on fait ostensiblement des préparatifs de départ, et cependant on reconnaît l'ouvrage avec le plus grand soin, surtout les routes qui peuvent y conduire. Le général en chef garde sur son projet le secret le plus absolu, même vis-à-vis des officiers; sous un prétexte simulé, il fait préparer les matériaux pour l'attaque, matériaux peu nombreux, car les colonnes se porteront surtout vers les points faibles et les barrières; des haches seront souvent tout ce dont il y aura besoin. La veille du jour fixé, les troupes s'éloignent ostensiblement, puis profitent de l'obscurité de la nuit pour revenir sur leurs pas, en évitant les feux, le bruit et en général tout ce qui pourrait les trahir. Pour ne pas se livrer aux hasards d'une attaque de nuit, et surprendre le défenseur fatigué d'une veille inutile, le commandant prend ses mesures de manière à être à petite distance de l'ouvrage un peu avant la pointe du jour. Alors seulement il prévient ses troupes et forme les colonnes. La colonne d'attaque se compose d'infanterie avec quelques travailleurs en avant; le reste des troupes, l'artillerie et la cavalerie forment réserve et se tiennent cachées le plus près possible de l'ouvrage, derrière un bois ou un pli de terrain, prêtes à porter secours à la première colonne. Celle-ci s'a-

vance dans le plus grand ordre et en silence ; pas un coup
de fusil n'est tiré, la baïonnette seule doit être employée
contre les sentinelles et les petites patrouilles qui pourraient
donner l'éveil; on envoie pour s'en défaire quelques hommes
déterminés qui se jettent sur elles avant d'en avoir été aper-
çus. On ébranle les palissades et on les arrache, on écarte
les abatis, on traverse le fossé, on escalade le parapet, et
on se jette rapidement dans l'intérieur de l'ouvrage, se portant immédiatement vers les barrières pour les ouvrir aux
colonnes de la réserve ; c'est alors seulement que le soldat
peut faire feu. Le défenseur surpris, ne sachant d'où vient
l'attaque, pressé par l'assaillant, ne fera probablement aucune résistance.

Ce genre d'attaque peut s'employer également contre les
lignes; on simule alors une attaque sur un autre point, et
l'on a bon marché de la partie d'ouvrage contre laquelle
on se porte; mais il faut toujours avoir de fortes réserves
pour les opposer à celles du défenseur.

Dans tous les cas, une parfaite connaissance des lieux est
aussi importante que le secret le plus absolu; des surprises
ont échoué faute d'avoir pris une précaution aussi esssen-
tielle. Au siége de Rome, en 1849, la casa Giacometti,
grande maison située au milieu des vignes, à la gauche des
attaques, gênait les travailleurs; on résolut de l'enlever. Une
compagnie de grenadiers et quatre sapeurs furent désignés à
cet effet. « Le capitaine qui commandait forma deux petites
« colonnes qui devaient arriver de deux côtés différents, à
« travers les vignes; l'obscurité et les obstacles que les sou-
« ches présentaient à chaque pas firent que les rangs se trou-
« vèrent bientôt rompus ; les grenadiers ne se suivaient que
« d'assez loin, sans savoir où ils devaient aller. Le capitaine,
« arrivé le premier avec les sapeurs, pénétra sous une voûte
« qui couvre la porte de la maison; deux ou trois Romains s'é-
« tant présentés furent tués à la baïonnette. Si les grenadiers
« eussent été groupés, et ils l'auraient été si on avait sim-

« plement suivi le chemin, ce moment était favorable pour
« forcer l'entrée et faire main basse sur les défenseurs ;
« mais on chercha à mettre le feu à la maison, et pendant
« ce temps, quelques coups de fusil étant partis des croisées,
« le capitaine appela à haute voix ses grenadiers ; l'alarme
« fut donnée, les premiers arrivés tombèrent sous le feu
« de l'ennemi, et les autres se retirant en désordre rega-
« gnèrent la tranchée à travers les vignes sans trop savoir
« ce qui s'était passé. Le capitaine, deux grenadiers et un
« sapeur furent tués, huit hommes furent blessés. » (Journal du siége.)

Une surveillance active et à l'intérieur de bonnes dispositions pour les troupes garantiront un ouvrage d'une surprise ou de ses suites. On peut recommander, si on craint
ce genre d'attaque, les bûchers dont nous avons déjà parlé.
Enfin, il faut que les troupes sachent parfaitement quel est
le point de ralliement en cas d'alarme, afin de s'y réunir
promptement pour fondre ensuite sur les colonnes assaillantes.

Nous avons peu de chose à dire sur les attaques par ruse,
car il n'y a rien de fixe, et tout dépend des circonstances dans
lesquelles on se trouve. On peut attirer l'ennemi au dehors par
une fuite simulée, et rentrer avec lui ; chercher à s'emparer d'une porte ou barrière en corrompant la garde, en introduisant des soldats déguisés en paysans et ayant des
armes cachées, etc., etc. Les faux avis, les déguisements,
tous ces moyens ont été employés, l'histoire militaire du
moyen âge en fourmille ; malgré cela on peut encore tenter
de s'en servir, et ils pourront réussir contre un ennemi in-
souciant.

En pareil cas on ne peut non plus prescrire au défenseur
que la plus grande activité dans la surveillance et beaucoup de fermeté à l'égard de l'exécution des ordres. Il faut
se défier des espions, faire arrêter les étrangers qui vi-
sitent le poste et user avec eux d'une extrême rigueur.

Les cantiniers, les domestiques seront aussi le but d'une active surveillance; enfin les mots d'ordre et de passe seront fréquemment changés. Contre un commandant actif et vigilant, les ruses et les surprises auront peu de chances de succès.

CHAPITRE XVI.

CASTRAMÉTATION.

—

« Les troupes qui composent une armée sont nécessairement
« obligées de camper en temps de guerre dans les différentes
« positions que le général doit prendre relativement à son
« plan de campagne et aux mouvements de l'ennemi; l'é-
« tendue du camp qu'elles doivent occuper, l'ordre dans
« lequel elles y sont établies et les précautions indispen-
« sables pour leur sûreté forment une branche particulière
« de l'art de la guerre que l'on nomme Castramétation. »
(Cormontaingne, *Mémorial pour la fortification passagère.*)

Cet art comprend deux parties bien distinctes, d'abord
le choix des positions sur lesquelles on doit camper, puis leur
organisation. Nous laisserons de côté la première partie, qui
n'est pas directement en rapport avec le service de l'officier
d'infanterie en campagne; c'est le général qui décide, sur le
rapport des officiers d'état-major ou d'après la connaissance
personnelle qu'il a du pays, de l'emplacement des camps.
Supposons donc que le terrain ait été choisi à l'avance; il y
a trois manières différentes d'y établir les troupes : au *bivouac* d'abord, c'est-à-dire sans autre abri que des branchages élevés à la hâte pour se garantir du vent; en second

lieu, abritées sous des tentes en toile ou sous des baraques ; et enfin, logées chez l'habitant quand la position renferme des petites villes ou des villages.

Cette dernière méthode, disons-le d'abord, ne doit être employée qu'avec beaucoup de réserve devant l'ennemi ; il est difficile de mettre de l'ordre dans l'emplacement respectif des différents corps et même souvent des différentes fractions de corps ; les hommes sont disséminés, la surveillance presque impossible, et en cas d'alerte la réunion des troupes est toujours très-lente. C'est au général en chef à décider si les troupes doivent prendre des cantonnements, ou camper en dehors des habitations.

Quand les troupes bivouaquent, elles se tiennent en arrière de la ligne de bataille sur laquelle sont formés les faisceaux. Les hommes sont rassemblés par 8 ou 10 autour de feux placés sur plusieurs rangs ; ils sont abrités du vent par des branches feuillées et de la paille, et s'ils ont le temps et les matériaux, ils peuvent élever rapidement quelques baraques. La ligne des feux des officiers est placée en arrière de celle des hommes. Du reste, les dispositions étant les mêmes que celles adoptées par les troupes campées sous la toile ou les baraques, nous renvoyons à ce que nous allons en dire.

Le bivouac fut adopté comme mode de campement par les généraux français sous les guerres de la république, qui ne pouvait fournir des tentes aux quatorze armées qu'elle entretenait sur pied, armées trop mobiles d'ailleurs pour avoir le temps de se construire des baraques, ou pour traîner derrière elles un matériel de campement. L'empereur Napoléon, qui faisait souvent la guerre avec les jambes, suivant l'expression pittoresque du soldat, ne pouvait non plus s'embarrasser d'un matériel aussi considérable, et il préférait le bivouac à tout autre mode de campement, disant d'ailleurs que les tentes étaient malsaines et dessinaient à l'ennemi la position.

Cependant on ne peut disconvenir que l'homme au bivouac n'est pas suffisamment abrité, qu'il est soumis à toutes les intempéries des saisons, et que des maladies meurtrières doivent être souvent le résultat des souffrances qu'il endure. Voici une méthode mixte qui permet d'abriter suffisamment les troupes sans gêner la rapidité si importante de leurs mouvements; elle est due à l'expérience acquise dans nos guerres d'Afrique. On donnait à chaque homme un sac dit *sac de campement* dans lequel il devait s'envelopper au bivouac; il lui sembla plus commode de le découdre, et de l'étendre au-dessus de lui en le soutenant avec des piquets; puis deux hommes se réunirent et avec leurs deux sacs décousus et réunis par un côté commun au moyen de boutons et boutonnières, ils formèrent une espèce de toiture; l'arête du toit ou faîtage est la ligne de jonction des deux sacs, elle est soutenue par deux montants de 1^m,30 à 1^m,40 de hauteur; les deux autres bords sont maintenus sur le sol par quatre piquets. Les sacs décousus ayant 1^m,75 de longueur, le terrain recouvert par la toile offre la même longueur, sur une largeur de 2^m,00 environ.

Un troisième homme vint s'adjoindre aux deux premiers, fermant avec son sac l'extrémité du côté du vent; les trois hommes furent ainsi abrités d'une manière convenable : dans les marches, ils se partagent le matériel de ces *tentes-abris* qui ne les surcharge pas beaucoup.

On a essayé de remplacer les montants par les fusils des hommes; l'expérience a réussi, mais il ne serait peut-être pas prudent d'employer cette méthode pour dresser la tente quand on est en présence de l'ennemi; il pourrait en résulter lu désordre au moment d'une prise d'armes nocturne.

Ces tentes ont d'abord été le seul abri qu'aient eu nos soldats dans le commencement de la campagne de Crimée. Insuffisantes contre les rigueurs d'un pareil climat, elles rendirent l'immense service de donner le temps à l'administration de faire arriver sur ce point éloigné un matériel de campement considérable sans laisser le soldat complétement à découvert.

Maintenant occupons-nous avec détail de la manière de disposer les troupes sous des tentes ou des baraques. Mais avant nous devons dire que l'exécution du campement exigeant des mesurages rapides, on les fait ordinairement au pas, et non plus au mètre; l'unité de mesure dont nous nous servirons sera donc le pas équivalant à $0^m,666$, ou à deux tiers de mètre.

Les tentes ont souvent varié de forme; le dernier modèle, celui qui est actuellement en usage dans l'armée française, a la forme suivante : deux pans en toile en forme de toit recouvrent un rectangle de terrain de $2^m,00$ de longueur sur $4^m,00$ de largeur; les deux extrémités de la longueur sont fermées par deux demi-cônes, aussi en toile, ayant à leur base $4^m,00$ de diamètre; leurs sommets se trouvent aux extrémités de l'arête de la première partie (PL. XVI, *fig. 1*). La superficie de terrain abritée par la tente est donc composée d'un rectangle et de deux demi-cercles aux extrémités; sa longueur totale est de $6^m,00$ ou de neuf pas, et sa largeur de $4^m,00$ ou de six pas. La toile repose à sa partie supérieure sur une pièce de bois horizontale nommée *faitage* de deux mètres de longueur; elle est soutenue par deux montants verticaux de $2^m,30$ de hauteur, qui reposent sur le sol et sont liés au faitage par des fiches en fer. Aux montants est fixée une planche à bagage. Un petit fossé de $0^m,30$ de profondeur sur $0^m,40$ de largeur environ règne autour de la tente; il sert à l'écoulement des eaux. Pour fixer le pied de la toile, on y place des anneaux en cordes de distance en distance; des piquets enfoncés dans le talus intérieur du petit fossé passent dans ces anneaux; leur tête est munie d'un mentonnet ou coche profonde pour que la corde ne s'échappe point. Une toile grossière de $0^m,50$ de largeur environ et cousue au pied de la tente repose sur le sol intérieur; on la recouvre avec la terre retirée du fossé, et on

intercepte ainsi l'air qui viendrait de l'extérieur; sur cette
terre disposée en pente douce, on met de la paille sur laquelle
couchent les hommes, les pieds vers le centre, et la tête
contre la toile. Deux fentes que l'on peut fermer avec des
boucles et des lanières et qui sont placées sur le milieu de
la longueur de chaque côté, donnent entrée dans la tente.

La tente nouveau modèle renferme 12 hommes d'infanterie; elle ne peut abriter que 8 cavaliers, ceux-ci devant
avoir avec eux leurs selles et leurs brides. Dressée depuis
longtemps, elle ne résiste pas bien à l'action du vent auquel
elle présente d'ailleurs une grande surface. Les tentes coniques soutenues par un seul montant au centre, et dites
tentes turques, résistent mieux aux grands vents.

On construit encore pour les officiers généraux des tentes
plus vastes dites *marquises*. La toiture a la forme de la tente
nouveau modèle; seulement elle est élevée au-dessus du sol
et en dessous est une paroi verticale en toile; le tout est soutenu par un bâti léger maintenu au moyen de cordages fixés
au sol à une certaine distance.

Les baraques construites pour abriter les troupes sont de
différentes formes et construites avec différents matériaux;
mais dans tous les cas leur base est rectangulaire, et les
dimensions varient suivant la quantité d'hommes que chaque baraque doit abriter. Les hommes y sont couchés sur
un ou deux rangs, perpendiculairement à la longueur, et
chacun occupe un pas en largeur sur trois pas ou $2^m,00$
en longueur. Une ruelle de un pas est entre les pieds des
hommes placés sur deux rangs, ou le long de la baraque et
toujours aux pieds des hommes quand ils sont placés sur un
rang. Il résulte de là que la largeur d'une baraque pour un
seul rang d'hommes est de quatre pas, et celle d'une baraque
à deux rangs de sept pas. La longueur dépend du nombre
d'hommes que l'on veut y loger; autant de pas que d'hommes
pour une baraque à un seul rang, et moitié moins pour une
baraque à deux rangs. La cavalerie demande plus d'espace,

comme nous l'avons fait remarquer tout à l'heure; on met
un homme de moins dans les baraques à un rang, deux de
moins dans celles à deux rangs. Les figures 2, 3 et 4 de la
planche XVI donnent la forme et les détails de différents
genres de baraques.

La première est une demi-coupe faite perpendiculairement
à la longueur dans une baraque en clayonnage et torchis,
ainsi nommée de ce que les parois sont formées de menues
branchages ou de tresses de paille enduits de terre grasse à
l'intérieur et à l'extérieur; le toit est en chaume. La charpente est établie avec des gaulettes de 0^m,10 à 0^m,12 de diamètre assemblées à mi-bois, et maintenues par des harts;
elle se compose d'un certain nombre de systèmes semblables
nommés *fermes* ainsi organisés : deux poteaux verticaux
enfoncés dans le sol de 0^m,50 à 0^m,70 et le dépassant de
1^m,00 sont placés sur la longueur, vis-à-vis l'un de l'autre; à
leurs extrémités on met deux gaulettes inclinées suivant la
pente du toit à 45° environ et nommées *arbalétriers;* elles
sont réunies à leurs extrémités supérieures, puis reliées par
une pièce horizontale ou *tirant*, située à 2^m,00 au-dessus
du sol.

Les fermes sont placées à un pas les unes des autres, les
deux extrêmes formant pignon. Elles sont réunies par des
gaulettes horizontales, situées au-dessus des arbalétriers, le
long de la toiture, et nommées *pannes;* la plus élevée forme
le *faîtage*. La couverture est fixée aux pannes. Une porte est
ouverte dans le milieu du pignon; elle a un pas de largeur,
et trois pas ou 2^m,00 de hauteur. Un petit fossé de dessèche-
ment règne à l'extérieur; les terres rejetées dans l'intérieur
forment une pente pour l'emplacement des lits de camp que
l'on construit en planches, s'il est possible. L'ameublement
intérieur se compose d'une planche à pain située au-dessus
des tirants, au milieu, et de planches à bagages placées sur
la même pièce de bois, mais contre la toiture.

La figure 3 donne une demi-coupe analogue faite dans une

baraque en planches à deux rangs de lits de camp. Les fermes sont composées de pièces de bois plus fortes et équarries, ce qui permet de les espacer de quatre pas environ au lieu d'un ; pour augmenter leur résistance, on ajoute deux pièces de bois inclinées nommées *jambes de force*, qui relient l'extrémité de l'*entrait* ou tirant avec le pied des montants ; ceux-ci sont en outre légèrement inclinés. Les parois et la toiture sont composés de planches horizontales de 0^m,30 de largeur, et se recouvrant du tiers de cette dimension ; des pointes les fixent entre elles ainsi qu'aux montants et aux arbalétriers.

La pluie ne glisse pas bien sur ces planches horizontales ; on a proposé de les mettre dans l'autre sens, c'est-à-dire de placer les fibres du bois suivant la pente ; les planches dressées avec soin sur les bords sont alors placées jointives, et les joints sont recouverts par une planche de moindre largeur. La figure 4 de la planche XVI représente une coupe faite perpendiculairement à la longueur dans une baraque à un seul rang de lits de camp exécutée suivant ce système. La forme n'est plus la même ; le toit n'a qu'un seul pan, et la charpente se compose de demi-fermes construites du reste à la manière ordinaire. Les hommes ont la tête du côté de la façade la moins élevée ; la ruelle règne le long de l'autre façade, contre laquelle est aussi percée la porte, dans le pignon.

Dans toutes les baraques sont des chevalets d'armes appliqués contre les pignons, près des portes.

Occupons-nous maintenant de la disposition des camps. On nomme *front* du camp le côté qui fait face à la ligne de bataille et qui lui est parallèle, et *front de bandière* la ligne où se trouve établie la tête du camp sur laquelle on aligne les drapeaux ou bannières (*bandiera* en italien). Le principe général et sans exception de la castramétation est que la longueur du front de bandière doit être égale à celle de la troupe rangée en bataille, et que les baraques ou tentes disposées par rangs et par files doivent occuper sur ce front une longueur égale au front de la troupe qu'elles doivent abriter.

Chaque unité de troupe, bataillon ou escadron, a donc ses abris groupés suivant un certain ordre, vis-à-vis de sa position, et séparés par un vide égal à la distance laissée réglementairement entre les bataillons ou escadrons en bataille, à savoir pour l'infanterie, vingt-quatre pas pour deux bataillons voisins du même régiment, trente s'ils appartiennent à deux régiments différents, et quarante-cinq à deux brigades différentes; pour la cavalerie, quinze pas entre les escadrons du même régiment, et vingt-deux entre deux escadrons voisins de deux régiments différents. Les divisions sont à soixante-quinze pas l'une de l'autre. Il suffit d'après cela de savoir grouper les abris d'un bataillon ou d'un escadron pour savoir camper toutes les troupes.

Parlons d'abord du campement d'un bataillon rangé en bataille sur le front de bandière. Il faut trouver l'étendue de son front, connaissant son effectif, et le nombre des compagnies qui le forment. On aura le nombre de files pleines de trois rangs en retranchant de l'effectif l'état-major, les officiers et sous-officiers des compagnies, et le petit état-major, à savoir l'adjudant, le caporal-tambour et les tambours ou clairons, et divisant le reste par trois. Ajoutons ensuite les files creuses à raison de une par compagnie, plus une pour le sous-officier d'encadrement situé à la gauche, et nous aurons le nombre total de files; chacune occupe $0^m,50$ ou $\frac{1}{4}$ de pas; pour avoir la longueur du front en pas, il faut donc multiplier le nombre de files par $\frac{1}{4}$. Si l désigne cette longueur, n l'effectif, c le nombre des compagnies, o le nombre des officiers, s celui des sous-officiers, e le chiffre du petit état-major, la longueur l sera donnée par la formule suivante :

$$l = \tfrac{1}{4} \left[\tfrac{1}{3} (n - o - s - e) + c + 1 \right]$$

Appliquons-la à un bataillon de 655 hommes divisés en 6 compagnies : le nombre des officiers est de 3 par compa-

gnie, plus le chef de bataillon et l'adjudant-major, en
tout 20 : il y a 6 sous-officiers par compagnie, plus 1 adjudant, ce qui fait 37 sous-officiers; enfin le petit état-major
se compose de 13 hommes, à savoir 1 caporal tambour et
2 tambours ou clairons par compagnies.

La formule devient alors :

$$l = \tfrac{1}{4} \left[\tfrac{1}{3} (655 - 20 - 37 - 13) + 6 + 1 \right] = 151 \tfrac{1}{3}$$

Pour le bataillon chargé du drapeau, il y aurait un petit
changement facile à comprendre.

Les baraques sont disposées en arrière de ce front par
rangs et par files; on met en général deux files de baraques
ou de tentes par compagnie (Pl. XVI, *fig. 5*). Entre les files
extrêmes de deux compagnies voisines est une petite rue de
deux pas de largeur, et entre les deux files d'une même
compagnie est une grande rue dont nous allons calculer la
largeur, mais qui ne peut avoir moins de cinq pas, et qui
est la même pour un bataillon, quelle que soit la force variable des compagnies. Les tentes ou baraques sont générale-
lement disposées de manière que leur ouverture regarde le
front de bandière; les rangs sont séparés par des rues de
cinq pas, et la profondeur du camp dépend du nombre
d'abris nécessaires par compagnie. Reprenons notre bataillon
de 655 hommes, et campons-le sous des baraques pour
16 hommes; les douze files de baraques, à raison de sept
pas de largeur, occupent quatre-vingt-quatre pas; les petites
rues de deux pas, qui sont au nombre de cinq, occupent
dix pas en tout : il y a donc quatre-vingt-quatorze pas occupés par les baraques et les petites rues. Retranchons cette
longueur de celle du front de bataillon, qui est de cent cin-
quante-deux pas en nombre rond, le reste ou cinquante-huit
pas est la longueur occupée par les six grandes rues ; la largeur de chacune est donc égale à $\tfrac{58}{6} = 9 \tfrac{1}{3}$.

Supposons maintenant que le bataillon soit logé dans des
tentes nouveaux modèles : chaque tente ayant neuf pas de

longueur, les douze files occupent cent huit pas sur la longueur du front; les petites rues en occupent toujours dix, ce qui fait cent dix-huit pas en tout, et la largeur des grandes rues est égale à $\frac{118-118}{6} = \frac{34}{6} = 5\frac{4}{6}$.

Dans le premier cas il faut sept baraques par compagnie; on en met quatre sur la file de droite et trois sur celle de gauche. Il faudrait dans le second cas neuf tentes par compagnie; on en mettrait cinq dans la file de droite, quatre dans celle de gauche; il est alors facile de calculer la profondeur du camp de la troupe, sachant que les rangs ont cinq pas d'intervalle.

Si le bataillon avait un effectif plus faible, la longueur de son front serait réduite et on pourrait trouver moins de cinq pas pour la largeur des grandes rues : on ne met plus alors qu'une file de baraques ou de tentes par compagnie, appliquant aux divisions tout ce que nous venons de dire pour les compagnies. Il n'y a plus par bataillon que six files d'abris, deux petites rues et trois grandes, en supposant six compagnies. On dit que le bataillon campe par division; il campait par compagnie dans le premier cas.

Comme exemple supposons que notre bataillon campé sous la tente soit réduit à 592 hommes. Appliquant la formule précédente, on trouve que la longueur de son front est de cent trente-six pas en nombre rond. Nous venons de trouver qu'à raison de deux files par compagnie, l'espace occupé par les tentes et les petites rues est de cent dix-huit pas; il ne resterait donc que dix-huit pas pour les six grandes rues, ou trois pas par rue, ce qui est insuffisant : on campe alors par division; les six files de tente occupent cinquante-quatre pas, les deux petites rues en occupent quatre, en tout cinquante-huit. Retranchons ce nombre de cent trente-six et divisons le reste, soixante-dix-huit, par le nombre trois des grandes rues, nous aurons la largeur vingt-six pas de chacune.

Pour diminuer la profondeur du camp si on campe par

division sous des baraques à deux rangs, ou quand on campe par compagnies sous des baraques à un seul rang, on place la porte des baraques sur les grandes rues, et les rangs n'ont plus alors que trois pas d'intervalle. Les rassemblements par compagnie se font dans les grandes rues, ceux du bataillon se font toujours sur le front de bandière. La largeur des grandes rues se calcule toujours de la même manière, en retranchant du front du bataillon l'espace occupé par les files de tente et les petites rues, et divisant le reste par le nombre des grandes rues.

Quand tous ces calculs sont établis, on trace sur le terrain, en jalonnant d'abord le front de bandière et mesurant au pas, puis piquetant l'emplacement des files. Aux extrémités du front on élève des perpendiculaires avec une équerre en cordeau, et on y fixe, en mesurant les distances au pas, l'emplacement des rangs; de simples alignements donnent alors l'emplacement de chaque tente ou baraque. Sur le front de bandière, c'est-à-dire à quinze pas en avant du premier rang de baraques, sont les chevalets d'armes et le drapeau; à vingt pas en arrière du dernier rang sont les cuisines; les abris du petit état-major sont à vingt pas en arrière des cuisines; vingt pas au delà sont les abris des officiers des compagnies, à raison d'une tente ou baraque pour le capitaine, et une autre pour le lieutenant et le sous-lieutenant réunis. Vingt pas plus loin sont les logements de l'état-major, le colonel, le lieutenant-colonel, le chef de bataillon, les adjudants-majors, les chirurgiens, l'adjoint au trésorier et le porte-drapeau; le colonel a deux tentes ou baraques. A cent pas en arrière du dernier rang sont les latrines des officiers; les équipages sont à vingt-cinq pas en arrière de ce même rang. Les latrines de la troupe sont à cent cinquante pas en avant du front de bandière; le poste de la garde de police est au centre, sur l'alignement du petit état-major; son poste avancé est à deux cents pas en avant du front de bandière, avec les prisonniers.

Le campement d'un escadron de cavalerie diffère de celui d'un bataillon d'infanterie en ce que l'escadron se forme en arrière du camp de la troupe au lieu de se former en avant. La cavalerie, en effet, ne peut attendre une attaque de pied ferme ; elle n'a de valeur qu'en chargeant, et il lui faut du champ. La figure 6 de la planche XVI donne le campement d'un escadron de 112 hommes, tout compris. On calcule d'abord la longueur du front de l'escadron formé sur deux rangs ; pour cela on retranche de l'effectif tout ce qui ne forme pas file de deux rangs, à savoir : les deux capitaines, les deux lieutenants et les deux sous-lieutenants, le maréchal des logis chef, le fourrier, 4 maréchaux de logis, et enfin 4 trompettes, en tout 16 hommes. Il y a donc 96 hommes sur deux rangs, ou 48 files. En outre, deux maréchaux de logis sont à gauche et à droite de l'escadron, au premier rang, comme sous-officiers d'encadrement, ce qui porte la longueur de l'escadron à 50 files ou soixante-quinze pas, chaque file ayant 1^m,00 ou un pas et demi de largeur. Nous n'indiquerons point de formule pour trouver la longueur de l'escadron, le calcul direct dans chaque cas particulier est trop simple.

Voici maintenant comment on dispose le campement : les chevaux sont placés au piquet sur deux files, situées dans le prolongement de l'alignement des deux divisions de l'escadron rompu par division à droite ; chaque cheval occupe deux pas et demi ; le cheval du deuxième rang est à la gauche de son chef de file ; les chevaux des sous-officiers de chaque division sont en tête, c'est-à-dire à la gauche. Les chevaux regardent vers la droite ; la distance des deux lignes de piquets est égale à l'étendue d'une division, soit ici trente-sept pas et demi, et, d'après ce que nous venons de dire, on peut calculer la longueur de chaque ligne occupée par les chevaux au piquet ; elle est, dans le cas particulier qui nous occupe, pour les 51 chevaux de chaque division, de cent vingt-huit pas en nombre rond. Les tentes ou baraques sont placées à cinq pas, sur la droite des lignes de piquets, leur ouverture dirigée vers la tête des chevaux, afin que les hommes en sortant voient immédiatement ce qui se passe de ce côté. Elles sont également réparties en raison de leur nombre sur ces deux lignes de cent vingt-huit pas; pour avoir leur écartement il faut donc savoir combien il y en a dans chaque rang. Supposons les baraques pour 18 fantassins, pouvant loger 16 cavaliers; la première baraque de chaque division, vers le front de bandière, est occupée par les sous-officiers de cette division, les autres par les hommes. Or, dans chaque division il y a 46 brigadiers ou cavaliers, pour lesquels il faut trois baraques; il faut donc répartir sur une longueur de cent vingt-huit pas quatre baraques, en comprenant celle des sous-officiers; elles occupent vingt-huit pas, et il reste cent pas, soit $\frac{100}{3}$ pas entre chaque rang, ou 33 $\frac{1}{3}$; les fourrages sont amassés dans les intervalles.

Si les hommes étaient sous la tente, comme l'indique la figure, il en aurait fallu 7 par division, occupant une longueur de soixante-trois pas et laissant six intervalles, dont chacun est égal à $\frac{128-63}{6}$, ou à $\frac{65}{6}$, environ onze pas.

Les abris du petit état-major forment un dernier rang situé à la même distance; ceux des officiers des escadrons sont à trente pas en arrière, afin de laisser en ce point la largeur nécessaire pour former l'escadron; pour la même raison on reporte les cuisines à vingt pas en avant du front de bandière. L'état-major est à trente pas en arrière des officiers des escadrons. Les chevaux à l'infirmerie avec le vétérinaire et ses aides, les forges et autres voitures sont sur une troisième file à gauche de l'escadron, et à distance de division, de manière qu'entre cette file et celle de droite de l'escadron voisin il y ait l'intervalle réglementaire de quinze pas.

Une batterie d'artillerie campe sur trois files de baraques, une par section, les ouvertures dirigées vers le front de bandière, et les chevaux placés à droite et à gauche, afin de ne pas trop augmenter la profondeur du camp. Le parc est à quarante-cinq pas en arrière des baraques des officiers ; tout le reste est semblable au campement de la cavalerie.

Les troupes du génie campent comme celles d'infanterie.

Pour plus de détails sur le campement, on peut consulter l'ordonnance du 3 mai 1832 sur le service en campagne.

Lorsqu'une troupe est campée, il lui faut presque toujours de nombreux accessoires ; ce sont les hommes de troupe qui les construisent sous le commandement de leurs officiers, et dirigés souvent par des officiers du génie qui envoient dans chaque bataillon une brigade de trois ou quatre sapeurs du génie pour mettre les soldats au courant.

Étudions ces constructions.

Cuisines. — Les hommes portent avec eux en campagne des marmites de campement ; chacune est pour 8 hommes. Deux marmites accouplées ont à peu près la forme d'un cylindre autour duquel doit circuler la flamme qui pénètre en outre dans un espace vide laissé entre elles. Dans les camps permanents on construit en maçonnerie ordinaire ou mieux encore en briques des fourneaux sur lesquels on place ces marmites ; ils sont recouverts d'un abri en planches. Dans les camps passagers on se contente souvent de suspendre les marmites au moyen d'un trois-pieds au-dessus d'un feu allumé sur le sol, et abrité du vent par une feuillée. Quelquefois cependant quand on pense séjourner plus longtemps et que le sol est convenable, on y creuse les fourneaux comme il est indiqué aux figures 10, 11 et 12 de la planche XVII ; la figure 11 est le plan d'une cuisine pour quatre marmites ou 32 hommes ; la figure 10 est une coupe faite suivant l'axe A B d'un foyer, et la figure 12 une coupe perpendiculaire à cette direction. Le foyer est un canal horizontal de 0^m,20 de côté creusé à 0^m,40 au-dessous du sol, et aboutissant à une tranchée de 0m80 de profondeur dans laquelle se tient le cuisinier; ce canal se relève jusqu'au niveau du sol, puis il est terminé par une cheminée verticale faite en briques de gazons. Les marmites accouplées sont mises dans un trou cylindrique creusé verticalement dans le sol au-dessus du foyer.

Chevalets d'armes. — Quand on campe sous la tente, les armes sont disposées sur le front de bandière; elle s'abîmeraient trop si elles reposaient en faisceaux sur le sol, on construit des chevalets pour les soutenir. De deux mètres en deux mètres (PL. XVII, *fig. 6*), on plante dans le sol deux piquets inclinés l'un vers l'autre et se rencontrant à 1m,40 de hauteur; leur écartement au pied est de 1m,00; ils sont réunis par une traverse horizontale à 0m,25 au-dessus du sol, Les assemblages sont faits par des harts. A la partie supérieure est une pièce horizontale reposant dans l'intérieur de la croix formée par les montants et entaillée de 0m,10 en 0,m10 pour servir de porte-canons; sur les traverses horizontales des chevalets sont fixées deux autres perches jointives dans l'intervalle desquelles repose le bec de la crosse, et qui forment par conséquent porte-crosses.

On voit qu'il y a environ 10 fusils par mètre courant; si les chevalets sont assez forts, on peut doubler ce nombre en en mettant des deux côtés. Une toile imperméable nommée *manteau d'armes* les garantit de la pluie.

Latrines. — Elles se composent le plus habituellement d'un fossé au-dessus duquel sont de distance en distance des madriers mis en travers; elles sont toujours entourées d'une feuillée.

Postes de la garde de police. — Les hommes de ces postes sont abrités généralement par une baraque ouverte sur un des longs côtés, afin de permettre de découvrir tout ce qui se passe ; on la construit le plus souvent avec un simple clayonnage de menues branches ou de tresses de paille sans enduit de terre grasse. Des guérites construites de la même manière sont disposées de distance en distance.

Fours. — Lorsqu'il n'y a pas de petite ville à proximité du campement, on est obligé de construire des fours pour cuire le pain. Souvent l'administration des vivres possède dans son matériel des fours en tôle se montant et se démontant facilement ; si le camp doit durer longtemps, on peut aussi construire des fours en briques à la manière ordinaire. Mais dans un établissement passager on ne se donne pas cette peine, on élève des fours du moment avec de la terre et du bois.

On distingue trois espèces de fours du moment, que nous allons examiner succinctement.

Les *fours souterrains* demandent pour leur construction des conditions toutes particulières ; il faut que le sol soit très-compacte et se présente en pente assez raide. On le taille d'abord suivant une pente au quart (Pl. XVII, *fig. 1 et 2)*, et dans ce talus, à 0^m,80 au-dessus d'un palier horizontal, on perce un conduit souterrain, dont la partie inférieure plane formera l'âtre du four ; la surface supérieure est celle d'un demi-cylindre elliptique. Dans les terres les plus fortes la largeur ne peut guère dépasser 1^m,50 ; la hauteur est de 0^m,60, et la profondeur dépend du nombre de pains que l'on veut enfourner. L'ouverture est masquée par une muraille en gazons dans laquelle est percée la porte, qui a 0^m,40 en tous sens.

Ces fours sont peu employés à cause de leur construction difficile.

Les *fours en clayonnage et torchis* ont un âtre elliptique situé sur le sol (Pl. XVII, *fig. 3, 4 et 5)*. La voûte est faite de la manière suivante : on construit d'abord avec des gaulettes courbées en forme de demi-ellipses et enfoncées dans le sol à leurs extrémités une espèce de carcasse un peu plus grande que ne sera la voûte ; la figure 5 représente cette carcasse avant le clayonnage. On clayonne ensuite autour de ces gaulettes avec de la paille ou du foin tressés et entourés de terre grasse. Cette espèce de calotte ellipsoïdale est lissée à l'intérieur, et recouverte à l'extérieur d'une couche de terre de 0^m,20 à 0^m,30 d'épaisseur, afin d'éviter les déperditions de chaleur. La hauteur du four est toujours environ de 0^m,60 ; une porte est ménagée à l'extrémité de l'un des grands axes. Les hommes qui font la cuisson sont dans une tranchée de 0^m,80 faite dans le sol à 0^m,20 en avant de la bouche du four ; on y descend par deux gradins de 0^m,40 de hauteur. Il faut 5 à 6 heures à 10 hommes exercés pour construire ce four.

Les *fours en rondins* se construisent plus rapidement encore. L'âtre, qui a une forme rectangulaire à pans coupés, est enfoncé de 0^m,60 dans le sol (PL. XVII, *fig. 7, 8* et *9*) ; on lui donne jusqu'à 2^m,00 de largeur sur 2^m,50 de profondeur, les terres sont recoupées verticalement. Le ciel du four est formé de rondins entourés d'un torchis de paille et de terre grasse, placés en travers sur le sol ; une couche de terre les recouvre. Les hommes sont dans une tranchée située à 0^m,80 en contre-bas de l'âtre, c'est-à-dire à 1^m,40 en dessous du sol.

On peut remplacer les rondins entourés de torchis par des pièces de bois équarries et posées jointives ; la construction est plus rapide, mais le ciel est assez rapidement mis hors de service. Deux heures et demie suffisent à 25 hommes pour construire ce four avec des rondins.

Dans ces différents fours l'âtre doit toujours avoir une légère pente de l'intérieur vers l'extérieur pour faciliter le défournement. Sa surface est calculée d'après le nombre de rations à cuire, en se basant sur les données suivantes : un pain de deux rations a un diamètre de 0^m,25 environ ; on met donc seize pains ou trente-deux rations par mètre carré.

On doit pratiquer dans la voute du four vers son extrémité une ou deux ouvertures nommés *houras*, de 0ᵐ,05 à 0ᵐ,10 de diamètre, destinées à faciliter la combustion au moment de la chauffe ; on les bouche avec un gazon pendant la cuisson. Les fours demandent tous à être séchés par cinq à six heures de feu avant de pouvoir servir, et encore souvent les premières cuites sont mauvaises ; on abrége ce temps en pavant l'âtre avec des briques.

Les fours les plus solides ne résistent pas à plus de huit ou dix chauffes.

FIN DE LA PREMIÈRE PARTIE.

DEUXIÈME PARTIE.

FORTIFICATION PERMANENTE.

DEUXIÈME PARTIE.

FORTIFICATION PERMANENTE.

CHAPITRE PREMIER.

DES PLACES FORTES. — LEUR UTILITÉ. — LEUR RÔLE DANS LA DÉFENSE DES ÉTATS.

—

La fortification permanente, avons-nous dit dans l'introduction, occupe et met à l'abri des points dont l'importance est constante, soit par suite de leur position topographique ou géographique, soit à cause des richesses qu'ils renferment dans leur sein. La position ainsi fortifiée prend le nom de *place forte* ou de *fort*, suivant qu'il se trouve dans son intérieur des établissements civils, ou bien si elle est seulement occupée par une colonie militaire.

La différence entre les ouvrages de la fortification passagère et ceux de la fortification permanente ne réside pas dans leur construction même, mais dans le but qu'ils doivent atteindre, but clairement indiqué par la dénomination attribuée à ces deux genres de fortification. Aussi pourrons-nous trouver certains ouvrages de fortification passagère qui dépasseront en force des ouvrages permanents ; mais le plus généralement ces derniers sont exécutés de manière à faire une plus grande résistance. L'importance des points qu'ils couvrent a été reconnue longtemps à l'avance, et par conséquent le temps n'a plus d'influence dans le cas de la fortification permanente. C'est pendant la paix qu'on devra l'exécuter, alors que les moyens ne manquent pas, et on mettra à contribution pour élever ces ouvrages tout l'art des constructeurs. La terre, la maçonnerie, le fer, le bois seront également employés, et il n'y aura de limites dans la dépense à faire que celles imposées par l'importance de la position.

Ces positions fortifiées, places fortes ou forts, existent en général sur les frontières des États comme sentinelles avancées veillant à l'intégrité du territoire. Tous les peuples se sont réunis pour leur accorder une certaine valeur, pour reconnaître leur utilité, leur nécessité même ; et comme pour mettre le sceau à cette vérité, il a fallu qu'elle eût des détracteurs, en nombre assez limité, mais que nous ne devons cependant point dédaigner ; car quelques uns d'entre eux étaient de grands militaires, des généraux distingués, joignant la pratique à la théorie : des idées trop absolues les amenèrent à repousser l'usage des places fortes parce qu'ils en exagéraient les défauts. Examinons et discutons les reproches qu'ils leur font, et il en résultera, nous l'espérons au moins, la conviction que si les places fortes ne sont point exemptes de certains inconvénients, elles offrent de tels avantages pour la défense d'un État, qu'on peut les regarder comme indispensables.

Les objections que l'on fait généralement contre les places fortes sont les suivantes : elles coûtent fort cher à bâtir d'abord, puis ensuite à entretenir, et leur résistance n'est nullement en rapport avec les dépenses qu'elles occasionnent. Cependant une fois tombées au pouvoir de l'ennemi, elles lui créent un lieu de dépôt, une base d'opérations qu'on lui enlèvera difficilement; tandis que souvent au contraire il sera assez fort pour mépriser ces obstacles ou annuler leurs garnisons au moyen d'un corps d'armée suffisamment nombreux, pendant qu'il se portera au cœur même du pays. Puis ces nombreuses garnisons détachées de l'armée active l'ont affaiblie au point qu'elle ne peut résister à l'armée d'invasion. Les places exigent aussi soit en matériel soit en vivres des approvisionnements immenses qui épuisent le pays. Pour toutes ces raisons, on doit se hâter de les démolir, de faire table rase, et de confier la défense du pays non point à des masses inertes, mais à des troupes actives qui ne se tiendront plus timidement derrière un rempart, mais qui, armées et entretenues avec ce matériel et ces approvisionnements qui se pourrissaient à l'abri des murailles, se porteront résolûment au devant de l'ennemi et ne pourront manquer d'être vainqueurs.

Moins absolus dans leurs idées quelques-uns de nos adversaires ne repoussent pas la fortification permanente; mais ils voudraient seulement des places militaires. Les habitants des villes ne seraient plus alors soumis à des servitudes pénibles, et au moment d'un siége à des souffrances qui presque toujours hâtent l'époque de la reddition, tandis que dans une place purement militaire, la défense pourrait être poussée jusqu'à ses dernières limites.

Comme on le voit, nous ne cherchons point à affaiblir ces objections : nous allons les examiner une à une, et nous ferons ensuite ressortir les immenses avantages que les places fortes procurent à un pays tant pour une guerre défensive que pour une guerre offensive.

Les places fortes coûtent cher, il est vrai; mais cette objection qui serait discutable s'il s'agissait de créer à la fois sur nos frontières un pareil système de défense, est nulle en fait, puisque ce système existe déjà et qu'il faut seulement l'entretenir. Or on peut voir au budget de l'Etat la somme minime consacrée chaque année à cet article : celles qui sont destinées aux constructions neuves et aux améliorations sont aussi bien faibles, comparées à la somme considérable absorbée par le budget de la guerre ; exceptons toutefois les constructions exécutées à Paris et à Lyon et sur lesquelles nous reviendrons bientôt. Mais renversant l'argument de nos adversaires, nous dirons que dans un but même d'économie on devrait créer les fortifications si elles n'existaient pas. Et en effet, sentinelles avancées sur nos frontières, il leur suffit d'une faible garnison pour arrêter une incursion soudaine ; un État ainsi abrité n'est plus obligé d'avoir constamment sous les armes un effectif nombreux, et ces places si coûteuses en apparence permettent en réalité de larges économies ; car parmi toutes les charges du ministère de la guerre, la plus lourde sans contredit est l'entretien des hommes.

Nos adversaires ajoutent que la résistance des places est loin d'être en rapport avec les dépenses qu'elles nécessitent. Nous n'admettons pas avec Carnot que les fortifications soient douées d'un degré de résistance illimité, et dans des conditions ordinaires nous savons qu'une place ne se défend guère plus de cinq ou six mois ; mais nous n'ignorons pas non plus que si cette résistance a souvent été moins longue, il ne faut pas l'attribuer à la fortification, mais à des causes étrangères. La faiblesse de la garnison, sa mauvaise composition, le manque d'approvisionnements, la timidité des habitants, et il faut bien le dire, la faiblesse des commandants, ont souvent amené des redditions prématurées. Mais combien d'exemples contraires pourrions-nous citer sans rappeler les exemples donnés par l'antiquité à Troie, Tyr, Numance, Sagonte, Carthage, Alise, etc.? Qui n'a entendu parler du siége d'Ostende qui dura près de quatre années, de ceux de Saragosse, de Dantzig, et enfin du mémorable siége de Sébastopol? Et le siége ne durât-il que deux mois au plus, ne serait-ce pas déjà beaucoup d'avoir avec une faible garnison de 6 ou 8,000 hommes, de 12 ou 15,000 quelquefois, arrêté pendant ce temps une armée huit ou dix fois plus nombreuse?

Enfin la place vient à tomber au pouvoir de l'ennemi, et alors il va s'en servir contre nous et s'en faire une base d'opérations. Les fortifications tant décriées quand nous les possédions seront donc utiles à l'ennemi qui s'en est rendu maître? Mais alors ne pouvaient-elles pas nous rendre le même service dans une guerre offensive, et nous voici amené par nos adversaires eux-mêmes à prouver l'utilité de la fortification. Ils ajoutent, il est vrai, que l'ennemi se servira du matériel et des approvisionnements entassés dans ces places qu'il vient d'acquérir. Il est facile de répondre à cela que la garnison les aura probablement consommés dans un siége un peu long, et que dans tous les cas on les aura fait payer bien cher à l'ennemi, ce qui vaudra mieux encore que s'il s'en emparait sans coup férir; or c'est ce qui arriverait infailliblement si nous ne les avions abrités derrière nos murailles, car on ne peut les traîner à la suite de l'armée active et il faut bien avoir des lieux de dépôt.

Voici une objection plus sérieuse, plus forte en apparence : dans le système de guerre actuel, dit-on, comme on agit avec des masses considérables, on passera entre les places fortes en les masquant et annihilant leurs garnisons par des corps d'observation qui serviront d'ailleurs à relier l'armée principale avec sa base; on opérera alors au cœur du pays; l'armée active trop affaiblie ne pourra pas lutter avec avantage; et à la suite d'une victoire et peut-être d'une paix onéreuse pour le vaincu, l'ennemi occupera facilement ces places, et leurs immenses approvisionnements lui seront acquis sans que les garnisons aient rien pu faire pour les défendre.

Il est facile de voir qu'en posant cette objection on a eu particulièrement en vue l'invasion de la France en 1814. Mais à cette époque les fortifications de Paris et de Lyon n'existaient point encore; et maître de la capitale, l'ennemi

l'était pour ainsi dire de toute la France. Oserait-il aujour-
d'hui tenter une pareille entreprise, fût-il appelé par un parti
tout entier? Même alors ne s'était-il pas écarté des règles de
la guerre? Et que serait-il arrivé si l'Empereur vainqueur à
Brienne, eût séparé les alliés de leur base d'opérations? Plus
tard encore, si la trahison ne leur eût livré Paris, c'est-à-
dire le centre du gouvernement, ils se fussent trouvés pris
entre l'armée de la Loire et celle qui allait s'organiser sur
les frontières avec les différentes garnisons; alors sans communications, sans vivres, harcelés par les paysans, il est facile de prédire quel eût été leur sort. N'est-ce point d'ailleurs
sur les donjons de ces forteresses que flottait encore le drapeau national, disparu du reste du sol français, et la résistance de Vincennes n'a-t-elle pas immortalisé le nom de
Daumesnil ?

Enfin il n'est pas plus vrai de dire que les approvisionnements des places fortes appauvrissent le pays au moment où
l'armée active a besoin de toutes ses ressources. Au contraire ces magasins formés plusieurs années à l'avance sont
des dépôts où l'armée sans fatiguer le pays peut puiser dans
de certaines limites, tant qu'elle couvre les places; si au
contraire elle prend position en arrière, elle leur laisse tout
ce dont elles ont besoin pour soutenir un siége, bien sûre
de tirer facilement de l'intérieur de quoi remplacer ce qu'elle
aura ainsi abandonné.

Nous ne pensons pas avoir laissé de doutes sur la valeur
des objections faites contre l'existence de la fortification permanente. Voyons maintenant s'il est exact de dire qu'il ne
faut point fortifier les villes, mais avoir seulement des places
purement militaires. On fera remarquer d'abord qu'une
place forte pour jouer un rôle actif dans la défense du territoire doit évidemment se trouver dans des positions pour
ainsi dire déterminées à l'avance, au centre de toutes les
grandes communications, afin d'en conserver la clef. Mais
il arrive que ces points sont déjà occupés par des villes qui

doivent leur existence à cette position favorable; et par une espèce de réaction la présence d'un grand centre de population et de commerce a nécessité la construction d'un grand nombre de routes, de canaux, qui à leur tour ont augmenté la valeur de la position.

L'emplacement qui pourrait convenir à ces villes militaires n'est donc plus libre, et les construire en d'autres points serait en annuler la valeur. A leur place s'élèvent des cités riches et commerçantes qu'il faut mettre à l'abri par des fortifications; les servitudes qu'elles imposent ne sont qu'une compensation de la sécurité qu'elles procurent aux habitants, sécurité que l'on a voulu nier en disant que les fortifications attireraient l'ennemi, comme si une ville ouverte et riche ne devait pas être un appât plus grand : mais le bon sens des populations venant au moment de l'invasion se réfugier dans les places fortes pour s'y mettre à l'abri avec leurs richesses suffit pour faire justice de ce sophisme. Certainement une place militaire et sans habitants peut prolonger sa défense dans des limites plus étendues; il faut nourrir moins de bouches inutiles, et la garnison n'aura pas la douleur de voir les souffrances d'une nombreuse population s'ajouter aux siennes propres : mais dans un pays patriotique et guerrier ces souffrances seront courageusement supportées; on recrutera de nouveaux défenseurs parmi les habitants valides, et ce que l'énergie de la défense perd d'un côté, elle le regagne d'un autre par les immenses ressources que possèdent ces villes.

Ainsi donc tous ces défauts reprochés à la fortification n'existent pas en réalité; nous croyons au moins l'avoir suffisamment démontré : mais de plus nous allons voir qu'elles procurent à un état de grands avantages; nous donnerons ainsi la contre-partie des reproches que nous venons d'examiner.

Les places fortes ont d'abord été créées pour mettre à l'abri les richesses de l'Etat, tant particulières que générales; parmi ces richesses nous comprendrons surtout au point de vue militaire tout le matériel, tous les approvisionnements nécessaires à la guerre, comme aussi tout le matériel naval. Tel a été le premier but des fortifications permanentes; puis subsidiairement on a reconnu que les places fortes servent de points d'appui aux troupes actives dont elles forment les véritables bases d'opérations, en leur fournissant le matériel et assurant leurs communications, tandis qu'en cas de revers les armées trouvent un refuge sous leurs murailles; elles s'y réorganisent, y complètent leur effectif, et se remettent en campagne, manœuvrant en sûreté au milieu de toutes ces positions, pendant que les habitants dont l'esprit militaire est entretenu par l'appareil guerrier qu'ils ont constamment sous les yeux, soulagent la garnison d'une partie de ses fatigues.

En se privant du concours de la fortification, ses adversaires ont oublié de prévoir le cas où les armées actives, seules barrières de l'Etat, seraient battues par un ennemi supérieur; sans appui, sans points de ralliement, ces troupes démoralisées seront perdues pour la défense du territoire; dans de pareils cas, il faut marcher de victoires en victoires malgré les pertes successives que l'on éprouve. Et c'est justement ce qui arriva dans cette mémorable campagne de 1814 que nous citions tout à l'heure : séparée des places fortes à la suite du combat de Brienne, l'armée française, rejetée sans points d'appui dans la Champagne, dut faire face aux masses de troupes alliées; toujours victorieuse malgré l'infériorité du nombre, ses victoires mêmes l'épuisaient, et elle dut cesser une lutte trop inégale. Cela fût-il arrivé si ces admirables troupes eussent trouvé un point d'appui sous les murs d'une forteresse, à l'abri de laquelle elles auraient pu se remettre de leurs fatigues et se réorganiser?

Nous dirons donc avec le général Rogniat : « Les Etats ne « peuvent se défendre que par le moyen des armées; mais « les armées ne peuvent se former, s'organiser, trouver de « la sûreté et de la stabilité, et vivre qu'à l'appui des

« places fortes... Seules les places fortes sont insuffisantes
« pour la défense des frontières, car ce ne sont que des
« masses mortes dont l'influence ne s'étend guère au delà
« de la portée du canon de leurs ouvrages. Mais considérées
« comme les points d'appui et le refuge des armées défensi-
« ves, considérées comme des têtes de pont pour assurer les
« manœuvres d'armées sur les lignes des fleuves, considé-
« rées comme les dépositaires assurées de nos richesses mili-
« taires, elles deviennent précieuses et indispensables pour
« la sûreté et la stabilité des Etats. » (Considérations sur
l'art de la guerre.)

Les places fortes sont donc indispensables, et il importe de
savoir comment on doit les disposer pour fermer autant que
possible les frontières dans le cas d'une guerre défensive, et
en même temps pour qu'elles prêtent tout leurs secours à une
armée dans le cas d'une guerre offensive. Il est évident que
la disposition de ces points fortifiés ne sera pas la même sur
les différentes limites d'un Etat ; il faudra tenir compte des
obstacles présentés par la nature sur les différentes frontières,
dont nous distinguerons quatre espèces principales : les frontières ouvertes, celles couvertes par un fleuve, par de hautes
montagnes, et enfin les frontières maritimes. Nous allons
examiner successivement quelle doit être leur organisation.

Commençons cet examen par les frontières complétement
ouvertes. Les auteurs prescrivent dans ce cas trois lignes de
places fortes construites en échiquier, de manière que les
places d'une ligne correspondent aux milieux des intervalles
qui se trouvent entre celles de la ligne précédente, la distance entre les places d'une même ligne serait d'une journée
de marche ou de 32 à 40 kilomètres au plus. Cormontaingne
ne met en première ligne que des petites places ; le général
Darçon y met au contraire les grandes, et nous nous rangerions
assez volontiers à cette opinion qui donne une organisation
plus favorable pour l'offensive tout en restant suffisante pour

la défensive ; mais nous l'avons déjà fait remarquer, on n'est pas libre de donner aux places fortes telle ou telle position et des considérations majeures imposent le choix d'une localité plutôt que d'une autre.

D'ailleurs cette hypothèse d'une frontière ouverte est purement gratuite et n'est admissible qu'en théorie ; dans la réalité la nature présente toujours quelques petits cours d'eau, quelques chaînes de collines, des terrains marécageux qui ne seraient que des obstacles naturels très-faibles, mais dont l'art pourra tirer un grand parti. Nous dirons donc simplement que sur ces frontières qui ne sont point garanties par de puissants obstacles naturels, il doit toujours exister plusieurs lignes de places fortes disposées suivant les convenances du terrain et la position des centres de population.

Lorsqu'une chaîne de hautes montagnes forme la frontière d'un pays, celle-ci se trouve habituellement dirigée suivant les sommités de la chaîne. L'ennemi qui voudrait arriver de ce côté ne pourrait pénétrer que par un petit nombre de cols étroits et d'un difficile accès. De petits forts à cheval sur ces étroites vallées suffisent pour s'en rendre maître. Tel est le fort de Bar qui en 1800 faillit arrêter la marche de l'armée française venant de vaincre toutes les difficultés d'un passage des Alpes. En arrière de ces forts, on défend le passage des vallées plus larges par de grandes places qui servent en même temps de places de dépôt. Nous n'admettons ici que deux lignes de points fortifiés ; l'obstacle apporté par la nature du sol remplace avec avantage la troisième ligne.

Il en sera de même si un grand fleuve détermine la frontière. Sur la rive seront situées de distance en distance de grandes places de dépôt ; la communication d'une rive à l'autre aura lieu vis-à-vis de ces places qui occuperont autant que possible des angles saillants ; elles auront une bien plus grande valeur offensive si on peut occuper le débouché des ponts par quelque ouvrage de fortification ; ainsi était autrefois Huningue. La seconde ligne sera placée en arrière, sur les principales voies de communication et dans des positions presque toujours indiquées ; généralement en effet il y a, parallèlement à un grand fleuve et à une certaine distance, des chaînes de collines assez élevées et à travers lesquelles il n'existe qu'un petit nombre de passages que l'on occupera.

Il nous reste à considérer les frontières maritimes par lesquelles les tentatives d'invasion sont rarement suivies d'un heureux succès, ou tout au moins demandent la réunion de tant de conditions diverses pour leur réussite qu'elles seront toujours fort rares. Il suffit ici d'une seule ligne de défense ; on fortifie avec soin les arsenaux, les ports militaires et les ports marchands de quelque importance ; leurs rades, les passes et goulets qui y conduisent sont défendus par des feux d'artillerie, ainsi que les plages de débarquement et les mouillages qui sont à proximité de ces ports. Les petits ports de refuge ou de cabotage ne seront défendus que par quelques batteries.

Enfin, outre les places destinées à fermer les frontières, pour compléter le système de défense d'un État il faut au centre du pays construire quelque grande place, fortifier par exemple la capitale ou quelque ville importante dont la conservation est de la plus haute utilité, non-seulement au point de vue matériel, mais encore au point de vue moral. Rien ne doit être négligé pour augmenter la valeur d'une pareille position, qui est destinée à devenir le dernier boulevard de l'indépendance du pays.

Les principes que nous venons d'énoncer ont été appliqués en France dans tous leurs développements, car notre pays présente tous les genres de frontières que nous avons examinés. Il est facile de s'en convaincre en suivant attentivement une carte, et c'est un soin que nous laisserons à nos lecteurs.

CHAPITRE II.

——

Avant de décrire la fortification employée aujourd'hui pour la défense des États, il sera bon de jeter un rapide coup d'œil historique sur la naissance et les progrès de cet art depuis les temps les plus reculés jusqu'à nos jours.

L'art de la fortification est pour ainsi dire aussi ancien que le monde. Isolé et presque sans armes, l'homme dut chercher à se soustraire, lui et sa famille, aux poursuites des bêtes féroces; il se réfugia dans des cavernes, en ferma l'entrée avec de fortes pierres ou des arbres abattus, et les entoura de haies épineuses. N'était-ce point là un premier essai de fortification? Mais bientôt les êtres de son espèce furent encore plus redoutables pour lui que les animaux les plus sauvages, et il fallut songer à défendre contre les premiers conquérants sa famille, ses richesses, ses troupeaux. On les mit à l'abri sur des rochers inaccessibles ou au fond de forêts impénétrables, véritables fortifications naturelles indiquées par la nécessité. Là où elles manquaient, on y suppléa par des moyens artificiels; ce furent d'abord des lignes de pieux enfoncés en terre et placés jointifs ou reliés par un clayonnage; puis, pour empêcher qu'ils ne fussent coupés ou incendiés aussi facilement, on creusa en avant un fossé plus ou moins large et profond; les terres rejetées en arrière formèrent une espèce de plate-forme sur laquelle montait le défenseur pour dominer l'assaillant et lui envoyer des traits ou des pierres par-dessus la ligne de pieux. Telle est la fortification chez tous les peuples primitifs, telle elle nous est représentée par tous les auteurs anciens, telle on l'a retrouvée dans les siècles derniers chez les peuplades sauvages de l'Amérique,

Mais comme tous les arts utiles, la fortification dut suivre le progrès général des connaissances chez les différents peuples. L'assaillant, couvert d'armes défensives, approchait de ces lignes de pieux sans courir de trop grands dangers; il les coupait ou les incendiait, et s'ouvrait ainsi un passage. Les moyens de la défense étaient devenus trop inférieurs à ceux de l'attaque; on remplaça le bois par la pierre, on s'entoura de murailles, et les fortifications, qui jusqu'alors avaient eu beaucoup d'analogie avec nos retranchements passagers, prirent un caractère permanent. Les murailles suivirent la forme générale de l'enceinte des villes; on leur donna une assez grande épaisseur pour augmenter leur solidité d'abord, puis ensuite pour qu'elles présentassent à leur partie supérieure une large plate-forme, sur laquelle se tenait le défenseur pour surveiller les mouvements de l'ennemi et le combattre avec avantage. La muraille était habituellement précédée d'un fossé; le défenseur, monté sur la plate-forme, se trouvait en partie garanti contre les traits de l'assaillant par un mur à hauteur d'appui. Ce petit mur était quelquefois assez élevé pour couvrir complétement un homme; mais alors il était interrompu de distance en distance, et dans ces intervalles il arrivait seulement à hauteur d'appui, comme l'indique la figure 1ʳᵉ de la planche XVIII; on disait alors que le mur était *crénelé*. Le défenseur lançait à l'assaillant, par ces intervalles nommés *créneaux*, des flèches ou des pierres, et il pouvait s'abriter momentané-

ment derrière les parties pleines pour reprendre haleine ou
pour préparer ses armes à couvert. On montait sur la plate-
forme, toujours élevée au-dessus du sol de la ville, au moyen
d'escaliers placés de distance en distance.

Les villes furent ainsi défendues par un certain nombre
d'enceintes concentriques, que l'assiégeant dut enlever successivement. Ecbatane en avait sept, nous rapporte Héro-
dote ; elles étaient presque toujours circulaires ou elliptiques.

On aperçut bien vite un grave défaut dans cette fortification : le manque absolu de flanquements. Arrivé au pied du
mur, l'assaillant, qui à une certaine distance avait à redouter
les armes de jet du défenseur, ne pouvait en être atteint que
si celui-ci se découvrait complétement, et il la sapait avec
beaucoup moins de danger pour s'ouvrir un passage vers
l'intérieur. Pour remédier à cet inconvénient, on disposa de
distance en distance des tours faisant saillie sur le reste de la
muraille, et qui permettaient d'en voir le pied. Les tours
furent rondes ou carrées ; leur diamètre ou côté variait de
12 à 15^m,00, et leur hauteur était toujours plus considérable que celle de la muraille, dont on les séparait complétement. Les escaliers, qui partaient du sol de la ville pour
arriver aux plates-formes, étaient renfermés dans les tours ;
le palier d'arrivée de ces escaliers était séparé de la plate-
forme d'abord par une porte ouverte dans la muraille de la
tour, puis par une espèce de fossé que l'on traversait sur
un pont volant (Pl. XVIII, *fig. 1 et 2*). On pouvait donc interrompre à volonté la communication avec la ville, et si
l'ennemi s'emparait d'une portion de muraille située entre
deux tours, il fallait qu'il se rendît encore maître d'une
tour au moins pour trouver un escalier et pénétrer dans la
ville.

Plus tard, afin d'augmenter encore la défense du pied des
murailles, on écarta du mur principal le petit mur supérieur, le soutenant au moyen de consoles de pierres ; c'est
ainsi qu'il est représenté sur la planche XVIII. Un espace

plus ou moins large existait entre ce mur et l'autre,
et le défenseur pouvait faire pleuvoir sur l'assiégeant,
à travers ces *mâchicoulis*, des traits et toutes sortes de
projectiles.

Les anciens, qui élevèrent souvent à force de bras, de
temps et de patience, des ouvrages gigantesques, donnaient
à leurs murailles de fortes proportions. Nous citerons par
exemple les murs de Ninive qui atteignaient, dit-on, $30^m,00$
de hauteur et $10^m,00$ d'épaisseur, tandis que les tours s'é-
levaient jusqu'à $60^m,00$.

Alors la défense avait une supériorité marquée sur l'attaque qui ne pouvait disposer que de moyens bien faibles et
souvent insuffisants.

Nous ne parlerons pas des armes de jet des anciens, telles
que les *balistes* et les *catapultes*, destinées à lancer des traits
de forte dimension ou de grosses pierres. On peut en voir
la description dans *Polybe* commenté par *Folard*, ou dans
les *Études sur le passé et l'avenir de l'artillerie* par le prince
Louis-Napoléon, aujourd'hui empereur des Français. Nous
dirons seulement un mot des machines exclusivement destinées à un siége. L'assiégeant construisait des espèces de baraques roulantes dont le toit formé de grosses poutres jointives pouvait résister aux projectiles du défenseur; sous cet
abri il s'approchait du pied du mur, comblant et nivelant
tout ce qui arrêtait sa marche : arrivé en ce point, il sapait
les fondations en les soutenant provisoirement par des étais
en bois; lorsque la *mine* s'étendait sous une certaine longueur de muraille, il mettait le feu aux étais, le mur s'écrou-
lait, et ouvrait ainsi une brèche à l'assiégeant. D'autres fois
au lieu d'employer la mine, on ébranlait le mur en le frappant à coups redoublés avec une forte poutre appelée *bélier*,
dont la tête était armée d'airain et qui était suspendue horizontalement par des chaînes ou des cordages à la toiture des
baraques roulantes. Sous ces efforts répétés la muraille finissait par s'écrouler, ou les pierres étaient au moins tellement

disjointes qu'il devenait facile de les arracher avec des crocs et de faire une brèche.

Si le mur paraissait par sa construction à l'abri de la mine ou du bélier, on élevait d'énormes tours ou bâtis en charpentes dont la hauteur atteignait celle des murailles aux pieds desquelles on les traînait à force de bras : des assaillants postés à différentes hauteurs chassaient les défenseurs de la partie supérieure du mur sur lequel s'abattaient des ponts volants partant de la tour et amenant l'assaillant jusque sur la plate-forme.

Pour résister à ces moyens d'attaque le défenseur avait la force et la hauteur de ses murs, ses machines de jet lançant des blocs de pierre considérables sur les constructions des assiégeants, et surtout enfin les sorties dans lesquelles il parvenait presque toujours à incendier ces machines si compliquées et si longues à élever. Aussi les siéges traînaient-ils presque toujours en longueur et souvent ils se convertissaient en blocus ou bien on cherchait à pénétrer par surprise dans la ville.

Cet état de choses se maintint jusqu'à la fin de la domination romaine : mais au moment de l'invasion des barbares, l'art de la fortification eut le sort de tous les autres, se perdit presque complétement, et les villes, mal attaquées, mal défendues, ne furent pas mieux fortifiées.

Cependant au milieu des luttes incessantes qui caractérisent cette époque, on sentit le besoin de se mettre à l'abri avec ce que l'on avait de plus cher : le conquérant barbare voulut se protéger contre de nouveaux envahisseurs et il fortifia la *villa* qu'il habitait; la population des campagnes elle-même se réfugiait sur les hauteurs, dans les lieux de difficile accès et y cherchait un abri contre l'épouvantable anarchie qui régnait alors, en les entourant de quelques fortifications. « Parmi les conquérants, dit M. Guizot dans son « *Histoire de la civilisation en France*, beaucoup menaient « encore une vie de course et de pillage; il leur fallait un

« repaire où ils pussent se renfermer après quelque expédi-
« tion, repousser les vengeances de leurs adversaires, résis-
« ter aux magistrats qui essayaient de maintenir quelque
« ordre dans le pays. Tel fut le but qui fit construire un
« grand nombre de châteaux..... Non-seulement on cons-
« truisit des châteaux forts, mais on se faisait de toutes
« choses des fortification, des repaires ou des habitations
« défensives..... Les monastères, les églises se fortifièrent
« aussi; on les entoura de tours, de remparts, de fossés.
« Les bourgeois firent comme les nobles; les villes, les
« bourgs furent fortifiés..... Bien plus, l'ennemi était sou-
« vent au dedans des murs, dans la rue voisine, dans la
« maison mitoyenne; la guerre pouvait éclater, éclatait en
« effet de quartier à quartier, de porte à porte, et les fortifi-
« cations pénétraient partout comme la guerre. Chaque rue
« avait ses barrières, chaque maison sa tour, ses meurtriè-
« res, sa plate-forme. »

Au milieu de cette impulsion générale, la fortification dut
faire et fit en effet de grands progrès; mais son caractère ne
changea pas, car les armes offensives étaient toujours les
mêmes ainsi que les méthodes d'attaque, peut-être encore
moins parfaites que du temps des Romains; or l'observation
comme le raisonnement sont d'accord pour montrer que la
défense ne se modifie que par suite des changements apportés
dans les moyens d'attaque. Les enceintes se composèrent
donc toujours de murs épais et élevés, flanqués de tours de
distance en distance et précédés de fossés. On complétait la
défense en plaçant en avant une seconde enceinte formée le
plus habituellement de pieux jointifs ayant de l'analogie avec
nos palanques : on leur donnait le nom de *lices*. Quelquefois
aussi on plaçait en dehors des lices un ouvrage détaché pour
conserver un point important; c'était ordinairement une
tour plus ou moins forte, communiquant avec la ville par
un passage souterrain ou défendu par deux murs crénelés s'il
était à ciel ouvert. Ces tours portaient le nom de *barbacanes*.

Dans l'intérieur de la ville était habituellement un château qui servait de réduit à la garnison, et en imposait aux habitants ; dans ce château se trouvait comme dernière ressource un donjon.

Le long des murs et surtout dans les tours on ouvrait des *meurtrières, créneaux* ou *archères*, ouvertures de formes diverses par lesquelles le défenseur lançait des traits sur l'assaillant sans trop se découvrir. Au sommet, des bâtis en charpente nommés *hourds*, surplombant le pied du mur, formaient d'excellents mâchicoulis.

Si la défense avait fait peu de progrès, l'attaque était aussi restée à peu près stationnaire, et tout au plus en était-elle revenue au point où les Romains l'avaient laissée. Aussi les siéges duraient-ils fort longtemps, et on cherchait à les éviter en s'emparant des places par des surprises tentées presque toujours contre les portes. Les ingénieurs *(ingegneor, faiseur d'engins)* accumulaient par suite sur ces points tous les genres de défense. Leur description nous entraînerait trop loin, et nous renverrons pour cela nos lecteurs au remarquable travail de M. Viollet-Leduc, intitulé *Architecture militaire au moyen âge*, travail qui n'est lui-même qu'un extrait du *Dictionnaire d'architecture* du même auteur.

Ces fortifications très-élevées au-dessus du sol et composées essentiellement de maçonnerie se soutinrent pendant tout le moyen âge. Mais l'invention de la poudre vint changer les systèmes d'attaque et de défense. Les pièces d'artillerie longues et ayant un recul assez fort ne pouvaient être mises en batterie sur d'étroites plates-formes ; il fallut donc en augmenter la largeur en ajoutant des terres en arrière, ce qui s'appela *remparer* les murailles. L'espace manquait encore bien plus dans les tours, qu'il fallut agrandir.

Cependant profitant des progrès de cette nouvelle arme, l'assaillant démolissait de loin ces hautes murailles et ces parapets en pierre derrière lesquels le défenseur ne trouvait plus d'abri. Il fallut se résoudre à les abaisser, mais ce ne fut pas sans peine; on ne pouvait se figurer que ces hautes tours, ces murs élevés et d'apparence formidable n'étaient plus capables de rendre de bons services : la lutte fut longue entre d'anciennes habitudes et de nouvelles nécessités; on relégua vers l'extérieur les ouvrages peu élevés. Mais on céda enfin devant l'expérience et toutes les murailles s'abaissèrent et furent couvertes en partie par des terrassements; en même temps les tours réduites au même niveau mais très-agrandies, prirent le nom de *boulevard.*

Jusqu'alors l'assaillant avait dirigé ses attaques sur les longues courtines; mais quand il vit leurs pieds si bien défendus par les feux des boulevards, il reporta ses attaques sur ceux-ci dont la position saillante était plus faible, et qui d'ailleurs avaient en avant de leur partie la plus avancée un angle mort laissé par les derniers coups flanquants venant des boulevards voisins, EF, et E'F (PL. XVIII, *fig. 2*). L'ingénieur supprima ce défaut en terminant le boulevard en pointe, et construisit de véritables *bastions :* mais ce nom qui désignait alors de petits ouvrages en terre construits en avant des fortifications, ne fut donné que plus tard aux boulevards. On fut donc conduit naturellement et petit à petit à la forme bastionnée à la naissance de laquelle par suite on ne peut assigner de date précise; la seule chose que l'on puisse affirmer c'est qu'on la vit d'abord apparaître en Italie vers le milieu du xv° siècle. Ce système fut rapidement adopté en Espagne, en Hollande et en France, et les anciennes fortifications disparurent pour faire place à d'autres plus capables de résister aux nouveaux moyens d'attaque. Alors la fortification s'éleva à la hauteur d'une science et de nombreux auteurs s'en occupèrent successivement.

Le tracé bastionné en fortification permanente conserve la même nomenclature qu'en fortification passagère, sauf que toutes les désignations qui se rapportent dans celle-ci à la crête intérieure s'appliquent dans la première à la ligne qui représente la partie supérieure des maçonneries de l'escarpe, à laquelle on a donné le nom de *magistrale*, comme étant la ligne la plus importante ; cette ligne est employée pour le tracé. Le saillant d'un bastion sera donc le point de rencontre des magistrales des deux faces ; l'angle d'épaule sera l'angle formé par les magistrales de la face et du flanc, et quand nous parlerons de la longueur d'une face, d'un flanc, d'une courtine, nous désignerons ainsi la longueur de leur magistrale.

Cela posé, revenons à notre résumé historique. On n'arriva pas de suite à un système rationnel ; l'habitude de voir l'assiégeant s'attacher aux courtines conduisit à faire les bastions trop petits, et ils ne s'agrandirent qu'au moment où l'on dirigea contre eux les attaques. Pour la même raison les flancs eurent d'abord une forme arrondie qui rappelait leur origine, puis on les traça perpendiculaires à la courtine, en laissant un arrondissement vers l'angle d'épaule (PL. XVIII, *fig. 3*). La partie arrondie nommée *orillon*, cet ancien reste du boulevard et par suite de la tour avait pour but de couvrir contre les coups d'enfilade les pièces situées sur le flanc retiré, et de conserver le flanquement jusqu'à la fin du siége. En avant du fossé on construisait une contrescarpe revêtue, puis au delà un terre-plein couvert par la masse du glacis, nommé d'abord *corridor*, ensuite *chemin couvert ;* il servait à mettre la garnison en communication avec la campagne et à la recueillir après les sorties. Le glacis couvrait une partie des maçonneries de l'escarpe.

Les escarpes étaient souvent munies à leur partie supérieure d'un *chemin des rondes*, dont le nom indique suffisamment l'emploi (PL. XVIII, *fig. 4*). A mi-hauteur de cette escarpe on construisait encore quelquefois un autre terre-plein ou corridor nommé *fausse braie ;* un mur percé de créneaux abritait le défenseur en lui fournissant le moyen de tirer dans le chemin couvert.

On disposait les portes sur le milieu des courtines, et on les protégeait par de petits ouvrages demi-circulaires qui portaient le nom de *ravelin* ou de *demi-lune*, d'après leur forme. Bientôt on construisit leurs faces droites, donnant à l'ouvrage la forme d'un redan ou même d'une lunette, pour que leurs fossés fussent flanqués, et on en mit sur tous les fronts quand on eut reconnu leurs propriétés défensives. Les chemins couverts suivirent la contrescarpe de ces ouvrages.

Parmi les ingénieurs les plus marquants par leurs travaux sur la fortification bastionnée jusqu'au milieu du xvii° siècle se trouvent l'Italien *Marchi*, l'Allemand *Daniel Speckle*, le Hollandais *Freytag* et les Français *Errard*, *de Ville* et *Pagan*. Mais ils furent tous dépassés par le maréchal *de Vauban*, qui posséda au plus haut degré cet art si difficile d'appliquer au terrain la fortification de manière à tirer parti de toutes les ressources qu'il présente. La construction de 33 places neuves et l'amélioration de plus de 300 places anciennes donnent une idée de l'activité au travail de cet homme si remarquable qui dirigea en outre presque tous les grands travaux de son temps, comme l'aqueduc de Maintenon et le canal du Midi, et laissa plusieurs volumes sur l'économie politique dans lesquels il devançait son époque. *Cormontaingne* suivant les idées de Vauban apporta au tracé bastionné quelques améliorations. *Coëhorn*, l'émule et souvent l'adversaire de Vauban, donnait en même temps d'excellents préceptes pour la construction du tracé bastionné sur un terrain aquatique; mais son système ne peut s'appliquer qu'au sol marécageux de la Hollande sa patrie, et ne conviendrait pas à des sites élevés.

Aussi le système bastionné de Vauban prévalait partout, et il formait école sous le nom d'*école française*. Ce ne fut cependant pas sans contradiction; en Allemagne certains auteurs cherchèrent à s'en écarter, entre autres *Samuel Rimpler*, *Landsberg* et *Herbort;* leurs idées ne purent alors prévaloir, et seraient peut-être passées inaperçues, si le général français marquis *de Montalembert* n'eût pas proposé vers la fin du xviii° siècle des changements radicaux dans la fortification en usage, mêlant à ses idées personnelles une partie de celles des auteurs que nous venons de citer. La manière violente avec laquelle M. de Montalembert attaqua non-seulement le système bastionné mais encore les ingénieurs français qui préféraient l'ancien système aux idées neuves de l'auteur, amena des répliques non moins acerbes. Les guerres de la république et de l'empire étouffèrent cette discussion; le général *Carnot*, l'ancien ministre de la guerre du comité de salut public, proposa à son tour un nouveau système également repoussé par les ingénieurs français qui, fidèles au tracé bastionné, cherchaient à le perfectionner; le chevalier *de Bousmard*, le général *de Chasseloup-Laubat* émirent quelques idées dans ce sens. Mais après 1815 il se fit une réaction chez les ingénieurs étrangers, peut-être comme le dit le major prussien *Blesson*, par haine des idées françaises en général; des systèmes de Montalembert et de Carnot (Français cependant) ils composèrent une fortification mixte, qui reçut le nom de système allemand, et qui est suivie par tous les peuples du Nord et de l'Europe centrale. Nous lui consacrerons plus tard quelques pages.

Au reste en fortification les idées exclusives doivent être rejetées avec soin. Aussi voyons-nous aujourd'hui les Allemands chercher à faire concorder le tracé bastionné avec une partie de leur système dont ils abandonnent certaines portions intégrantes, tandis que les ingénieurs français ne s'en tiennent plus aussi absolument aux idées de Cormontaingne, et les modifient dans bien des cas.

CHAPITRE III.

TRACÉ GÉNÉRAL ET NOMENCLATURE D'UN FRONT DE FORTIFICATION EN TERRAIN HORIZONTAL. — DEHORS. — RETRANCHEMENTS INTÉRIEURS. — COMMUNICATIONS.

—

L'HISTORIQUE de la fortification bastionnée depuis son origine, c'est-à-dire depuis le milieu du XVIe siècle, nous forcerait à des développements que nous croyons peu utiles dans cet ouvrage ; nous ne dirons rien des tracés différents proposés par les auteurs que nous avons cités dans le chapitre précédent. La fortification de nos places fortes est basée sur les idées de Vauban légèrement modifiées par Cormontaingne. Il faut en faire connaître la construction et la nomenclature d'une manière générale, sans donner les détails de construction qui n'ont d'importance que pour les officiers du corps du génie ; il faut surtout insister sur le but et l'importance relative des différents ouvrages. Ces dernières notions ne pourront être complétées qu'après avoir achevé l'étude des diverses manières d'attaquer et de défendre les places.

Lorsque l'on veut entourer une ville de fortifications, on commence par lui circonscrire un polygone régulier ou non, dont les côtés ont des longueurs peu différentes les unes des autres ; ce sont les *côtés extérieurs* d'autant de *fronts bastionnés* dont la réunion forme l'enceinte de la place. Il faut donc connaître d'abord la construction d'un de ces fronts ; elle diffère un peu, comme nous allons le voir, de celle employée dans la fortification passagère, mais elle est cependant basée sur les mêmes principes ; voici celle donnée par Cormontaingne ; on se rappelle que la ligne du tracé est la magistrale :

Le côté extérieur varie entre 350 et 370^m,00 par suite de considérations que nous exposerons tout à l'heure ; sur le milieu, on élève une perpendiculaire égale au sixième de ce côté, et on joint son extrémité avec celles du côté extérieur ; on obtient ainsi la direction des faces qui ont pour longueur le tiers du côté extérieur ; la courtine a la même longueur, et les flancs 40^m00, ce qui permet d'achever le tracé des magistrales. Cette construction est un type auquel on n'est point obligé de se conformer strictement, mais on ne peut s'en écarter qu'en restant pour les différentes lignes dans les limites de grandeur que nous allons assigner.

Occupons-nous d'abord des lignes de défense. Il faut que les coups partant du flanc puissent atteindre les assiégeants situés à 15 ou 20^m,00 de l'autre côté du fossé au saillant du bastion opposé ; si pour ce genre de flanquement on voulait se servir du fusil d'infanterie dont la portée est au plus de 240^m,00, on aurait des lignes de défense beaucoup trop courtes ; on admet qu'il se fera au moyen du fusil de rempart dont la bonne portée est de 300^m,00 environ. Or, comme nous donnons à nos fossés 30^m,00 de largeur vis-à-vis le saillant, et qu'il faut que le coup porte à 15 ou 20^m,00 au delà, c'est-à-dire à 50^m,00 du saillant, il en résulte que le maximum de ligne de défense sera de environ 250^m,00.

Aujourd'hui que les armes de précision s'introduisent dans l'armée, et que les progrès faits dans leur construction permettent d'en augmenter encore la portée, on pourrait probablement allonger la ligne de défense, d'où il résulterait comme nous le verrons tout à l'heure d'assez notables économies.

Nous fixerons à la courtine une limite minimum dépendante des mêmes considérations que celles qui nous ont guidé dans les fronts de fortification passagère : les coups partant des flancs doivent battre à 0ᵐ,50 près le fond du fossé au milieu de la courtine. Pour résoudre cette question, il faut d'abord connaître le profil habituel des ouvrages, qui est le suivant (Pl. XX, *fig. 1*) :

La hauteur de l'escarpe du corps de place est de 10ᵐ,00 quand les fossés sont secs, et de 8ᵐ,00 seulement quand ils sont pleins d'eau (la hauteur minimum de l'eau est fixée à 2ᵐ,00) ; avec ces hauteurs on se regarde comme étant à l'abri de l'escalade. Le parement extérieur a une inclinaison variable entre le sixième et le vingtième de la hauteur ; dans un but de solidité plus que d'ornementation, le sommet est couronné d'une *tablette* en pierre de taille faisant une légère saillie. Au-dessus du mur et sur la tablette on laisse une berme horizontale *ab* destinée à empêcher les terres entraînées par les pluies et les dégels de tomber dans le fossé. A la suite se trouve un talus extérieur *bc*, incliné soit à 45°, soit mieux encore à 5 de base pour 4 de hauteur, puis une plongée *cd*, tenue à la pente de 6 pour 1. Le parapet ayant une épaisseur constante de 6ᵐ,00, la crête extérieure se trouve à 1ᵐ,00 au-dessous de la crête intérieure. Le talus intérieur *de* est incliné au tiers ; à la suite vient une banquette horizontale *ef* dont l'extrémité est à 2ᵐ,10 de la crête intérieure, mesurés horizontalement ; elle est à 1ᵐ,30 en dessous de la crête intérieure ; vient ensuite un talus de banquette *fg* à 2 de base pour 1 de hauteur, qui relie la banquette avec le terre-plein *gh* ; celui-ci est à 2ᵐ,50 en dessous de la crête intérieure, et il a une pente vers la ville de 0ᵐ,25 à 0ᵐ,50 suivant sa largeur, pour l'écoulement des eaux ; sa largeur varie entre 8 et 18 mètres comptés depuis la crête intérieure. Un talus de rempart *hl* incliné à 3 de base pour 2 de hauteur le raccorde avec le sol de la ville. La hauteur de la crête intérieure au-dessus de la magistrale varie entre

2^m,50 et 3^m,50. Si l'artillerie placée derrière ce parapet doit tirer à embrasure, cette hauteur ne peut être au-dessous de 2^m,50 pour que le fond de l'embrasure passe au moins à 0^m,15 au-dessus de la tablette, qui de cette manière ne pourra être détériorée par le boulet (1). Quelquefois on ajoute une seconde banquette dite d'artillerie et située à 2^m,00 au-dessous de la crête intérieure.

Cela posé revenons à la détermination du minimum de la courtine. Le coup de feu partant d'une embrasure ouverte dans le parapet du flanc ira rencontrer le fond du fossé relevé de 0^m,50 à une distance d'autant moindre que le point de départ sera moins élevé, l'inclinaison étant du reste constante et fixée à 6 pour 1. Mais le boulet ne peut passer au-dessous du point a', comme nous venons de le voir, et le coup partant de ce point rencontre le sol du fossé relevé de 0^m,50 à une distance de la magistrale égale à 6 fois la ligne $a'm$; ce point de rencontre est au milieu de la courtine minimum, dont la longueur est par suite de 12 fois la ligne $a'm$. Dans le cas des fossés secs, la hauteur d'escarpe ayant été fixée à 10^m,00, $a'm$ est égale à 9^m,65 et par conséquent la courtine minimum est égale à 12 × 9^m,65 ou à 116^m,00 en nombre rond. Dans le cas des fossés pleins d'eau, le coup doit frapper au niveau de l'eau vis-à-vis le milieu de la courtine; mais la hauteur de l'eau étant au moins de 2^m,00, la hauteur d'escarpe au-dessus de l'eau est de 6^m,00, et la ligne $a'm$ est égale à 6^m,15, de sorte que la courtine minimum est alors égale à 12 × 6^m,15 ou à 74^m,00 en nombres ronds.

Cette recherche du minimum de courtine et du maximum

---

(1) Il est facile d'arriver à ce résultat en remarquant que l'origine de l'embrasure étant à 1^m,00 en-dessous de la crête, la hauteur on est égale à la hauteur rd diminuée de 1^m,15, et que de plus, dans le triangle ona', cette même hauteur est égale au sixième de la base oa', qu'il est facile de calculer en faisant entrer dans sa valeur l'inconnu rd. Il faut résoudre alors une équation du premier degré qui donne rd.

de ligne de défense n'est point une question oiseuse ; car dans la fortification permanente comme dans la passagère, le maximum de côté extérieur s'obtient en combinant ces deux lignes limites avec le maximum de flanc. Or, pour envelopper un même périmètre, il y a économie à employer de grands fronts ; car le développement des maçonneries est moindre ; on a donc intérêt à connaître le maximum de côté extérieur. C'est d'après ce que nous venons de dire que la longueur du côté extérieur a été fixée entre 350 et 370^m,00.

La limite inférieure du flanc a été fixée à 12,^{m}00 de longueur pour conserver la possibilité d'y mettre deux pièces en batterie ; mais on ne l'adopte que dans des cas exceptionnels et sur des fronts peu exposés à une attaque en règle ; la longueur des lignes flanquantes fait en partie la force d'une fortification bastionnée, et il ne faut pas les diminuer sans raison ; dans les cas ordinaires le flanc doit pouvoir être armé de 6 à 8 pièces.

On a fixé à 60° la limite inférieure des angles saillants formés par les faces d'ouvrage, de manière que la capacité intérieure ne fût pas trop diminuée, et pour éviter aussi certaines difficultés de construction dans des angles trop aigus de terre ou de maçonnerie.

Au reste la construction du front bastionné dont nous avons donné précédemment un type est variable à l'infini. On peut en effet considérer le front réuni au côté extérieur comme un hexagone à angles rentrants et saillants, qu'il faut construire d'après la connaissance de certaines conditions. Le plus souvent la position des saillants est donnée, c'est-à-dire la longueur du côté extérieur, souvent aussi la direction des faces qui doivent battre tel ou tel point de la campagne ou être dirigées de manière à échapper à l'enfilade, leur prolongement allant ficher dans des rivières ou des marécages. Les autres lignes sont alors déterminées d'après les besoins de la défense et de manière à se maintenir dans les limites dont nous venons de parler.

Nous remarquerons que les tracés ainsi obtenus sont presque toujours irréguliers et que les fronts ne sont plus symétriques.

Continuons maintenant la description du front bastionné situé en terrain horizontal, et dont nous avons déjà tracé la magistrale. En arrière de la magistrale, qui est presque toujours située à 4^m,00 au-dessus du sol, se trouve le parapet organisé comme nous venons de le dire. Au saillant du bastion, la crête a un commandement de 7^m,00 sur la campagne, et se trouve par conséquent à 3^m,00 au-dessus de la magistrale; un pan coupé de 4^m,00 de longueur, perpendiculaire à la capitale, permet de tirer dans sa direction. La crête de la face a une pente de 0^m,50 du saillant vers l'angle d'épaule, afin de diminuer un peu les effets du tir à ricochet sur cette face. Les crêtes des flancs et de la courtine sont horizontales, avec un commandement de 6^m,50 sur la campagne, c'est-à-dire avec le relief minimum de 2^m,50 au-dessus de la magistrale.

Le terre-plein en arrière de la courtine, qui est un lieu de passage très-fréquenté, a de 15 à 18^m,00 de largeur; il n'a que 13^m,00 en arrière des faces et des flancs. Au centre du bastion se trouve dans ce cas une grande plate-forme au niveau du sol, et on dit que le bastion est *vide*. Quelquefois cette partie centrale est comblée jusqu'au niveau du terre-plein, de manière que tout l'intérieur du bastion soit à 2^m,50 ou 3^m,00 au-dessous des crêtes; c'est un bastion *plein*.

On arrive du sol de la ville sur le terre-plein au moyen de rampes inclinées généralement à 8 de base pour 1 de hauteur, et qui dans tous les cas ne doivent pas être plus raides que 6 pour 1. Leurs horizontales sont perpendiculaires à la ligne de montée.

Une rue de 8^m,00 au moins de largeur, nommée *rue militaire*, sépare les pieds des talus de la fortification des constructions civiles.

En avant de l'escarpe est un fossé dont la profondeur en

dessous du sol est en général de 6^m,00; sa largeur aux saillants est de 30^m,00, et elle augmente de 2 ou 3^m,00 vers les
angles d'épaule; par suite de cette construction, les coups
partant des flancs convergent davantage vers les saillants.
Dans le cas des fossés pleins d'eau, la profondeur est moindre
et on porte la largeur jusqu'à 40^m,00. Les fonds des fossés
secs ont une pente vers leur milieu; les eaux pluviales ou de
source se rassemblent en ce point dans un petit fossé de 1^m,00
de profondeur sur autant de largeur au fond, auquel on
donne le nom de *cunette*.

En avant du fossé les terres sont soutenues soit au moyen
d'un mur en maçonnerie, soit par un simple talus en terre
aussi raide que possible, moins bon pour la défense, mais
beaucoup plus économique; ils portent le nom de *contrescarpe*.

L'enceinte d'une place pourrait à la rigueur être seulement formée de fronts bastionnés ainsi organisés; il suffirait
pour la compléter d'ajouter en avant de la contrescarpe des
glacis destinés à couvrir les maçonneries de l'escarpe contre
les coups éloignés de l'artillerie; leur surface doit être battue
par les coups venant des parapets en arrière. Ainsi est construite l'enceinte continue qui environne Paris. Mais il est
rare qu'on se contente d'une défense aussi simple, et on
ajoute presque toujours sur chaque front bastionné quelques
ouvrages de fortification que nous allons décrire successivement. Nous les considérerons accumulés sur un seul et même
front; mais il restera bien entendu que leur existence n'est
point nécessaire à celle de la fortification, et que si tous ces
ouvrages coexistent quelquefois, rien n'empêche d'en supprimer quelques-uns ou même la totalité, soit dans un but
d'économie, soit comme n'étant pas indispensables. La
planche XIX présente le plan de ces différents ouvrages, dans
lesquels on a fait des profils dessinés à la planche suivante
XIX *bis*.

L'ouvrage le plus généralement employé est la demi-lune

dont nous avons déjà dit un mot : autrefois on lui donnait la forme d'une lunette située en capitale du front; les flancs parallèles à la capitale avaient pour but de voir à revers les colonnes d'attaque qui cherchaient à gravir la brèche faite au bastion vers son saillant. Les flancs devinrent inutiles au moment où la grande saillie donnée aux demi-lunes força l'assiégeant à s'en emparer avant de prendre le bastion. La demi-lune prit alors la forme d'un redan BBB, dont les faces s'arrêtent à la contrescarpe du corps de place; on la construit en dirigeant ses faces prolongées en un point situé sur celles du bastion à 30m,00 environ de l'angle d'épaule : ces faces ont une longueur égale au tiers du côté extérieur. Quelquefois pour augmenter encore la saillie de la demi-lune, on réduit son angle saillant au minimum de 60° en allongeant les faces : cette saillie a en effet une importance considérable; plus elle est grande, et plus le bastion compris entre deux demi-lunes se trouve dans un rentrant prononcé; l'assiégeant en sera donc tenu plus longtemps éloigné et ne pourra l'aborder qu'après s'être rendu maître des deux demi-lunes collatérales.

Le profil de la demi-lune est le même que celui du corps de place, sauf que l'escarpe est un peu moins élevée. L'escalade donnée à un ouvrage situé en dehors de l'enceinte ne peut avoir d'autre but que celui d'enclouer quelques pièces et de tuer quelques défenseurs, après quoi il faut se retirer avec plus ou moins d'ordre et en faisant des pertes considérables sous les coups rapprochés de l'enceinte; on risquerait même de se voir coupé par un détachement assez fort sorti exprès de la ville. Les ouvrages extérieurs ont donc peu à redouter l'escalade; aussi on diminue leur hauteur d'escarpe qui varie en raison de leur importance. On donne à celle de la demi-lune de 7 à 9m,00 de hauteur, et à son fossé 20m,00 de largeur, tenant la contrescarpe parallèle à l'escarpe. Cormontaingne creuse le fossé à la même profondeur que celui du corps de place; mais il serait préférable de maintenir entre ces deux fossés une différence de niveau de 2^m,00 environ, qui ne permettrait pas à l'assiégeant maître du fossé de la demi-lune de pénétrer immédiatement dans celui du corps de place. L'escarpe de la demi-lune n'a plus alors que 7^m,00 de hauteur; sa magistrale est à 1^m,00 en dessous de celle du corps de place.

Voici maintenant comment on détermine la crête de cet ouvrage. Il est un principe dont on ne s'écarte presque jamais en fortification, et qui exige que les ouvrages en avant soient commandés par ceux en arrière. Il est facile de se faire une idée de l'importance de ce principe : d'abord il faut évidemment en tenir compte si on veut que l'ouvrage en arrière puisse tirer par dessus celui qui est en avant; mais quand bien même on ne s'assujettirait pas à cette condition, le principe devrait encore être observé avec grand soin, pour que le défenseur de l'ouvrage en arrière ne soit pas dominé par l'assiégeant maître de l'ouvrage extérieur. La crête du saillant de la demi-lune est tenue à 1^m,00 au-dessous de celle du bastion au saillant; elle a une pente de 0^m,50 du saillant à l'extrémité pour diminuer un peu les effets du ricochet sur son terre-plein qui est toujours à 2^m,50 en dessous de la crête. Le parapet soumis aux coups extérieurs a 6^m,00 d'épaisseur.

Ainsi organisé, cet ouvrage est susceptible d'une bonne défense, même en supposant son terre-plein continué jusqu'à la rencontre des contrescarpes du corps de place; cependant sa valeur sera considérablement accrue si on construit dans l'intérieur un petit ouvrage lui servant de réduit. Vauban avait indiqué ce *réduit de demi-lune*, C, en avait même construit quelquefois; mais le plus souvent il les avait supprimés par motif d'économie. Cormontaingue réglementa leur construction en augmentant leur capacité de manière à en faire des ouvrages susceptibles d'une meilleure résistance. Il tient leur contrescarpe, qui forme en même temps la gorge de la demi-lune, à 20^m,00 de l'escarpe de ce premier ouvrage;

le fossé qui les précède a 10^m,00 de largeur, de manière que l'escarpe des faces est parallèle à celle de la demi-lune, à 30^m,00 de distance. On donne à cet ouvrage des flancs de 10 à 12^m,00 de longueur, parallèles à la capitale du front et destinés à remplacer ceux de la demi-lune supprimés, c'est-à-dire permettant de battre à revers les brèches faites aux saillants des bastions; de cette manière on force l'assiégeant à s'emparer du réduit de demi-lune avant d'attaquer ces brèches.

Cet ouvrage, moins important encore que la demi-lune, n'a que 5 à 6^m,00 de hauteur d'escarpe ; sa magistrale doit être couverte contre les coups extérieurs par le parapet de la demi-lune. D'après le principe des commandements dont nous parlions tout à l'heure, la hauteur de sa crête au saillant est intermédiaire entre celle du corps de place et celle de la demi-lune, c'est-à-dire que son commandement sur la demi-lune sera de 0^m,50 environ. Les crêtes des faces ont une pente de 0^m,25, les flancs sont horizontaux. On donne au parapet de 4 à 6^m,00 d'épaisseur; on peut à la rigueur se contenter de 4^m,00, l'ouvrage étant garanti par la demi-lune; à 2^m,50 en dessous des crêtes se trouve un terre-plein haut, de 10^m,00 de largeur; au centre est un terre-plein bas, à 2^m,50 en dessous du terre-plein haut, c'est-à-dire à environ 1^m,00 en dessus du sol. Le long des faces le terre-plein haut est soutenu par des talus à 3 de base pour 2 de hauteur, et le long des flancs par un mur vertical; une rampe en capitale permet aux voitures d'aller du terre-plein bas sur le terre-plein haut.

En avant de la courtine est un ouvrage auquel on donne le nom de *tenaille*, DDDD, à cause de sa forme. Il se compose de trois faces dont une est parallèle à la courtine ; les deux autres sont dans le prolongement des faces des bastions, et s'appellent *ailes de la tenaille*.

Cet ouvrage couvre l'escarpe de la courtine contre les batteries de brèche placées sur le terre-plein de la demi-lune ou de son réduit; il donne des feux obliques mais très-rapprochés dans les fossés du corps de place. En outre les troupes destinées aux sorties trouvent entre sa gorge et la courtine un lieu de rassemblement, une place d'armes où elles sont parfaitement à couvert.

Les ailes de la tenaille sont terminées par des murs de profil parallèles aux flancs et à $10^m,00$ de distance; la gorge du pan coupé est à $12^m,00$ de la courtine, et la tenaille a $14^m,00$ d'épaisseur entre son escarpe et sa gorge. On tient la magistrale à $0^m,30$ au-dessus du sol, et la gorge sur le sol même; puis comme cet ouvrage agit plutôt comme masse couvrante que pour donner des feux importants, on ne s'astreint pas pour coter sa crête au principe des commandements; mais on la tient à $2^m,50$ au-dessus du sol, c'est-à-dire bien inférieure à celle des ouvrages qui la précèdent, et horizontale parce qu'elle n'a point à craindre le ricochet. On donne $4^m,00$ d'épaisseur à son parapet qui n'est pas en prise aux coups extérieurs.

Vauban, puis Cormontaingne, et à leur suite les auteurs modernes de l'école française conservèrent le *chemin couvert* des anciens ingénieurs, longeant les contrescarpes du corps de place et de la demi-lune; le défenseur y est abrité par le massif des glacis.

Le terre-plein de cet ouvrage est un peu au-dessus du niveau du sol, et à $2^m,50$ au-dessous des crêtes qui l'abritent. Celles-ci placées à $10^m,00$ au moins des contrescarpes sont tracées en crémaillères III, et une traverse O est placée en arrière de chaque crochet dont la longueur est de $3^m,50$ à $4^m,00$. Le but de ces traverses est de soustraire ces longs terre-pleins aux coups d'enfilade et en même temps de permettre une défense plus longue, plus opiniâtre, comme on le verra dans la troisième partie.

Les crêtes du chemin couvert ne sont pas prolongées jusque dans l'angle rentrant formé par les contrescarpes du corps de place et de la demi-lune; on trace dans ce rentrant prononcé une grande place d'armes N en forme de redan dont le saillant est situé sur la bissectrice de l'angle rentrant; ses faces ont 60^m,00 de longueur à partir de la contrescarpe, et les demi-gorges ont 54^m,00 mesurés sur les contrescarpes; on lui donne le nom de *place d'armes rentrante*.

On élève en général trois traverses dans chaque branche des chemins couverts de la demi-lune; la première a sa crête dans le prolongement de celle de la place d'armes rentrante; on lui donne 6,00 d'épaisseur. L'épaisseur de la troisième est la même, et le pied de son talus extérieur est placé dans le prolongement de la magistrale de la face de la demi-lune. Enfin la deuxième intermédiaire entre les deux autres n'a que 4^m,00 d'épaisseur; la crête est perpendiculaire sur la contrescarpe. Des banquettes et talus de banquettes permettent au défenseur des chemins couverts de faire feu par dessus ses crêtes; des passages de 2^m,00 de largeur existent entre le mur de profil qui soutient l'extrémité de la traverse et la crête du chemin couvert soutenue aussi par un mur vertical le long de ce passage.

Du côté du bastion, la place d'armes rentrante est fermée par une traverse de 6^m,00 d'épaisseur dont la crête est dans le prolongement de celle de la place d'armes. Celle des chemins couverts en avant du bastion est tracée en ligne droite, à 10^m,00 de la contrescarpe. Un passage de 2^m,00 semblable à ceux dont nous venons de parler est ménagé à l'extrémité de la traverse pour aller de la place d'armes dans le chemin couvert du bastion. Les arrondissements de contrescarpe situés aux saillants des demi-lunes et des bastions forment aux saillants de leurs chemins couverts des lieux de rassemblement ou place d'armes, R, nommés *places d'armes saillantes*.

Le relief des crêtes de ces ouvrages est déterminé de manière à ce qu'elles couvrent suffisamment, c'est-à-dire à 1^m,00 près environ contre les coups éloignés les maçonneries des ouvrages en arrière. Le saillant des chemins couverts de la demi-lune est en général à 3ᵐ,50 au-dessus du sol, puis chaque branche va en s'abaissant de 0ᵐ,25 pour soustraire un peu l'ensemble aux effets du tir à ricochet. Les places d'armes saillantes des bastions et les places d'armes rentrantes seront attaquées après les places d'armes saillantes des demi-lunes; on tient leurs saillants plus élevés, c'est-à-dire à 4ᵐ,00 au-dessus du sol; les crêtes ont une pente de 0ᵐ,50 du saillant vers la gorge, toujours pour éluder un peu les effets du ricochet.

Les crêtes des chemins couverts se raccordent avec la campagne au moyen d'un remblai ou masse de terre, nommé *glacis*, dont la surface en pente douce est parfaitement battue par tous les ouvrages en arrière; les plans qui la limitent se nomment *plans de glacis*. Les crêtes des chemins couverts par lesquels on mène ces plans portent souvent aussi le nom de *crêtes de glacis*.

Cormontaingne tient les plans de glacis inclinés à 24 de base pour 1 de hauteur; cette inclinaison est un peu douce, on peut la raidir jusqu'à ce que les différents plans soient battus juste par les ouvrages en arrière; on obtient ainsi l'avantage d'occuper moins de terrain.

Nous avons déjà vu qu'un ouvrage ne pouvait être bien défendu qu'à la condition de posséder un réduit. Aussi pour donner à la place d'armes rentrante toute la valeur dont elle est susceptible, on construit dans l'intérieur un ouvrage terrassé auquel on donne le nom de *réduit de place d'armes*. Vauban en avait indiqué l'utilité dans son *Traité de la défense des places*; Cormontaingne mit à profit cette idée, et voici la forme qu'il donne à ces petits ouvrages, E,E : ils ont 40ᵐ,00 de demi-gorge, mesurés le long des contrescarpes de la demi-lune et du corps de place et 36ᵐ,00 de face. En faisant ainsi la demi-gorge plus grande que la face, tandis que c'est le contraire pour la place d'armes, l'ouvrage et son réduit n'ont point leurs faces parallèles, ce qui est

important pour que la même batterie ne puisse pas les ricocher toutes les deux. Les ingénieurs modernes prennent la
même précaution pour les faces de la demi-lune et de son
réduit.

La magistrale du réduit de place d'armes est à 3m,00 au-
dessus du sol; les maçonneries sont ainsi couvertes par les
crêtes de la place d'armes. L'ennemi a si peu d'intérêt à
l'escalader qu'on ne lui donne que 4 à 5m,00 de hauteur
d'escarpe; en avant est un petit fossé de 5m,00 de largeur.
Le parapet de cet ouvrage soumis directement au feu de la
campagne a 6m,00 d'épaisseur; au saillant sa crête commande
celle de la place d'armes de 1m,00, puis elle a 0m,50 de pente
du saillant vers l'extrémité. En arrière est le terre-plein à
2m,50 en dessous des crêtes; on lui donne une pente de 1m,00
vers l'angle de contrescarpe, pour faciliter l'écoulement des
eaux.

Quelques auteurs ont aussi proposé de construire un réduit
dans la place d'armes saillante; convenablement organisé il
pourrait en effet rendre de très-grands services au moment
d'une attaque des chemins couverts. Comme cet ouvrage ne
se rencontre presque jamais, nous ne ferons ici que signaler
son existence possible.

Un des ouvrages les plus importants que l'on puisse ajouter,
déjà fort apprécié du temps du comte de Pagan, est la contre-
garde. Cet ouvrage a la forme d'un redan placé soit en
avant d'un saillant de bastion, soit plus rarement en avant
d'un saillant de demi-lune, et ayant ses faces à peu près
parallèles à celles de l'ouvrage en arrière. Nous nous occuperons seulement de la contregarde placée en avant d'un
bastion (PL. XIX, F, F). On prend pour gorge de cet ouvrage
la contrescarpe du bastion telle que nous l'avons tracée; la
magistrale est à 20m,00 au delà de cette contrescarpe : en
avant est un fossé de 20m,00 de largeur au delà duquel sont
reportés les chemins couverts construits comme ceux de la
demi-lune. Dans l'angle rentrant des deux contrescarpes se

trouve un réduit avec sa place d'armes; ces deux derniers
ouvrages ont souvent des dimensions moindres que celles
indiquées plus haut, afin de ne pas trop leur donner de
saillie. Le mur de profil qui limite la contre-garde est habituellement dans le prolongement de la contrescarpe de la
demi-lune; son fossé est flanqué par la face de ce dernier
ouvrage. Quelquefois cependant si la demi-lune par suite de
sa grande saillie devait être emportée avant la contre-garde,
on pourrait pour conserver un flanquement à celle-ci après
la prise du premier ouvrage, la prolonger jusqu'à la gorge
de la demi-lune, dont la face s'arrêterait au prolongement de
la contrescarpe de la contre-garde; son fossé serait alors
flanqué par le réduit de demi-lune, tandis que celui de la
demi-lune le serait par la contre-garde. Il est rare que l'on
ait recours à cette seconde construction; la première est
presque seule employée, car on met habituellement les
contre-gardes en avant des bastions aigus; elles ont donc une
saillie prononcée dans la campagne et sont attaquées en
même temps que les demi-lunes.

Le fossé de ces ouvrages est au niveau de celui de la
demi-lune; il suffit de donner aux escarpes de 7 à 9^m,00 de
hauteur. Le parapet a 6^m,00 d'épaisseur; les crêtes sont
cotées comme celles des demi-lunes, c'est-à-dire que leur
saillant est à 1^m,00 au-dessous de celui du bastion, et qu'il
y a 0^m,50 de pente de ce point à l'extrémité.

Lorsque le saillant de la demi-lune ou de la contre-garde
est occupé par l'assiégeant, celui-ci peut, au moyen de travaux dont nous parlerons dans la troisième partie du cours,
se glisser à couvert jusque dans la partie des faces qui se
trouve en arrière des réduits de places d'armes rentrantes.
La défense de ces ouvrages ainsi pris à revers tombe naturellement, et l'assiégé est obligé de les abandonner sans
combat. Pour éviter cet inconvénient, on interrompt la face,
soit de la demi-lune, soit de la contre-garde, par un fossé de
4^m,00 de profondeur environ, et de 5 à 6^m,00 de largeur,

perpendiculaire à la face de l'ouvrage et dans le prolongement de celui du réduit de place d'armes. En arrière du fossé se trouve un parapet auquel il suffit de donner 4^m,00 d'épaisseur, et qui garantit les défenseurs de la partie séparée formant alors un ouvrage distinct nommé *coupure de demi-lune*, S, ou *de contre-garde* suivant les cas. Quand les coupures sont construites en même temps que le reste de la fortification, leurs escarpes et leurs contrescarpes sont en maçonnerie, ce sont des ouvrages permanents : mais souvent elles n'existent point à l'avance, il faut les construire au moment d'un siége ; elles deviennent des ouvrages de fortification passagère ; on revêt leurs escarpes et leurs contrescarpes de gazons, fascines ou madriers ; les terres sont fournies par le déblai du fossé et la berme est fraisée.

Tels sont les principaux dehors que l'on peut construire en avant du corps de place et compris dans le chemin couvert. Supposons que l'ennemi s'en soit rendu maître successivement ; il arrive au saillant du bastion, il y fait brèche, il va donner l'assaut. Si aucun ouvrage n'existe en arrière et que la garnison ne veuille pas poser les armes, elle court les risques, si elle succombe dans une résistance honorable et digne des plus grands éloges, de voir la ville livrée au pillage et d'être elle-même passée par les armes. Si jamais un réduit fut nécessaire dans l'intérieur d'un ouvrage, c'est sans contredit lorsque son absence entraînerait des résultats aussi graves. Admettons au contraire que ce réduit existe, qu'il isole le saillant du bastion du reste de la fortification et de l'intérieur de la place, toute la valeur de la garnison peut alors se déployer, et elle soutiendra avec vigueur les attaques de l'assiégeant, sans crainte d'attirer sur elle et sur la ville les malheurs dont nous venons de parler : ces réduits portent le nom de *retranchements intérieurs*. Leur utilité, leur nécessité même résulte évidemment de tout ce que nous venons de dire ; cependant on n'en construit pas toujours à l'avance dans les bastions, soit par motif d'économie, soit parce qu'on ne supposait pas devoir être attaqué de ce côté; alors le gouverneur les fait construire pendant le siége avec les moyens qu'il possède. Il existe donc deux grandes classes de retranchements intérieurs : ceux construits à l'avance, comme le reste de la fortification, et ceux élevés au moment du siége avec les moyens rapides mais imparfaits dont on dispose alors. Les premiers se nomment *retranchements intérieurs permanents*, les autres *retranchements intérieurs passagers;* nous parlerons d'abord des permanents.

Un retranchement intérieur se compose essentiellement d'un fossé formant coupure qui isole la partie la plus avancée du bastion, celle à laquelle l'ennemi peut faire brèche; en arrière du fossé est une escarpe avec parapet pour abriter le défenseur. Le fossé est prolongé jusqu'à l'escarpe du corps de place pour que l'ennemi ne puisse tourner cet obstacle. On comprend qu'une foule de constructions différentes permettent de satisfaire aux conditions que nous venons d'énoncer; il faudra savoir entre toutes ces solutions discerner celle qui convient le mieux au cas particulier dont on s'occupe.

Nous allons d'abord décrire avec quelque détail le retranchement intérieur LLL dessiné dans le bastion de droite de la planche XIX. Cet ouvrage a la forme d'un redan dont les faces s'appuient sur les flancs du bastion; elles ne sont point parallèles aux faces du bastion pour que les projectiles partant d'une même batterie ne puissent pas les enfiler en même temps, mais elles sont dirigées de manière que leur fossé qui a 12^m,00 de largeur soit vu par les flancs des bastions voisins. Le fond de ce fossé est à 1^m,00 en dessous du niveau du sol; la continuité de l'escarpe est maintenue à l'endroit où le fossé du retranchement vient l'interrompre à l'aide d'un mur de 2^m,00 d'épaisseur environ auquel on donne le nom de *bâtardeau*. La magistrale située à 5 ou 6^m,00 au-dessus du sol est abritée des coups extérieurs par la crête de la partie séparée du bastion; le parapet à 6ᵐ,00 d'épaisseur. La crête au saillant a sur celle du bastion un commandement variant de 0ᵐ,50 à 1ᵐ,00; elle est en pente de manière à venir se raccorder avec celle du flanc. En arrière et à 2ᵐ,50 au-dessous est un terre-plein de 10ᵐ,00 de largeur; raccordé avec le sol de la place par un talus de rempart ordinaire.

De la construction de ce retranchement il est facile de déduire quelques règles générales applicables à ce genre d'ouvrages, quel que soit le tracé. Nous admettrons d'abord que la hauteur d'escarpe ne doit pas être inférieure à 6 ou 7ᵐ,00 et que la magistrale doit être cachée aux coups extérieurs par les crêtes en avant; la largeur du fossé est d'environ 12ᵐ,00, la contrescarpe est en maçonnerie. La crête doit commander de 0ᵐ,50 au moins celle du bastion, l'épaisseur du parapet est fixée à 6ᵐ,00 et enfin la largeur du terre-plein doit être de 10ᵐ,00 au moins. Les retranchements s'appuient aux faces, aux flancs ou à la courtine, suivant les différents cas; si l'ennemi ne peut faire brèche que vers le saillant du bastion, le retranchement intérieur est appuyé aux faces, de manière à se trouver en arrière du point où existera la brèche; mais si la batterie peut atteindre l'escarpe jusque vers l'angle d'épaule, il faut appuyer le retranchement aux flancs; enfin par suite de la disposition de la fortification ou de la suppression de quelques dehors, si l'assiégeant peut faire brèche à la courtine, il tournera le retranchement appuyé aux flancs, en attaquant cette dernière brèche en même temps que celle du saillant; il faut donc retirer le retranchement intérieur en arrière de cette brèche, c'est-à-dire l'appuyer à la courtine.

Voici les formes de retranchement généralement adoptées dans ces différents cas : le *retranchement en tenaille* (PL. XX, *fig. 4*) s'appuie soit aux faces, soit aux flancs; il a l'inconvénient d'avoir ses fossés non flanqués, inconvénient que l'on diminue en faisant un pan coupé perpendiculaire à la capitale du bastion, mais la direction des feux qui partent de ses faces est meilleure que dans le cas du retranchement en redan, car ils viennent converger vers le saillant du bastion, c'est-à-dire vers le point attaqué par l'assiégeant. Une petite place d'armes suivie de glacis est en avant de la contrescarpe.

Le *retranchement bastionné*, appuyé soit aux flancs, soit aux courtines (PL. XX, *fig. 3*), n'a point d'angles morts dans ses fossés si la longueur de la courtine est suffisante; de plus, les directions de ses feux convergent vers le saillant du bastion; mais il offre un grand développement de maçonnerie, ce qui le rend très-coûteux, et par sa position rentrante dans l'intérieur de la ville il est souvent difficile à construire. En outre, quand il est appuyé aux flancs, on ne peut s'en servir dans un bastion aigu, car le côté extérieur et par suite la courtine deviendraient trop petits, le flanquement serait incomplet.

Les *retranchements intérieurs passagers* ont exactement les mêmes formes que les retranchements permanents et sont appuyés suivant les cas aux faces, aux flancs et aux courtines; on ne peut guère les construire que dans les bastions pleins, sinon il y aurait à exécuter des remblais trop considérables pour leur donner un relief suffisant. Ce sont de véritables ouvrages de campagne, tant pour la forme que pour l'exécution. Construits pendant le siége et sous le feu de l'ennemi, ils sont presque toujours imparfaits; mais si l'on peut les exécuter à l'avance, ils deviennent plus respectables. On soutient l'escarpe au moyen de fascinages, ou mieux encore avec un revêtement de madriers; le fossé a de 3 à 4^m,00 de profondeur, le parapet a 6^m,00 d'épaisseur; enfin, on ne néglige rien pour donner de la force à un ouvrage aussi important et duquel peut dépendre le sort de la garnison et des habitants.

Il est encore une autre espèce d'ouvrages placés dans l'intérieur des bastions et destinés à prendre de grands commandements sur la campagne, à la dominer d'une manière

notable; on leur donne le nom de *cavaliers*. Ils ont en général
la forme de grandes lunettes en terre dont les faces sont parallèles à celles du bastion. (Voir le bastion de gauche à la
PL. XIX.) La crête intérieure est élevée à 10, 12, 15^m,00 et
quelquefois davantage au-dessus de la campagne pour la dominer suffisamment et battre des plis de terrain qui échappent aux vues des autres ouvrages. Elle est horizontale, car
elle a peu à craindre le tir à ricochet à cause de son élévation;
le parapet a 6^m,00 d'épaisseur; il est relié avec le terre-plein
du bastion par un talus extérieur à 45°, ou mieux encore à
5 de base pour 4 de hauteur; les flancs ont au moins 18^m,00
pour recevoir trois pièces en batterie; la gorge est soutenue
par un talus à 45°, contre lequel sont appuyées des rampes
qui conduisent du terre-plein du rempart sur celui du cavalier.

On organise quelquefois le cavalier de manière à ce
qu'il fasse en même temps retranchement (PL. XX, *fig. 5*);
on soutient les terres par un mur qui forme escarpe;
en avant est un fossé de 12^m,00 de largeur, puis une
contrescarpe qui forme en même temps la gorge de la partie
séparée du bastion; deux coupures faites sur les faces, perpendiculairement à leurs directions, complètent la sépara-
tion. Ces coupures sont formées d'un parapet de 4^m,00 d'é-
paisseur, soutenu par un mur d'escarpe suivi d'un fossé de
10^m,00 de largeur.

On préfère aujourd'hui élever les cavaliers dans les bastions voisins de ceux que l'on craint de voir attaqués; ils
concourent alors énergiquement à leur défense.

La disposition des ouvrages de fortification, les uns par
rapport aux autres, est une chose des plus importantes; mais
pour lui faire acquérir toute sa valeur; il faut que l'on puisse
facilement et sûrement communiquer entre toutes ces différentes pièces, afin de pouvoir leur porter secours en tout
temps. Les *communications* sont donc un accessoire des plus
importants et tel que leur mauvaise disposition pourrait pa-

ralyser la plus belle défense; la connaissance complète de leur organisation est en outre très-importante pour un officier qui, dans le courant de la défense d'une place, doit savoir quelle route il faut suivre pour arriver à un point désigné où la présence de son détachement est nécessaire.

Voici quelques détails sur les communications établies par Cormontaingne; elles sont loin d'être sans défauts, mais elles se rencontrent dans toutes nos places fortes, et d'ailleurs les inconvénients qu'elles présentent n'ont point empêché de brillantes défenses. Examinons d'abord isolément les divers moyens de communication, puis nous verrons comment on les applique aux ouvrages.

Pour aller d'un point à un autre de la fortification, il faut presque toujours monter ou descendre; ces différences de niveau se franchissent au moyen de rampes ou d'escaliers placés à l'air libre ou souterrainement quand il faut passer sous quelque face d'ouvrage; dans ce dernier cas, le passage prend le nom de *poterne*.

Les figures 3 et 4 de la planche XIX *bis* représentent deux coupes faites dans une poterne : la première suivant l'axe du passage, la seconde perpendiculaire à l'axe. A droite et à gauche de la rampe ou de l'escalier sont deux murs verticaux ou *piédroits*, qui soutiennent la *voûte* construite en plein cintre ou surbaissée. Celle-ci a 1^m,00 d'épaisseur environ pour qu'elle soit à l'épreuve de la bombe, et il faut en outre qu'elle soit recouverte de 0^m,80 au moins d'épaisseur de terre. Pour l'écoulement des eaux le dessus est terminé en toit suivant des plans inclinés dits *plans de chape*. La largeur et la hauteur sous clef dépendent de l'importance du passage. Aux deux extrémités de la poterne sont des portes solides.

Les rampes employées en fortification ont de 3 à 4^m,00 de largeur; leur pente ne doit pas être plus raide que celle de 6 de base pour 1 de hauteur, et on l'adoucit autant que possible pour faciliter les mouvements de l'artillerie.

Les escaliers auxquels on donne en fortification le nom de *pas-de-souris* sont construits sur un modèle uniforme : les marches ont toutes 0^m,30 de largeur sur 0^m,20 de hauteur, la largeur de l'escalier dépend de son importance ; elle varie entre 1 et 2 mètres.

Ces indications générales étant données, décrivons les communications entre les différents ouvrages d'un front. Nous avons déjà parlé des rampes qui conduisent de la rue militaire sur le terre-plein des remparts. Pour communiquer de l'intérieur à l'extérieur, il existe vers le milieu de la courtine une poterne importante (PL. XIX, *fig. 3* et *4*) : elle part d'un mur vertical situé à l'aplomb de la limite du terre-plein, et vient déboucher à 2^m,00 au-dessus du niveau du fond du fossé, afin que l'ennemi ne puisse pétarder la porte qui la ferme. Cette différence de niveau est rachetée en temps de siége par un escalier ou rampe en bois dirigé le long de l'escarpe et que l'on peut enlever à volonté. La largeur de la poterne est de 2^m,50 à 3^m,00, mais Cormontaingne ne donne aux portes que 1^m,60 à 1^m,70, de telle sorte que l'artillerie ne peut pas les traverser sans être démontée ; aujourd'hui on leur donne 2^m,10 en conservant la largeur intérieure de 3^m,00.

Une fois parvenu dans le fossé en avant de la courtine, le défenseur peut arriver dans le grand fossé soit en passant entre la tenaille et le bastion, le long des flancs, soit en traversant une poterne située sous le milieu de la tenaille et semblable à celle que nous venons de décrire, sauf que le passage est horizontal au niveau du fond du fossé. De chaque côté de l'entrée de cette poterne sont deux pas-de-souris entaillés dans la gorge de la tenaille, et qui conduisent sur son terre-plein.

Au débouché de la poterne placée sous le milieu de la tenaille le défenseur qui voudrait arriver à la gorge du réduit de demi-lune en traversant le grand fossé serait vu par l'assiégeant établi vers les places d'armes saillantes du bastion. Pour le couvrir, on construit à droite et à gauche du passage de 4^m,00 de largeur, deux parapets munis de banquettes intérieurement, et se terminant en glacis vers les fossés. La crête de ce petit ouvrage G nommé *double caponnière* est à 2^m,50 ou 3^m,00 au-dessus du fond du fossé; en tirant par dessus on obtient des feux rasants utiles à un moment donné. Ce passage a été quelquefois voûté pour mieux le soustraire aux coups plongeants dont nous parlions tout à l'heure.

Les crêtes de la double caponnière s'arrêtent à 3^m,00 de la gorge du réduit de demi-lune, soutenues par des murs de profil, pour donner passage à des rampes à 6 de base pour 1 de hauteur qui conduisent sur son glacis, et de là dans les grands fossés. On arrive dans le terre-plein bas du réduit de demi-lune par deux pas-de-souris entaillés dans la gorge et partant d'un palier commun situé en capitale. Une rampe aussi en capitale conduit du terre-plein bas sur le terre-plein haut de cet ouvrage.

Deux poternes placées sous les flancs du réduit et percées dans le mur qui soutient le terre-plein haut mènent de l'intérieur de cet ouvrage dans son fossé; leur largeur est réduite à 1^m,90 ou 2^m,00, celle des portes à 1^m,00. Le sol de la poterne est en rampe.

On passe de ce fossé sur le terre-plein de la demi-lune en montant deux pas-de-souris placés de chaque côté près de la contrescarpe du grand fossé et entaillés dans celle du réduit de demi-lune; ils sont quelquefois remplacés par des rampes.

Pour arriver aux réduits de place d'armes, on part de l'extrémité de la double caponnière située en capitale du front; on suit d'abord les rampes le long de la gorge du réduit de demi-lune, puis le glacis de la caponnière, puis le grand fossé, jusqu'à la gorge du réduit de place d'armes, où se trouve un pas-de-souris double partant d'un palier commun situé à l'angle des contrescarpes, et montant jusque sur le terre-plein de l'ouvrage. Dans ce trajet il a fallu passer devant le fossé de la demi-lune, et s'exposer alors aux coups partant des établissements de l'ennemi vers le saillant de son chemin couvert; pour couvrir ce passage, on élève à l'extrémité de ce fossé une *caponnière simple* 11, dont la crête est à 2^m,50 ou 3^m,00 au-dessus du fossé; en arrière de la crête est une banquette avec talus de banquette, en avant est un glacis. Cette caponnière a encore un autre but : les coups partant de la face du bastion ne peuvent atteindre le fond du fossé de la demi-lune au point où il joint le grand fossé, à cause de sa profondeur et de son peu d'éloignement; il y a là un *angle mort* détruit par l'existence de la caponnière, à la condition que son glacis et sa crête soient à 0^m,50 ou 1^m,00 au plus au-dessous du plan de tir.

Une rampe pratiquée dans le massif de la caponnière simple le long de la contrescarpe de la demi-lune donne accès dans le fossé de ce dernier ouvrage.

Du terre-plein du réduit de place d'armes on descend dans son fossé par deux poternes en rampes placées sous les faces, vers leurs extrémités. Une rampe entaillée dans la contrescarpe du réduit, vis-à-vis du débouché de chacune de ces poternes, conduit sur le terre-plein de la place d'armes rentrante. On peut alors parcourir tous les chemins couverts en suivant les passages situés à chaque crochet entre le massif du glacis et la traverse.

Pour arriver sur les glacis on pratique dans leur massif des passages en rampe nommés *sorties de chemins couverts*. On en met une ou deux dans la place d'armes rentrante, et une autre entre la première et la deuxième traverse des chemins couverts de la demi-lune. Ces sorties ont 4^m,00 de largeur; elles sont en rampe à 6 ou 8 de base pour 1 de hauteur; à droite et à gauche un mur vertical soutient les terres du glacis jusqu'à 6^m,00 de distance des crêtes; à partir de ce point, ces murs sont remplacés par des talus à 45°.

A l'aplomb des crêtes, le passage est à 2^m,00 en contre-bas, pour que les pointes d'une barrière à double ventail destinée à protéger la communication, fassent suite aux pointes des palissades plantées au pied du talus intérieur. Ces sorties ont quelquefois leur axe incliné sur les crêtes, soit pour que le défenseur puisse se porter plus directement vers un point donné, soit pour mieux les dissimuler à la vue de l'assiégeant.

Quelquefois un pas-de-souris double est placé à l'arrondissement de contrescarpe, vis-à-vis le saillant de la demi-lune et conduit du fossé de cette pièce dans la place d'armes saillante de ses chemins couverts; pour qu'il ne puisse pas servir à l'assiégeant, on l'arrête à 2^m,00 du fond des fossés, et on rétablit la communication au moyen d'un escalier en bois facile à enlever.

Des pas-de-souris simples entaillés dans les gorges conduisent sur le terre-plein des autres dehors, tels que coupures et contre-gardes, ainsi que sur ceux de la partie détachée des bastions retranchés. Dans ce dernier cas des poternes partant du sol de la ville et dirigées sous les terre-pleins et parapets des retranchements conduisent au fond de leur fossé. Dans les retranchements passagers ces poternes sont remplacées par des passages boisés construits comme ceux sous les traverses dans la fortification passagère.

CHAPITRE IV.

OUVRAGES EXTÉRIEURS ET DÉTACHÉS. — CITADELLES.
— CAMPS RETRANCHÉS.

—

Les différents ouvrages décrits dans les deux chapitres précédents ne sont pas toujours suffisants pour le degré de force que l'on veut obtenir, ou peuvent ne pas atteindre le but que l'on se propose. On veut par exemple arrêter plus longtemps l'assiégeant au pied des glacis dont on désire d'ailleurs battre les plans à revers; on a besoin d'occuper un point extérieur important par son élévation, et qui fournirait à l'assiégeant une position dominante; ou bien il est au dehors un ravin qui échappe aux coups de l'enceinte et dans lequel l'ennemi peut cheminer à couvert si on ne lui en interdit l'accès. Voici les principales méthodes que l'ingénieur militaire emploie pour satisfaire à toutes ces exigences; elles sont de deux sortes : il peut ou bien élever de nouveaux ouvrages de fortification en avant de l'enceinte, ou se servir de moyens accessoires comme les mines, les casemates, les inondations, etc.; occupons-nous d'abord des ouvrages autres que ceux déjà connus.

Les ouvrages jetés en avant de la fortification s'appellent *ouvrages extérieurs* ou *avancés* quand ils sont flanqués à

250 ou 300ᵐ,00 au plus par le canon de la place ; ils se nomment *ouvrages détachés* s'ils sont hors de portée de ce flanquement efficace. Ils ont pour but d'occuper ou de couvrir un point dont la possession est importante pour la défense, de prendre des vues de revers sur le terrain des attaques, ou enfin de couvrir soit un faubourg de la ville soit une partie faible de l'enceinte.

Les ouvrages extérieurs sont presque toujours ouverts à la gorge de manière à être sillonnés après leur prise par les feux des parapets en arrière, et par conséquent à ne pas offrir de couvert à l'assaillant. Le plus simple de tous est la *lunette*.

Les lunettes sont des ouvrages qui se composent ordinairement comme en fortification passagère de deux faces et de deux flancs ; elles ont leurs escarpes revêtues (Pl. XXI, *pièce 21)* et presque toujours aussi leurs contrescarpes, en avant desquelles on construit un chemin couvert avec traverses : les faces sont tracées de telle sorte que leurs fossés soient flanqués par les bastions ou demi-lunes qui sont en arrière, en leur conservant toutefois la direction voulue pour les feux qu'elles doivent donner. La distance de leur gorge aux ouvrages en arrière ne doit pas excéder de beaucoup 300ᵐ,00 pour que le flanquement des fossés puisse se faire par les feux d'artillerie à une distance convenable. Cormontaingne, grand partisan de ce genre d'ouvrages, donne à leurs faces de 60 à 70ᵐ,00 de longueur et 20 ou 25ᵐ,00 à leurs flancs ; elles demandent alors 300 hommes pour leur défense. Les crêtes de l'ouvrage sont à 1ᵐ,00 au plus au-dessus de celles des chemins couverts de l'enceinte pour que l'ennemi établi sur son parapet n'ait pas un trop grand commandement ; le terre-plein en arrière est à 2ᵐ,50 au-dessous des crêtes ; le parapet a 6ᵐ,00 d'épaisseur, et l'escarpe de 5 à 7ᵐ,00 de hauteur. Le fossé a 12 ou 15ᵐ,00 de largeur ; il s'enfonce à 3 à 4ᵐ,00 au-dessous du sol, et se termine par un glacis le long des flancs, afin d'être bien vu par les feux de la place; pour la même raison la contrescarpe ne contourne pas le flanc, mais se prolonge en ligne droite. Le chemin couvert qui est en avant est construit et traversé à la manière ordinaire; sa crête est à 2ᵐ,50 environ au-dessus du sol avec lequel elle est raccordée par des glacis bien battus; aux extrémités sont deux places d'armes rentrantes. Dans l'intérieur de la lunette on construit souvent un réduit formé tout simplement d'un mur crénelé de 0ᵐ,60 à 0ᵐ,80 d'épaisseur, parallèle aux faces et aux flancs et précédé d'un petit fossé.

Pour se mettre à l'abri des tentatives de vive force auxquelles sont en butte ces ouvrages un peu avancés, il faut, outre la hauteur de l'escarpe, donner à la gorge soutenue par un mur une hauteur suffisante de 4ᵐ,00 au moins; si le terreplein n'est pas assez élevé au-dessus du sol, on creuse celui-ci dans le prolongement de la pente des glacis, ou bien on construit au-dessus du mur de gorge un petit mur crénelé de 2ᵐ,00 de hauteur et de 0ᵐ,50 d'épaisseur seulement, afin que le canon de la place puisse le renverser au moment où il formerait un couvert pour l'assiégeant; on peut à la rigueur se contenter d'une ligne de palissades ou de palanques. Dans les terrains aquatiques, on creuse contre cette gorge un fossé rempli de 1ᵐ,80 à 2ᵐ,00 de hauteur d'eau. Souvent d'ailleurs pour que sa défense soit plus facile, on donne au mur de gorge la forme bastionnée.

La communication avec la place se fait souterrainement ou à ciel ouvert. Dans le premier cas elle se compose d'une longue galerie voûtée de 2ᵐ,50 de largeur environ, partant de la contrescarpe de la place et aboutissant soit à l'intérieur de l'ouvrage, dans son réduit, soit à l'extérieur, à quelques mètres de la gorge, ce qui est préférable : dans le premier cas en effet, l'ennemi maître de la lunette peut profiter de la galerie pour s'avancer vers la place. La communication à ciel ouvert consiste en une caponnière double organisée défensivement et partant d'une place d'armes des chemins couverts en arrière. Un pas-de-souris simple ou double et muni d'une porte ou barrière conduit sur le terre-plein; il débouche dans l'intérieur du réduit s'il y en a.

Quand on veut par le secours des lunettes renforcer un certain développement de l'enceinte, on en met en avant de tous les saillants formant un système à intervalles, et le chemin couvert en avant devient continu; il porte le nom d'*avant-chemin couvert*. On a construit quelquefois des avant-chemins couverts au pied des glacis sans les soutenir par des lunettes; ils n'ont pas alors une grande valeur, et sont trop loin de la place pour en recevoir une protection suffisante; mais on leur rend leur efficacité en ajoutant des réduits dans leurs places d'armes, et creusant en arrière des fossés nommés *avant-fossés*. Ceux-ci doivent être pleins d'eau, sinon ils fourniraient un abri à l'assiégeant et seraient par suite à rejeter d'une manière absolue. Ces ouvrages ne sont bons que devant les grandes places, car ils exigent une garnison dont le chiffre serait en disproportion avec la capacité intérieure des petites.

Pour conserver une position plus considérable, on peut construire suivant son étendue et son importance un *ouvrage à cornes*, *à couronne*, ou même *à double couronne;* en étudiant la fortification passagère, nous avons vu quelle était la forme de ces ouvrages; elle est la même en fortification permanente, seulement ils sont plus fortement organisés; leurs escarpes, leurs contrescarpes sont revêtues; devant chaque front se trouvent des demi-lunes et des chemins couverts avec traverses et places d'armes; c'est en un mot de la fortification permanente ordinaire. Les branches qui terminent l'ouvrage ont leurs fossés battus par les faces des ouvrages en arrière; les gorges sont assurées contre les tentatives de surprise par les moyens employés pour les lunettes. Ces ouvrages servent encore à couvrir des faubourgs ou des ponts, ou bien à agrandir la capacité intérieure d'une place; on y renferme alors tous les établissements militaires. Quelquefois ils redoublent la défense d'un point faible, comme la double couronne de Bellecroix, à Metz, située en avant de vieilles fortifications.

Les ouvrages à cornes ont souvent encore été employés comme dehors pour renforcer immédiatement tel ou tel point de la fortification; on les place alors soit en avant d'une demi-lune, soit mieux encore en avant d'un bastion. Dans le premier cas, les fossés des branches viennent aboutir à ceux des faces des bastions voisins; dans le second (PL. XXI, *pièces 10 et 11*), à ceux des faces des demi-lunes voisines; en avant du front est une petite demi-lune. L'ouvrage est entouré par le chemin couvert général; une hauteur d'escarpe de 8ᵐ,00 lui suffit; les fossés de ses longues branches sont flanqués par les faces des demi-lunes ou des bastions; des pas-de-souris sont établis pour les communications.

Tous les ouvrages dont nous venons de parler sont défendus directement par les fortifications de la ville dont les feux sillonnent leurs terre-pleins, leurs fossés et leurs glacis; ils en tirent par conséquent leur protection la plus efficace, défense d'autant meilleure qu'ils seront plus rapprochés. Mais il existe souvent certains points dont l'occupation est d'une haute importance malgré leur éloignement; les ouvrages que l'on y établit doivent être capables de se défendre par eux-mêmes : ce sont des *ouvrages* ou *forts détachés.*

Les forts pouvant être attaqués de tous les côtés ne présentent point de gorge, mais sont munis d'une escarpe continue suffisamment haute pour résister à l'escalade; en avant est la contrescarpe revêtue en maçonnerie, puis un chemin couvert ordinaire.

Lorsque les forts détachés sont construits en plaine, on leur donne la forme d'un quadrilatère ou d'un pentagone bastionné; la longueur du côté extérieur est toujours calculée de manière à ce que les fossés soient bien battus, en ayant égard à la hauteur d'escarpe. Le profil est le même que celui du corps de place, sauf la hauteur de l'escarpe réduite quelquefois à 8^m,00, mais à laquelle il est préférable d'en donner 10^m,00 pour soustraire autant que possible au danger de l'escalade un ouvrage si éloigné et défendu par une faible garnison.

On peut réduire considérablement la dépense pour les fronts qui regardent la place, lorsqu'ils en sont assez rapprochés pour n'avoir pas à craindre une attaque en règle placée entre deux feux. On n'y met point de parapets en terre, inutiles puisqu'il n'y a pas à craindre d'artillerie, et on termine l'escarpe par un mur crénelé de 2^m,00 de hauteur sur 0^m,60 à 0^m,80 d'épaisseur; quelques créneaux plus larges, nommés *embrasures*, sont ouverts sur les flancs pour permettre le flanquement par les pièces d'artillerie de campagne. Ce mode de construction permet de réduire les dimensions du front, sans perdre cependant le bénéfice du tracé bastionné.

Quelquefois, sans créneler le mur, on en fait un parapet de 1^m,20 à 1^m,30 de hauteur, par-dessus lequel le soldat peut tirer monté sur une banquette ordinaire (PL. XXII, *fig. 3*); on dit alors que l'escarpe est terminée en *mur à bahut*. Cette construction abrite moins les hommes, mais elle offre plus de facilité pour la défense; il est facile de lancer, contre un assaillant massé dans le fossé, des bombes, des obus, des grenades; puis la surveillance est mieux faite.

Les chemins couverts sont presque toujours les seuls dehors d'un fort détaché; en capitale de chaque front est une place d'armes rentrante avec un réduit fermé d'un simple mur crénelé précédé d'un petit fossé, pour que l'on ne puisse pas emboucher les créneaux. C'est ainsi que sont organisées les places d'armes des fronts 2-3 et 18-19 dans l'exemple donné à la planche XXI. Un pas-de-souris amène du fond du fossé dans le réduit, et des portes percées dans le mur crénelé donnent ensuite accès dans la place d'armes, dont la crête doit couvrir la maçonnerie du réduit. Cette disposition est au moins adoptée vis-à-vis la grande entrée du fort, qui est analogue aux portes de ville dont nous parlerons plus tard. Des poternes ordinaires existent sous le milieu de chaque courtine pour conduire de l'intérieur du fort dans le fond du fossé.

Telle est l'organisation préférée par les ingénieurs français quand la forme du terrain s'y prête, c'est-à-dire quand il n'est pas trop accidenté. Mais en pays de montagne il faut savoir tirer parti du terrain, y plier sa fortification et se créer un avantage d'accidents qui pourraient à première vue sembler des obstacles. On est contraint alors d'abandonner le tracé bastionné et d'en choisir un tout à fait irrégulier et variable suivant les circonstances, mais satisfaisant toujours à un certain nombre de conditions indispensables parmi lesquelles nous signalerons en première ligne la conservation d'une hauteur suffisante d'escarpe et le flanquement de leur pied. La seconde condition pourra seule présenter quelque difficulté, car on ne peut employer le tracé bastionné, et les angles alternativement saillants et rentrants ne donnent point de flanquement quand les escarpes sont terrassées ; mais il est rare que l'artillerie ennemie puisse voir tous les points, et l'on dispose dans les angles qu'elle ne peut battre des murs à bahut qui permettent au défenseur de flanquer le pied du mur sinon à coups de fusil, au moins en jetant par-dessus des obus, des grenades, des artifices de tout genre, ou même simplement des pierres ou des pavés. On peut aussi revenir aux mâchicoulis employés au moyen âge et qui avaient disparu devant l'action puissante du canon. D'autres moyens consistant dans l'existence de galeries souterraines crénelées sont aussi employés ; enfin on peut même se passer du flanquement en reportant l'escarpe jusque sur le bord d'un escarpement suffisamment élevé, ou prenant quelque rapide torrent pour fossé.

Libre alors de plier sa fortification au terrain, l'ingénieur retourne contre l'assiégeant les obstacles que lui présentait naguère un site tourmenté, et il occupe à peu de frais des positions presque inaccessibles et cependant d'une haute importance.

Ces espèces de forts sont souvent employés comme ouvrages indépendants pour observer les cours d'eau et barrer les défilés en pays de montagne. C'est alors surtout que ce genre de fortification pourra s'écarter du tracé régulier sans manquer aux principes. posés jusqu'ici, et l'on n'aura pas besoin d'ouvrages considérables ; la force naturelle de la position dispense de mettre beaucoup d'hommes pour la défendre. Une simple batterie placée sur un point peu accessible et entourée d'un mur crénelé peut arrêter toute une armée.

Pour augmenter la résistance d'une place, on peut encore y construire une *citadelle*. Ces ouvrages datent du moyen âge ; c'était d'abord le château féodal autour duquel les habitations des colons venaient se grouper pour en tirer aide et protection ; ces groupes d'habitations formèrent des villes plus ou moins importantes qui s'entourèrent de murailles, et le château féodal servit de réduit aux défenseurs, en même temps qu'il permettait au seigneur de maintenir les habitants sous son obéissance. Dans les siècles qui suivirent, époque de formation pour les grands États de l'Europe, alors que les souverains cherchaient à conserver les grandes villes qu'ils venaient de conquérir, le but des citadelles fut surtout de contenir les habitants et de les empêcher de retourner à leurs anciens maîtres ou à leurs habitudes de liberté. C'est de cette époque que datent presque toutes les citadelles construites suivant les principes modernes de la fortification.

Aujourd'hui, dans les pays où les nationalités sont organisées, et en France surtout où les habitants des villes fortes sont animés d'un grand esprit patriotique, les citadelles sont revenues à leur destination primitive, celle de servir de réduit à une garnison au moment d'un siége, ce qui lui permet de résister d'abord dans la place en s'aidant de toutes les ressources qu'une grande ville peut présenter pour prolonger

cette résistance jusqu'aux dernières limites. Puis elle se retire dans la citadelle, nouvelle place forte non encore enta-
mée, et pour laquelle l'ennemi doit recommencer un siége.
C'est ainsi qu'à Lille, en 1708, le marquis de Boufflers, gouverneur de la place, se défendit d'abord pendant soixante-
dix-huit jours dans la ville, puis tint encore dans la citadelle pendant quarante jours.

Voyons comment un pareil ouvrage doit être organisé
pour être capable de rendre d'aussi grands services. Une citadelle est en général une espèce de fort à 4, 5 ou 6 bastions,
placé à l'une des extrémités de la ville ; deux ou trois de ses
fronts sont tournés vers l'intérieur, séparés des maisons de la
ville par un espace libre nommé *esplanade*, de telle sorte que
l'assiégeant ne puisse profiter des constructions en maçonnerie pour s'approcher à couvert des fortifications. Les fronts
tournés vers la campagne sont assez fortement organisés pour
que l'ennemi ne soit pas tenté de les attaquer avant les ouvrages beaucoup moins forts de la ville ; on accumule en
avant les dehors et ouvrages avancés dont nous avons parlé.
Les points de jonction des fortifications de la ville et de celles
de la citadelle sont placés dans des rentrants prononcés pour
les mettre à l'abri de toute tentative.

Devant servir de réduit à la fin du siége, la citadelle renferme tous les batiments nécessaires à une garnison d'une
certaine importance, bâtiments dont nous parlerons plus
tard. Il serait aussi à désirer que l'on y construisît de nombreux abris voûtés à l'épreuve de la bombe, car dans cet
espace étroit la garnison sera très-tourmentée par les projectiles verticaux de l'assiégeant.

Une citadelle a deux portes organisées à la manière ordinaire ; l'une sert pour la communication avec la ville, l'autre
conduit dans la campagne. Cette dernière s'appelle *porte de
secours*, parce qu'elle est destinée à permettre l'introduction
dans la place des secours et des convois ; elle pourrait encore
servir à une garnison qui voudrait abandonner la place en

s'ouvrant un passage les armes à la main, après avoir épuisé tous ses moyens de résistance.

Les citadelles ne sont pas toujours organisées d'une manière aussi régulière, surtout quand elles sont placées sur un terrain accidenté et souvent dominant la ville, ou qu'elles ont pour origine un ancien château dont elles conservent les traces. Dans ce cas, celui-ci forme le centre de la position ; ses épaisses murailles sont protégées par des terrassements disposés en avant d'une manière irrégulière. Ici il n'est point de règle fixe, tout dépend de la forme du terrain et de celle des anciens ouvrages. Aucune description n'est possible que dans des cas particuliers, et chacun pourra alors se rendre compte sur les lieux du but et de la valeur des ouvrages.

Les moyens que nous venons d'indiquer pour accroître la force des places ne sont pas toujours suffisants, surtout depuis les améliorations apportées à l'art de l'attaque par Vauban. Ce grand ingénieur vers la fin de sa vie et à la suite des désastres qui signalèrent les dernières années du règne de Louis XIV, frappé de la facilité avec laquelle l'ennemi surmontait tous ces obstacles accumulés à grands frais sur nos frontières, chercha un moyen de s'opposer aux progrès si rapides de l'assiégeant ; il proposa les *camps retranchés* sous les places, de capacité à pouvoir contenir au moins 10 ou 12,000 hommes en sus de la garnison ordinaire. Ce moyen est consacré aujourd'hui par l'approbation du plus grand homme de guerre des temps modernes, de l'empereur Napoléon Ier. L'espace occupé par le camp en dehors des glacis de la ville a plus ou moins de profondeur suivant l'importance qu'on veut lui donner et la forme du terrain sur lequel on construit les retranchements qui le couvrent. On l'établit presque toujours en avant du côté le plus faible de l'enceinte ; il est entouré de parapets en terre, appropriant le tracé à la forme du terrain, mais conservant toujours un flanquement suffisant. Comme ce parapet doit résister à des attaques autrement énergiques que celles dirigées contre la fortification passagère, on exagère toutes ses dimensions, portant sa hauteur à 4^m,00 au moins et son épaisseur à 6^m,00, afin qu'elle puisse résister aux boulets de gros calibre ; le fossé aura 4^m,00 de profondeur et 8 ou 10^m,00 de largeur. Un petit chemin couvert régnera en avant de la contrescarpe ; enfin on accumulera vers les points accessibles toutes les défenses accessoires que nous connaissons. Des lunettes construites d'après les mêmes principes seront jetées en avant pour mieux découvrir le terrain, ou pour occuper quelques points importants.

Ces ouvrages sont exécutés par les troupes chargées de les défendre et au moment où la place est menacée d'une attaque. Un exemple récent prouve qu'il ne faut pas plus de dix à douze jours pour les mettre en état de faire une première résistance ; on les perfectionne ensuite pendant le siége.

Voici, d'après Vauban, les avantages que présentent ces camps retranchés : d'abord il faut que l'ennemi augmente son armée de siége, et assez peut-être pour qu'il ne puisse avoir en même temps une armée d'observation, armée bien utile cependant, comme nous le verrons dans la troisième partie, pour protéger l'armée de siége contre une armée de secours. Le développement de ses travaux tant pour couvrir ses camps que pour les attaques sera beaucoup plus considérable. La résistance de la garnison sera plus énergique, parce que les troupes sont plus nombreuses. Peut-être pourrait-on reprocher à ces ouvrages d'affaiblir l'armée principale : mais d'abord ce n'est que pour un temps médiocre et pendant que l'armée ennemie est elle-même fort réduite par la formation d'une armée de siége aussi considérable ; puis ce moyen ne doit pas être employé inconsidérément et devant toutes les places fortes ; il faut en premier lieu que leur importance en rende la conservation d'un intérêt majeur, et en second lieu que ses établissements militaires puissent suffire aux besoins du corps d'armée de 10 à 12,000 hommes qui vient renforcer sa garnison. Il n'amène en effet avec lui que son artillerie de campagne et aucun approvisionnement ; il doit les trouver dans la ville. Tous les bâtiments militaires comme manutention, hôpital, arsenal, tout le matériel en artillerie, pièces de gros calibre, poudre, etc., sont donc construits ou rassemblés dans cette prévision. Sinon ce moyen de défense serait plus nuisible qu'utile ; le matériel serait insuffisant pour une garnison trop nombreuse, et on ne ferait que précipiter l'époque de la reddition.

Cet ouvrage a quelquefois été construit à l'avance, comme de la fortification permanente ; il devient alors susceptible d'une organisation plus forte, d'une résistance plus vigoureuse. Les escarpes sont en maçonnerie, terrassées et ayant de 5 à 7^m,00 de hauteur ; le fossé a 10 ou 12^m,00 de largeur ; la contrescarpe est habituellement en terre. Ainsi était construit autrefois le camp retranché de Sainte-Anne placé vers la partie nord de la ville de Toulon et compris aujourd'hui dans l'enceinte agrandie. Les camps retranchés permanents ne doivent pas être confondus avec les grands ouvrages dont nous avons parlé au commencement de ce chapitre et qui servent comme tête de pont ou pour couvrir une partie faible de la ville. Ces derniers n'ont que peu de profondeur, car ils doivent seulement renfermer la garnison nécessaire à leur défense ; ou bien si l'on augmente leur capacité, c'est pour y mettre à l'abri un certain nombre de bâtiments militaires que ne peut contenir l'enceinte trop resserrée d'une petite place. Aucun bâtiment ne doit exister au contraire dans l'intérieur d'un camp retranché.

On pourrait citer plusieurs exemples de la mise en pratique de ce conseil du maréchal de Vauban et des bons résultats que l'on en a retirés. Nul n'est aussi frappant, n'a un aussi grand intérêt d'actualité et ne prouve mieux la justesse des vues de ce grand homme que ce qui s'est passé dans la défense de Sébastopol. Cette ville, dépourvue de fortifications régulières, peut être considérée comme un vaste camp retranché élevé sous les

yeux de l'assiégeant et défendu par une armée munie d'un
matériel immense. Il serait facile à ce point de vue de
lui appliquer les idées que Vauban émet sur l'utilité des
camps retranchés dans son *Traité de la défense des places*.

———

CHAPITRE V.

MOYENS ACCESSOIRES DE DÉFENSE : MANŒUVRES D'EAU ; MINES ;
CASEMATES ; GALERIES D'ESCARPE ET DE CONTRESCARPE.

—

Nous avons vu dans la fortification passagère que l'eau pouvait dans certains cas et par suite de quelques travaux augmenter considérablement la force d'une position. Ce moyen de défense a une beaucoup plus grande valeur dans la fortification permanente.

Il existe deux manières d'employer les eaux dans la défense d'une place forte, soit en les introduisant dans les fossés de la place, s'en servant par conséquent à l'intérieur même des fortifications, soit en provoquant une inondation factice en avant de certains points qui sont mis alors à l'abri des attaques. Occupons-nous d'abord des inondations, qui exigent habituellement la présence d'un cours d'eau traversant la place ou baignant au moins ses murailles. Le plus souvent ce cours d'eau traverse la place : s'il est peu important, il pénètre dans l'intérieur par des ouvertures voûtées en forme d'arches de pont et pratiquées sous les remparts ; la sortie est organisée de la même manière. Ces ouvertures sont fermées par des grilles en fer qui se meuvent dans des rainures verticales pratiquées dans les piles, afin de livrer

passage aux bateaux : si le cours d'eau n'est pas navigable,
ces grilles sont fixes. Au point où la rivière traverse le fossé,
on élève à droite et à gauche, le long de ses rives, des murs
d'une grande épaisseur, nommés *batardeaux*, qui sont destinés à maintenir l'eau de la rivière dans son lit et à l'empêcher de se répandre dans les fossés.

Quand la largeur et l'importance de la rivière ne permettent pas de la faire pénétrer ainsi dans la ville, la fortification se continue le long des rives (Pl. XXI). La ville est
divisée en deux parties bien distinctes réunies par un ou
plusieurs ponts. Les fortifications qui enceignent la partie la
plus importante de la ville du côté de la rivière ne sont
point placées sur la rive même, mais un peu en arrière : ce
sont ordinairement de simples fronts bastionnés, sans ouvrages extérieurs ; l'escarpe est précédée d'un fossé, puis d'un
glacis qui vient finir au bord de la rivière. Les fortifications
de la partie de la ville la moins importante forment généralement une espèce de tête de pont, et conservent libres pour
la garnison les communications d'une rive à l'autre ; la gorge
de l'ouvrage est placée le long de la rive, en forme de mur
de quai élevé de 4 à 5^m,00 au-dessus des eaux, pour se
mettre à l'abri d'une surprise ; elle est quelquefois brisée
pour se procurer des flanquements, et le mur de soutènement
des terres est surmonté d'un simple mur à hauteur d'appui,
ou plus rarement d'un mur crénelé.

Il faut voir maintenant comment on pourra tirer parti des
eaux pour inonder le terrain en avant de la fortification.
Si on construit un barrage dans la rivière, les eaux reflue-
ront vers la partie d'amont, et si les bords de la rivière sont
assez plats, si la vallée n'est pas trop profonde, le terrain
sera inondé sur une certaine superficie que l'on appelle le
bassin d'inondation, lequel peut être agrandi ou approfondi
par la main des hommes. Le barrage est construit dans l'intérieur de la place ; il se compose de piles en maçonneries
dirigées suivant le cours de l'eau et munies de rainures ver-

ticales correspondantes (PL. XXIII, *fig. 4 et 5*), dans lesquelles on engage au moment du besoin des poutrelles
horizontales superposées. On en dispose habituellement trois
rangées, et l'intervalle entre chacune est rempli de terres
bien damées pour rendre le barrage parfaitement étanche.
Souvent les piles des ponts de communication d'une rive à
l'autre reçoivent ces rainures : c'est ce que l'on a supposé
dans la planche XXI. L'inondation obtenue en faisant refluer
en amont les eaux d'une rivière est dite *inondation supérieure;* les eaux sont retenues dans le bassin d'inondation
par la forme du terrain et la présence de la fortification.
Mais en construisant des digues ou levées de terre pour
empêcher les eaux de s'écouler, on peut se procurer des
bassins artificiels, placés en aval ; l'eau destinée à les remplir vient des bassins supérieurs par des conduits souterrains
traversant la ville. L'inondation ainsi obtenue est dite *inférieure.*

On cherche généralement à donner dans les bassins d'i-
nondation une profondeur d'eau minimum de $1^m,60$; mais
quand elle ne serait que de $0^m,20$ à $0^m,30$, on pourrait
encore tirer parti, comme nous le verrons en étudiant
l'attaque et la défense des places, d'une pareille inondation
qui porte le nom de *blanc-d'eau*. On dit qu'une inondation
est *sûre* quand l'ennemi ne peut la saigner au moyen d'un
canal de dérivation sans entreprendre des travaux gigantesques ; on voit que les inondations supérieures sont presque
toujours sûres ; il n'en est pas de même des inondations inférieures qui sont soutenues par une simple digue. Il faut
donc donner à celle-ci une épaisseur suffisante pour que
l'ennemi ne puisse la détruire de loin avec son canon ; en
outre pour qu'il ne puisse envoyer des ouvriers pour la couper, il faut la protéger par des ouvrages avancés placés au
milieu de l'inondation qui les met à l'abri d'une attaque de
vive force ; ces ouvrages s'appellent *pièces noyées ;* ils prennent des vues de revers sur les parties du terrain situées en

avant des fortifications et qui n'ont pu être inondées. Leur forme habituelle est celle d'une lunette à un ou deux flancs; quelquefois ce sont des redoutes nommées alors *pâtés*; on en voit des exemples dans la planche XXI°. Il est rare que leurs escarpes soient revêtues en maçonnerie; on peut comparer ces ouvrages à de la fortification de campagne dont les reliefs et les profils ont été exagérés.

Occupons-nous maintenant des fossés pleins d'eau. Quand on construit une place dans un terrain bas et marécageux, on n'est pas maître de la nature de ses fossés; ils sont de toute nécessité remplis d'eau; il faut qu'il y en ait au moins 2^m,00 de profondeur, pour qu'ils ne soient pas guéables; puis on les fait plus larges que les fossés secs afin d'augmenter encore les difficultés que l'ennemi éprouvera pour les traverser. Souvent on supprime dans ce cas les contrescarpes et même quelquefois les escarpes des ouvrages extérieurs. Ce genre de fossé n'est point sans inconvénients : la présence de l'eau paralyse les retours offensifs; dans les pays froids la couche de glace qui se forme à la surface permet à l'assiégeant de tenter des attaques de vive force, surtout si l'on a eu l'imprudence de supprimer les escarpes et les contrescarpes en maçonnerie; enfin ces fossés vaseux et quelquefois mal entretenus, remplis d'eau croupissante, sont une source de maladies qui sévissent sur la garnison et les habitants.

Les fossés seront beaucoup meilleurs pour la défense si l'eau a du courant, et leur valeur augmentera avec la rapidité de ce courant. Ce cas pourra se présenter si le fond du fossé sert de lit à une rivière; dans ce courant les travaux de l'assiégeant sont plus difficiles, la formation des glaces est moins rapide ainsi que l'envasement du fond.

Mais les fossés considérés comme obstacles acquerront une grande supériorité si on peut à volonté les tenir alternativement secs ou pleins d'eau; voyons comment on y arrive. En cotant le fond du fossé à 0^m,40 ou 0^m,50 au-dessus du niveau ordinaire de l'eau dans la rivière, les fossés seront habituellement secs, et ils resteront ainsi même lorsque l'inondation supérieure sera tendue, par suite des bâtardeaux *b* (PL. XXI), qui séparent le fossé d'avec la rivière dans la partie d'amont. Pour introduire l'eau dans les fossés, il suffira que le bâtardeau soit percé d'une ouverture fermée par une *vanne* ou porte que l'on ouvrira au moment du besoin; il suffit en un mot que le bâtardeau soit éclusé. L'eau du bassin supérieur d'inondation s'introduit dans les fossés, et elle y est retenue par les bâtardeaux *d*, placés en aval aux points où les fossés aboutissent à la rivière à sa sortie de la place. Veut-on enlever l'eau des fossés, il suffit de supposer que le bâtardeau d'aval est muni d'une vanne, comme celui d'amont; on ferme les vannes en amont pour intercepter la communication avec le bassin supérieur, et on ouvre celles d'aval, par lesquelles l'eau s'échappe.

On peut en outre faire parcourir les fossés à un moment donné par de rapides courants auxquels on donne le nom de *chasses d'eau*, ou plus simplement de *chasses*, qui entraînent les constructions de l'assiégeant. Il suffit pour cela de remplacer la vanne supérieure par une porte d'écluse assez grande pour qu'au moment où on l'ouvre une masse d'eau se précipite à la fois dans le fossé. Pour que l'eau ne perde pas de sa force d'impulsion dans un trop long parcours, et afin de pouvoir aussi ménager des différences de niveau dans les fossés, des écluses de chasse sont placées en outre de distance en distance, comme celles cotées *c;* on les construit aux saillants des bastions pour ne pas gêner le flanquement.

Tels sont d'une manière succincte les services que peuvent rendre les eaux dans la défense d'une place. Nous y reviendrons dans la troisième partie de cet ouvrage, alors que nous pourrons les apprécier en connaissance de cause.

Les places fortes bâties dans les sites élevés ne peuvent jouir de tous ces avantages. On emploie alors un autre genre de défense tout à fait artificiel, ayant moins de valeur que celui tiré de l'existence des eaux, mais rendant encore de grands services ; je veux parler des *mines*.

Dans le cours des opérations d'un siége, l'assiégeant est obligé de construire certains travaux à la surface du sol, pour se dérober aux coups de l'assiégé et pour élever les batteries qui doivent ruiner les parapets et battre en brèche les murailles. Celui-ci, outre l'opposition directe qu'il fait à ces travaux soit par des sorties, soit par l'usage de son artillerie, prépare à l'avance sous leur emplacement présumé des dépôts de poudre souterrains, auxquels on donne le nom de *fourneaux de mines*. Après avoir employé tous les moyens extérieurs dont nous venons de parler, il met le feu à la poudre, dont l'explosion produit sur le sol un bouleversement qui détruit les travaux de l'ennemi. C'est au moyen de conduits souterrains nommés *galeries de mines* que l'assiégé porte sous un point donné la quantité de poudre nécessaire et y met le feu : ces galeries sont construites en bois ou en maçonnerie ; nous allons nous occuper de ces dernières qui seules sont permanentes et exécutées en même temps que la fortification. L'ensemble des galeries porte le nom de *système de mines*.

Une galerie en maçonnerie se compose de deux pieds-droits verticaux supportant une voûte en plein cintre, c'est-à-dire ayant pour profil de sa partie intérieure ou *intrados* un demi-cercle. Les pieds-droits ont une fondation avec empattement ; leur épaisseur varie de 0^m,50 à 0^m,80 , suivant les dimensions de la galerie et la nature du sol (PL. XX, *fig. 6*) ; celle de la voûte est habituellement la même ; deux plans inclinés pour faciliter l'écoulement des eaux et nommés *plans de chape* sont à la partie supérieure. Les dimensions intérieures varient suivant l'importance de la galerie, qui a de 1^m,50 à 2^m,50 de hauteur sous clef et de 1^m,00 à 2^m,00 de largeur.

Voyons maintenant la disposition générale d'un système de mine sous un front ; elle est indiquée à la planche XIX.

Il y a d'abord une première galerie dite *galerie d'enveloppe*, située sous les crêtes des chemins couverts, à peu près au niveau du fond du fossé; on lui donne d'assez grandes dimensions, vu son importance. Elle communique avec les fossés par des galeries situées en capitale des places d'armes rentrantes et débouchant dans les contrescarpes. De cette galerie d'enveloppe en partent d'autres dites *galeries d'écoute* et se dirigeant vers la campagne; leurs dimensions sont un peu moindres; elles sont à 35ᵐ,00 ou 40ᵐ,00 les unes des autres. A 40ᵐ,00 de la première galerie d'enveloppe, on en construit une seconde parallèle à la première et reliant les galeries d'écoute qui se prolongent 40ᵐ,00 encore au delà.

On voit qu'au moyen de ce réseau de galeries en maçonnerie établies à l'avance, et en ajoutant quelques bouts de galeries en bois construites au moment du siége, il est facile d'arriver rapidement sous un point quelconque des glacis. Dans quelques places, la première galerie d'enveloppe longe la contrescarpe; elle porte alors le nom de *galerie de contrescarpe*. On la fait assez large, et des créneaux percés dans le mur extérieur donnent des feux rasants dans le fossé.

On établit encore des galeries permanentes sous le terreplein des ouvrages extérieurs pour le bouleverser lorsque l'assiégeant voudra s'y établir après s'en être emparé, ou sous la partie séparée d'un bastion retranché. Ordinairement une seule galerie règne sous ces ouvrages; on en débouche au moment du besoin par des galeries provisoires en bois pour aller porter la charge de poudre sous le point voulu. Quelquefois une petite galerie voûtée est percée au pied et dans l'épaisseur de l'escarpe; elle a pour but de déjouer les tentatives du mineur ennemi, quand pour faire brèche l'assiégeant veut employer la mine au lieu du canon; on s'en sert encore pour disposer les petits fourneaux de mine destinés à déblayer le pied des brèches. (Voir la IIIᵉ partie.)

Toutes ces galeries souterraines étroites et basses sont exclusivement destinées à servir de communications à un moment donné pour un très-petit nombre d'hommes. Mais on comprend que dans une place assiégée il y ait besoin d'avoir de grands souterrains voûtés d'une manière solide et qui puissent abriter contre les feux verticaux les hommes et le matériel; il devra y en avoir d'autant plus que la place sera moindre, car dans une grande place on trouve toujours quelque point où ne peuvent arriver les bombes. Ces abris voûtés sont de deux sortes : en premier lieu ceux construits exclusivement au point de vue d'un abri à donner aux hommes et au matériel, nous en parlerons dans le chapitre suivant; en second lieu ceux qui jouent en même temps un rôle dans la défense, nous allons en donner une idée. Ils sont en général construits en arrière des escarpes et sous le massif du parapet et du terre-plein; on leur donne le nom de *galerie d'escarpe* (PL. XXII, *fig. 1* et *2*). Elles se composent d'une série de voûtes accolées les unes aux autres et dont la direction est perpendiculaire à celle de l'escarpe; le talus du rempart est remplacé par un mur vertical dans lequel sont percées des portes et des fenêtres, tandis que des créneaux pour la mousqueterie sont ouverts dans l'escarpe. Ces abris voûtés reçoivent aussi le nom de *casemates*, et on dit que l'escarpe est casematée quand elle est organisée comme nous venons de l'indiquer. Il est rare que ces casemates se construisent dans des ouvrages extérieurs, à moins que ce ne soit dans des forts détachés, où l'on n'a jamais qu'un espace très-restreint et tourmenté par les feux verticaux de l'assiégeant. Pour que ces casemates soient à l'abri de la bombe, la voûte doit avoir au moins 1^m,00 d'épaisseur, et être recouverte d'une égale épaisseur de terre.

Sous les flancs des ouvrages on construit aussi quelquefois des casemates destinées à mettre le canon à l'abri des feux verticaux et du tir à ricochet : on dit alors que les pièces sont casematées. La construction est toujours à peu près la même que celle des casemates ordinaires, sauf que le mur d'escarpe est percé d'une ouverture nommée embrasure, plus grande que celle des créneaux, et évasée vers l'extérieur. Les dimensions de l'embrasure comme sa hauteur au-dessus du sol de la casemate dépendent de la forme des pièces qui doivent faire feu par cette ouverture. A l'extérieur l'ouverture doit se trouver assez élevée au-dessus du fond du fossé pour éloigner toute crainte de surprise.

Toutes ces casemates ont l'avantage de couvrir les hommes et le matériel; cependant elles ont des défauts qui en restreignent beaucoup l'emploi. D'abord elles augmentent considérablement le prix de revient de la fortification ; puis la fumée provenant de la détonation de la poudre les rend bientôt inhabitables, ou au moins ne permet plus de donner au tir une direction convenable. Ce reproche déjà fondé quand il s'agit d'une galerie crénelée, devient encore plus grave dans le cas des casemates à canon ; alors la fumée remplit la casemate, obstrue l'ouverture de l'embrasure, et forme en avant un nuage épais qui ne se dissipe que bien lentement ; l'intérieur devient inhabitable pour les hommes, qui d'ailleurs ne voient plus le but contre lequel il faut diriger leurs coups. Pour faire évacuer la fumée, on a construit des évents, on s'est servi de ventilateurs, on a supprimé le mur qui fermait la casemate à l'intérieur; toutes ces précautions ont atténué l'inconvénient sans le faire disparaître complétement.

NOTE RELATIVE A LA PLANCHE XXI.

Les reliefs de la place supposée construite dans cette feuille sont les suivants :

Les chemins couverts du front 1—2 sont à la cote 16, ainsi que ceux du front 2—3 jusqu'à la droite de la place d'armes rentrante. Ensuite ils suivent les cotes indiquées par les horizontales, puis reviennent à la cote 16,00 en arrière de la pièce noyée numérotée 16. Les escarpes des fronts 1—2 et 2—3 n'ont que 8^m,00 de hauteur jusqu'à l'angle d'épaule gauche du bastion 3. Au saillant de ce bastion la hauteur d'escarpe est de 10^m,00; elle n'est que de 8^m,00 sur les autres fronts à partir de l'angle d'épaule droit du bastion 5.

Les fossés sont à la cote 10 jusqu'au saillant du bastion 4. De ce point jusqu'au saillant du bastion 5, ils descendent à la cote 9 qu'ils conservent ensuite.

L'escarpe de la tête de pont n'a que 8^m,00 de hauteur; le fossé est coté 10 jusqu'au saillant du bastion 18; de ce point le niveau s'abaisse jusqu'au saillant du bastion 17, qui est coté 9; les fossés conservent cette cote jusqu'à la rivière.

La demi-lune numérotée 9 n'a que 8^m,00 de hauteur d'escarpe; il y a un ressaut de 2^m,00 entre son fossé et celui du corps de place. Il en est de même pour la demi-lune 13.

L'ouvrage à cornes 10—11 a 8^m,00 de hauteur d'escarpe; son fossé est à la profondeur de ceux des demi-lunes 9 et 13. Sa demi-lune n'a que 6^m,00 de hauteur d'escarpe, et son fossé est 2^m,00 plus haut que celui de l'ouvrage à cornes.

La pièce 21 est entourée d'un fossé plein d'eau à la cote 11 pour son niveau supérieur. Son escarpe est cotée 15, c'est-à-dire que la magistrale est à 4^m,00 au-dessus de l'eau. L'eau a 2^m,00 de profondeur; elle vient souterrainement du bassin supérieur d'inondation.

CHAPITRE VI.

—

Nous avons indiqué dans le deuxième chapitre les positions
les plus convenables pour y asseoir les fortifications; si la
construction de places neuves est chose rare aujourd'hui, il
n'en est pas moins utile de pouvoir pénétrer les motifs qui
ont dicté le choix de telle position, de telle forme d'ouvrage :
on acquiert ainsi des notions précieuses sur la manière de
les faire valoir, de les défendre en un mot. Mettre un officier
arrivant dans une place à même d'en comprendre les fortifications et de distinguer l'utilité des différents ouvrages,
tel est le but de tout ce que nous avons dit dans les
chapitres précédents. Nous compléterons ces notions en
donnant une idée générale du défilement dans le cas de
la fortification permanente. Pour organiser la fortification
sur un sol horizontal, on entoure d'abord le terrain à
fortifier d'un polygone dont les côtés représentent les côtés
extérieurs des différents fronts; chaque front se construit en-

suite séparément, et suivant les cas on augmente sa force par
les ouvrages accessoires que nous connaissons. Ainsi, en arrière de terrains marécageux ou inondés, en arrière d'un escarpement abrupte, on pourra se contenter d'une enceinte
sans dehors; la position est déjà forte par elle-même. Sur les
fronts exposés aux attaques, où manquent les fortifications
naturelles, on accumulera au contraire les ouvrages, le sol
sera miné, des chasses d'eau balayeront les fossés, etc. On
peut affirmer en général que dans une place bien construite
la partie faible est indiquée par une grande accumulation
d'ouvrages.

Un terrain horizontal, tel que nous venons de le supposer,
se rencontre fort rarement. L'établissement de la fortification sur un terrain accidenté se fait à peu près de même,
mais en disposant les ouvrages de manière à profiter de ces
accidents. Savoir ainsi plier la fortification aux exigences du
sol est une des parties les plus importantes de l'art de l'ingénieur; c'est pour ainsi dire un don de la nature que Vauban, notre grand maître, possédait au plus haut degré. Un
nouvel élément de difficulté se rencontre en outre dans ce
cas : c'est la nécessité de défiler l'intérieur des ouvrages des
vues des hauteurs situées en avant, dans la limite de la
portée des armes. Nous savons que l'on y arrive en fortification passagère, soit en relevant et inclinant les crêtes, soit
par des traverses. Les moyens que l'on emploie pour la fortification permanente sont exactement les mêmes, mais moins
limités, car on n'est plus arrêté par les considérations impé-
rieuses d'une trop grande durée d'exécution ou d'une trop
grande augmentation de travail.

Le plan des crêtes des différents ouvrages sera donc relevé
de manière à passer à $2^m,00$ au moins au-dessus du terrain
dangereux. Si on est obligé de construire des traverses, ce
seront des massifs en terre de 4 à $6^m,00$ d'épaisseur, soutenus par des talus à terres coulantes; quelquefois, pour ménager l'emplacement intérieur, le talus est remplacé par un

mur du côté opposé aux coups dangereux. On peut aussi organiser dans l'intérieur de ce massif des casemates ou souterrains pour abriter le matériel.

Nous ne donnerons pas sur le défilement de notions plus étendues; nous voulions seulement signaler son existence et énoncer les moyens employés dans la pratique. Nous allons maintenant nous occuper de quelques parties accessoires essentielles pour une défense énergique.

En étudiant les fronts bastionnés, nous avons parlé des communications; mais celles que nous avons décrites bonnes pour les défenseurs en temps de siége, ne peuvent servir aux habitants pour les relations ordinaires de la vie. Il faut donc disposer, sur le pourtour des fortifications d'une ville, un certain nombre d'ouvertures suffisamment larges et commodes qui permettent la circulation habituelle des piétons et des voitures, et soient en même temps protégées contre les tentatives de surprise. Ces ouvertures nécessaires pour les habitants le sont aussi pour faciliter les approvisionnements de la garnison; il en faudra donc dans les plus petits forts comme dans les grandes places.

Les routes sont de plein pied avec le sol naturel; on leur donne de 8 à 10^m,00 de largeur pour que deux voitures puissent facilement s'y croiser, sauf aux points où elles coupent les parapets; elles se réduisent alors à 3 ou 4^m,00. Elles traversent successivement les diverses pièces de la fortification et leurs fossés; on construit sur ces derniers des ponts de la largeur ci-dessus, avec des trottoirs pour les piétons. Autrefois, pour que ces ponts pussent se démonter plus facilement, tout le tablier était en bois (Pl. XXIV, *fig. 3 et 4*); les piles étaient en maçonnerie ou même formées de rangées de pilots. Mais ce système très-coûteux à établir, l'était encore beaucoup à entretenir; on le remplaça par des ponts avec voûtes en maçonnerie, moins favorables peut-être pour la défense, mais d'un entretien moins dispendieux. On revient quelquefois maintenant au premier système en remplaçant une partie du bois par de la fonte de fer qui est moins chère et dure plus longtemps. Les ponts ainsi placés à poste fixe sur les fossés se nomment *ponts dormants*.

La route traverse le parapet des ouvrages au moyen de coupures à ciel ouvert ou sous des voûtes. Dans la première méthode employée généralement pour la traversée des ouvrages extérieurs (PL. XXIV, *fig. 3 et 4*), les terres du rempart sont soutenues à gauche et à droite par des murs de profil verticaux; la dépense est faible, mais il n'y a plus continuité dans le terre-plein, la défense est morcelée et par suite plus difficile. Aussi le parapet du corps de place est-il presque toujours traversé souterrainement pour éviter les interruptions sur le terre-plein (PL. XXIII, *fig. 1*). Une ornementation architecturale décore ces différents passages.

Cherchons maintenant quels sont les points où l'on doit les placer de préférence, en ayant surtout égard aux conditions défensives. Ces espèces de trouées faites dans les parapets sont évidemment des points faibles; il faut donc les exécuter dans les parties déjà fortes par elles-mêmes; de plus, comme souvent elles suppriment une portion de crête, il ne faut pas les mettre sur les faces les plus importantes. D'après cela, la traversée du corps de place se fait habituellement au milieu d'une courtine (PL. XXI); on traverse aussi la tenaille, puis le grand fossé toujours en suivant la perpendiculaire sur le milieu du front. Arrivé sur le terre-plein du réduit de demi-lune, le passage s'infléchit en courbe pour traverser successivement et d'équerre sur leur direction les faces du réduit et de la demi-lune avec leurs fossés; au delà il se continue jusque dans la campagne à travers une tranchée faite dans le glacis et dessinée en courbe pour que les projectiles ne puissent l'enfiler. De fortes portes interrompent ces passages de distance en distance; on en met une à chaque pièce de fortification, et presque toujours deux au corps de place. Mais cela n'est pas considéré comme une précaution suffisante, et pour mettre les portes à l'abri du pétard, on rétablit en avant la continuité du fossé sur une certaine largeur; voici par quel moyen :

On arrête le pont dormant à 4 ou 5^m,00 de distance du mur d'escarpe, à l'aplomb de la dernière pile; cet intervalle est franchi sur un tablier en bois nommé *pont-levis*, mobile autour d'un axe horizontal qui repose sur l'escarpe; il a de 3 à 4^m,00 de largeur. Quand le pont-levis est horizontal, s'appuyant d'un côté sur son axe et de l'autre sur l'extrémité du pont dormant, la communication est établie; pour l'interrompre il suffit de le relever en le faisant tourner autour de l'axe, et de l'amener à peu près dans la position verticale; par le même mouvement l'ouverture pratiquée dans l'escarpe est fermée par le tablier du pont-levis.

Rien n'est en apparence plus simple qu'un pareil système, et cependant, quand on en vient à la pratique, on voit surgir de nombreuses difficultés dont la solution dépend de problèmes de mécanique compliqués. Il faut en effet que la manœuvre soit facile à exécuter par peu de monde, quatre hommes au plus, placés à l'intérieur et abrités des vues de l'ennemi, et en outre que cette manœuvre ne puisse s'apercevoir de la campagne. On est parvenu de différentes manières à satisfaire à ces conditions. Notre intention n'est pas d'entrer dans de grands détails à ce sujet; nous dirons seulement un mot des méthodes les plus employées.

Si l'on se contentait d'attacher aux extrémités A du tablier (PL. XXIV, *fig. 1*) des chaînes que l'on ferait ensuite passer sur des poulies de renvoi B situées au-dessus du passage, et auxquelles on appliquerait directement les hommes, l'effort à faire pour déterminer le tablier à commencer son mouvement serait très-considérable, et il irait en diminuant à mesure que le tablier s'approcherait de la position verticale. En effet, la résistance à vaincre dépend du poids à soulever, puis de l'obliquité plus ou moins grande de l'effort exercé; or, cette obliquité est la plus grande possible au commencement du mouvement, et elle diminue à mesure que le tablier s'élève, comme le fait voir la coupe représentée à la figure 1 : l'angle BAC est plus petit que l'angle BA'C. Quant au poids à soulever, il dépend non-seulement du poids réel du tablier, mais aussi de la grandeur du bras de levier auquel ce poids est appliqué : or, en supposant le poids réuni au centre de gravité G du tablier, le bras de levier, qui est CG dans la position horizontale, devient CD dans une position intermédiaire CA', puisque le bras de levier est toujours perpendiculaire à la direction de la force qui agit à son extrémité (ici c'est la pesanteur); autre raison pour que l'effort nécessaire pour lever le pont aille toujours en diminuant. Inversement, en baissant le pont-levis, la force nécessaire pour le retenir, très-faible à l'origine du mouvement, devrait être considérable à la fin, sinon le tablier prendrait un mouvement accéléré et viendrait frapper avec violence contre la partie extérieure, ce qui est une cause de destruction et même d'accident. Ce système simple, applicable dans des limites restreintes à des tabliers très-légers, est donc inadmissible pour les grands ponts-levis. Voici comment on a remédié aux difficultés que nous venons de signaler.

Les chaînes situées à l'extrémité du pont-levis viennent s'attacher à deux longues poutres nommées *flèches*, qui sont dans la position horizontale quand le tablier est baissé (Pl. XXIV, *fig. 3, 4 et 5*). Ces flèches sont suspendues environ à moitié de leur longueur à un axe horizontal parallèle à celui du pont-levis et situé à une hauteur suffisante au-dessus du sol pour ne pas gêner la circulation des voitures. Les parties intérieures des flèches, réunies par de fortes entretoises en bois et surchargées, s'il est nécessaire, de morceaux de plomb ou de fonte, forment le contre-poids; la figure 5 en donne le plan. Pour lever le pont, les hommes s'appliquent au contre-poids au moyen de chaines et l'abaissent; la partie antérieure des flèches s'élève et entraîne le tablier. On comprendra, par les mêmes raisons que tout à l'heure, que la force exercée par le contre-poids ira en diminuant en même temps que la résistance opposée par le tablier, et on choisira ce contre-poids de manière qu'il fasse équilibre au tablier dans toutes les positions. Alors les hommes n'ont à exercer qu'un effort constant capable de vaincre les résistances dues aux frottements, et par conséquent peu considérable.

Ce genre de pont-levis, nommé *pont-levis à flèches*, est le plus anciennement employé; on le connaissait déjà au moyen âge. Il est simple et d'une construction facile; mais ses longues flèches ne permettent pas de dissimuler sa manœuvre à l'ennemi et offrent un but à ses projectiles; de plus, cette masse considérable, suspendue au-dessus du passage, effraye l'imagination et non sans quelque raison.

Aussi a-t-on cherché d'autres combinaisons. Nous venons de reconnaître la nécessité d'opposer au poids du tablier un certain contre-poids qui soulage les hommes chargés de la manœuvre. On a cherché à l'appliquer directement à l'extrémité des chaînes de traction, suivant un système analogue à celui de la figure 1 de la planche XXIV. Mais si le contre-poids était constant et calculé pour le point de départ du mouvement, il serait bientôt trop considérable, puisque la résistance opposée par le tablier va en diminuant; le mouvement s'accélérerait, de là des secousses et peut-être des accidents : puis, pour abaisser le tablier, il faudrait vaincre la résistance opposée par le contre-poids, ce qui serait une difficulté souvent insurmontable. M. le général du génie Poncelet est parvenu à faire varier le contre-poids de la manière suivante : il se compose d'une lourde chaîne formée de masselottes en fonte (Pl. XXIII, *fig. 2 et 3)*; cette chaîne vient à la suite de celle qui, partant de l'extrémité du tablier, passe ensuite sur les poulies de renvoi (Pl. XXIII, *fig. 1)* : il fixe en O l'extrémité inférieure de cette chaîne. Dans cette position, le tablier étant horizontal, l'équilibre existe ; un léger effort exercé sur la chaîne suffira pour le rompre, le tablier va s'élever et arriver en C A'. La chaîne contre-poids a pris alors la position E' D' O, dans laquelle la partie O D' ,

supportée par le point O, n'a plus d'action. On comprend
facilement que l'on puisse arriver à ce que la quantité de
poids perdue ainsi par la chaîne équivaille à chaque instant
du mouvement à la diminution de la résistance opposée par
le tablier. L'équilibre existe alors dans toutes les positions,
la manœuvre est facile, exige peu de monde et ne s'aperçoit
pas de loin. Tel est le principe si net et d'une application si
facile d'après lequel on construit maintenant la plupart des
ponts-levis. On les nomme *ponts-levis à la Poncelet*, d'après
le nom de l'ingénieur éminent auquel nous les devons. Au
reste nous n'entrerons dans aucun des détails de la construction ; il nous suffit d'en avoir indiqué le principe.

Nous ne mentionnerons pas non plus les autres systèmes
de ponts-levis, tous basés sur la nécessité d'équilibrer le tablier dans ses différentes positions. Dans les uns, le contre-
poids est constant, sa position seule varie (ponts-levis à
flèches); dans les autres, le contre-poids varie avec la position du tablier (ponts-levis à la Poncelet). Il sera toujours
facile en les voyant de se rendre compte de la manière dont
l'équilibre est établi.

Occupons-nous maintenant des bâtiments destinés à loger
les troupes, bâtiments nommés *casernes*. Dans une place
forte il doit y avoir du logement pour les trois quarts au
moins de la garnison en temps de siége, et il vaudrait mieux
en avoir suffisamment pour loger toutes les troupes. Les
casernes ne sont pas toutes construites sur des plans réguliers ; mais voici le type d'après lequel on les dispose maintenant autant que possible : chaque bâtiment, de forme rectangulaire, a trois ou quatre étages, les murs de façade sont
espacés de 10 à 15^m,00 ; les chambres sont formées par des
murs de refend placés environ à 6^m,50 les uns des autres.
Les chambres ont donc une largeur moyenne de 6^m,50, sur
une longueur de 12^m,00. De deux en deux chambres se trouve
l'escalier (PL. XXII, *fig. 5)* qui ne prend que la moitié de la
largeur du bâtiment; une cloison le sépare de l'autre moitié

qui forme des chambres de sous-officiers. Les lits sont placés sur deux rangs, le long des murs de refend, la tête à 0^m,25 de la muraille, ils ont 2^m,00 de long sur 0^m,70 de large, et entre chacun se trouve une ruelle de 0^m,30 : une rue de 2^m,00 de largeur se trouve au milieu de la chambre, entre les deux rangées.

Il résulte de cette disposition que chaque chambre peut contenir 20 ou 22 hommes, caporaux ou soldats ; quatre ou cinq chambres, c'est-à-dire un côté de l'escalier sur toute la hauteur du bâtiment, suffisent donc pour loger une compagnie, et deux compagnies occupent un escalier.

Les bataillons et compagnies sont disposés suivant leur ordre de bataille, de manière qu'en se rangeant devant leurs escaliers, elles soient encore dans cet ordre.

La hauteur des étages est calculée de manière que chaque homme d'infanterie ait 12^m,000 d'air : dans les quartiers de cavalerie, on donne 14^m,000 par homme à cause du surcroît de bagage qu'il dépose dans la chambre et de l'odeur exhalée par les bottes et les effets de harnachement. L'ameublement des chambres se compose de planches à bagages situées le long des murs de refend à 1^m,60 au-dessus du sol ; en dessous sont des crochets pour les souliers et les buffleteries ; une table et deux bancs par dix hommes sont disposés dans le milieu de la chambre entre les pieds des lits ; au-dessus, à 2^m,00 au-dessus du sol sont des planches à pain accrochées au plafond, des râteliers d'armes sont à côté de la porte.

Une caserne pour un régiment se compose de plusieurs bâtiments semblables ; on doit en outre y trouver de nombreux accessoires, tels que cuisines, magasins d'armement, d'habillement, de munitions, ateliers pour la compagnie hors rang, salle d'armes, salle d'escrime, salle de rapport, salles de police, salles pour les écoles régimentaires, infirmerie régimentaire, cantines, logements pour les adjudants et pour les capitaines adjudants-majors, etc.

La toiture de ces casernes ressemble le plus souvent à celle des autres bâtiments; mais il serait à désirer qu'elles fussent toutes voûtées à l'épreuve de la bombe. La crainte de tomber dans d'excessives dépenses empêche seule de construire toutes les casernes suivant cette méthode qui les rend si utiles en cas de siége. On conserve pour ces bâtiments voûtés la même disposition; les voûtes sont jetées d'un mur de refend à l'autre; leur épaisseur doit être de 1^m,00 au moins.

Les casernes pour la cavalerie ont les mêmes dispositions, sauf que le rez-de-chaussée était autrefois réservé pour les écuries. Maintenant on dispose souvent pour celles-ci des bâtiments particuliers composés d'un rez-de-chaussée où les chevaux sont placés sur deux ou quatre rangs, et de greniers à fourrages. Les chevaux et les hommes s'en trouvent mieux, mais la dépense est plus considérable.

Une place forte doit encore renfermer les établissements militaires suivants, dont nous nous contenterons de donner la nomenclature : une manutention avec tous ses accessoires; un hôpital organisé pour recevoir un nombre de malades égal au quinzième environ du chiffre de la garnison; une salle d'armes; des magasins d'artillerie et du génie. Dans quelques grandes places sont des arsenaux de construction pour l'artillerie et le génie, des fonderies, des manufactures d'armes, etc.

Chaque place renferme un certain nombre de *magasins à poudre* en rapport avec la quantité de poudre qu'elle doit avoir en approvisionnement. Ces dépôts considérables dont la proximité inquiète toujours les habitants sont construits avec le plus grand soin. La figure 4 de la planche XXII donne une coupe faite perpendiculairement à leur longueur; ils ont la forme d'un rectangle recouvert d'une voûte à l'épreuve de la bombe, de 1^m,00 à 1^m,20 d'épaisseur. Par-dessus cette voûte est une couche de terre de 1^m,00, puis un toit construit à la manière ordinaire pour garantir contre les eaux de pluie. Une ou deux ouvertures au plus donnent accès dans l'intérieur; elles sont fermées par deux portes en chêne, dont la première doublée extérieurement de tôle de fer a trois serrures dont les clefs sont confiées à trois personnes différentes. Dans les murs sont percés des évents d'aérage garnis de toiles métalliques pour que l'air seul puisse pénétrer. Le plancher est supporté par deux petites voûtes pour éviter l'humidité. L'emploi du fer est sévèrement proscrit à l'intérieur; il est remplacé par le cuivre. Les barils de poudre qui sont de 50 ou de 100 kilogrammes sont *engerbés* sur cinq ou six de hauteur et sur quatre ou six rangs; ils ne reposent pas directement sur le plancher, mais sur des chantiers en bois. La grandeur de ces magasins varie suivant leur capacité qui est de 40,000 à 120,000 kilogrammes; les plus grands se composent d'un rez-de-chaussée et d'un étage.

Il serait à désirer que ces bâtiments fussent toujours isolés; on les construit ordinairement au centre des bastions vides. Un petit mur de 2^m,00 de hauteur forme autour d'eux une cour de 2^m,00 de largeur. Ils sont surmontés d'un paratonnerre.

Nous disions dans le chapitre premier de cette seconde partie que pour défendre les frontières maritimes d'un Etat, il faut d'abord fortifier les grands ports militaires, ensuite les grands ports marchands ainsi que leurs rades et leurs abords, puis dans un certain rayon autour de ces places construire des forts et batteries pour interdire à l'ennemi les mouillages et les débarquements : ces derniers ouvrages seuls suffisent pour protéger les ports de cabotage. Voici quelques détails sur ce genre de défense :

Les grands ports auront d'abord une enceinte continue pour les mettre à l'abri d'une surprise. Cette enceinte généralement bastionnée sera d'ailleurs organisée comme celles dont nous avons déjà parlé, et précédée, s'il est nécessaire, d'un certain nombre d'ouvrages extérieurs; du côté de la mer elle enfermera un port intérieur ou au moins des docks et des bassins. Les parapets de ce côté seront organisés de manière à pouvoir être armés d'une artillerie formidable placée à découvert ou sous des casemates. Tous les établissements importants sont compris dans cette enceinte.

Pour soustraire aux chances d'un bombardement les immenses dépôts qui forment la richesse navale d'une nation, des forts détachés situés à 1,200 ou 1,500m,00 de la place forment une première ligne de défense. D'autres forts sont placés près des mouillages et des points importants de débarquement; leur construction est généralement irrégulière; les conditions de flanquement n'ont pas besoin d'être observées rigoureusement, et le tracé surtout du côté de la plage dépend de la forme du terrain. De ce côté on dispose des batteries dirigées vers les points de mouillage et de débarquement; elles sont armées de pièces en fonte de fort calibre montées sur affûts de côte : le profil qu'on leur donne habituellement est indiqué à la figure 6 de la planche XXII. Sous la batterie supérieure est quelquefois une batterie casematée.

On défend les points moins importants par de simples batteries ayant le même profil que celui que nous venons d'indiquer. On les protège quelquefois par un mur crénelé précédé d'un petit fossé; mais souvent elles n'ont point d'enceinte. On construit en arrière un réduit voûté à l'épreuve et crénelé, généralement en forme de tour carrée, dans lequel les défenseurs se retirent pour attendre du secours en cas de débarquement. Le profil précédemment cité indique aussi la forme de ces réduits. Il est abrité des vues de la mer par le parapet de la batterie, et il protège le terre-plein de celle-ci afin d'empêcher s'il est possible l'enclouage des pièces.

On multiplie ces batteries le long des passes ou des goulets qui conduisent aux postes importants; mais il faut se garder d'en placer ailleurs que dans cette zone de défense rapprochée; ainsi on négligera les points de débarquement ou de mouillage trop éloignés. On ne peut avoir la prétention de protéger immédiatement tous les points d'un développement de côte aussi étendu que celui que possède la France, surtout depuis les progrès de la marine à vapeur. Il faudrait employer un personnel excessif et un matériel trop considérable, pour arriver au faible résultat de protéger contre les courses et le pillage quelques propriétés privées dont la ruine ne rapporte à l'ennemi ni honneur ni profit. Les grands débarquements sont peu à craindre en ces points éloignés, et la présence de troupes mobiles pouvant par de bonnes routes se transporter rapidement vers les points menacés, suffira probablement pour arrêter l'ennemi. Quant à ceux de peu d'importance, ils pourront presque toujours êtres repoussés par les habitants eux-mêmes réunis en compagnies de gardes-côtes ; nous pourrions en citer plus d'un exemple tiré de nos longues guerres avec les Anglais.

Outre le système de fortification dont nous avons environné les frontières d'un Etat, il faut encore avoir dans le cœur du pays quelques places intérieures. On choisit ordinairement pour les fortifier des villes importantes par leur position, leur grandeur et l'influence morale qu'elles exercent sur le reste du pays. Divers systèmes de fortification ont été long-temps en présence : il y avait les partisans des enceintes continues, et ceux des forts détachés situés en avant de la ville et à peu de distance les uns des autres pour se protéger mutuellement. Si on ne tient pas compte de la dépense, il vaut mieux évidemment réunir ces deux systèmes, et construire autour de la ville une enceinte bastionnée précédée de forts détachés. De cette manière l'enceinte garantit contre les surprises, les forts contre le bombardement, et le siége en règle d'une place d'un aussi grand développement, impossible par conséquent à investir, défendue d'ailleurs par une garnison considérable, devient pour ainsi dire inexécutable, surtout par une armée campée au milieu d'un pays hostile et loin de sa base d'opérations.

L'enceinte, dans une pareille place, n'a pas besoin d'ouvrages extérieurs : un tracé bastionné, précédé d'un large fossé, est suffisant. L'organisation des forts ne diffère point de ce que nous avons dit précédemment.

CHAPITRE VII.

REPROCHES ADRESSÉS A LA FORTIFICATION BASTIONNÉE. — LEUR APPRÉCIATION ET CORRECTIONS QU'ILS ENTRAÎNENT.—CHANGEMENT COMPLET DU SYSTÈME DE FORTIFICATION, ADMIS PAR LES PUISSANCES ÉTRANGÈRES. — IDÉES DE MONTALEMBERT ET DE CARNOT.—LEUR MISE EN PRATIQUE (1).

—

Nous venons de décrire, dans les chapitres précédents, la fortification telle qu'elle a toujours été construite en France. Nous avons vu que le tracé bastionné, auquel on a été conduit par la nécessité du flanquement, en forme la base ; les ingénieurs français ne s'en écartent en effet que dans des cas fort rares, alors que des nécessités de position et de construction peuvent l'emporter sur l'importance incontestable du flanquement : ce sera par exemple dans les fortifications établies en pays de montagne ou sur les bords de la mer qu'ils se permettront de faire céder à d'autres considérations cette nécessité si impérieuse d'avoir tout le terrain en avant de soi, y compris les fossés, parfaitement battu.

De nombreux reproches cependant ont été faits à ce système ; mais les ingénieurs militaires ne s'entendirent point

(1) Il sera bon, avant de lire ce chapitre, de connaître la troisième partie de cet ouvrage. C'est pour ne pas interrompre la description de la fortification permanente que nous ne l'avons pas reporté après l'attaque et la défense.

sur la manière d'y remédier. Toutes ces critiques sont fondées sur un point incontestable, sur le peu de durée de la résistance des places depuis les améliorations introduites par Vauban dans l'art de l'attaque ; l'équilibre entre l'attaque et la défense était rompu, et on en cherchait la cause. Les uns ne virent dans cette supériorité de l'attaque qu'un résultat facile à prévoir et que les progrès de la science devaient amener tôt ou tard : une garnison cernée et n'ayant qu'un matériel limité devait succomber dans une lutte contre un ennemi dont tous les feux sont convergents et qui a la possibilité de renouveler ses hommes et son matériel. Partisans d'un flanquement complet, et ne voyant que dans le tracé bastionné la solution de ce problème, ils le conservèrent en y proposant différentes améliorations plus ou moins heureuses.

D'autres ingénieurs imbus d'idées plus radicales rejetèrent complétement le tracé bastionné que les progrès faits par l'art de l'attaque rendaient insuffisants, disaient-ils; et, suivant les traces de Montalembert et de Carnot, ils cherchèrent à rétablir l'équilibre en changeant le tracé et le profil.

Les ingénieurs français suivirent le premier parti, les ingénieurs allemands adoptèrent le second.

Nous allons dans ce chapitre signaler d'abord les défauts reprochés à la fortification bastionnée ; ensuite nous passerons en revue les principaux moyens employés par les ingénieurs français pour y remédier; puis enfin nous dirons un mot des systèmes employés à l'étranger dans un certain nombre de leurs places fortes.

Les défauts reprochés à la fortification bastionnée, et admis au reste par les deux écoles dont nous venons de parler, qui y attachent seulement une importance bien différente, sont les suivants :

1° Manque complet d'abris voûtés, nécessaires pour couvrir le matériel et les hommes contre les feux verticaux et à ricochet ;

2° Mauvaise organisation des parapets des faces sillonnés par les projectiles tirés à ricochet, qui prennent en même temps les flancs à dos ;

3° Mauvaise organisation des communications ;

4° Difficulté de construire des retranchements intérieurs ;

5° Inconvénient des trouées produites par les fossés de la demi-lune, à travers lesquels on peut faire brèche au corps de la place ;

6° Inconvénient d'avoir des parapets liés aux murailles de telle sorte que la ruine des unes entraîne l'éboulement des autres ;

7° Difficulté d'exécuter au moment du siège la masse de travaux nécessaires pour mettre la place en bon état de défense.

Analysons successivement ces défauts en indiquant la manière de remédier à quelques-uns d'entre eux :

1° Le tracé que nous avons indiqué ne renferme aucun abri voûté, il est vrai, et les assaillants emploient aujourd'hui une telle quantité de feux verticaux de toute espèce que les parapets et même l'intérieur de la place sont difficiles à habiter. Aussi on admet la nécessité d'avoir des abris pour la garnison : nous avons parlé des casernes voûtées à l'épreuve de la bombe, des escarpes casematées, etc. Mais on ne prodigue pas ces moyens, d'abord à cause de la dépense, ensuite parce que les casemates défensives sont souvent rendues inhabitables par la fumée des armes à feu ; enfin, l'homme n'y est pas à l'abri des éclats de pierre meurtriers que le boulet ennemi détache des embrasures ou des créneaux.

Si donc il est à désirer que les places fortes aient un grand nombre d'abris casematés, on ne peut cependant faire de l'existence de ces casemates la base d'un système, et le système bastionné s'accorde parfaitement d'ailleurs avec leur présence.

2° A moins d'adopter un tracé circulaire se présentant partout de front à l'ennemi, mais n'ayant ni flanquement ni feux croisés, nous ne voyons pas comment on évitera complétement le ricochet le long des faces qui vont forcément ficher dans la campagne. M. de Bousmard a bien présenté un système bastionné à faces courbes; mais pour conserver le flanquement, il a dû adopter de faibles courbures, et l'effet du ricochet n'est point détruit. D'autres ingénieurs, et entre autres M. le commandant Choumara, ont proposé des moyens plus ou moins ingénieux, mais jamais complétement satisfaisants; l'adoption de nombreuses traverses disposées de distance en distance n'est qu'un palliatif, et on ne peut admettre avec Montalembert que tous les parapets soient casematés. Il est vrai que le défaut devient plus grave quand le boulet, après avoir sillonné la face du bastion, peut encore venir prendre à dos les défenses du flanc adjacent; mais cependant cet inconvénient a plus d'apparence que de réalité. Nous verrons en effet, dans la troisième partie de cet ouvrage, que le flanc n'entre en action qu'au moment où le tir à ricochet est pour ainsi dire interdit à l'assiégeant, qui occupe alors des positions intermédiaires que ce tir inquiéterait beaucoup.

3° Le troisième reproche est beaucoup plus fondé, et la fortification de Cormontaingne offre en effet des communications très-défectueuses : les poternes trop étroites ne peuvent laisser passer l'artillerie, qu'il faut démonter et transporter au moyen de manœuvres de force; pour évacuer un ouvrage, il faut toujours traverser son réduit, dont le défenseur n'est plus alors aussi tranquille, et par suite protége moins efficacement le premier ouvrage; enfin, une partie de ces communications est vue par l'assiégeant établi sur la crête des chemins couverts, de sorte que l'on ne peut communiquer d'un point à l'autre que la nuit.

Dire que l'existence de ces défauts dans des parties accessoires de la fortification n'a point empêché de très-brillantes défenses serait une mauvaise réponse; mieux vaut chercher à les corriger, et c'est ce que l'on a fait. On a élargi les communications, on les a rendues praticables pour l'artillerie; puis par des procédés très-ingénieux, mais que nous ne pouvons décrire ici, ces communications sont devenues indépendantes et ont été mises à l'abri des vues de l'ennemi.

Même ainsi organisées, on prétend qu'elles ne sont point assez spacieuses et que l'organisation des chemins couverts, leur existence même gêne les grandes sorties. S'il s'agit des sorties exécutées au moment de la défense éloignée, le reproche n'est point fondé : les issues ménagées aux troupes à la droite et à la gauche des attaques sont suffisantes, et ce qui le prouve, c'est qu'une sortie réussit presque toujours dans le premier moment et n'est repoussée qu'au bout d'un certain temps, alors que l'assiégeant a pu réunir tous ses moyens d'action. Au moment de la défense rapprochée, les petites sorties sont faciles à exécuter, comme le montre l'histoire des siéges. Il est rare que la garnison affaiblie puisse tenter de grandes sorties; cependant on les rendrait possibles en modifiant légèrement les chemins couverts existants sans rien changer à leur tracé.

4° Les partisans du système bastionné ne construisent point à l'avance de retranchements intérieurs dans tous leurs bastions; ils n'en mettent que dans ceux exposés à une attaque presque certaine et encore rarement, pour éviter une trop grande augmentation de dépense. L'organisation de ces réduits devient donc au moment du siége difficile et pénible pour la garnison si un gouverneur prévoyant ne les a pas entrepris longtemps à l'avance, et encore sont-ils toujours assez médiocres; mais, à moins de dépenses considérables, on pourrait dire excessives, on ne peut guère s'y prendre autrement.

5° Il existe dans la fortification de Cormontaingne un défaut beaucoup plus grave : l'ennemi, parvenu au saillant des chemins couverts de la demi-lune, peut y construire une batterie dont les projectiles suivant les fossés de la demi-lune feront brèche à l'escarpe de la face du bastion; s'il n'y

19

a pas de réduit intérieur et si les fossés sont secs, on pourra donner l'assaut au corps de place en même temps qu'à la demi-lune, sans passer par les longs travaux qui restent encore à faire pour arriver au saillant des chemins couverts du bastion. On remédie à ce défaut en élevant dans le fossé de la demi-lune un massif en terre suffisamment épais et terminé par un glacis vu de la face du bastion. Il s'arrête à la contrescarpe du corps de place prolongée et sépare les fossés de la demi-lune de ceux du corps de place ; cette indépendance facilite en outre la défense.

6° Carnot et à sa suite quelques ingénieurs allemands ont reproché aux escarpes de Cormontaingne d'être adossées aux terrassements, de telle sorte que la ruine des premières s'écroulant sous l'action de l'artillerie battant en brèche entraînait nécessairement la chute des parapets. Ces ingénieurs placent l'escarpe un peu en avant du parapet (PL. XXV, *fig. 2*) ; mais il nous semble que le mur est moins solide, surtout quand il est percé de créneaux.

7° Enfin, il y aura, dit-on, d'immenses travaux à exécuter au moment du siége pour mettre la fortification en état complet de défense : il faudra faire des palissadements, suppléer aux casemates par des blindages, préparer les communications, construire les retranchements intérieurs, etc., etc. Nous avouons qu'un siége à soutenir est une opération des plus difficiles, des plus fatigantes, et dans laquelle il faut déployer toute l'énergie dont est capable la nature humaine ; à nos yeux rien ne peut exempter des travaux dont on vient de parler, si on ne veut manquer à tous les devoirs d'une bonne défense et s'enlever par suite les chances de la prolonger. C'est au gouverneur à ne pas réserver ces travaux pour le dernier moment, et il sera loin de pouvoir s'en dispenser dans la fortification dont nous allons tout à l'heure donner une idée.

En résumé, les différents reproches adressés à la fortification bastionnée et que nous venons de passer en revue ne nous semblent pas de nature à exiger un changement radical. Le plus souvent les critiques sont injustes en ce qu'elles n'atteignent pas l'essence même de la fortification, mais des fautes de détail corrigées d'une manière plus ou moins heureuse par les partisans du système, ou bien elles s'exercent sur des défectuosités reconnues, mais que l'on ne veut point corriger de peur d'être entraîné dans de trop grandes dépenses, ou parce qu'on ne voit rien de mieux à mettre en place.

Jetons maintenant un rapide coup d'œil sur les systèmes allemands. Nous nous bornerons à esquisser le système le plus opposé au tracé bastionné, celui qui fut prôné d'abord comme étant supérieur à toute fortification déjà existante, et que l'on abandonna cependant bientôt pour se rapprocher des idées plus généralement reçues. Le tracé adopté est celui proposé par Montalembert, le profil est celui donné par Carnot.

On se rappelle que pour enceindre une ville de fortifications, on commence par l'entourer d'un polygone d'un certain nombre de côtés variant entre 350 et 370ᵐ,00 de longueur, sur chacun desquels on applique le tracé bastionné. Les ingénieurs allemands opèrent de la même manière ; seulement nous allons voir tout à l'heure que leurs cotés extérieurs peuvent être plus grands. Ils construisent leurs magistrales sur ce côté extérieur sauf une portion un peu rentrante, située au milieu, et dont nous reparlerons (PL. XXV, *fig. 1*). L'escarpe se compose d'un mur isolé de 7ᵐ,00 de hauteur sur 2ᵐ,00 d'épaisseur percé de créneaux de distance en distance ; les ouvertures de ces créneaux doivent déboucher au moins à 2ᵐ,00 au-dessus du fond du fossé qui n'en est vu par conséquent que d'une manière imparfaite. Le flanquement réel est obtenu au moyen d'un petit ouvrage armé d'artillerie, situé au centre du front, et auquel on donne le nom de *caponnière casematée*, G. Elle se compose de deux faces et de deux flancs, ayant chacun deux étages de voûtes ; il n'y a point de défense supérieure ; la seconde voûte de

1^m,00 d'épaisseur au moins est recouverte en outre d'une couche de terre épaisse de 1^m,00 à 1^m,50 pour la mettre à l'épreuve des bombes. La figure 3 de la planche XXV donne une coupe de cet ouvrage perpendiculaire à son axe et passant par les flancs.

Les faces sont percées de créneaux pour les feux d'infanterie; les flancs portent à chaque étage cinq ou six pièces de canon tirant à embrasure et flanquant le fossé du corps de place. De la position de cet ouvrage il résulte que le côté extérieur peut atteindre une longueur de 500^m,00 sans que pour cela le fossé cesse d'être flanqué par la mitraille.

C'est en arrière de cette caponnière casematée que l'escarpe est reculée; on se procure ainsi deux brisures B C et D E en arrière desquelles sont deux casemates à canons pour flanquer le fossé de la caponnière, qui forme, comme on le voit, un ouvrage extérieur, relié à l'enceinte par deux murs crénelés. Cet ouvrage en maçonnerie est abrité contre les coups extérieurs par une espèce de contre-garde nommée aussi *couvre-face* qui a la forme d'un redan et qui est située à 20^m,00 en avant des faces de la caponnière. Le couvre-face se compose d'un parapet ordinaire à talus extérieur à terres coulantes, précédé d'une escarpe détachée organisée comme celle du corps de place. En arrière de celle-ci est un parapet qui en suit les contours et dont la crête s'élève à 8 ou 10^m,00 au-dessus du sol. La figure 2 de la planche XXV est un profil fait dans le corps de place suivant la ligne A' B'.

En avant de l'escarpe est un fossé de 20 à 30^m,00 de largeur, creusé de 5 à 6^m,00 dans le sol. L'obstacle opposé par la contrescarpe en maçonnerie ou même en terre talutée aussi raide que possible est supprimé; on la remplace pour faciliter les sorties par un talus très-doux nommé *glacis en contre-pente*, qui se prolonge jusqu'à 2^m,00 environ au-dessus du sol, de manière à garantir les maçonneries des ouvrages en arrière; la crête de ce glacis en contre-pente se raccorde par un glacis ordinaire avec le sol.

Le fossé du couvre-face de la caponnière est flanqué par des feux d'artillerie partant de traverses casematées K, K, situées à l'extrémité des faces et chargées en outre de boucher la trouée qui permettrait de faire brèche au corps de place à travers ce fossé. La figure 4 de la planche XXV est une coupe faite dans une de ces traverses suivant la ligne E′ F′ ; un fossé placé en arrière assure la gorge contre les tentatives de surprise.

A l'extrémité de cette traverse est un petit réduit de place d'armes, L, aussi casematé, mais organisé seulement pour la mousqueterie.

Souvent on met une contre-garde N en avant des faces du corps de place ; son profil est toujours le même que celui du couvre-face ou que celui de l'enceinte. On supprime dans ce cas le petit réduit de place d'armes, et on établit en arrière du mur d'escarpe du couvre-face et dans le prolongement du fossé de la contre-garde une batterie casematée M destinée à flanquer ce fossé.

Tel est à peu près le système employé au fort Alexandre à Coblentz ; on lui donne le nom de *fortification polygonale* à cause du mode de son tracé : c'est·celui qui apporte les changements les plus radicaux aux idées reçues jusqu'alors.

Il existe dans certaines places construites dans ce système un retranchement intérieur formé par une longue caserne voûtée à l'épreuve, et joignant entre elles deux brisures voisines en séparant ainsi le saillant. En avant est un fossé ; le mur extérieur de la caserne est percé de deux ou trois rangs de créneaux et même de quelques embrasures.

L'idée de ce retranchement est la suite d'une autre idée plus générale qui consiste à faire concourir à la défense les bâtiments élevés pour le logement du soldat. Il est certain que l'on éviterait ainsi des dépenses considérables et que l'on se préparerait pour le moment du siége d'excellents abris. Nous ferons remarquer seulement qu'il n'est pas besoin de changer le tracé de la fortification pour utiliser cette idée.

Dans des constructions plus récentes les ingénieurs allemands se sont successivement rapprochés des idées anciennes, tantôt en remplaçant le glacis en contre-pente par une contrescarpe ordinaire, tantôt en rétablissant le chemin couvert, mais sans traverses; dans d'autres constructions ils ont supprimé l'escarpe détachée, pour adopter une escarpe ordinaire avec voûtes en décharge et casemates; enfin ils en sont même revenus au tracé bastionné pour la défense de la ville de Rastadt.

Ce ne sont point les seules innovations que les ingénieurs allemands aient mises en avant : ils ont voulu faire revivre, toujours d'après M. de Montalembert, la fortification circulaire. Ils ont construit des tours dites *maximiliennes*, parce qu'ils les doivent à l'archiduc Maximilien. Ces tours en maçonnerie se composent de trois étages dont le supérieur est seul voûté à l'épreuve et percé d'embrasures; les deux autres, situés au-dessous du niveau du sol, sont destinés au logement de la garnison et aux magasins : ils prennent jour sur le fossé au moyen d'étroites fenêtres. Un glacis suffisamment élevé garantit les maçonneries contre les coups venant de la campagne, du côté des attaques, et par conséquent, de ce côté, l'ouvrage n'a aucune action extérieure, les pièces de l'étage supérieur ne voient que la contrescarpe et la crête du glacis. Pour lui en donner, on construit sur la plate-forme supérieure une batterie de onze pièces de vingt-quatre, garanties par un épaulement en terre. Ces pièces sont disposées sur des affûts très-mobiles; elles tirent à barbettes, et on peut faire converger leur feu sur un même point. Toute l'importance de ce genre de fortification réside dans cette batterie.

Les Autrichiens à Vérone ont exposé directement la maçonnerie des tours aux projectiles de l'ennemi, comme l'indique la figure 5 de la planche XXV. Les feux de l'étage se joignent à ceux de la plate-forme; la lutte entre deux batteries, dont l'une n'offre aux boulets qu'une masse de terre, tandis que l'autre présente, sur une douzaine de mètres de hauteur, une maçonnerie affaiblie par de nombreuses embrasures, cette lutte, dis-je, ne saurait être longue, et la tour sera bien vite ruinée dans la partie supérieure aux terrassements, comme il est arrivé à celle qu servait de réduit aux ouvrages de Malakoff, dans le siége de Sébastopol.

Ce dernier système a été aussi appliqué aux batteries de côte : elles se composent, dans le système allemand, de trois ou quatre rangs de casemates superposés. On peut ainsi accumuler en un même point une grande quantité d'artillerie, et on met les canonniers à l'abri des feux de mousqueterie partant des haubans et des vergues.

Nous venons d'exposer rapidement les idées des adversaires de la fortification bastionnée et les moyens de défense qu'ils emploient. Nous n'avons en aucune manière l'intention de les apprécier. Nous croyons que ces systèmes ont été l'objet de critiques un peu vives, faites, il faut le dire, en réponse à celles non moins vives dirigées contre la fortification bastionnée. Le résultat d'un examen impartial sera probablement de rapprocher les deux écoles, qui se feront des emprunts réciproques, au lieu de se décrier mutuellement.

FIN DE LA DEUXIÈME PARTIE.

TROISIÈME PARTIE.

—

ATTAQUE ET DÉFENSE DES PLACES.

TROISIÈME PARTIE.

ATTAQUE ET DÉFENSE DES PLACES.

CHAPITRE PREMIER.

DES PLACES DE GUERRE CONSIDÉRÉES ISOLÉMENT, EN TEMPS DE PAIX, EN TEMPS DE GUERRE ET EN TEMPS DE SIÉGE. — ZONES DE SERVITUDES. — DU COMMANDEMENT; RELATIONS ENTRE LES AUTORITÉS CIVILES ET MILITAIRES; DEVOIRS DU COMMANDANT.

Dans le premier chapitre de la deuxième partie, après avoir démontré la nécessité des places fortes, nous avons cherché quelle était la meilleure disposition à leur donner sur les frontières d'un Etat, et nous avons dit un mot du rôle que l'ensemble de ces places serait appelé à jouer dans une guerre défensive. Nous étudierons dans cette troisième partie le rôle de l'une d'entre elles, soit en temps de paix soit en temps de guerre. Ici il n'est plus question de la défense générale du territoire, de manœuvres d'armées; nous considérerons une place en particulier, et nous chercherons comment on peut l'attaquer, comment on doit la défendre. Mais auparavant il faut connaître l'état exceptionnel auquel sont soumis les habitants et le territoire d'une place de guerre par suite de l'existence des fortifications. Nous indiquerons ensuite par qui doit être exercé le commandement des places fortes et quels sont les prérogatives et les devoirs du commandant.

La loi du 10 juillet 1791 classe les places fortes sous trois régimes différents suivant qu'elles sont en *état de paix*, en *état de guerre* ou en *état de siége*, et dans ces trois cas, les droits de l'autorité militaire diffèrent essentiellement ainsi que ses rapports avec l'autorité civile.

Dans une place de guerre en état de paix, la police intérieure et tous les autres actes du pouvoir civil n'émanent que des magistrats et officiers civils chargés de l'exécution des lois. Pour le maintien de l'ordre l'autorité civile se concerte avec le pouvoir militaire qui doit obtempérer à ses réquisitions *écrites* dans les cas prévus par la loi, mais qui reste maître des moyens d'exécution. L'autorité militaire ne s'étend que sur les troupes et sur ce qui concerne le domaine militaire; dans le cas où les mesures qu'elle doit prendre intéresseraient les habitants ou leurs propriétés, elle prévient l'autorité civile, et même au besoin requiert son assistance. Les clefs de la ville sont dans tous les cas entre les mains du pouvoir militaire, qui fixe les heures d'ouverture et de fermeture des portes.

Lorsque la place passe de l'état de paix à l'état de guerre, le pouvoir civil reste chargé du maintien de l'ordre et de la police intérieure; mais l'autorité militaire peut le requérir de se prêter aux mesures d'ordre et de police intéressant la sûreté de la place, telles que de faire sortir des étrangers suspects, et d'empêcher au contraire la sortie des approvisionnements. Seulement pour assurer la responsabilité respective des deux autorités, le pouvoir civil recevra une copie des délibérations du conseil de guerre en vertu desquelles les réquisitions auront été faites. L'autorité militaire, on le voit, prend alors le pas sur le pouvoir civil, mais sans l'annihiler. De plus, comme il importe qu'elle ait à sa disposition tous les hommes légalement armés, la garde nationale et les sapeurs-pompiers passent sous sa direction.

Dans une place en état de siége l'autorité que possédaient les officiers civils pour le maintien de l'ordre et de la police intérieure passe tout entière au commandant militaire qui l'exerce sous sa responsabilité personnelle, mais peut en déléguer ce qu'il juge convenable. Dans ce cas extrême, le seul moyen de faire concourir vers un même but toutes les ressources intérieures est de réunir le pouvoir absolu dans une même main, et en vertu de l'ancienne formule romaine *salus populi suprema lex esto*, l'autorité militaire exerce une dictature sans contrôle pendant tout le temps que dure l'état de siége. Nous ne faisons au reste que citer ici le texte de la loi ; plus tard nous le développerons en nous occupant de la défense avec tous les détails que cet ouvrage doit comporter.

Il faut faire connaître maintenant par suite de quelles circonstances une place passera de l'état de paix à l'état de guerre, ou à l'état de siége.

Nous n'avons rien à dire de l'état de paix : c'est l'état normal d'une ville lorsque la tranquillité règne dans le pays d'ailleurs en paix avec tous ses voisins.

Une place peut être mise en état de guerre en tout temps par une loi ou un décret de l'Empereur, ou quand elle est momentanément ouverte par suite de réparations, ou quand un rassemblement illicite se trouve à moins de cinq journées de marche de ses murailles. En temps de guerre, il suffit qu'elle soit à moins de cinq journées de marche d'un rassemblement de troupes ennemies. L'expression de journée de marche employée par la loi est un peu vague ; nous ne connaissons aucune ordonnance qui l'ait définie complétement, et nous pensons qu'il s'agit d'une journée ordinaire d'étape de 28 à 30 kilomètres. Peut-être y aurait-il maintenant quelque modification à apporter à cette expression à cause de la rapidité du transport des troupes par les voies de fer. L'état de guerre cesse par le rapport de la loi ou du décret, s'il y en a eu, ou de plein droit lorsque les causes qui l'avaient entraîné ont disparu.

Dans les circonstances ordinaires, il faut une loi ou un décret pour mettre une place en état de siége, et cet état ne cesse alors que sur le rapport de la loi ou du décret. Mais en outre une place est de droit en état de siége quand un corps investissant suffisamment fort entoure la place à 3500m,00 au plus, quand dans ce même rayon d'investissement se trouve un rassemblement illicite, ou bien si l'ennemi tente une attaque contre la ville; l'état de siége sera encore déclaré de droit s'il éclate une sédition intérieure. Il cesse quand les travaux de l'ennemi sont détruits, les brèches réparées, et lorsque les causes ci-dessus mentionnées ne subsistent plus.

Les fortifications élevées autour d'une place sont exécutées pour la défense générale du pays, et leur mise en bon état de défense exige que les habitants comme les propriétés soient soumis à certaines servitudes gênantes, mais cependant indispensables; car l'intérêt général doit l'emporter sur toute autre considération, et la guerre est un acte d'abnégation continuel de la part du petit nombre dans l'intérêt de tous, surtout lorsqu'il s'agit de la défense du territoire. Les hommes intelligents ont toujours fait bonne justice des récriminations de l'intérêt privé, et rien ne le prouve mieux que l'unanimité avec laquelle l'Assemblée législative vota en 1851 la loi qui règle ces servitudes. Il est digne du patriotisme des habitants d'une place forte de se soumettre sans murmure à des exigences causées par la présence de fortifications qui dans certains cas d'ailleurs ont épargné à eux ou à leurs pères une partie des horreurs de la guerre en les abritant contre les courses et le pillage.

Ces servitudes atteignent les personnes ou les propriétés. Dans le premier cas, elles gênent la liberté de circulation, la ville n'ayant qu'un certain nombre de portes ouvertes et fermées par les soins de l'autorité militaire à des heures déterminées. Dans le second cas, elles modifient les conditions ordinaires de la propriété, et c'est ce qui a le plus animé contre elles.

Il est facile de comprendre que le terrain situé en avant des fortifications d'une place doit être découvert dans la limite de la portée de son canon, afin que l'ennemi n'y trouve aucun abri; et il ne suffit pas de dire que tout serait rasé au moment du siége ; l'intérêt particulier amènerait alors des récriminations de toutes sortes, de là des retards dans l'exécution de cette mesure importante, retards dont l'ennemi ne manquerait pas de profiter : il faut donc que ce terrain soit toujours entretenu libre. Mais d'un autre côté l'importance d'un terrain découvert se fait d'autant moins sentir que l'on est plus éloigné de la place, et à une certaine distance on pouvait adoucir les charges imposées à la propriété. C'est ce que l'on a fait en établissant sur le terrain situé en avant des fortifications trois zones nommées *zones de servitude*, dont les limites sont respectivement à 974^m,00, 487^m,00 et 250^m,00 des saillants des ouvrages les plus avancés.

La troisième zone finit à 974^m,00 de la place; on ne peut y faire, ni chemins, ni chaussées, ni levées de terre, ni excavations, ni constructions au-dessous du sol, rien en un mot de ce qui peut servir à abriter l'ennemi sans pouvoir être détruit par le canon de la place. Il est défendu de faire le lever du terrain embrassé par les zones de servitude, à l'exception de celui nécessaire pour l'arpentage.

Dans la deuxième zone qui finit à 487^m,00 de la place sont en outre défendues toutes les constructions en maçonnerie dépassant 0^m,50 de hauteur; mais on autorise les constructions en bois, à condition toutefois que les propriétaires se soumettent par écrit à démolir sans indemnité et à la première réquisition de l'autorité militaire, si la place était mise en état de guerre.

Enfin dans la première zone, s'étendant jusqu'à 250^m,00, sont défendues toutes plantations, constructions et clôtures sauf les haies sèches et les planches à claire-voie, sans préjudice bien entendu des défenses faites pour les deux autres zones.

Les entretiens et réparations à exécuter aux constructions antérieures à l'existence de la fortification ne peuvent se faire sans une autorisation de l'autorité militaire, qui pour l'accorder exige du propriétaire une soumission par écrit de consentir à une démolition totale, le cas échéant, sans réclamer d'indemnité.

Outre ces servitudes extérieures, l'administration municipale doit prendre les alignements de manière que la rue militaire ait au moins 7^m,79 (4 toises) de largeur.

Les infractions à ces règlements sont constatées par des procès-verbaux dressés par des gardes du génie assermentés, qui enjoignent en même temps aux propriétaires de cesser les travaux et de démolir ceux déjà élevés. La résistance des propriétaires entraîne une plainte faite au préfet par l'autorité militaire; celui-ci statue d'urgence en conseil de préfecture et notifie la décision au propriétaire, qui au besoin sera contraint par la force publique d'arrêter ses travaux. En même temps le préfet fixe un délai, passé lequel, si le contrevenant n'a pas démoli de bonne volonté les travaux déjà exécutés, l'autorité militaire fait démolir aux frais du propriétaire. Les deux parties peuvent en appeler au conseil d'État de la décision du conseil de préfecture relative à la démolition.

Jusqu'à présent nous avons toujours parlé de l'autorité militaire dans les places sans préciser quelle est la position de ceux chargés de l'exercer. Voici comment elle est réglée :

le décret impérial du 24 décembre 1811, modifié par l'ordonnance du roi du 31 mai 1829, a créé dans chaque place
forte un état-major permanent composé d'un commandant
de place, du grade de colonel au plus, et d'un certain
nombre d'officiers adjoints. En temps de paix, le commandant de place donne les ordres et consignes générales, règle
les postes, sentinelles, rondes et patrouilles, surveille l'état
des fortifications de concert avec le commandant du génie,
et s'occupe en un mot de tout ce qui regarde le service intérieur de la place, sans se mêler de l'administration des corps
de troupe. Il a le pas sur tous les officiers attachés à la place,
quel que soit leur grade; mais les officiers ou employés militaires qui appartiennent au service du département ou de la
division ne sont soumis qu'aux consignes générales. Lorsque
les généraux commandant le département ou la division résident dans une place forte, ils en prennent le commandement supérieur, et le commandant de place agit sous leurs
ordres et d'après leurs instructions.

Dans une place en état de guerre, le commandant de
place prend le commandement de tous les corps légalement
armés, civils ou militaires.

Enfin, dans l'état de siége, il a le pouvoir absolu, et les
officiers de passage, avec ou sans troupes, doivent déférer à
ses ordres, quel que soit leur grade.

L'ordonnance de 1829, en n'admettant pas de commandant au-dessus du grade de colonel, créait à un moment
donné des positions anormales. Ainsi une division chargée
de la défense d'une place, forte de 10 ou 12,000 hommes
et commandée par un officier général, aurait pu se trouver
sous les ordres d'un colonel. Aussi ajoute-t-elle à l'article 14 :
« En cas de siége ou de circonstance extraordinaire, le commandement en chef des places de guerre pourra être conféré
à des gouverneurs ou commandants supérieurs nommés par
nous; toutefois, les généraux en chef, dans l'étendue de leur
commandement, pourront, en cas d'urgence et pour des

motifs graves, donner des commandants supérieurs aux places menacées. »

On comprend au reste que le choix d'un homme entre les mains duquel on remet une place forte n'est point chose indifférente; et nous devons nous arrêter un instant sur les qualités qui doivent le distinguer, ainsi que sur ses devoirs en temps de paix et en temps de guerre.

Le chevalier de Ville, dans son traité *De la charge des gouverneurs des places*, s'exprime ainsi : « Pour déduire toutes « les bonnes qualités qu'un gouverneur doit avoir, ce serait « un trop long discours; suffira de dire qu'il n'en saurait « trop avoir. » Nous n'avons donc pas l'intention de les énumérer toutes, mais seulement les principales. Le gouverneur dont on fait choix pour une place doit être un homme éprouvé depuis longtemps; il sera courageux, mais prudent; une grande affabilité de caractère doit se trouver réunie chez lui à une grande fermeté, de telle sorte qu'il puisse se faire aimer et craindre à la fois. Enfin il doit joindre à ces qualités morales une grande activité et une vigilance continuelle; une instruction suffisante est aussi d'une indispensable nécessité : il doit connaître les lois militaires, l'usage de l'infanterie, de l'artillerie, et enfin il faut qu'il soit assez au courant de la fortification pour savoir tirer parti de celle qu'on lui a confiée.

Ce n'est qu'en possédant ces nombreuses qualités qu'un gouverneur remplira dignement tous les devoirs de sa charge, devoirs trop nombreux pour que nous ayons la prétention de ne pas en omettre. Si on veut les trouver tous réunis, on pourra consulter une instruction ministérielle du maréchal Bernadotte, alors ministre de la guerre, et qui a été insérée dans le *Mémorial de la défense*, par Cormontaingne (ch. IV, édition de 1806). Nous nous contenterons ici de citer les principaux, depuis le moment de la nomination du gouverneur, jusqu'à celui où il va être attaqué.

Lorsqu'un gouverneur arrive dans une place, son atten-

tion doit se porter sur trois points principaux : en premier
lieu, le terrain sur lequel il aura peut-être à combattre ;
ensuite, le personnel placé sous ses ordres pendant le siége,
et enfin le matériel nécessaire pour prolonger la défense
aussi longtemps que possible. Donnons quelques détails sur
chacun de ces objets, en supposant que la place est en état
de paix, mais que le gouverneur, dans sa prévoyance, veut
se tenir prêt à tout événement.

Le terrain des attaques n'est pas seulement le terrain
occupé par la fortification, mais aussi celui qui est en avant
dans un certain rayon ; de plus, il existe des relations entre
la place et celles qui l'avoisinent et avec la frontière en général : le gouverneur doit connaître ces relations et étudier
la nature et les ressources du pays environnant, car il en
pourra tirer plus tard une partie de ses approvisionnements,
et en outre il ne doit ignorer aucun détail d'un terrain sur
lequel l'armée de siége s'établira. Ses connaissances devront
être encore plus précises sur un terrain d'un rayon moins
étendu, celui qui est soumis au canon de la place ; les
moindres accidents du sol, toutes les constructions faites de
main d'hommes, plantations, clôtures, etc., seront marquées avec soin sur les plans. Le gouverneur fera de la fortification de sa place l'objet d'une étude particulière dans
laquelle il sera aidé par le commandant du génie : il connaî-
tra les points faibles qui auraient besoin d'être renforcés,
saura la valeur de chacune des pièces et leur action sur les
différents travaux des attaques ; il se fera rendre un compte
exact des manœuvres d'eau, vannes, écluses, bâtardeaux,
digues, et les visitera en détail ainsi que les dispositifs de
mine. Les ponts-levis seront entretenus avec le plus grand
soin, ainsi que les portes de poterne, les ponts dormants et
les rampes et talus. Il comprendra dans cette revue générale
les bâtiments militaires, les magasins à poudre et à munitions, les hôpitaux et casernes. Enfin, il faut aussi étudier la
disposition et le mode de construction des maisons de la

ville, à cause des services qu'elles peuvent rendre : rarement une place possède assez de logements et de magasins ; les bâtiments voûtés à l'épreuve y sont presque toujours insuffisants ; on y supplée à l'aide des bâtiments civils, comme nous le verrons plus tard.

L'attention du gouverneur se fixera ensuite, avons-nous dit, sur le personnel. Il faut d'abord penser à la garnison et au chiffre qu'elle doit avoir : Vauban admet qu'en temps de paix il suffit de 200 hommes de garnison par bastion; mais en temps de guerre il en demande 5 et même 600, plus un dixième en cavalerie et un vingtième environ pour l'artillerie et le génie. Le gouverneur établira ses calculs d'après ces bases, et s'il craint une attaque prochaine, il fera les demandes nécessaires pour compléter sa garnison, soit au gouvernement, soit au général en chef dans le commandement duquel la place est comprise. Aussitôt que cette garnison sera arrivée, il l'exercera à la défense par des simulacres bien entendus qui instruiront l'officier et le soldat et leur rendront familiers tous les détails de la fortification. Il cherchera à leur inspirer en même temps de la confiance en lui et aussi dans les ouvrages qui les entourent.

Les habitants d'une ville assiégée ont aussi un beau rôle à jouer dans l'intérêt de la défense, soit comme travailleurs, soit souvent comme combattants, ainsi qu'on l'a vu à la défense de Lille, en 1792. Pour apprécier les ressources qu'il en peut tirer, le gouverneur doit faire faire à l'avance un recensement général de la population, donnant l'âge et la capacité de chacun, ainsi que le genre d'industrie de tous les ouvriers ; ceux en bois et en fer seront surtout notés avec soin ; on dressera les rôles de la garde nationale et des sapeurs-pompiers. Il est important aussi de se tenir au courant de l'esprit général de la population.

Enfin, il reste au gouverneur à tourner ses regards du côté du matériel : de bonnes fortifications, une garnison nombreuse et aguerrie, une population dévouée, ne suffiraient point à garder une place mal approvisionnée : leur perte serait inévitable. Le gouverneur dresse à l'avance un état général de tout le matériel dont il a besoin, consultant à cet effet les tables données par les meilleurs ingénieurs, comme Vauban et Cormontaingue : il met en tête les armes de main ou de jet, la poudre, les projectiles de toute espèce, en un mot tout le matériel d'artillerie ; ensuite viennent les bois dont il n'y a jamais assez au moment du siège, comme nous le verrons quand il s'agira de la mise en état de défense, bois en grume, bois préparés à l'avance pour des usages particuliers et bois de fascinage ; puis les outils de toutes espèces pour les terrassiers, maçons, ouvriers en bois ou en fer, et les machines, comme pompes à incendie, moulins à bras, etc. Cet état doit comprendre tout ce qui est nécessaire au service des hôpitaux : les vivres sont placés à la suite, leur quantité calculée dans la prévision du siège le plus long possible ; enfin, viennent les approvisionnements en vêtements, chauffages et fourrages. Quand ce tableau est dressé, le gouverneur se fait remettre par les commandants du génie et de l'artillerie, ainsi que par l'intendance militaire, les états du matériel existant : l'autorité civile lui fournit aussi des renseignements sur les ressources offertes par les magasins particuliers. Le gouverneur peut alors, connaissant ce qu'il lui faudrait et ce qu'il possède, dresser un état général de tout ce dont il a besoin, et il en fait la demande au gouvernement ou aux généraux dans la division desquels il se trouve.

Tout ce matériel est rangé et tenu en bon état sous la direction du gouverneur, qui en passe la visite aussi souvent qu'il le juge convenable. Il ne faut pas oublier la caisse militaire ; l'argent est le nerf de la guerre, et cela est encore vrai pour la défense d'une place.

Ces soins divers et importants ne doivent point absorber toute l'attention d'un gouverneur qui craint une attaque prochaine ; il doit en outre déployer la plus grande vigilance

pour ne pas se laisser surprendre ; il établira les postes et les
sentinelles et les visitera souvent lui-même, parlant au soldat,
l'encourageant et captant sa confiance par tous les moyens
possibles. De fréquentes patrouilles seront envoyées à l'extérieur ou parcourront les remparts, et des petits corps de
cavalerie bien montés établiront des relations avec les places
voisines. On peut employer à cet usage des compagnies
formées au moment du besoin d'hommes du pays, de bonne
volonté, lestes, actifs, entreprenants et surtout fort au courant de tout le terrain en avant de la place. On leur donne
une haute paye, et on met à leur tête de bons officiers de
partisans.

C'est au milieu de tous ces soins, c'est en s'occupant de
donner l'impulsion et l'activité nécessaires à un service aussi
compliqué que le gouverneur attendra avec confiance et
fermeté le moment où il sera attaqué.

CHAPITRE II.

MOTIFS QUI DÉTERMINENT UN GÉNÉRAL EN CHEF A ENTREPRENDRE LA CONQUÊTE D'UNE PLACE. — DIVERS MOYENS EMPLOYÉS POUR SE RENDRE MAÎTRE DES PLACES FORTES. — EXAMEN DE CES MOYENS. — EXEMPLES.

—

Quittons un instant l'intérieur de la place animé par tous les préparatifs de la défense, et portons-nous dans le camp ennemi pour chercher les motifs principaux qui peuvent amener un général en chef à tenter une entreprise aussi importante que celle de s'emparer d'une place forte ; puis nous nous occuperons des moyens qu'il possède pour arriver à son but.

Dans l'antiquité, alors que chaque ville formait pour ainsi dire un Etat, le but de la guerre était toujours la prise de la cité, suivie du pillage et de la réduction des habitants en esclavage ; c'était la seule manière de se rendre maître d'un pays. Mais dans les temps modernes, c'est surtout dans de grandes batailles que l'on cherche à détruire les armées ennemies ou à les disperser, afin de forcer à traiter dans des conditions désavantageuses. Quelquefois cependant on a besoin de s'emparer d'une place forte qui gêne les communications, renferme d'importants dépôts de matériel ou formera après sa prise un excellent point d'appui.

D'autres fois la prise des places fortes peut seule rendre complétement maître d'un pays que l'on veut conquérir, ou bien inversement une armée d'invasion ne se maintient plus que dans un certain nombre de positions fortifiées, dont il faut successivement la chasser pour délivrer le territoire; comme il arriva en Hollande, en Belgique et en Prusse, lorsque les armées françaises furent en 1813 et 1814 refoulées par les armées alliées. Enfin, nous venons de voir réussir une entreprise qui a sa place marquée dans l'histoire, et dont le but était de détruire une forteresse qui rendait une grande puissance trop menaçante pour ses voisins, par suite de l'immense matériel de guerre qu'elle y avait accumulé.

Il faut parler maintenant des moyens qu'un général en chef possède pour s'emparer d'une place forte. Il y en a six à sa disposition, non qu'il puisse les employer indifféremment et à sa volonté, mais l'un ou l'autre, suivant les cas. Voici leur énumération : l'attaque par trahison et surprise, celle par surprise et escalade de vive force, l'attaque ouverte et de vive force à découvert, le blocus, le bombardement, et enfin l'attaque régulière à laquelle on donne spécialement le nom de siége. Cette dernière est la seule qui s'exécute suivant des règles connues à l'avance et que nous développerons dans le chapitre suivant; dans celui-ci nous dirons quelques mots des cinq premières, appuyant par des exemples le petit nombre de préceptes que l'on peut indiquer. Mais nous ferons d'abord remarquer qu'on ne peut employer ces genres d'attaque que dans des circonstances exceptionnelles; en effet, si elles ont souvent un résultat plus prompt que l'attaque en règle, d'un autre côté il faut pour leur réussite la réunion d'un concours de circonstances difficile à rencontrer, et le moindre obstacle imprévu peut alors déjouer les conceptions les plus heureuses.

Attaque par trahison et surprise.—Quand un général en chef s'est ménagé quelque intelligence dans une place mal gardée d'ailleurs, il peut essayer de la surprendre en employant les plus grandes précautions pour ne pas échouer dans cette opération difficile. Il doit d'abord s'assurer de la fidélité des correspondants intérieurs; puis, quand tout est prêt il envoie des hommes d'élite secrètement et par petites bandes. Ceux-ci arrivent de nuit et se glissent dans la place par le moyen des intelligences qui y ont été pratiquées : les portes, les poternes, les aqueducs ou sorties d'eau leur sont ouverts par les affidés. Ils se réunissent au moment indiqué et se jettent sur la garde d'une porte qu'ils ouvrent à d'autres troupes tenues cachées dans les environs de la ville; celles-ci pénètrent en bon ordre dans l'intérieur, s'emparent des principaux officiers, et s'établissent sur les grandes places, tout le long des remparts et surtout aux portes. Il doit y avoir assez de troupes pour résister aux fractions de garnison qui tenteraient de se défendre; en tous cas on se prépare à la hâte un point d'appui en fortifiant un bâtiment isolé ou la gorge d'un bastion, près d'un des postes; on y place une bonne réserve.

De son côté le gouverneur qui craint de pareilles attaques exerce la plus grande surveillance d'abord sur les habitants, puis sur toutes les sorties; la garde des portes ne sera confiée qu'à des officiers dont il sera sûr, et il sera bon de les défendre contre des attaques venant de l'intérieur par de petits retranchements faits en palissades ou en palanques. Des ordres clairs et précis seront donnés pour la réunion de la garnison en cas d'alerte. Enfin, l'existence d'une citadelle ou d'un réduit renfermant une partie de la garnison, du matériel de guerre et des approvisionnements, sera une des meilleures garanties contre ces tentatives.

L'histoire ancienne offre de nombreux exemples de pareilles surprises; on en trouve aussi quelques-uns dans l'histoire moderne. L'un des plus curieux peut-être est la tentative qui faillit en 1701 faire tomber entre les mains des impériaux commandés par le prince Eugène la ville de

Crémone, alors au pouvoir des Français sous les ordres du maréchal de Villeroy. Un prêtre espagnol, dont les caves donnaient sur un égout aboutissant dans les fossés de la place fort mal gardée d'ailleurs, introduisit un à un par ce point environ 200 hommes. Ceux-ci pendant la nuit forcent la garde de deux portes voisines et les ouvrent au prince Eugène qu'une marche secrète avait amené sous la place avec 4,000 hommes environ, et qui en attendait 8 ou 10,000 autres arrivant par l'autre rive du Pô. Les troupes se répandent dans la ville et font prisonniers le maréchal de Villeroy avec plusieurs autres généraux ; mais elles se dispersent trop, ne s'assurent point du pont qui les mettait en communication avec le renfort attendu : le pont est brisé, la garnison se rassemble petit à petit ; les impériaux réduits à 4,000 hommes ne peuvent soutenir ses efforts, et le prince, dont toutes les positions sont successivement enlevées, est très-heureux de pouvoir faire sa retraite en abandonnant sa conquête momentanée.

Au lieu de la trahison on peut quelquefois employer la ruse pour faire pénétrer un petit corps de troupes dans une place dont la garnison ne fait le service qu'avec négligence. Sans remonter jusqu'au cheval de Troie, on en pourrait trouver de nombreux exemples dans l'histoire moderne. C'est ainsi qu'en 1635 les Autrichiens surprirent Philipsbourg, alors à la France, en y faisant pénétrer d'abord quelques soldats déguisés qui facilitèrent ensuite pendant la nuit l'entrée dans la ville du reste des troupes en s'emparant d'une porte. De même les troupes du roi de Bavière surprirent Ulm en 1702 de la manière suivante : un officier déguisé ayant été reconnaître la ville, la trouva mal gardée ; on y envoya alors 40 hommes déguisés en paysans et en femmes, avec des armes cachées. Ils entrent sans exciter de défiance, se saisissent des sentinelles, enferment les hommes du poste dans le corps de garde, et font entrer 600 dragons cachés dans un petit bois voisin : ceux-ci sont bientôt suivis de 400 gre-

nadiers, puis de deux régiments ; ces troupes s'emparent des
fortifications, s'y retranchent, et ni les efforts de la garnison,
ni le dévouement de la bourgeoisie ne peuvent sauver la
place.

On le voit, ces tentatives n'ont de succès que par suite
d'un manque de précautions très-blâmable de la part du
gouverneur, et d'ailleurs il y a bien plus de chances de réussite quand on attaque ainsi des places un peu anciennes, au
moins sur une partie de leur développement, qu'en s'adres-
sant à celles fortifiées d'après les principes modernes. Si le
chemin couvert est occupé par quelques troupes qui donneront l'alarme ; si le matin à l'ouverture des portes on fait
fouiller par des patrouilles le terrain voisin de la place ; si
en même temps on ne laisse jamais embarrasser les passages,
n'y souffrant que peu de monde à la fois, et le pont-levis du
corps de place n'étant baissé qu'au moment où on relève
celui des ouvrages avancés, on déjouera probablement toutes
les ruses de l'ennemi.

Attaque par surprise et escalade de vive force. — Au lieu
d'user de la trahison ou de la ruse pour faciliter aux troupes
l'entrée d'une place, on peut chercher à y pénétrer au
moyen de l'escalade, en profitant de la surprise que cette
attaque imprévue doit causer. Le plus grand secret est nécessaire pour cette entreprise ; on fait préparer les échelles
et tous les engins nécessaires pour sa réussite, puis on profite
d'une nuit sombre et pluvieuse, d'un temps de brouillard
épais pour se présenter devant les murailles ; on dispose les
échelles, et quand une troupe assez nombreuse est déjà montée, elle se dirige en silence vers quelque porte, s'en empare
et l'ouvre aux autres troupes qui se précipitent en masse dans
la ville. A ce moment la conduite de l'assaillant doit être
celle dont nous parlions tout à l'heure. Ces opérations sont
peu praticables, parce qu'elles exigent un ensemble et un secret difficiles à garder ; aussi est-il plus facile de citer les cas

où elles ont échoué que ceux où on les a vues réussir. En 1711
on tenta de surprendre Aire par escalade ; le secret avait été
bien gardé, les mesures bien prises ; mais des incidents im-
prévus retardèrent la marche ; on arriva devant la ville une
heure trop tard, c'est-à-dire un peu après le lever du soleil ;
on fut aperçu trop tôt des défenseurs, et les colonnes durent
rétrograder sans avoir rien pu tenter. Ainsi manqua une
expédition qui cependant avait été combinée avec tout le
soin possible.

Ce genre d'attaque est employé quelquefois vers la fin d'un
siége en règle, alors que des brèches ont été pratiquées de
loin. Pour éviter les travaux à exécuter pour s'approcher de
ces brèches, on tente une surprise avec escalade, dirigeant
les troupes non-seulement vers les brèches, mais vers tous
les points faibles, afin de forcer la garnison à se disséminer.
C'est ce que firent les Anglais à Berg-op-Zoom en 1814 ; dans
la nuit du 8 au 9 mars, 4,000 soldats d'élite s'élancèrent
tant sur les brèches que sur le reste de la place ; la garnison,
composée seulement de 1,800 conscrits et de 800 canonniers
de la marine, est surprise ; deux colonnes anglaises s'établissent sur les remparts : on croit la ville emportée, lorsque la
plus grande partie de la garnison attaque l'ennemi par l'intérieur en même temps qu'une petite colonne française sortie
de la place remonte les brèches et met les Anglais entre deux
feux ; surpris, ils posent les armes et presque tous sont faits
prisonniers avec leur général.

Attaque de vive force à découvert. — Ce genre d'attaque
semblable à celui employé dans la fortification passagère est
certainement le plus dangereux de tous et le moins susceptible de réussite. Cependant on l'a quelquefois tenté contre
des places irrégulièrement fortifiées ou contre de petits forts.
On amène avec soi de l'artillerie, des échelles et des moyens
de combler les cunettes pleines d'eau, comme fascines, madriers, etc. Arrivé devant la place, on élève à la hâte un pa-

rapet pour abriter l'artillerie, on cherche à abattre quelque pan de mur, puis on lance ses colonnes sur un grand nombre de points à la fois. Comme il faut prévoir un insuccès, les moyens de retraite seront préparés avec le plus grand soin.

Parmi les tentatives de ce genre, nous citerons celle entreprise par Olivier Cromwel en 1649 contre la ville irlandaise de Tredagh : après avoir fait brèche par quelques coups de canon, il s'élance avec ses troupes; repoussé deux fois, il entre le premier à une troisième attaque, et, remplis de la même ardeur, ses soldats s'établissent enfin dans la ville d'une manière définitive.

Le général Duhesme ne fut pas si heureux dans son attaque contre Girone, en 1807; la ville avait peu de garnison, mais elle était munie d'artillerie et renfermait une population fanatique. Le général français établit contre les murailles deux batteries qui ne produisirent qu'un médiocre effet, puis à dix heures du soir deux colonnes se précipitent à l'escalade; la première est repoussée avant d'avoir pu atteindre le pied des murailles; la seconde, plus heureuse, dresse ses échelles, déjà elle entre dans la place quand la population accourt et la rejette dans le fossé. L'attaque était manquée, et le général Duhesme fut obligé de rétrograder.

Blocus. — Quand une place est dans une position inexpugnable, qu'elle renferme une garnison considérable et aguerrie, que ses remparts sont garnis d'une nombreuse artillerie, et si on n'a pas les moyens nécessaires en matériel pour l'attaquer dans les règles, on la cerne de tous côtés, on ferme les avenues par lesquelles elle pourrait communiquer avec l'extérieur, en un mot on la bloque étroitement, et l'on attend que les privations de toutes sortes obligent les défenseurs à se rendre. Ce moyen est lent, mais sûr, si la puissance à laquelle appartient la ville ne fait pas les plus grands efforts pour la débloquer.

Contre une pareille attaque une garnison n'a que peu de ressources. Le gouverneur ménage ses vivres, entretient la confiance du soldat et de l'habitant; mais si le secours n'arrive pas, il ne lui reste qu'une chose à faire, c'est d'abandonner la place en s'ouvrant un passage les armes à la main.

Il existe de nombreux exemples de siéges transformés en blocus par suite de la faiblesse de l'armée assiégeante en matériel, ou de la force de la place et de la vigueur de sa garnison dans la défense. Tout le monde a entendu parler des blocus de Gènes et de Mantoue : le général Bonaparte manquait de matériel pour faire le siége en règle de la seconde de ces places, dont le gouverneur, le maréchal Wurmser, fut obligé de se rendre, n'ayant plus que pour deux jours de vivres et ayant mangé jusqu'à ses chevaux (janvier 1797), et cependant l'Autriche avait sacrifié deux armées pour secourir la ville.

Masséna, renfermé sans vivres avec 15,000 hommes dans la ville de Gènes, bloqué par les Autrichiens, leur tua ou prit dans différents combats plus de 18,000 hommes, et n'abandonna la place avec tous les honneurs de la guerre qu'après avoir consommé tout ce qui était mangeable dans la ville, jusqu'à l'herbe des fortifications (du 6 avril au 4 juin 1800).

Bombardement. — Enfin, il nous reste à parler encore d'un dernier moyen de s'emparer des places fortes : c'est le bombardement ; mais hâtons-nous de dire qu'il ne peut réussir que vis-à-vis d'une garnison faible et découragée, et quand un gouverneur n'a pas assez de fermeté pour soutenir le moral de ses subordonnés. On n'emploiera donc ce moyen que rarement et dans des circonstances toutes particulières, si le temps et le monde nécessaires manquent pour entreprendre un siége en règle et si on croit pouvoir intimider les habitants. On investit la place, on dresse les batteries et on inonde l'intérieur de bombes, de boulets rouges et de fusées incendiaires. On peut alors espérer voir le gouverneur capituler, intimidé par les menaces des habitants ou de la garnison.

C'est ce qui arriva à Manheim en septembre 1795. Cette ville, remplie de beaux édifices, voyant des batteries de mortiers élevées contre elle, ouvrit ses portes au général Pichegru, qui eût été incapable de s'en rendre maître autrement.

Mais la résistance des places de Lille, Thionville et Landau est connue de tout le monde. Le patriotisme des habitants l'emporta sur toute autre considération; ils s'aguerrirent bien vite contre ces dangers, et trouvèrent les moyens par une vigilance continuelle d'éteindre les incendies allumés par les projectiles creux ou les boulets rouges.

En général, pour résister à ce genre d'attaque, il faut, comme nous l'avons dit tout à l'heure, de la fermeté dans le gouverneur, du patriotisme dans les habitants, puis de bonnes dispositions prises à l'intérieur pour éviter les incendies : ainsi les poudres, les munitions seront renfermées dans des magasins à l'épreuve n'en contenant jamais en grande quantité; les approvisionnements en vivres seront distribués par petits lots écartés les uns des autres, pour que l'incendie de l'un n'entraîne pas celui de l'autre; enfin les habitants réunis en compagnies de pompiers exerceront une surveillance continue pour ne pas laisser à l'incendie le temps de se propager. Alors tous ces projectiles incendiaires n'auront pas beaucoup d'effet, et l'ennemi, après avoir dépensé en pure perte une immense quantité de projectiles, se trouvera comme au premier jour devant des remparts intacts défendus par une garnison et des habitants doués d'un moral à toute épreuve et décidés à défendre leurs murailles avec le courage qu'ils déployaient naguère contre l'incendie.

Ce moyen de s'emparer des places rentre dans un autre plus général, celui que l'on pourrait appeler méthode par intimidation. Ici l'effet moral que l'on cherche à produire sur le défenseur est appuyé par des faits; on lance dans ses murs l'incendie et la mort : mais il a suffi quelquefois de menaces d'autant plus violentes qu'elles étaient moins fondées pour intimider un commandant et le forcer à se rendre. C'est ainsi que le maréchal de Villars, sans artillerie et avec peu de troupes, s'empara de la ville de Kitzingen ; la garnison fut sommée de se rendre immédiatement sous peine d'être passée au fil de l'épée et de faire mettre la ville à feu et à sang ; le commandant intimidé se rendit, sans regarder si le général français pouvait exécuter ses menaces. Ici rien n'excuse la faiblesse et la lâcheté d'un gouverneur, et c'est pour un militaire si indigne de la confiance que l'on a eue en lui que sont faites les lois sévères dont nous parlerons à la fin de cette troisième partie.

CHAPITRE III.

—

Nous avons dit dans le deuxième chapitre que faire le siége d'une place n'était autre chose que chercher à s'en emparer par des moyens lents mais sûrs et soumis à certaines règles déterminées. Nous exposerons cette marche en détail dans le chapitre suivant; mais avant et pour ne pas être arrêtés à chaque instant par la description des procédés à employer, nous allons décrire les principaux. Il faut pouvoir s'approcher des fortifications à couvert contre le canon des défenseurs, pour pénétrer dans les différents ouvrages après en avoir renversé les murailles, et arriver ainsi toujours abrité jusqu'au dernier retranchement. C'est au moyen de nombreux travaux de terrassement appelés aussi *travaux de sape*, que l'on atteindra ce but (1). Ces travaux se com-

(1) Autrefois des paysans, des pionniers, exécutaient ces travaux sous la protection des troupes, qui employaient plus souvent leurs armes pour contraindre ces hommes au travail que pour les protéger contre l'ennemi : à la première alarme nocturne, au premier désordre, les travailleurs s'enfuyaient, abandonnant leurs outils et mettant le trouble parmi les assaillants. Pour éviter ces inconvénients, on a rejeté cette méthode peu en harmonie d'ailleurs avec les progrès de la civilisation, et les travailleurs sont pris maintenant parmi les soldats.

posent presque toujours de tranchées faites dans le sol, sur
une largeur variable; les terres rejetées du côté de l'ennemi
forment parapet. On voit la ressemblance qui existe entre
ces ouvrages et ceux de la fortification de campagne à exécution rapide. Ces *tranchées* qui se dirigent vers la fortification
portent aussi le nom de *cheminements*, parce qu'elles sont
en réalité les routes abritées par lesquelles l'assaillant *chemine* vers la place. Les cheminements partent de points hors
de la portée du canon des ouvrages et cachés en outre de la
vue s'il est possible par des mouvements de terre ou des
rideaux d'arbres; ils ne se dirigent pas en ligne droite sur la
fortification dont les feux les enfileraient sur toute leur longueur, mais sont tracés en zigzag (PL. XXVI, *fig. 1*), ayant
leur parapet tantôt à droite, tantôt à gauche, et se rapprochant toujours du point attaqué. L'ensemble des cheminements se dirigeant sur un saillant forme ce que l'on appelle
une *attaque;* et il y a autant d'attaques qu'il y a de
saillants attaqués. Elles étaient autrefois isolées les unes
des autres, et par suite mal soutenues à une certaine distance du point de départ; on ne pouvait d'ailleurs les élargir
assez pour y placer des troupes qui auraient gêné la circulation. Aussi arrivait-il souvent que des troupes assiégées se
glissaient la nuit entre deux cheminements, surprenaient les
travailleurs, les tuaient ou les mettaient en fuite, bouleverw-
saient les travaux et se retiraient après avoir en quelques
heures détruit les résultats obtenus par plusieurs journées de
travail. L'attaque avait alors l'infériorité sur la défense. Le
maréchal de Vauban, dont nous avons déjà cité les travaux
dans la deuxième partie du cours, eut l'idée de relier toutes
ces attaques par de vastes tranchées concentriques à la fortification, ce qui leur fit donner le nom de *parallèles*, de préférence à celui de *lignes* ou de *places d'armes* employé par
leur inventeur. Elles ont pour but de relier entre eux les
cheminements et de contenir la garde destinée à protéger
les travailleurs; de plus, elles resserrent la garnison, et l'assié-

geant peut déposer sur le revers des amas de matériaux nécessaires pour les constructions en avant. Vauban employa pour la première fois les parallèles au siége de Maëstricht en 1673 ; il faut en construire plusieurs et de plus en plus près de la place, pour que les cheminements soient toujours suffisamment protégés (1).

Ces différents travaux, places d'armes ou cheminements, qui ont un développement immense, sont donc exécutés successivement et à découvert sous des feux de plus en plus redoutables à cause de leur proximité. Le mode de construction varie nécessairement suivant les dangers à courir par les travailleurs; on en distingue trois principaux : le travail à la *tranchée simple*, le travail à la *sape volante* et celui à la *sape pleine;* ce dernier se subdivise en *sape pleine simple*, *sape pleine double*, *sape demi-double* et *sape demi-pleine* : nous allons les examiner successivement.

Tranchée simple. — On n'emploie ce genre de travail que sur le terrain situé en dehors de la bonne portée de la mitraille. Il consiste en une tranchée faite dans le sol, dont les terres rejetées du côté de l'ennemi forment parapet; les talus du déblai sont taillés au quart environ; le côté opposé au remblai porte le nom de *revers de la tranchée;* la profondeur de l'excavation est de $1^m,00$; le talus intérieur du remblai est à $45°$, la crête est à $1^m,30$ au-dessus du sol, et l'épaisseur du parapet doit être suffisante pour arrêter le boulet. La figure 1 de la planche XXVIII donne un profil droit d'une tranchée simple. Le travail est exécuté par des soldats d'in-

(1) On a voulu contester à Vauban l'honneur d'avoir inventé les parallèles, et on a prétendu qu'elles étaient décrites dans les ouvrages d'un Italien du XVIᵉ siècle. Mais ce fait me parait inexact; les auteurs qui contestent cette invention à notre grand ingénieur ne citent pas l'auteur italien, et je suppose qu'ils auront eu en vue un passage où celui-ci décrit les lignes que l'armée de siège élève pour garantir ses camps contre les sorties de la garnison, lignes qui à cette époque, lorsque l'artillerie était encore dans l'enfance, se construisaient très-près de la place.

fanterie rangés à côté les uns des autres sur l'emplacement
du déblai et travaillant simultanément. Une petite fascine
dite *fascine à tracer*, de 0^m,15 de diamètre sur 1^m,30 de
longueur marque le pied du talus intérieur; une berme
de 0^m,30 règne entre ce pied et l'excavation, dont la largeur
au fond varie suivant le but de la tranchée. Les hommes
y sont couverts à 2^m,30 d'après ce que nous venons de
dire.

La hauteur 1^m,30 du parapet n'a pas été prise arbitraire-
ment; il faut que les hommes montés sur la berme comme
sur une banquette puissent faire feu par-dessus la crête en
restant suffisamment couverts, de là cette hauteur de 1^m,30.
Nous n'avons donné que 0^m,30 de largeur à la berme afin
de ne pas trop écarter la crête ou le point couvrant du revers
qui est le point extrême à couvrir; mais dans les endroits
organisés pour la fusillade, elle n'aurait pas assez de largeur,
le combattant y serait mal à l'aise, et d'ailleurs il ne fran-
chirait que difficilement le talus au quart de 1^m,00 de hauteur qui sépare la berme du fond de la tranchée. On construit
alors en ces points (PL. XXVI, *fig. 2)* un gradin intermédiaire
de 0^m,50 de largeur sur la même hauteur, c'est-à-dire divisant en deux parties égales le ressaut à franchir; les terres
sont soutenues par un revêtement en fascines incliné au
quart; elles sont prises sur le revers de la tranchée qui doit
être élargie pour avoir toujours la même dimension dans le
fond. Puis en arrière de la berme et contre l'ancien talus au
quart on place aussi deux rangées de fascines formant revêtement pour la partie supérieure de ce talus, et portant la
largeur de la berme à 0^m,50 environ. Pour que le premier
gradin ait 0^m,50 de largeur après la pose de ces dernières
fascines, il faut qu'il en ait 0^m,72 à partir du talus au quart,
les fascines ayant 0^m,22 de diamètre; la première fascine
qui soutient ce gradin sera donc placée sur le fond de la
tranchée à 0^m,72 du pied du talus au quart. On maintient
solidement les fascines avec des piquets.

Les gradins pour la fusillade ne se construisent pas dans les cheminements, exclusivement réservés aux communications, mais seulement dans les parallèles, de distance en distance. On organise aussi une partie de ces places d'armes de manière que l'assaillant puisse franchir le parapet pour se porter à la rencontre de l'ennemi déjà ébranlé par ses feux; on construit pour cela des *gradins de franchissement*. On exécute les gradins d'abord comme pour la fusillade; les hommes arrivent donc sur le sol par deux gradins de 0^m,50 de hauteur sur 0^m,50 de largeur; on entaille ensuite dans le talus intérieur du parapet deux gradins de mêmes dimensions (PL. XXVI, *fig. 3*), toujours soutenus par des fascines placées suivant des talus au quart, et qui conduisent à 1^m,00 au-dessus du sol; les 0^m,30 de hauteur de terre qui doivent compléter celle du parapet sont soutenus par une seule fascine placée à 0^m,50 en avant du dernier gradin.

Comme nous l'avons dit tout à l'heure, l'exécution de la tranchée simple se fait à découvert, et ce n'est qu'au bout d'un certain temps que les travailleurs qui s'approfondissent en élevant le parapet seront abrités contre les coups du défenseur; quelque rapide que soit l'exécution, ils resteraient encore trop longtemps exposés pour que ce moyen fût praticable à une distance des remparts égale à la bonne portée de mitraille, c'est-à-dire à 300 ou 350^m,00 environ; on ferait des pertes trop considérables. Il faut alors avoir recours à la deuxième méthode.

Tranchée à la sape volante. — Le travail consiste toujours dans l'excavation d'une tranchée de 1^m,00 de profondeur, limitée par des talus au quart et d'une largeur variable, suivant le but auquel elle est destinée. La différence consiste dans la manière de former le parapet; dans la tranchée simple, les terres abandonnées à leur talus naturel doivent occuper une large base avant d'acquérir une hauteur et une épaisseur en haut suffisantes pour couvrir même contre la mitraille; il en faut donc une grande quantité, le travail dure longtemps. On l'accélère dans la sape volante au moyen d'un genre de revêtement particulier formé de gabions.

Un gabion est un panier cylindrique sans fond composé de menus branchages clayonnés autour de piquets dont le nombre varie de 7 à 9 suivant la grosseur du clayonnage. Ces piquets ont 0^m,95 de longueur et dépassent de 0^m,15 le clayonnage qui n'a que 0^m,80 de hauteur; les extrémités qui dépassent le clayonnage sont appointées. Le diamètre extérieur du gabion est de 0^m,65; il est placé sur le sol la pointe des piquets en l'air.

Pour former le revêtement on dispose les gabions à côté les uns des autres sur une ligne à 0^m,30 en avant du bord de la tranchée et avant le travail de l'excavation. Les travailleurs, placés en arrière, remplissent d'abord les gabions avec les terres provenant du déblai; puis quand les gabions sont pleins, les terres sont lancées en avant, le moins loin possible. Au bout de très-peu de temps on a devant soi un parapet d'une épaisseur suffisante pour arrêter les balles et même la mitraille. On continue l'excavation jusqu'à ce qu'elle atteigne sa largeur définitive et en jetant toujours les terres en avant pour épaissir le parapet. La figure 4 de la planche XXVI donne un profil droit de ce genre de travail. On porte la hauteur du remblai à 1^m,30 en mettant au-dessus des gabions d'abord deux cours de fascines enfoncées dans les pointes des piquets, puis un troisième rang en dessus. Ce travail qui porte le nom de *couronnement de la gabionnade* est exécuté par les sapeurs du génie. Les terres du remblai sont soutenues ensuite par le couronnement.

Il faut aussi construire dans les places d'armes exécutées à la sape volante des gradins pour la fusillade et le franchissement. Les premiers se font exactement comme les gradins de fusillade dans la tranchée simple; un gradin de 0^m,50 de hauteur sur 0^m,50 de largeur permet d'arriver sur la berme élargie par deux cours de fascines et sur laquelle se tient le

combattant. Voici comment on construit les gradins de franchissement : leurs dimensions sont toujours les mêmes,
savoir, 0ᵐ,50 de hauteur sur 0ᵐ,50 de largeur et on les soutient par des fascines posées suivant un talus au quart. Or si
nous retirons la troisième fascine de couronnement et que
nous la reportions à 0ᵐ,50 en avant, les deux fascines inférieures formeront le dessus d'un gradin situé à 1ᵐ,00 au-
dessus du sol, ou à 2ᵐ,00 au-dessus du fond de la tranchée ;
cette différence de niveau représente quatre hauteurs de
marche, ou trois largeurs de 0ᵐ,50 chacune (PL. XXVI, *fig. 5*) ;
on peut les dessiner en tenant compte bien entendu des trois
talus au quart qui les limitent, et on trouve que la distance
du pied du gradin inférieur au gabion est égale à trois largeurs de marche, c'est-à-dire à 1ᵐ,50, plus à trois fois la
base d'un talus au quart de 0ᵐ,50 de hauteur, c'est-à-dire à
0ᵐ,38 environ, soit en tout 1ᵐ,88 ; mais il est facile de voir
que le pied du talus au quart de la tranchée est à 0ᵐ,55 du
gabion ; la fascine qui dessine le pied du dernier gradin est
donc à 1ᵐ,88 moins 0ᵐ,55, ou à 1ᵐ,33 de la base du talus
au quart.

Cela posé, pour exécuter ces gradins on place une première ligne de fascines à 1ᵐ,33 du pied du talus de la tranchée, et on la maintient par des piquets ; on remblaie en
avant en prenant les terres sur le revers de la tranchée, qu'il
faut élargir de 1ᵐ,33 pour lui conserver la même largeur au
fond ; on dame ce remblai avec soin, et on pose la seconde
ligne de fascines piquetée sur la première en ménageant le
talus au quart ; on remblaie et on dame de manière à obtenir
les 0ᵐ,50 de hauteur. Le deuxième gradin s'obtient en posant sur cette plate-forme les fascines qui doivent soutenir
les terres à 0,50 en avant, et remblayant de manière à
obtenir une seconde plate-forme affleurant le sol ; enfin, la
construction du troisième gradin est la même.

Dans le travail de la sape volante les hommes se couvrent
assez rapidement, mais restent toujours exposés pendant un

certain temps aux feux de la place. Si pendant la nuit on peut exécuter ce travail, même à bonne portée de mitraille sans éprouver de grandes pertes, il n'en est plus ainsi quand on est soumis à un feu vif de mousqueterie, c'est-à-dire quand les travaux arrivent à 200^m,00 environ des chemins couverts; on change alors le mode de travail et on emploie le suivant.

Sape pleine simple. — Ce qui distingue essentiellement le travail à la sape pleine d'avec ceux dont nous venons de parler, c'est que dans l'exécution de ceux-ci on entreprend toujours à la fois, avec le nombre voulu de travailleurs, une longueur variable de tranchée, et ils travaillent pendant un temps plus ou moins long exposés aux feux du défenseur; dans la sape pleine, au contraire, les travailleurs en nombre déterminé sont toujours à couvert et leur travail n'est point simultané, mais successif, de telle sorte que les cheminements avancent vers la place d'une manière lente, mais continue. Disons d'abord que le profil d'une sape pleine terminée ne diffère en rien de celui d'une sape volante ; nous le connaissons donc ainsi que la manière de construire les gradins de fusillade et de franchissement.

Il faut décrire seulement le mode de travail ; pour cela nous supposerons la sape en cours d'exécution (PL. XXVII, *fig. 1, 2 et 3*). Le travail est fait par des sapeurs du génie ; il en faut huit, qui composent une *brigade* et qui occupent successivement toutes les positions en se relayant. La brigade est divisée en quatre sapeurs travailleurs et quatre sapeurs servants qui sont respectivement désignés, suivant leurs fonctions, comme premier, deuxième, troisième et quatrième sapeur ou servant. Ces derniers, qui doivent relayer les sapeurs à tour de rôle, comme nous l'indiquerons tout à l'heure, sont en outre chargés de leur fournir les matériaux nécessaires.

Le premier sapeur creuse en avant de lui et dans la direction donnée une excavation nommée *forme*, qui a 0ᵐ,50 de largeur en haut sur une même profondeur; du côté du parapet, à gauche dans notre dessin, les terres sont recoupées au quart; elles sont à pic sur le revers, de sorte que la largeur de la forme du premier sapeur, au fond, est de 0ᵐ,37. Ce travailleur est couvert sur le côté par des gabions qu'il place successivement dans l'alignement donné, au fur et à mesure de l'avancement du travail; les dimensions de la forme sont telles que le déblai qui en provient, et qui est jeté dans les gabions par le premier sapeur, est juste suffisant pour les remplir avec une terre ordinaire. Il se tient un peu en arrière, vis-à-vis du dernier gabion rempli, se collant autant que possible contre le parapet, et travaille à genoux, couvert d'une cuirasse en tôle épaisse ou en acier et d'un casque nommé *pot-en-tête*. Pour que les balles ne pénètrent pas à travers les joints des gabions, il les recouvre avec des fascines très-serrées, de 0ᵐ,80 de hauteur sur 0ᵐ,22 de diamètre, placées debout et nommées *fagots de sape*. Quand un gabion est plein, il le couronne avec deux petites fascines de 0ᵐ,65 de longueur, nommées *fascines de couronnement provisoire*. Le sapeur est couvert en tête par un gabion de 2ᵐ,30 de longueur sur 1ᵐ,30 de diamètre reposant sur le clayonnage, d'équerre sur la direction de la sape et ayant une de ses extrémités alignée sur la ligne des centres des gabions ordinaires; il est bourré de fascines de même longueur, dites *fascines à farcir*, et à cause de cela il porte le nom de *gabion farci*. Un fagot de sape bouche le joint qui existe entre le gabion farci et le dernier gabion de la sape.

Le deuxième sapeur, armé comme le premier d'une cuirasse et d'un pot-en-tête, travaille aussi à genoux à une distance du premier égale à deux gabions et demi, c'est-à-dire à 1ᵐ,65 environ. Il approfondit la forme du premier de 0ᵐ,17 et l'élargit d'autant du côté du revers, de sorte que sa forme à 0ᵐ,67 de profondeur, 0ᵐ,67 de largeur en haut et 0ᵐ,50 de largeur en bas; il jette les terres au delà des gabions, le moins loin possible et vis-à-vis les joints.

Le troisième sapeur, sans cuirasse ni pot-en-tête, travaille courbé; il augmente encore la forme du second de 0^m,17, tant en largeur qu'en hauteur, de sorte que sa forme a 0^m,84 de largeur en haut, autant de profondeur, et 0^m,63 de largeur au fond. L'élargissement se fait bien entendu du côté du revers.

Enfin, le quatrième sapeur, travaillant comme le troisième, approfondit et élargit de 0^m,16, de sorte que sa forme acquiert une dimension définitive de 1^m,00 de largeur, autant de profondeur, et 0^m,75 de largeur dans le fond. Le talus du revers est vertical, celui du côté de la tranchée est incliné au quart; la berme a toujours 0^m,30 de largeur.

Les sapeurs servants, qui se tiennent en arrière du quatrième sapeur, remplacent les fascines de couronnement provisoire par des fascines de couronnement ordinaire de 2^m,00 de longueur. Dans cet état, la sape est livrée aux travailleurs d'infanterie, qui la portent à la longueur voulue.

Quand le premier sapeur a poussé son excavation jusque vis-à-vis du milieu du dernier gabion placé, celui-ci doit être plein de terre; il le couronne de fascines, et il faut en poser un autre, qu'on lui passe en le faisant rouler sur le revers. Alors les sapeurs et les servants poussent le gabion farci en avant, et quand il est assez avancé le premier sapeur pose le gabion vide dans l'alignement des autres, en s'effaçant le plus possible; le gabion farci est ramené contre le gabion vide à l'aide de crochets, et le travail recommence.

La position du premier sapeur est fatigante et périlleuse; il faut le changer quand il a rempli trois gabions; voici comment se fait le changement : les trois premiers sapeurs reculent d'une forme, le premier devenant deuxième, le deuxième devenant troisième, et le troisième devenant quatrième; le quatrième sapeur devient quatrième servant, et le premier servant revêtu à l'avance du pot-en-tête et de la cuirasse devient premier sapeur.

La sape ne se dirige pas toujours suivant la même ligne ; après avoir cheminé un certain temps dans une direction, ayant par exemple le parapet et la place à sa gauche, on se retourne pour marcher dans l'autre sens, c'est-à-dire en ayant le parapet et la fortification à sa droite. Ces changements de direction portent le nom de *retours de sape ;* les figures 4 et 5 de la planche XXVII indiquent la marche du travail. Quand on a placé le dernier gabion de la première direction qui doit servir de point de départ au parapet du retour, on arrête le travail d'avancement à 0^m,60 du gabion farci, et on porte la sape à ses dimensions définitives de 1^m,00 de largeur sur 1^m,00 de profondeur ; en même temps le premier sapeur fait un retour d'équerre le long du gabion farci, et le prolonge au delà sur une longueur de trois gabions. On amène ensuite un second gabion farci qui doit couvrir la tête du débouché ; on lui fait franchir le parapet sur un plan incliné formé par deux poutrelles, comme l'indique la figure 5 ; les sapeurs placés dans le retour le poussent avec des crochets, puis le retiennent avec des cordages pour qu'il ne s'écarte pas en roulant sur le talus extérieur. On renverse aussitôt dans la tranchée le deuxième et le troisième gabion de la sape primitive, et on commence la nouvelle sape à la manière ordinaire, se dirigeant d'abord perpendiculairement à l'ancienne direction, et arrivant petit à petit dans la nouvelle au moyen d'un arc de cercle.

Sape double. — Quand on marche directement sur les fortifications de la place, ou quand on est dans une position rentrante, on craint des coups venant de droite et de gauche en outre des coups de face ; on chemine alors en sape double. Ce travail se compose de la réunion de deux sapes simples, dont l'une a son parapet à gauche, et l'autre à droite. Les gabions farcis se touchent (PL. XXVI, *fig. 6)* et garantissent des coups de face. L'écartement des parapets est de 4^m,00 environ ; la masse de terre qui reste entre les deux sapes et que l'on nomme *dame* est enlevée par des travailleurs d'infanterie, et la largeur de la tranchée est alors de 3^m,35 en haut et de 2^m,85 en bas. Le joint entre les deux gabions farcis est fermé par un fagot de sape ou un sac de laine. Le travail des sapes est exécuté par deux brigades marchant de concert.

Sape demi-double. — Si le terrain sur lequel on chemine n'a pas la largeur nécessaire pour y établir une sape double, comme serait une chaussée étroite ou la plongée d'un parapet, on construit une sape demi-double. La figure 2 de la planche XXVIII en donne un profil perpendiculaire à sa direction. Ce n'est autre chose qu'une sape simple sur le revers de laquelle on établit pour se couvrir une ligne de gabions remplis avec des sacs à terre ou de petites fascines ; cette sape n'a jamais qu'un mètre de largeur en haut. Les gabions sur le revers sont posés par le premier sapeur en même temps que ceux du parapet ; leurs joints sont recouverts par des fagots de sape. Les parapets de ce cheminement d'ailleurs très-étroit et peu commode, mettent à peine à l'abri de la mitraille ; il ne faut donc l'employer que rarement et dans des cas tout à fait particuliers.

Sape demi-pleine. — C'est une sape dans laquelle les travailleurs ne craignent aucun coup de face ; on peut alors supprimer le gabion farci destiné à les abriter de ce côté, et le travail marche plus rapidement.

Il y a dans l'exécution de ces différents travaux de nombreuses manœuvres qui font l'objet d'une étude particulière de la part des soldats du génie : déjà nous avons parlé des retours de sape simple en sape simple ; on pourrait avoir à déboucher d'une sape simple en sape double, d'une sape double en sape simple, d'une tranchée élargie en sape simple ou double, à exécuter la réunion de deux sapes simples en une double, etc. Souvent aussi un accident dérange le gabion farci de sa position ; il faut savoir l'y ramener. Nous ne pouvons nous étendre sur toutes ces opérations ; le cadre de cet ouvrage ne le permet pas, et ce que nous avons dit suffit pour comprendre comment on pourrait les exécuter.

CHAPITRE IV.

———

Nous avons dit quels étaient les motifs qui pouvaient décider un général en chef à attaquer une place forte, et nous avons passé en revue cinq des moyens qui sont à sa disposition, en ayant soin de prévenir qu'ils étaient soumis à de nombreuses causes d'insuccès : il nous reste à examiner la dernière de toutes ces méthodes, lente, régulière, mais ayant plus de probabilité de réussite, je veux parler du siége en règle.

Dans le chapitre précédent nous avons déjà donné une idée succincte du genre de travaux qu'il faudra exécuter; celui-ci va être consacré au développement de la marche des attaques depuis le moment où le général en chef conçoit le projet du siége jusqu'à celui où il se rend maître de la place : dans le suivant on décrira la manière dont le défenseur doit se conduire pour arrêter ou du moins ralentir les progrès de l'assiégeant. Nous aurions voulu faire marcher parallèlement ces deux récits, pour que l'on pût comparer à chaque instant les progrès de l'attaque et le mode de résistance à ses travaux; des difficultés matérielles nous ont arrêté; mais nous engageons nos lecteurs à faire marcher de front ces deux études. Ils y seront aidés par les divisions de ces deux chapitres en un certain nombre de sections correspondantes à des périodes bien tranchées dans l'attaque. Ces coupures auront le double avantage de scinder notre récit et d'attirer l'attention sur les périodes principales marquées ordinairement par un changement dans le genre de travail exécuté par l'assiégeant, ou par un progrès considérable dans l'avancement du siége (1).

Pour tout ce qui va suivre nous avions un guide sûr et infaillible, dont nous ne nous sommes guère écarté. Les deux traités du maréchal de Vauban sur l'attaque et la défense des places sont certainement les meilleurs ouvrages existant sur cette partie de l'art de la guerre. Au dire du général Rogniat, l'art des siéges a été porté à sa perfection par le maréchal de Vauban ; et le général Valazé, en parlant du *Traité sur la défense des places*, dit que les gouverneurs assiégés ne sont jamais parvenus à faire une belle défense qu'en appliquant, avec ou sans connaissance de cause, les principes contenus dans ce traité : il suffit pour s'en convaincre de lire attentivement ce traité en même temps que des relations de siéges anciens ou modernes. Vauban, qui avait conduit cinquante-trois siéges dans le courant de sa carrière militaire, expose les résultats d'une longue expérience jointe à une sagacité remarquable, qui semble quelquefois lui dévoiler l'avenir.

---

(1) Nous n'admettrons aucun ouvrage avancé, ni pièce détachée, ni moyen accessoire de défense sur les fronts attaqués. Les changements qu'ils apporteraient aux procédés d'attaque seront indiqués dans les chapitres suivants.

PREMIÈRE SECTION.

PRÉPARATIFS D'UN SIÉGE. — INVESTISSEMENT. — ARRIVÉE DE L'ARMÉE DE SIÉGE. — CONSTRUCTION DES CAMPS, DES PARCS, DES LIGNES. — PLAN DIRECTEUR. — CHOIX DU POINT D'ATTAQUE.

—

Un général en chef qui veut entreprendre le siége d'une place, se décide d'après les chances de succès qu'il entrevoit : ainsi son armée peut être trop faible, l'armée ennemie trop forte, la saison trop avancée, le matériel trop difficile à réunir ; il faut alors remettre cette opération importante. Mais si le général se croit assuré du succès, il fait tous ses préparatifs. Il réunit d'abord une force suffisante ; or, on admet que l'armée de siége doit être huit ou dix fois plus forte que la garnison ; il faut en outre un autre corps destiné à couvrir l'armée de siége contre une armée de défense : ce corps, dont la force est variable, prend le nom d'armée d'observation. Ces forces sont rassemblées dans le plus grand secret, afin d'entretenir la sécurité du gouverneur ; on choisit un prétexte, on fait manœuvrer les troupes de manière à détourner les soupçons, ou au moins à diviser l'attention en menaçant plusieurs places à la fois.

Pendant ce temps, l'immense matériel nécessaire pour le siége est rassemblé en des points desquels on puisse facilement le conduire vers les places menacées. Les chiffres suivants donneront une idée de son importance : pour faire le siége d'une place ordinaire, il ne faut pas moins de 80 pièces de gros canon, 40 pièces de canon de campagne, et 50 mortiers ou pierriers ; chacune de ces pièces est approvisionnée à 800 coups au moins, et il faut les accompagner de forges, de chariots de batterie, d'affûts de rechange, de chèvres et agrès pour les manœuvres de force, de bois de plate-forme, etc. L'artillerie doit avoir en outre en magasin de la poudre, des cartouches, des grenades, etc.

Les magasins du génie doivent renfermer 40 ou 50,000 sacs à terre, des outils de terrassement au nombre de 40,000 environ, puis des outils de mineur, de charpentier, de charron, avec les bois nécessaires à ces ouvriers.

L'intendance réunit aussi un matériel considérable, en vivres, fourrages, matériel d'ambulance, etc.; puis elle s'occupe du mode de transport. S'il n'y a pas de voie fluviale ni de canaux, on rassemble des voitures, et il n'en faut pas moins de 4 à 5,000. Le transport par eau sera donc de beaucoup préférable (1).

En même temps le général en chef recueille tous les renseignements possibles sur les fortifications de la place qu'il veut assiéger : les plans du commerce lui en fourniront quelques-uns, mais incomplets; il doit surtout compter sur ceux que son gouvernement pourra lui donner, sur les reconnaissances directes dont nous parlerons plus tard, et aussi sur le rapport d'espions largement payés. Quelquefois un officier déguisé pénètre dans la ville; mais nous n'oserions conseiller ce dernier moyen, car à nos yeux le rôle d'espion ne se concilie guère avec la dignité de l'épaulette.

Quand tout est préparé, le général dévoile ses projets et se dirige enfin sur la place qu'il veut assiéger. Mais s'il se mettait en route avec toute son armée, avec son immense matériel, sa marche serait très-lente, et le gouverneur prévenu aurait le temps de faire entrer des secours. Pour éviter cet inconvénient, le général fait d'abord investir la place par un petit corps composé de troupes légères et pouvant se

---

(1) On peut consulter à ce sujet le mémoire adressé à S. M. l'empereur Napoléon III par M. le maréchal Vaillant, ministre de la guerre, au sujet des opérations de l'armée française devant Sébastopol (8 septembre 1855).

mouvoir avec célérité : on lui donne le nom de *corps d'inves-tissement*. En pays de plaine il sera presque exclusivement composé de cavalerie; on y mettra d'autant plus d'infanterie que le terrain sera plus accidenté. Sa force est environ de la moitié ou des deux tiers de celle de la garnison. Il se dirige à marches forcées vers la place, suivant des routes écartées et évitant ce qui pourrait le trahir. Un officier général en a le commandement; des officiers des états-majors l'accompa-gnent. Arrivées à l'improviste devant la place, ces troupes se développent rapidement, s'avancent presque jusqu'aux portes, surprennent les convois, refoulent les habitants dans la ville, puis forment un cordon tout autour, au pied des glacis pendant la nuit, hors de la portée du canon pendant le jour. Les hommes font face vers la campagne, gardés par-devant et par derrière par des postes et des sentinelles avan-cées. Ils empêchent ainsi l'entrée de tout secours en hommes ou en matériel. En même temps le commandant du corps d'investissement fait prendre des informations sur les posi-tions ennemies; les officiers d'état-major font une reconnais-sance rapide des environs, afin de préparer un projet d'as-siette pour les camps, et les officiers des états-majors particu-liers de l'artillerie et du génie s'occupent plus spécialement de la reconnaissance de la fortification et du terrain environ-nant au point de vue des attaques.

Le général en chef ne doit pas laisser le corps d'investis-sement livré à lui-même pendant plus de cinq à six jours; car ce corps, toujours assez faible à cause de la célérité qu'il devait déployer, se trouverait dans une position critique devant une garnison nombreuse, ou si des renforts arrivaient au gouverneur. Il se mettra donc en route aussitôt qu'il apprendra que la place est investie; il n'y a plus rien à mé-nager, le secret gardé jusque-là est devenu inutile, et il faut activer l'opération par tous les moyens possibles.

L'armée divisée en plusieurs corps se dirige à marches forcées vers la ville, suivie du matériel. Le commandant du corps d'investissement se porte à la rencontre du général en chef et lui rend compte de ses opérations, en même temps que les officiers d'état-major lui remettent un premier projet sur le campement de l'armée; il en prend connaissance immédiatement, parcourt le terrain et statue définitivement. Chaque corps doit être logé suivant sa composition, l'infanterie dans les lieux secs et aérés, la cavalerie à proximité de l'eau, l'artillerie et le génie à côté de leurs parcs dont nous donnerons tout à l'heure l'emplacement. Toutes ces dispositions sont prises rapidement, quitte à y revenir et à les rectifier plus tard d'après la position des attaques.

Les camps sont placés hors de la portée du canon, c'est-à-dire à 2,400 mètres environ des saillants les plus avancés (1). Ils occupent une zone concentrique à la place de 4 à 500 mètres de largeur; leur front de bandière est tourné vers la campagne, car c'est surtout de ce côté qu'ils ont à redouter des attaques. Il est bien entendu que s'il y a des points abrités par la forme du terrain et situés à une distance moindre, il faudra en profiter pour rapprocher ces positions. Les camps de l'artillerie et du génie avec leurs parcs ont au contraire le front de bandière dirigé vers la place, c'est-à-dire du côté seulement où ils ont affaire. Les communications doivent être faciles et sûres entre les différentes parties de ces camps; on construira des routes nombreuses pour les réunir; si elles sont séparées par une rivière, les communications seront rétablies au moyen de trois ou quatre ponts au moins, espacés d'environ 100^{m},00 les uns des autres, et garantis en amont par des estacades.

Des retranchements passagers doivent mettre ces camps à couvert contre les attaques soit de la garnison, soit de l'armée de défense. La ligne de retranchements construite à

(1) Aujourd'hui que les calibres et par suite la portée des pièces sont augmentés, et que les pièces de 80 vont probablement faire partie de l'armement des places, cette distance doit être portée à 3,000 mètres au moins.

l'extérieur porte le nom de *ligne de circonvallation ;* celle élevée à l'intérieur contre les attaques de la garnison s'appelle *ligne de contrevallation*. Ces lignes peuvent être continues, à intervalles ou à ouvrages détachés ; on emploiera les différents tracés suivant la nature du terrain et les obstacles naturels qu'il présentera, sans s'astreindre à se maintenir à une distance constante de la place, et en observant les préceptes donnés dans la première partie sur les lignes en général. L'obstacle opposé par la ligne de circonvallation doit être autant que possible continu ; on intercepte mieux ainsi les communications de la place avec l'extérieur ; cela n'est pas aussi nécessaire pour la ligne de contrevallation dont le profil est d'ailleurs plus faible. Les ponts doivent être abrités par de doubles têtes de pont, afin de garantir contre les attaques ces communications importantes.

Les lignes sont faites par les hommes de troupes avec tout le soin que comporte une rapidité d'exécution indispensable. On n'y emploie guère moins de huit ou dix jours, quelque célérité qu'on y mette. Cette perte de temps et le peu de succès qu'eurent les lignes dans certains cas engagèrent quelques militaires à les proscrire ; suivant eux, l'armée d'observation était suffisante pour couvrir l'armée de siége. Cela peut être vrai dans certains cas, dans d'autres on peut se contenter d'ouvrages détachés ; mais en thèse générale, il faut les construire et les composer d'obstacles continus, naturels ou artificiels, si l'on veut empêcher toute relation entre la garnison et l'extérieur. Seulement comme nous l'avons déjà dit dans la première partie, il faut savoir en faire un usage convenable, et ne pas leur demander autre chose que ce qu'elles doivent donner. Excellentes pour arrêter les espions, les petits détachement, les convois, ces lignes n'ont plus de valeur si l'armée de siége veut s'y renfermer pour résister à une attaque faite par l'armée de défense : leur développement est beaucoup trop grand, eu égard au nombre de troupes qui les défendent. (Voir le ch. XIV de la 1re partie.)

Pendant que l'armée construit les camps et les lignes, le matériel arrive et l'artillerie et le génie organisent leurs parcs. Les magasins à poudre sont isolés et entourés d'un parapet avec fossé en avant; on en construit plusieurs afin de diviser les quantités de poudre et pour qu'un accident ne mette pas hors d'état de continuer le siége; les poudres sont abritées par des hangars ou au moins par des toiles goudronnées. On fait préparer en même temps les fascinages nécessaires. Les fascines sont faites comme corvées par des soldats d'infanterie et de cavalerie, chaque bataillon ou escadron doit en fournir un certain nombre. Les gabions d'une confection plus difficile sont construits sous la direction des sapeurs du génie, et quelquefois payés à la pièce. Les matériaux de fascinage sont rassemblés en des points abrités et voisins des attaques; ces magasins portent le nom de dépôt de tranchée; nous reviendrons plus tard sur leur emplacement.

Les officiers du génie s'occupent du lever du terrain situé en avant des fortifications et de la reconnaissance des ouvrages. Le plan qu'ils obtiennent ainsi, complété par les renseignements divers obtenus sur le terrain et la fortification, porte le nom de *plan directeur,* parce qu'il sert à se diriger dans les attaques.

Les renseignements obtenus sur la fortification sont souvent inexacts; il faut les compléter par une reconnaissance directe, à laquelle seule on peut se fier. Elle est faite de jour ou de nuit : de jour on s'avance seul ou peu accompagné, profitant pour s'abriter des plis de terrain, des haies, fossés, murs, que l'assiégé a négligé de raser; on est soutenu par de petites gardes avancées, échelonnées en arrière et abritées de la même manière. On ne peut ainsi s'approcher beaucoup; pour arriver jusqu'à la fortification, il faut la reconnaitre de nuit : on arrive bien accompagné jusqu'au glacis; peut-être même, si la surveillance est mal exercée, jusqu'aux chemins couverts et à la contrescarpe; on sonde les fossés et les glacis, on mesure la profondeur des premiers, la largeur des seconds, puis on se retire peu à peu avec le jour qui ne permet pas encore à l'assiégé de vous apercevoir, mais qui vous laisse voir les masses que vous aviez devinées la nuit.

Le résultat de toutes ces reconnaissances est dessiné sur le plan directeur; le général en chef décide alors de quel côté il faut attaquer la place après avoir pris l'avis des commandants de l'artillerie et du génie, qui ont dû s'entendre sur ce sujet, et lui ont remis un mémoire dans lequel ils motivent leurs avis semblables ou opposés. Le choix du point d'attaque est une opération capitale de laquelle peut dépendre la réussite ou l'insuccès du siége. «Ce n'est pas chose aisée de bien démêler le fort et le faible d'une place, dit Vauban; mais il n'y en a point qui n'ait son fort et son faible, à moins qu'elle ne soit de construction régulière.» On retranche d'abord tous les fronts inattaquables, comme ceux situés sur un rocher escarpé ou le long d'une grande rivière, ou ceux en arrière d'une inondation sûre, d'un terrain marécageux battu par des pièces de fortification inaccessibles. On regarde ensuite comme points forts les fronts dont les fossés sont remplis d'une eau à courant rapide ou sont creusés dans le roc dur; ceux en avant desquels le terrain est dur, rocailleux, ou composé de bancs de rocs durs et pelés; on n'attaquera ces fronts que si l'on ne peut faire autrement. On fera ensuite un choix entre les autres, suivant la nature des fortifications, la quantité d'ouvrages dont il faudra s'emparer, la facilité offerte par le terrain pour le creusement des tranchées ou pour l'emplacement des batteries, etc., etc. Souvent d'autres considérations interviennent encore : il faut regarder à la facilité des communications et voir si le matériel arrivera facilement jusqu'aux points d'attaque. C'est ce qui eut lieu au siége de Sébastopol : le côté nord de la place offrait peut-être beaucoup plus d'avantages en ce qu'une fois maître de cette partie on dominait la rade et le côté sud; on pouvait donc incendier la flotte et la ville; mais l'armée alliée recevait ses

approvisionnements par mer, et la flotte n'aurait trouvé aucun point de débarquement ni de refuge sur cette côte inhos-
pitalière, tandis qu'en attaquant le côté sud elle avait les
rades de Kamiesh et de Balaclava.

On décide en même temps si l'on attaquera un ou deux
fronts; l'attaque contre un bastion et deux demi-lunes se
nomme *attaque simple;* elle se compose, d'après ce que
nous avons dit au chapitre III, de trois attaques partielles. En
général, on fait deux attaques simples contre deux bastions
voisins, et c'est ce que l'on appelle une *attaque double,* on
y trouve l'avantage de relier les deux attaques par des parallèles continues, ce qui permet de diminuer la force des
gardes qui se prêtent alors un mutuel appui, et on diminue
en même temps les travaux. Quelquefois cependant, une
rivière sépare deux attaques simples qui marchent parallèlement. On fait encore de *fausses attaques* pour détourner
l'attention de l'ennemi, mais on les abandonne dès le troisième ou quatrième jour; aussi ont-elles peu d'utilité.

Les parcs de l'artillerie et du génie doivent être autant que
possible à proximité des fronts attaqués; les dépôts de tranchée sont situés à 1,000 ou 1,200ᵐ,00 en avant de ces fronts :
si le terrain présente quelque couvert, on en profite pour
y placer ces dépôts et même les rapprocher; sinon on est
obligé de les abriter par des parapets en terre. L'hôpital de
siége doit être aussi à portée des attaques, sur un terrain
salubre; une ambulance est jointe aux dépôts de tranchée.

DEUXIÈME SECTION.

———

Tous les préparatifs de l'assiégeant sont achevés, ses
camps sont placés, ses lignes terminées; les reconnaissances
ont permis d'établir un plan directeur suffisamment exact sur
lequel on a discuté le choix du point d'attaque; l'emplace-
cement des parcs et des dépôts de tranchée est par suite
déterminé; le matériel de l'artillerie et du génie est arrivé et
mis en ordre dans les parcs; les fascinages sont achevés et
transportés aux dépôts : tout est donc prêt pour le commencement des travaux dont nous avons donné une idée dans le
chapitre troisième. On se rappelle qu'ils se composent de
cheminements et de places d'armes ou parallèles, et que le
mode d'exécution varie avec la distance à la place; les premiers, les plus éloignés, desquels nous allons d'abord nous
occuper, se font à la tranchée simple. Une première parallèle
enveloppe à 600^m,00 de distance au plus non-seulement les
ouvrages que l'on veut attaquer, mais encore ceux qui ont
des vues d'artillerie sur le terrain situé en avant des premiers.
Vauban recommande expressément de ne pas dépasser cette
distance, et de la prendre plus petite toutes les fois qu'il sera
possible. Nous ne saurions trop appuyer sur cette recomman-
dation; un exemple récent nous fournirait au besoin des
preuves de l'importance de cette maxime : les premiers travaux exécutés devant Sébastopol, situés à une trop grande
distance de la place, permirent aux Russes d'occuper en

avant de leurs premières fortifications des points favorables
à la défense, lesquels transformés en positions des plus fortes
ne purent leur être enlevés qu'après une perte considérable
de temps et d'hommes. Au contraire dans les siéges faits en
Espagne pendant les guerres de la Péninsule au commencement de ce siècle, on vit toujours la première parallèle
avancée à 500ᵐ,00 et même quelquefois à 400ᵐ,00 des ouvrages, ce qui faisait gagner un temps précieux. En arrière
de cette parallèle sont des cheminements destinés à la mettre
en communication couverte avec les dépôts de tranchée ;
on construit autant de cheminements que la première parallèle embrasse de capitales de bastions ou de demi-lunes.

Ces travaux sont tracés à l'avance sur le plan directeur de
la manière suivante (PL. XXVI, *fig. 1*) : on prend sur les
capitales des demi-lunes à partir des saillants des chemins
couverts des distances de 600ᵐ,00 ; en ces points on élève
des perpendiculaires de 35ᵐ,00 de longueur de chaque côté,
ce sont des portions de la première parallèle dont on achève
le tracé en joignant leurs extrémités voisines. Si nous ne
faisons qu'une attaque simple sur un bastion A et sur les
deux demi-lunes voisines E et E′, la première parallèle sera
prolongée environ jusque vis-à-vis la demi-lune G ; on cher--
che à appuyer son extrémité à quelque obstacle naturel,
comme un marais, une rivière, un escarpement, pour qu'elle
ne puisse être tournée ; sinon on la termine par une redoute
fraisée, palissadée et armée d'artillerie de position.

Les cheminements ne doivent pas beaucoup s'écarter de
la direction des capitales, tant pour rester dans les secteurs
privés de feux des ouvrages que pour ne pas gêner comme
nous le verrons plus tard le tir de l'artillerie ; on les maintient entre deux lignes *ab* et *a′b′*, tracées de la manière
suivante : à 60ᵐ,00 des saillants des chemins couverts de la
demi-lune ou du bastion on élève une perpendiculaire sur
la capitale, à laquelle on donne 25ᵐ,00 de longueur de chaque côté ; sur la première parallèle on prend 35ᵐ,00 de cha-

que côté de la même capitale, et on joint deux à deux les points ainsi déterminés. Les cheminements, nommés aussi *boyaux de tranchée*, sont tracés en zigzag de manière à être défilés des coups venant des fortifications.

Il est facile de voir que la plongée d'un projectile rasant la crête d'une tranchée simple perpendiculairement à sa direction ne doit pas être plus raide que la pente de 14 de base pour 1 de hauteur, pour qu'un homme placé sur le revers soit couvert à $2^m,00$ près. En effet dans le triangle A B C (Pl. XXVIII, *fig. 1*), la base A B est égale à $4^m,15$ (1,30 $+ 0,30 + 0,25 + 2,30$), la hauteur B C est égale à $0^m,30$ et le rapport de la base à la hauteur, $\frac{4,15}{0,30}$, est environ égal à 14. La ligne A C inclinée à 14 pour 1 représente donc la pente absolue du plan de défilement d'une tranchée simple sur le revers de laquelle un homme est couvert à $2^m,00$, et le problème à résoudre consiste à trouver la direction à donner à la tranchée de manière que les coups partant des points les plus dangereux de la fortification passent au-dessus de ce plan après avoir rasé la crête, ou tout au plus se trouvent dans ce plan ; c'est, on le voit, le problème inverse de celui que nous avons résolu dans la fortification passagère, alors que la direction des crêtes étant donnée, il fallait trouver leur hauteur, c'est-à-dire la pente du plan de défilement.

Considérons le boyau arrivant au point *m;* il doit laisser la place à sa gauche, de manière à ne pas être enfilé par les projectiles venant des fortifications. Supposons que le point le plus dangereux pour lui soit le saillant des chemins couverts de la demi-lune F ; il faut que le coup partant de ce point *f* soit au-dessus du plan de défilement du boyau, ou tout au plus dans ce plan à 14 pour 1 ; donc inversement le plan de défilement à 14 pour 1 doit passer par le point *f*. Mais la crête du boyau est une horizontale de ce plan située à $1^m,30$ au-dessus du sol ; elle devra donc passer à une distance de *f* égale à 14 fois la différence de niveau entre elle et ce point, et par conséquent elle sera tangente à un arc de cercle décrit du point *f* comme centre avec 14 fois cette différence de niveau. Pour voir si le saillant de la demi-lune F est plus dangereux que celui de ses chemins couverts, on fait la même construction pour le point F : on le prend pour centre d'un arc de cercle dont le rayon est égal à 14 fois la différence de niveau qui existe entre lui et la crête du cheminement ; la tangente menée à cet arc de cercle par le point *m* est la direction d'un boyau défilé du point F ; on choisit entre les deux celle qui s'écarte le plus des fortifications. La direction *nb'* du boyau en arrière a été obtenue de la même manière, en se défilant au quatorzième du saillant des chemins couverts de la demi-lune F'.

Chacun des boyaux recouvre toujours le précédent sur une longueur de 10 à 12^m,00 : on abrite mieux ainsi le revers de la tranchée, de plus on peut se garer dans ces prolongements pour laisser la circulation libre, et on y abrite aussi de petits postes destinés à la protection immédiate des travailleurs.

Quand ce tracé est fait sur le plan directeur, il faut l'exécuter sur le sol, ce qui exige que les capitales soient jalonnées au moyen de piquets. On peut aligner tout simplement le saillant de l'ouvrage sur celui de son chemin couvert, et jalonner cette direction en se tenant à 12 ou 1,500 mètres de la place. Cette opération est presque toujours suffisamment exacte ; mais, si les fossés et les chemins couverts sont d'inégale largeur, il faut avoir recours à d'autres procédés. On détermine d'abord les prolongements des faces de l'ouvrage, soit en alignant le cordon en maçonnerie, si on l'aperçoit, soit en alignant la crête extérieure au moment où le talus extérieur est dans l'ombre pendant que la plongée est éclairée ; l'arête se dessine parfaitement, et on peut jalonner son prolongement. Il faut ensuite diviser en deux l'angle formé par ces lignes en opérant toujours à la distance de 12 à 1,500 mètres des fortifications : supposons que l'on ait à sa disposition une boussole avec alidade. On se met en station sur un des prolongements en A (Pl. XXVIII, *fig. 3)* et on lit l'angle S A N ou *a* que cette direction fait avec la ligne nord-sud; de même en un point B quelconque de l'autre prolongement, on cherche l'angle *b* formé par cette ligne avec l'aiguille aimantée. Supposons maintenant que la capitale ou bissectrice S F soit tracée, il est facile de prouver que l'angle *f* qu'elle fait avec la ligne nord-sud est égal $\frac{a+b}{2}$: en effet, dans le triangle S D E, on a :

$$\text{S D N ou } b = \text{D S E} + \text{S E D} = \tfrac{1}{2} s + f.$$

Dans le triangle S A E, on a aussi :

$$\text{S E D ou } f = \text{A S E} + \text{S A E} = \tfrac{1}{2} s + a.$$

Retranchons la seconde égalité de la première, il vient :

$$b - f = f - a,$$

ou bien :

$$f = \frac{a+b}{2}.$$

On se promène alors sur le terrain avec la boussole, se mettant en station de temps à autre jusqu'à ce que l'on trouve un point F tel que SFN soit égal à $\frac{a+b}{2}$; il suffit d'aligner S F et de le jalonner ou de le piqueter.

On pourrait aussi se servir de l'équerre d'arpenteur; mais il nous suffit d'avoir donné la méthode précédente; on trouvera les autres dans les traités de topographie.

On cherche ensuite sur la capitale un point situé à 600m,00 du saillant des chemins couverts, pour avoir sa rencontre avec la première parallèle : le problème revient à chercher la distance d'un point quelconque A de cette capitale au saillant inaccessible S (Pl. XXVIII, *fig. 4);* il est facile à résoudre par la trigonométrie. Voici le moyen donné par Vauban pour opérer directement sur le terrain en se servant de l'équerre d'arpenteur : on élève au point A une perpendiculaire A B d'une longueur variable, soit 140m,00; on prend BC égal à une fraction quelconque, un quart par exemple, de A B, soit 35m,00; on élève la perpendiculaire indéfinie B D et on jalonne la direction S C que l'on prolonge jusqu'à sa rencontre avec B D. Les deux triangles SAC et BCD sont semblables, d'où il résulte que BC étant le quart de AB ou le tiers de A C, BD que l'on peut mesurer est le tiers de la distance cherchée AS.

Une fois cette longueur AS connue, le point M situé à 600^m00 de S se détermine en mesurant AM qui est égal à AS diminué de 600^m,00. On le piquete avec soin, et le piquet coiffé de paille est numéroté pour le reconnaître. Il est alors facile au moyen du plan directeur de piqueter aussi les points où les boyaux viennent couper la capitale et de déterminer leur direction. Ces dernières opérations se font au petit jour ou même par les nuits un peu claires.

La description de tous ces travaux préparatoires a dû être successive; mais en réalité ils marchent tous simultanément : établissement des camps, des parcs et des lignes, confection des fascinages, reconnaissances, tracé du plan directeur, choix du point d'attaque, tracé des travaux sur le papier, puis sur le sol, toutes ces opérations s'exécutent ensemble, avec le concours de l'armée entière, et elles ne doivent pas durer plus de neuf à dix jours. Alors peuvent réellement commencer les travaux d'attaque.

Nous avons déjà dit que les premiers travaux étaient exécutés à la tranchée simple, c'est-à-dire à découvert par des hommes travaillant simultanément à 1^m,30 de distance les uns des autres; on commence ce travail la nuit, ce qui s'appelle *ouvrir la tranchée*. Le moment de l'ouverture est fixé par le général en chef sur l'avis qu'il reçoit du commandant du génie que tous les travaux préliminaires sont achevés. Celui-ci a déterminé la quantité de travail que l'on entreprendra la première nuit d'après le nombre de travailleurs que la force de l'armée assiégeante permet de mettre à sa disposition. Ce travail comprend toujours une certaine portion de première parallèle, et tous les cheminements en arrière jusqu'aux dépôts de tranchée. La longueur totale des tranchées entreprises doit être d'autant de fois 1^m,30 qu'il y a de travailleurs.

Pour que ces hommes travaillent avec tranquillité, il faut les protéger par des troupes de garde assez nombreuses pour résister aux sorties de la garnison ; or, on ne pense pas qu'un gouverneur hasarde jamais à une si grande distance plus de la moitié de ses troupes et la garde sera prise supérieure à ce chiffre ; généralement elle est égale aux trois quarts de la garnison. Il doit en outre y avoir un ou deux postes de cavalerie abrités par un pli de terrain et prêts à se porter contre les sorties quand ils en recevront l'ordre. Ces postes sont situés à droite et à gauche du terrain des attaques.

Le commandant du génie a donné ses ordres aux ingénieurs, qui le jour précédant l'ouverture ont tracé toute la partie à entreprendre avec du cordeau blanchi à la craie. Quelques sapeurs du génie sont laissés couchés à plat ventre dans les points les plus importants, comme à la rencontre des capitales avec la première parallèle, afin d'être sûr de les retrouver. Chaque ingénieur trace la partie qu'il aura à exécuter. Les dépôts de tranchée sont approvisionnés de tous les matériaux et outils nécessaires.

Le jour de l'ouverture les gardes et travailleurs se réunissent dans l'après-midi aux dépôts de tranchée, les premiers en tenue de combat, sans le sac, les autres en veste et bonnet de police, la capote roulée. Ces derniers sont armés seulement du fusil avec sa baïonnette ; ils n'ont point de buffleterie, mais portent un paquet de cartouches dans la poche. Les travailleurs sont d'abord divisés en deux parties, ceux de la parallèle, et ceux des cheminements ; puis chacune des parties forme autant de colonnes qu'il y a de capitales. Les hommes sont toujours commandés par leurs officiers, mais la direction de chaque colonne appartient à des officiers du génie auxquels sont adjoints des sous-officiers de la même arme. On distribue à chaque homme une pelle, une pioche et une fascine à tracer ; les sous-officiers reçoivent des ba-

guettes sur lesquelles sont marquées les dimensions de la
tâche imposée à chaque homme; les caporaux travaillent
avec les hommes.

Les colonnes sont formées par le flanc, sur un seul rang
pour celles qui doivent exécuter les cheminements et sur
deux pour celles qui travaillent à la parallèle. Les hommes
ont le fusil en bandoulière; ils portent la pioche et la pelle
d'une main, la fascine à tracer de l'autre : les officiers et les
sous-officiers sont sur les flancs, les ingénieurs en tête. Les
gardes sont rangées en autant de colonnes qu'il y a de capitales. Il est important que les hommes soient instruits de ce
qu'ils auront à faire. Quand le jour commence à tomber, les
colonnes se mettent en marche suivant les capitales, les travailleurs de la parallèle précédant ceux des cheminements :
arrivés à la hauteur de la parallèle, les premiers qui sont
sur deux rangs font respectivement sur la droite ou sur la
gauche par file en bataille, de manière à venir se mettre successivement sur l'alignement tracé. A mesure que chaque
homme y arrive, il donne sa fascine à l'officier du génie qui
la pose sur le cordeau contre la précédente, puis il se couche
en arrière à plat ventre, face à la place, ayant d'un côté sa
pelle et sa pioche et de l'autre côté son fusil. On pose de
même les travailleurs des cheminements en commençant par
la partie la plus éloignée de la ville et prévenant bien les
hommes du côté vers lequel ils doivent jeter la terre. Le
général en chef et le commandant du génie assistent généralement à cette première opération et se font un honneur de
poser les deux premières fascines.

En même temps on a disposé la garde de la manière suivante : les bataillons sont espacés de distance en distance, à
vingt pas en avant de la parallèle; les rangs sont ouverts et
les hommes couchés à plat ventre le long de leurs fusils. Les
compagnies de grenadiers ont été détachées à vingt pas en
avant des bataillons, et les hommes sont aussi couchés à
plat ventre; enfin ces compagnies fournissent un cordon de

sentinelles posées vingt pas au delà et qui se tiennent un genou en terre. Une réserve plus ou moins forte reste en arrière des travailleurs.

Quand toutes ces dispositions sont prises, quand le tracé a été vérifié avec soin par les officiers du génie, ils font à voix basse le commandement de *haut les bras,* qui se transmet de travailleur en travailleur. Chaque homme se lève, dépose son fusil à plat du côté du revers et se met à travailler en silence, commençant à piocher à 0^m,30 en arrière de la fascine pour ménager la berme. Les officiers des troupes activent le travail, empêchent les travailleurs de se réunir pour creuser un trou dans lequel ils se mettraient à l'abri, et leur font jeter la terre du côté convenable. Au bout de deux ou trois heures de temps, suivant la nature du sol, les travailleurs doivent être couverts contre la mitraille; à la fin de la nuit, dans un sol ordinaire et s'ils n'ont pas été dérangés, la tranchée devrait avoir atteint une largeur de 1^m,00, mais on sera rarement aussi avancé; le terrain est souvent dur, rocailleux, sillonné de racines; des hommes blessés n'ont pu être remplacés; enfin une sortie a peut-être mis le désordre dans les travailleurs.

Si l'assiégé a recours à ce dernier moyen, voici la conduite à tenir par ses adversaires : aussitôt que les sentinelles aperçoivent l'ennemi, elles se replient sur les grenadiers et ceux-ci sur les bataillons; tous ensemble fondent à la baïonnette sur la sortie, que la cavalerie attaque par le flanc; il faut autant que possible ne se servir que de l'arme blanche. Si l'on réussit à mettre les assiégés en déroute, on se garde bien de les poursuivre, de peur de tomber dans une embûche ou de se laisser emporter dans la poursuite jusque sous les parapets de la place. La cavalerie seule peut achever la déroute pour se retirer ensuite dans sa première position, tandis que les bataillons, grenadiers et sentinelles, reprennent leurs postes; les travailleurs n'ont pas interrompu leurs travaux. Si les bataillons qui sont en avant de la parallèle ont le dessous, la réserve qui est en arrière vient à leur secours; enfin les travailleurs ne quittent la pioche pour le fusil que dans le cas où toutes ces troupes réunies seraient encore trop faibles. La sortie repoussée, chacun reprend sa place avec le plus d'ordre possible et se remet au travail.

Au petit jour, la garde se retire dans la tranchée et s'abrite sur le revers dans toutes les parties suffisamment avancées; les travailleurs sont relevés par d'autres qui arrivent dans la même tenue que les premiers, mais sans pelles, pioches ni fascines. Ceux-ci doivent, avec les outils des premiers travailleurs, porter la tranchée à sa largeur définitive.

Les détails que nous venons de donner sur ces premiers travaux montrent l'importance que l'assiégeant doit attacher à maintenir le gouverneur dans l'ignorance du point d'attaque et à lui cacher le jour de l'ouverture. Il faudra donc choisir une nuit sombre et pluvieuse, et en outre on pourra chercher à l'induire en erreur par quelque fausse démonstration ou quelques tentatives d'escalade faites du côté opposé. Le silence le plus profond doit aussi être gardé par les troupes, et il est bon de leur faire comprendre l'importance de l'observation de cette règle au point de vue de leur sécurité pour ne point attirer l'attention de l'ennemi, et par suite ses projectiles. Elle subsiste au reste pour tous les travaux à exécuter, et son importance croît en raison de leur rapprochement de la place.

Avant de poursuivre, il faut savoir comment est réglé le service de la tranchée : voici à cet égard les prescriptions de l'ordonnance du 3 mai 1832 sur le service des armées en campagne, au titre XIX. Toutes les troupes commandées pour la tranchée, travailleurs ou autres, sont sous les ordres d'un officier général nommé *général de tranchée;* les officiers généraux concourent entre eux pour ce service, on leur adjoint des colonels s'ils ne sont pas assez nombreux. Un officier supérieur commande les troupes de chaque attaque, sous les ordres du général de tranchée. Un officier supérieur

nommé *major de tranchée* est chargé par le général en chef
pour toute la durée du siége de tous les détails du service de
tranchée; il est l'intermédiaire entre les officiers d'artillerie
et du génie, et la troupe pour le service général, et il règle
la répartition des gardes et travailleurs suivant les demandes
de ces officiers et d'après les ordres du général de tranchée.
Le service des blessés est spécialement sous sa direction,
ainsi que la distribution aux dépôts de tranchée des outils et
fascinages.

La garde de tranchée est de vingt-quatre heures et se
monte par bataillons : on se rassemble sans bruit de caisse
ni de clairon, et on entre dans la tranchée par le flanc, les
armes descendues. Le service de travail est de douze heures
et se règle habituellement par compagnies. Les gardes sont
relevées à des heures variables, déterminées par le général
en chef suivant les besoins du service; les travailleurs le
sont le matin et le soir. Il n'est point rendu d'honneurs dans
la tranchée; quand le général en chef la visite, les troupes
se tiennent en haie sur le revers, l'arme au pied.

Les officiers du génie sont divisés en autant de brigades
qu'il y a de capitales ou d'attaques. Le service dans chaque
attaque roule alternativement sur chaque officier de la brigade : il est de vingt-quatre heures; mais l'officier doit arriver deux ou trois heures avant le moment fixé pour bien
prendre connaissance du travail fait, son service est donc en
réalité de vingt-six à vingt-huit heures. L'officier du génie
de tranchée fait un rapport au commandant du génie sur
l'avancement des travaux; il remet au général de tranchée
l'état des pertes des troupes du génie dans les vingt-quatre
heures, et en outre un rapport sur les travaux si le général
l'exige; celui-ci en reçoit un aussi du major de tranchée; le
double en est envoyé au chef d'état-major général.

L'ensemble des batteries dépendant d'une attaque est sous
les ordres d'un officier supérieur d'artillerie. Chaque batterie
est commandée par un capitaine ayant sous ses ordres des

lieutenants ou sous-lieutenants. Le commandant d'une batterie doit fournir des rapports analogues à ceux fournis par les officiers du génie.

Les officiers supérieurs chefs d'attaque doivent déférer autant que possible aux demandes et recommandations des officiers de l'artillerie et du génie : ces derniers sont chargés de la disposition des travailleurs et des gardes, suivant les ordres du général de tranchée, qui ne peut cependant de sa propre autorité changer les travaux proposés par les commandants de l'artillerie et du génie et approuvés par le général en chef; s'il y a discussion, il faut en référer à celui-ci, sauf le cas d'urgence. Chaque jour le général de tranchée ainsi que les commandants de l'artillerie et du génie adressent leur rapport au général en chef.

Revenons maintenant aux travaux d'attaque. On exécute pendant la deuxième nuit la partie de parallèle qui n'avait pu être entreprise la première, avec les cheminements en arrière; on termine aussi les portions commencées mais inachevées par suite de la difficulté du terrain, et enfin on commence les cheminements en avant, tracés de la même manière que ceux en arrière. Les hommes commandés pour ces travaux sont réunis comme la veille, et leur disposition est la même; la garde se tient dans la partie de parallèle déjà exécutée. Le lendemain au jour les cheminements et la parallèle sont portés à largeur par des travailleurs d'infanterie, et les sapeurs du génie construisent dans les endroits désignés les gradins de fusillade et de franchissement. Puis, si les extrémités de la parallèle ne s'appuient pas à un terrain inaccessible, on élève les redoutes dont nous avons déjà parlé en tenant leurs faces défilées des feux de la place.

On continue ainsi entreprenant chaque nuit de nouveaux cheminements et perfectionnant ceux entrepris la nuit précédente, et l'on se hâte d'arriver jusqu'à l'emplacement de la deuxième parallèle que l'on amorce dès la troisième nuit. Elle a d'abord été tracée sur le plan directeur à 325^m,00 de la place ou à 275ᵐ,00 de la première parallèle, distance comptée sur les capitales des demi-lunes. Le travailleur est ainsi plus rapproché de la garde qui le protége que de la sortie qui vient l'attaquer. On la prolonge jusqu'à l'alignement des dernières faces d'ouvrages ayant vue sur le terrain des attaques; on la rejoint alors à la première parallèle par une tranchée défilée dont l'extrémité limite cette première place d'armes. Le tracé est exécuté au cordeau sur le terrain par les méthodes déjà connues.

D'après ce que nous avons dit plus haut, on ne peut employer la tranchée simple pour cette parallèle sans exposer inutilement un grand nombre de travailleurs; on la fait à la sape volante, et on l'entreprend en général sur tout son développement. Comme chaque travailleur apporte son gabion, on aura le nombre de travailleurs nécessaires en divisant la longueur de la parallèle par le diamètre d'un gabion qui est de 0ᵐ,65. Ces travailleurs sont réunis aux dépôts de tranchée le jour qui précède, car on emploie toujours la nuit pour l'exécution de ce travail. Ils reçoivent chacun une pelle, une pioche et un gabion. On en forme autant de colonnes qu'il y a de capitales; chaque colonne est sur deux rangs par le flanc; les hommes portent le fusil en bandoulière, le gabion sur la tête et les outils à la main; les officiers et les sous-officiers sont sur les côtés. Chaque colonne est sous la direction de deux officiers du génie et de quelques sous-officiers de la même arme.

Elles partent un peu avant la chute du jour, en suivant les cheminements: arrivés à hauteur de la deuxième parallèle les hommes de chaque rang font sur la droite ou sur la gauche par file en bataille, et viennent successivement se développer sur la ligne. Chaque homme en arrivant dépose son gabion qui est mis en place contre le cordeau par l'officier du génie, puis il se couche en arrière, faisant face à la place, ayant à côté de lui son arme et ses outils.

Une partie de la garde se tient dans les cheminements,

l'autre dans la première parallèle; quelques hommes déterminés peuvent se blottir en avant des travailleurs, dans de
petits couverts, pour mieux surveiller les sorties. La cavalerie est à son poste.

Aussitôt le tracé achevé, les officiers du génie le vérifient,
puis ils font le commandement de haut les bras. Ce commandement se communique à voix basse; les hommes se lèvent,
déposent leurs fusils sur le revers à trois ou quatre pas de
distance et se mettent à travailler à $0^m,30$ en arrière du
gabion dans lequel ils jettent d'abord les terres; ils les envoient ensuite en avant et vis-à-vis des intervalles, le moins
loin possible. On leur permet de se réunir deux ensemble;
l'un ameublit la terre à la pioche, l'autre la jette à la pelle :
au bout de trente à quarante minutes ils doivent être à couvert contre la mousqueterie. Les officiers veillent à ce que
les travailleurs ne perdent pas de temps, suivent bien les
dimensions prescrites et ne s'écartent sous aucun prétexte,
même pour enlever des camarades blessés. En cas de sortie,
ils réunissent leurs hommes pour permettre à la garde de
franchir la ligne de travail et de se porter au-devant de l'ennemi : les travailleurs ne se mêlent au combat que si l'action
de la garde n'est pas suffisante. Aussitôt la sortie repoussée,
ils reviennent à leurs travaux.

A la fin de la nuit la tranchée doit être à la profondeur de
$1^m,00$ sur une largeur de $1^m,30$. Le travail de chaque homme
est donc moitié de celui qu'il exécute pour ouvrir une tranchée simple, puisque le gabion n'a que $0^m,65$ de diamètre;
mais le danger est plus grand en premier lieu par la proximité de l'ennemi, ensuite parce que l'assiégeant a eu le
temps d'établir son artillerie : la tâche est donc encore assez
forte, et les hommes auront même de la peine à l'achever si
la terre est dure ou rocailleuse.

Aussi, quand l'artillerie ennemie est trop dangereuse, on
prend quelquefois la précaution suivante : aussitôt après la
pose des gabions et la vérification de leur position par l'offi-

cier du génie, les travailleurs se retirent dans la première parallèle; puis au bout d'une heure ou une heure et demie, quand la place ralentit son feu, ils reviennent, et chaque homme est replacé derrière un gabion; le travail se mène alors à la manière ordinaire. Quelquefois même on ne fait revenir qu'un homme pour deux gabions : les travailleurs ont alors plus de besogne, mais ils ne se gênent pas mutuellement, et, comme ils sont rapidement couverts, ils peuvent travailler avec assez de tranquillité.

Les travailleurs de nuit sont relevés au jour, et leurs successeurs reprennent les parties inachevées et élargissent la parallèle dont les dimensions définitives sont les mêmes que celles de la première. Elle ne les atteindra souvent qu'au bout de trente-six à quarante-huit heures. On construit de distance en distance des gradins de fusillade et de franchissement avec un gradin sur le revers.

L'usage de cette ligne, comme celui de la première, sera, dit Vauban :

1° De protéger les tranchées qui se poussent en avant;

2° De flanquer et dégager les cheminements qui appartiennent alors tout entiers à la circulation;

3° De garder les premières batteries;

4° De contenir tous les bataillons de la garde;

5° De leur faire toujours faire front à la place sur deux ou trois rangs de hauteur;

6° De faire communiquer entre eux les cheminements des différentes attaques;

7° Enfin de produire l'effet d'excellentes contrevallations qui contiennent et resserrent de plus en plus la garnison.

A mesure que tous ces travaux s'exécutent, on les relève pour les rapporter sur le plan directeur, où les travaux projetés avaient été tracés seulement au crayon. Pour faire ce lever on reprend avec soin les directions des capitales, et on piquete leurs points de rencontre avec les parallèles, on mesure ensuite les distances à la chaine, et les angles à la boussole. Ce que nous disons de tous les travaux exécutés jusqu'ici serait à dire de tous ceux dont nous parlerons plus tard ; ils doivent toujours être reportés sur le plan directeur après leur exécution.

Il est temps maintenant de nous occuper de l'action de l'artillerie de la place dont l'attaque a cependant peut-être été obligée de tenir compte plus tôt. Il faut que l'assiégeant établisse des batteries pour répondre au feu des assiégés, démonter les pièces, ruiner les parapets et protéger ainsi le travail. Leur position est d'ailleurs variable suivant les différents cas : si le gouverneur a pu connaître à l'avance le point d'attaque et y placer tout son armement, son artillerie inquiétera tellement les premiers travaux que l'assiégeant ferait des pertes énormes s'il ne lui répondait immédiatement ; on doit donc entreprendre la construction des batteries dès le lendemain de l'ouverture de la tranchée, c'est-à-dire qu'on doit les placer à hauteur de la première parallèle. Si au contraire l'assiégé, dans l'ignorance où il était du point d'attaque, n'a pu armer à l'avance ses parapets, son artillerie ne sera prête à tirer que vers le troisième ou quatrième jour ; déjà l'assiégeant en est à sa deuxième parallèle, qui masquerait le feu des batteries placées en arrière ; si elles existaient déjà il faudrait donc les reconstruire, ce qui occasionnerait une perte de temps considérable ; il vaut mieux ne les élever qu'à ce moment, et on les met à hauteur de la deuxième parallèle.

Les batteries ne se construisent jamais dans les places d'armes dont les crêtes n'ont généralement pas la direction convenable et où de plus elles gêneraient les communications ; on ne peut les placer en arrière que si une élévation de terrain suffisante leur permet de tirer par-dessus la parallèle, sans gêner les défenseurs ; leur position est alors excellente, car elles sont bien abritées contre les sorties. Leur emplacement habituel est en avant de la parallèle à 25 ou 30^m,00 de distance ; des boyaux défilés conduisent de la parallèle dans les batteries. On ne doit jamais les placer à plus de 600 ou 650ᵐ,00 de la place, à moins qu'un mamelon ne leur donne une position dominante et avantageuse.

Le principal but de ces batteries est de ruiner l'artillerie des parapets; on peut y arriver de deux manières : en la contrebattant directement, ou en se servant du tir à ricochet. Or il est facile de voir que la batterie n° 10 (PL. XXVI, *fig. 1*) par exemple, qui pour ricocher la face droite de la demi-lune F est placée dans son prolongement, contrebat directement la face gauche du même ouvrage; il en est de même de la batterie n° 7 par rapport aux faces du bastion A; il résulte de là qu'il suffit de construire des batteries dans le prolongement des faces des ouvrages; elles ricochent une face et contrebattent l'autre. On voit de plus que les batteries qui ricochent les faces d'un bastion prennent à dos les flancs voisins, et peuvent ricocher en même temps les chemins couverts de ces faces.

Il faut contrebattre l'artillerie de tous les ouvrages qui ont vue sur le terrain des attaques; ces ouvrages sont dans l'attaque simple qui nous occupe, en premier lieu le bastion d'attaque A avec les deux demi-lunes voisines E et E′, puis la face de chacun des deux bastions voisins B et B′ qui a vue sur les attaques (1), enfin celles des deux demi-lunes collatérales F et F′ qui battent le même terrain; ce qui fait en tout dix batteries de canons à établir. On y ajoute un certain nombre de batteries de mortiers que l'on place à côté des premières, ce qui diminue la quantité de travail, puisque les mêmes communications avec la parallèle servent pour les deux batteries réunies; leur but est de lancer constamment des bombes dans les ouvrages attaqués pour ajouter à l'effet produit par le tir du canon et gêner les défenseurs dans l'établissement des retranchements intérieurs. On peut encore

---

(1) On verra plus loin pourquoi la batterie destinée à ricocher la face droite du bastion B n'est pas indiquée sur la figure.

construire des batteries de mortiers dans un but particulier, tel que celui de démolir des casernes voûtées, de faire sauter un magasin à poudre, de brûler des dépôts d'approvisionnement, de couler des bâtiments situés dans un port intérieur, etc. Leur position varie alors suivant le but que l'on se propose.

Supposons que l'on établisse les batteries en avant de la deuxième parallèle et disons un mot de leur construction. Les prolongements des faces ont été repérés avec soin; la crête de la batterie est perpendiculaire à cette direction, et à 25 ou 30^m,00 en avant de la parallèle. La première pièce est mise dans le prolongement de la crête intérieure, les autres à la suite et à 6 ou 7^m,00 de distance du côté du terre-plein; la batterie n'a guère moins de six pièces et elle en a souvent davantage; de l'autre côté de la crête intérieure sont deux ou trois pièces pour ricocher les chemins couverts. Vauban recommande d'élever les plates-formes au-dessus du sol; cette élévation rend le tir à ricochet plus facile, mais le remblai qu'elle exige n'a pas assez de consistance et les plates-formes en bois sur lesquelles reposent la pièce ne peuvent être solides; on dispose donc ces plates-formes sur le sol. Les pièces tirent à embrasure; l'épaulement a 6^m,00 d'épaisseur sur 2^m,30 de hauteur; il est revêtu à l'intérieur de saucissons et de gabions; les terres nécessaires sont prises dans un fossé creusé en avant qui protége en outre la batterie contre les sorties. La figure 7 de la planche XXVI donne le profil d'une batterie de canon; il passe par l'axe d'une embrasure. Les mortiers n'ont pas besoin d'être sur le sol; on les met dans une tranchée de 0^m,74 de profondeur, ce qui permet d'activer la construction de l'épaulement, puisque les terres arrivent en même temps de cette tranchée et du fossé en avant (PL. XXVI, *fig. 8)*.

La construction de ces batteries exige trente-six heures environ; on les commence en général la cinquième nuit, quelquefois la quatrième, c'est-à-dire en même temps que la deuxième parallèle; au jour le parapet doit déjà être assez haut et assez épais pour couvrir le travail intérieur, et le fossé doit être assez profond pour que les travailleurs ne soient pas vus de la place. Pendant qu'ils continuent leur travail, on fait les revêtements intérieurs, on construit les plates-formes, et à la seconde nuit on arme la batterie et on dégorge les embrasures. Les pièces sont quelquefois amenées par les cheminements, traînées à bras; mais le plus souvent elles arrivent à découvert par la campagne en comblant les tranchées qu'il faut traverser. L'artillerie de terre emploie généralement des pièces de 24 en bronze et pour le tir à ricochet des obusiers courts de $0^m,22$. Mais si la place est armée de plus forts calibres, il faudra s'en servir aussi pour ne pas avoir l'infériorité, comme il arriva dans les premiers temps à Sébastopol. On emploie alors les pièces en fonte de fer, et surtout les obusiers longs de $0^m,22$ dont le projectile est assez lourd pour produire par le choc direct de grands effets, et qui agira ensuite par ses éclats. Les mortiers sont généralement du calibre de $0^m,22$ ou de $0^m,27$: on n'emploie ceux de $0^m,32$ qui sont lourds et difficiles à manier que pour les grandes distances.

De petits magasins blindés suffisants pour l'approvisionnement de vingt-quatre heures sont placés sous les parapets des communications; celles-ci ont été exécutées à la sape volante et défilées comme nous le dirons dans la section suivante.

Rarement toutes les batteries sont prêtes à tirer à la fin de la seconde nuit de leur construction; il faut attendre qu'elles soient toutes achevées pour ouvrir leur feu en même temps; on divise ainsi l'action de l'artillerie de la place qui ne peut concentrer son feu sur une seule batterie pour l'écraser. On préférera le tir à ricochet à celui de plein fouet; son action est plus grande, puisqu'il atteint les pièces en dessous de la ligne de feu et qu'il s'adresse à toute la ligne de celles qui bordent une face. En outre ce tir a l'avantage de consom-

mer moins de poudre, de ne pas user les pièces, de pouvoir
se continuer la nuit une fois qu'il a été bien réglé, puisqu'il
y a peu ou point de recul, et enfin de ne pas gêner les travailleurs en avant, car le projectile s'élève au-dessus de leur
tête. Il faut avoir soin de ne pas tirer en salve, mais coup à
coup pour occuper constamment l'ennemi.

On n'emploie le tir de plein fouet que dans le cas où les
pièces sont abritées contre le ricochet par des traverses bien
disposées, ou si la direction d'une face est masquée par un
ouvrage en avant. Ainsi dans l'exemple choisi à la planche XXVI, ne pouvant ricocher la face droite du bastion B,
dont la direction rencontre la demi-lune F, nous avons construit la batterie n° 8 destinée à contrebattre directement
cette face. Des volets en bois ou *portières d'embrasure* garantissent les canonniers contre le tir des armes de précision.
Ce sera le moment d'employer ce tir contre les canonniers
de la place ; on embusquera dans différentes parties de la
parallèle des tireurs adroits abrités par des sacs à terre.
Quelques-uns pourront même se rapprocher de la place pendant la nuit, se faire rapidement un abri en creusant un
trou dans le sol, et se couvrant par quelques sacs à terre ;
ils emportent des vivres pour la journée qu'ils passent dans
ces espèces d'embuscades à guetter tous les hommes et surtout les officiers qui se montreraient au-dessus des parapets.
Ce moyen fut employé avec succès au siége de Rome, et les
chasseurs à pied avec leurs carabines se rendirent très-redou-
tables aux défenseurs.

TROISIÈME SECTION.

CHEMINEMENTS DEPUIS LA DEUXIÈME PARALLÈLE. — CONSTRUCTION DE LA TROISIÈME PARALLÈLE ET DE SES BATTERIES.

—

Pendant que l'artillerie construit et arme ses batteries, l'assiégeant ne reste pas inactif, mais il continue à s'avancer en cheminant à la sape volante : on se rapproche trop de la place pour employer encore la tranchée simple. Ces cheminements se réduisent à trois dans l'attaque simple que nous considérons, suivant les capitales du bastion et des demi-lunes d'attaque ; il faut toujours par leur direction les défiler des ouvrages de la place, c'est-à-dire que leur prolongement doit passer à une certaine distance des saillants dangereux. Cette distance dépendante de la pente du plan de défilement et du relief de l'ouvrage dangereux était fixée dans le cas de la tranchée simple à quatorze fois la différence de niveau entre le saillant dont on se défile et la crête de la tranchée à défiler, afin qu'un homme fût couvert à $2^m,00$ sur le revers. Dans une tranchée en sape, la pente du plan de défilement doit être seulement de $\frac{3,18}{0,30}$ comme il est facile de le voir sur la figure 1 de la planche XXVII, pour arriver au même résultat ; en effet, dans le triangle ABC, la base AB est égale à $0,33 + 0,30 + 0,25 + 2,30 = 3,18$ et la hauteur est toujours de $0^m,30$, ce qui donne pour la ligne AC ou la direction la plus raide du projectile une pente de 11 pour 1 environ. Les prolongements des cheminements doivent donc passer à une distance du saillant dangereux égale à onze fois la différence de niveau entre ce saillant et la crête du boyau. On les trace sur le plan directeur d'après cette condition ;

mais souvent au lieu de rapporter ce tracé sur le terrain, on le fait directement et à vue, se contentant d'approfondir un peu la tranchée sur le revers, si on n'y était pas couvert tout à fait à 2ᵐ,00 ; chaque boyau recouvre toujours le précédent de 10 à 12ᵐ,00. Le travail se mène du reste comme celui de la deuxième parallèle et on en entreprend chaque nuit une quantité qui dépend du nombre de travailleurs fourni par les troupes. La garde se tient dans la deuxième parallèle ; quelques hommes déterminés sont placés en avant pour donner l'alarme en cas de sortie ; il faut bien entendu les couvrir au moins par quelques sacs à terre, si le sol ne présente pas une position favorable.

Dans le cas où une batterie occupe la position de ces cheminements, on les reporte sur la droite ou sur la gauche pour qu'ils ne gênent pas son tir ; la figure 1 de la planche XXVI nous en offre un exemple. On regagne aussitôt que possible la direction de la capitale.

Cependant, vers le sixième jour, le septième au plus tard, les batteries seront probablement achevées, et elles engageront le combat avec l'artillerie de la défense, comme nous l'avons indiqué ; si leur feu est bien dirigé, il est probable que l'assiégé aura le dessous et cessera ce combat inégal, dans lequel il ne peut battre que de plein fouet, tandis qu'il est en même temps battu de plein fouet et à ricochet. L'artillerie de l'attaque ralentit en même temps l'activité de son feu mais sans le cesser complétement, pour ne donner aucun repos au défenseur ; elle ne se servira presque alors que du tir à ricochet, dont nous avons déjà expliqué tous les avantages.

Les cheminements avancent sous la protection de l'artillerie, et vers la septième ou la huitième nuit on sera à 130 ou 150ᵐ,00 de la deuxième parallèle, c'est-à-dire à 180 ou 200ᵐ,00 des chemins couverts ; à cette distance, la garde trop éloignée soutient mal les travailleurs. On construit à droite et à gauche des cheminements des portions de tranchée parallèles à la deuxième place d'armes; elles sont exécutées à la sape volante et terminées par un retour de 10 à 12ᵐ,00 pour faire tête plus facilement aux sorties qui tenteraient de les tourner. On les nomme *demi-places d'armes* ou *demi-parallèles.* Il ne faut point qu'elles gênent le tir des batteries en arrière; on les arrête aux prolongements de la direction de ce tir; des gradins de fusillade et de franchissement sont élevés sur tout leur développement. Aussitôt qu'elles sont terminées, la garde les occupe pour protéger plus efficacement les travaux en avant; la réserve se tient dans la deuxième parallèle. La première n'est plus alors occupée qu'à ses extrémités; mais la nuit surtout il faut y mettre des factionnaires de distance en distance, ainsi que dans les cheminements en avant et en arrière, et y faire circuler de fréquentes patrouilles pour arrêter les maraudeurs et les gens suspects, et recueillir les hommes blessés ou égarés.

On élève quelquefois, aux extrémités des demi-places d'armes, des batteries d'obusiers mises dans le prolongement des faces du bastion et des demi-lunes; elles remplacent les batteries en arrière si leur tir était rendu impossible par la présence de ces travaux.

Pour continuer les cheminements en avant des demi-places d'armes, il faut abandonner la sape volante qui expose trop les hommes à l'action de la mousqueterie rapprochée des chemins couverts; on les construit à la sape pleine. Nous avons donc trois têtes de sape marchant jour et nuit; des travailleurs d'infanterie suivent les brigades de sapeurs pour donner aux cheminements la largeur définitive de 2ᵐ,30 au fond. La pente du plan de défilement est du reste toujours à 11 pour 1. Si le feu de la place conserve de la vivacité, les sapes ne peuvent se continuer pendant le jour; on s'occupe seulement du travail d'élargissement. On se dédommage pendant la nuit en dérobant à l'ennemi la pose de quelques gabions à la sape volante dans les moments où le tir de mousqueterie se ralentit; c'est aux officiers du génie qui dirigent les sapes à saisir ces moments avec à-propos.

Les cheminements en capitale des demi-lunes arrivent ainsi à 60^m,00 des saillants des chemins couverts, c'est-à-dire à peu près aux pieds des glacis; il est temps alors de relier ces travaux par une troisième parallèle que l'on trace sur le plan directeur de la manière suivante : les lignes de 50^m,00 de longueur menées perpendiculairement aux capitales des demi-lunes et à 60^m,00 de distance des saillants de leurs chemins couverts, font partie de cette troisième place d'armes; les deux extrémités intérieures sont jointes par deux tranchées défilées à 11 pour 1, et qui se rencontrent en capitale du bastion, à une distance du saillant de ses chemins couverts variable avec l'ouverture du saillant, d'autant moindre que l'angle est plus aigu, mais qui ne peut descendre au-dessous de 40 à 50^m,00, car cette portion de la troisième parallèle serait trop exposée; des extrémités extérieures partent des portions de parallèle longues de 100 à 150^m,00 et terminées par un retour.

Sur le sol voici comment se fait le travail : on arrive à la distance voulue sur les trois cheminements (celle en capitale du bastion est calculée sur le plan directeur) en sape double debout; chacune de ces trois sapes se divise en deux sapes simples, marchant en s'écartant l'une de l'autre. Nous avons donc à un moment donné six têtes de sape marchant de concert; quatre d'entre elles vont deux à deux à la rencontre l'une de l'autre, les deux autres exécutent les parties extérieures. Immédiatement en arrière des brigades de sapeurs viennent les travailleurs d'infanterie qui portent la tranchée à la largeur voulue, puis des sapeurs qui construisent tout le long des gradins de fusillade et de franchissement. La parallèle est occupée par la garde au fur et à mesure de son avancement; de bons tireurs, protégés par des créneaux en sacs à terre, garnissent les crêtes. La largeur de cette place d'armes est de $2^m,30$ au fond; si on la veut un peu plus vaste, il faut l'approfondir sur le revers pour que les hommes y soient toujours couverts à $2^m,00$.

L'existence de la troisième parallèle gêne le tir des batteries numérotées sur le plan 3, 4, 5, 6, 7 et 9; on les remplace par des batteries situées en avant de la troisième parallèle, armées de mortiers, car les feux verticaux seuls peuvent être employés à cette faible distance de la place; la masse du glacis arrête le tir de plein fouet, et le ricochet ne serait pas assez tendu pour avoir de l'effet. Ces batteries, au nombre de six (PL. XXIX), dont deux tirant contre le bastion et les autres contre les demi-lunes voisines et les places d'armes intermédiaires, ont leur plate-forme à $1^m,00$ au-dessous du sol, et l'épaulement se masse avec la terre retirée de la tranchée dans laquelle elles sont placées. Leur crête est parallèle à celle de la place d'armes et à $25^m,00$ de distance environ. Le travail est commencé par les sapeurs du génie, qui exécutent la crête en sape simple et les communications en sape double; l'artillerie fait ensuite élargir avec des travailleurs d'infanterie. Ces batteries ne demandent que vingt-quatre heures pour leur construction; leur armement consiste en mortiers de $0^m,22$ ou de $0^m,27$ et en pierriers qui lancent des grenades dans les places d'armes. En outre, dans la troisième parallèle sont disposés de distance en distance de petits mortiers de $0^m,15$, que leur légèreté permet de changer souvent de position; leur tir inquiète beaucoup la garnison, qui ne peut d'ailleurs y répondre à cause de leurs faciles et fréquents déplacements.

QUATRIÈME SECTION.

CHEMINEMENTS EN AVANT DE LA TROISIÈME PARALLÈLE. — COURONNE-
MENTS DES CHEMINS COUVERTS. — BATTERIES DE BRÈCHE. — CONTRE-
BATTERIES. — FAÇON DES BRÈCHES. — DESCENTES ET PASSAGES DES
FOSSÉS. — PRISE SUCCESSIVE DES DIFFÉRENTS DEHORS, DU CORPS
DE PLACE ET DU RÉDUIT. — CAPITULATION.

L'exécution de la troisième parallèle marque un temps
d'arrêt dans les travaux. L'assiégeant arrive sur le terrain de
la fortification et son rôle devient de plus en plus difficile ;
nous venons d'indiquer les moyens de soutien qu'il a préparés.

Remarquons d'abord que les cheminements sur le bastion
ont jusqu'ici marché à hauteur de ceux sur les demi-lunes ;
mais à partir de la troisième parallèle, on ne peut continuer
immédiatement à s'approcher du saillant de cet ouvrage : car
à supposer qu'on pût y faire brèche, on ne pourrait donner
l'assaut avant la prise des réduits de demi-lune dont les
flancs voient ces brèches à revers. En outre les réduits de
places d'armes rentrantes encore intacts rendraient trop
périlleux l'établissement de ces cheminements. On se contente donc d'avancer ceux qui se dirigent sur les demi-
lunes.

On débouche en sapes simples de la troisième parallèle
des extrémités de son pan coupé et ces deux sapes vont à la
rencontre l'une de l'autre en décrivant des arcs de cercle
qui se réunissent en capitale à 15 ou 18^m,00 en avant du
pan coupé (PL. XXIX). Ce premier logement porte par suite
de sa forme le nom de *portion circulaire;* il est de suite
élargi et on y met une garde avancée. Les deux sapes simples

24

se réunissent en une sape double debout, suivant la capitale jusqu'à 30^m,00 de distance du saillant des chemins couverts ; si elle est prise d'enfilade par suite de sa longueur, on ménage au milieu une masse couvrante nommée *traverse tournante*. A son extrémité cette sape double se sépare en deux sapes simples construites en forme d'arcs de cercle maintenus à 30^m,00 du saillant et s'arrêtant aux prolongements des faces de la place d'armes ; ces cheminements sont immédiatement élargis par les travailleurs d'infanterie ; l'ensemble de la sape double et des deux sapes simples porte le nom de T.

A cette distance, l'assiégeant est à portée de grenades du défenseur ; les difficultés du travail augmentent et pour le continuer il faut faire évacuer le chemin couvert, ou au moins sa place d'armes saillante ; les feux verticaux des batteries en avant de la troisième parallèle ne suffisent point à remplir ce but, et voici le moyen employé : on construit aux extrémités des branches du T et vis-à-vis le terre-plein de la place d'armes saillante un massif en terre suffisamment élevé pour que de bons tireurs montés à sa partie supérieure et abrités par un parapet, plongent dans l'intérieur de la place d'armes qui deviendra inhabitable. On donne à ce massif le nom de *cavalier de tranchée*, par analogie avec les cavaliers construits dans l'intérieur des places pour dominer la campagne ; ces plates-formes élevées étaient autrefois d'un usage constant dans les siéges, et les Turcs devant Famagouste en 1570 élevèrent de véritables montagnes sur lesquelles ils placèrent leur artillerie qui plongeait dans l'intérieur de la ville et rendait toute défense impossible. Ces ouvrages considérables demandent de grands sacrifices de temps et d'hommes pour leur construction ; on leur donne aujourd'hui de moindres dimensions ce qui permet d'employer des méthodes plus expéditives. La figure 9 de la planche XXVI est un profil fait dans un cavalier de tranchée construit de la manière suivante : des sapes de 10 ou 12^m,00 de longueur partent des branches du T perpendiculairement à la direction des faces de la place d'armes prolongées, puis forment un retour de 5 à 6^m,00 ; la sape terminée et élargie, on place au pied du talus au quart, sur le fond de la tranchée, une première rangée de gabions que l'on remplit de terre et que l'on couronne d'un rang de fascines ; on arrive ainsi au niveau du sol et sur cet arasement on place un autre rang de gabions contre ceux qui formaient la sape ; on les couronne toujours de fascines sur une seule épaisseur ; les terres nécessaires sont prises sur le revers. En enlevant la troisième fascine de couronnement de la sape, on obtient à 1^m,00 en dessus du sol une plate-forme sur laquelle on peut établir des fusiliers garantis par un parapet formé d'une rangée de gabions remplis de terre, couronnée de trois fascines et soutenant une épaisseur de terre suffisante. Des gradins de 0^m,50 de largeur sur 0^m,50 de hauteur, composés de terres, fascines et gabions, conduisent à cette plate-forme. Si elle n'est pas assez élevée, on lui donne 1^m,00 de plus par les mêmes moyens, augmentant par des rangs de gabions posés à l'intérieur et à couvert la largeur des plates-formes successives, pour donner assez de base à la dernière qui a toujours une épaisseur de deux gabions. Le tireur est placé à 2^m,00 au-dessus du sol ; il est abrité comme précédemment et son coup de fusil part de 3^m,30 au-dessus des glacis ; des gradins lui permettent d'arriver à cette hauteur, et il tire à travers des créneaux en sacs à terre.

On ne fait généralement pas de cavaliers de tranchée plus élevés ; déjà l'exécution de celui-ci est longue et difficile : il faut y employer 40 travailleurs pendant vingt-quatre heures au moins.

Si le feu de la place mal éteint ne permet pas la construction du cavalier de tranchée, si le glacis a une pente trop raide pour que le tireur placé à 30^m,00 des crêtes et à 2^m,00 au-dessus du sol plonge dans la place d'armes, on remplace ces cavaliers par des batteries de pierriers qui inondent les chemins couverts de pierres et de grenades.

Sous la protection des feux les plus actifs partant des cavaliers ou des batteries de pierriers ainsi que de tous les ouvrages en arrière, les sapes continuent leur marche vers le saillant. On débouche des extrémités du T auprès des cavaliers de tranchée, au moyen de deux sapes doubles dirigées sur le saillant à 4 ou 5ᵐ,00 duquel elles viennent se réunir par un arrondissement. Pour achever de se rendre maître des chemins couverts, il faut pousser des sapes tout le long de leurs crêtes à une distance telle qu'il reste juste l'épaisseur de parapet suffisante entre la tranchée et la crête du chemin-couvert; c'est ce qui s'appelle le *couronner*. Dans l'hypothèse admise, les chemins couverts de la demi-lune étant à peu près abandonnés, leurs *couronnements* peuvent se faire à la sape pleine, simple ou double, suivant les cas.

La forme du couronnement est déterminée par cette considération qu'une certaine partie doit être transformée en batteries; il faut donc connaître à l'avance l'emplacement de ces batteries et leurs dimensions pour savoir comment on disposera le couronnement. Ces batteries sont de deux sortes : l'une dite *contre-batterie* doit tirer à travers le fossé de la demi-lune contre la face du bastion pour en ruiner le parapet dont le tir gênerait le passage de fossé; l'autre est la *batterie de brèche* dont le nom seul indique l'objet. Les pièces de ces batteries sont sur le sol de la tranchée, c'est-à-dire à 1ᵐ,00 en dessous de la surface du glacis; elles tirent à travers des embrasures percées dans un parapet de 5 à 6ᵐ,00 d'épaisseur, c'est-à-dire que la crête de la batterie est à cette distance de celle des chemins couverts. Les embrasures sont écartées de 5ᵐ,00 d'axe en axe; elles sont généralement obliques; si elles l'étaient trop on briserait la crête en crémaillère. La contre-batterie est placée le long de la crête de la place d'armes saillante, la batterie de brèche le long de la crête suivante; entre ces deux crêtes et vis-à-vis la première traverse du chemin couvert se trouve une traverse de défilement à laquelle on donne une épaisseur de 10ᵐ,00 pour une raison que nous dirons tout à l'heure. Quelquefois quand le glacis est très-dominé, on sépare en outre de deux en deux les pièces de chaque batterie par une traverse de 4ᵐ,00 d'épaisseur; une traverse semblable est entre la contre-batterie et la sape double dirigée vers le saillant. Au delà de la batterie de brèche, et vis-à-vis la deuxième traverse du chemin couvert est encore une traverse de 10ᵐ,00 d'épaisseur et de longueur variable; à la suite les couronnements deviennent des sapes ordinaires suivant les crêtes à 5 ou 6ᵐ,00 et défilées par des traverses de 4ᵐ,00 d'épaisseur placées de distance en distance.

Le tracé des couronnements étant fait à l'avance sur le plan directeur, on en conclut celui des sapes que l'on exécute sur le terrain à la manière ordinaire en ménageant toutes les traverses et les dimensions dont nous venons de parler; des travailleurs d'infanterie suivent les sapeurs pour donner la largeur habituelle. L'emplacement des batteries est ensuite livré aux travailleurs d'artillerie.

Telle est la marche du travail la plus favorable à l'assiégeant; elle est lente, mais méthodique et sûre. Malheureusement elle n'est pas toujours possible, et les considérations suivantes peuvent amener à suivre une marche plus rapide, mais en même temps beaucoup plus meurtrière : la raideur du glacis ne permet pas que les coups des cavaliers plongent suffisamment dans les places d'armes; ceux-ci ont pu être enlevés par les fourneaux de l'assiégé et le terrain si bouleversé qu'il est impossible de les rétablir; l'artillerie de la place, dont les feux sont mal éteints, arrête leur construction; les batteries de pierriers destinées à remplacer les cavaliers ne suffisent pas pour décider à l'abandon de la position un défenseur opiniâtre et courageux qui s'obstine à se maintenir dans les chemins couverts et arrête les têtes de sape par la vivacité de son feu, le jet des grenades et de continuelles sorties; enfin, dans certains cas, on redoute les lenteurs du couronnement à la sape pleine : des circonstances particulières obligent à brusquer les attaques, pour gagner du temps au risque d'éprouver de grandes pertes. On exécute alors le *couronnement de vive force*, c'est-à-dire à la sape volante.

La troisième parallèle, qui sert de point de départ aux troupes chargées de l'exécution de cette attaque, est mise en état de contenir ces troupes avec tous les matériaux dont elles auront besoin, comme outils, sacs à terre, gabions, fascines, etc.; on construit des gradins de franchissement le long de toutes les parties voisines du saillant, et des gradins de fusillade sur tout le reste; sa largeur est portée à $3^m,00$ dans le fond, et on l'approfondit sur le revers, si cela est nécessaire pour le défilement complet. Les batteries en avant sont augmentées; enfin, si l'attaque de vive force a été prévue à l'avance, la parallèle est rapprochée autant que possible des saillants à attaquer.

Quand tous ces travaux sont perfectionnés, on arrête ainsi l'ordre et le moment de l'attaque : il est rare que l'on veuille exécuter à la fois le couronnement complet de tous les chemins couverts; on exposerait trop de monde pour un résultat proportionnellement minime, car la nuit ne suffirait point pour achever le travail dans les parties rentrantes, il faudrait abandonner au jour ces travaux imparfaits, et l'assiégé les détruirait. On se contente généralement de couronner les saillants des chemins couverts des demi-lunes sur l'emplacement des contre-batteries et des batteries de brèche, c'est-à-dire jusqu'à la deuxième traverse des chemins couverts. Ce travail ayant été dessiné sur le plan directeur, comme nous l'avons dit précédemment, on calcule le nombre de travailleurs nécessaire pour l'exécuter à la sape volante, à raison d'un homme par gabion, et on en commande un quart en sus à cause des pertes probables. Ces travailleurs doivent être précédés de combattants pour déloger l'ennemi des chemins couverts : il en faut une quantité suffisante pour le culbuter dans le cas où il chercherait à se maintenir en force ; on estime en général qu'il suffit de 200 grenadiers par saillant, suivis d'autant de voltigeurs mis en réserve dans la troisième parallèle : ces troupes sont en sus de la garde ordinaire. Les travailleurs et les combattants sont réunis dans la parallèle environ une heure avant le moment de l'attaque, les premiers en tenue de travail, sans armes, les autres en tenue de combat ; ceux-ci sont en bataille au pied des gradins, prêts à escalader le parapet, les travailleurs sont rangés derrière ; sur le revers sont placés tous les matériaux et outils dont nous parlions tout à l'heure.

Ce travail à la sape volante sous un feu rapproché ne peut évidemment s'exécuter que la nuit ; mais, pour ne pas commettre d'erreurs dans la pose des gabions, on le commence environ un quart d'heure avant la chute du jour. Pendant toute la journée, les batteries réunies ont fait sur le chemin couvert et les ouvrages en arrière le feu le plus violent pour en écarter les défenseurs et briser les palissades.

A un signal généralement donné par trois fusées lancées successivement, les batteries cessent leur feu, et au départ de la troisième, les combattants s'élancent brusquement de la parallèle, précédés par un petit détachement de sapeurs du génie armés de haches et de sacs à poudre pour briser les barrières et les palissades, de quelques gabions pour encombrer les crochets de chemins couverts, et de pioches pour rechercher et détruire les saucissons de mine. Ces troupes se portent vers les chemins couverts, font leur décharge à bout portant sur les défenseurs et s'y précipitent pour les en chasser. A leur suite sont sortis les travailleurs portant chacun un gabion, une pelle et une pioche et dirigés par un certain nombre d'officiers du génie ; ceux de chaque capitale sont à l'avance divisés en trois colonnes de 100 hommes chacune environ ; deux sont chargées de faire les couronnements à droite et à gauche, la troisième exécute les communications avec la parallèle. Le tracé est fait rapidement, mais avec calme et sang-froid par les officiers du génie, aidés par quelques sous-officiers de la même arme ; chaque homme se met au travail dès que son gabion est placé et se hâte de le remplir en s'approfondissant pour être mieux couvert : Vauban demande même pour que le travailleur soit plus tôt abrité, qu'on lui passe des sacs à terre dont il remplit son gabion ; mais cette méthode exige trop de sacs, et d'ailleurs pour les faire passer il faut commander d'autres travailleurs, exposer par suite encore plus de monde.

Aussitôt que l'assiégé est chassé du chemin couvert, les combattants viennent se rallier derrière les travailleurs, un genou en terre, prêts à repousser l'ennemi s'il tentait de rentrer dans l'ouvrage ; ils s'abritent dans le couronnement aussitôt qu'il est capable de les recevoir.

Il est de la plus haute importance que les travailleurs ne s'écartent sous aucun prétexte, même celui d'emporter des camarades tués ou blessés ; leurs officiers et sous-officiers doivent maintenir cet ordre avec rigueur : des hommes sont commandés avec des civières pour venir chercher les blessés. Si les assiégés tentent une grande sortie contre les travailleurs, il faut chercher à les maintenir au travail et envoyer contre la sortie les troupes massées dans la parallèle, tandis que les premiers combattants rentrent dans les chemins couverts pour en chasser encore une fois le défenseur. Il est bien entendu que les batteries qui ne gênent point le travail continuent leur tir avec activité.

On le voit, ce mode d'attaque des chemins couverts est toujours fort sanglant : il faut au moins deux ou trois heures pour que les hommes soient couverts, et pendant ce temps combattants et travailleurs sont soumis à un feu rapproché, exposés à des sorties et peut-être aussi au feu d'un certain nombre de fourneaux de mine. Il faudra donc préférer l'attaque pied à pied. Pour se résoudre à se porter à découvert contre des hommes abrités par des remparts, il faut avoir un puissant motif de gagner du temps : dans l'attaque d'une place, s'il est un principe dont il ne faut jamais s'écarter, c'est celui d'être très-avare du sang du soldat et de ne l'exposer que dans un intérêt majeur et quand on ne peut faire autrement : prodigue de sa vie, Vauban s'occupait toujours de ménager celle des autres. C'est donc d'une manière générale que nous dirons que les attaques brusquées et de vive force ne doivent être employées qu'à la dernière extrémité et quand les autres moyens ont été épuisés. Nous aurons occasion de rappeler cette prescription,.cette règle trop souvent négligée et dont l'inobservation conduit quelquefois à des résultats déplorables.

Revenons maintenant à la succession du travail. Aussitôt que le couronnement est livré à l'artillerie, elle y construit ses batteries en portant à 7 ou 8^m,00 la largeur de leurs terre-pleins, élevant les traverses nécessaires au moyen des terres fournies par cet élargissement et préparant les plates-formes et embrasures. La contre-batterie est armée de quatre pièces de 16 ou de 24; on préfère généralement ces dernières, à moins que les difficultés du transport ne fassent choisir les premières qui sont plus légères. La batterie de brèche est aussi armée de quatre pièces; on préfère encore celles de 24 qui peuvent avoir un double emploi comme nous le verrons tout à l'heure. On ne construit pas de magasins pour ces batteries; la consommation journalière est abritée sous quelques bouts de madriers. Le temps nécessaire pour leur construction est de vingt-quatre heures. La figure 5 de la planche XXVIII est une coupe faite dans une batterie de brèche perpendiculairement à sa crête; les fossés ont été supposés pleins·d'eau.

Aussitôt que les contre-batteries sont prêtes, elles ouvrent leur feu contre les faces opposées du bastion, tirant de plein fouet contre les pièces qui se trouveraient encore vis-à-vis d'elles dans le prolongement du fossé; ces pièces ricochées par les batteries de deuxième parallèle, atteintes directement par les contre-batteries, inondées d'ailleurs de feux verticaux, auront bientôt le dessous dans cette lutte inégale ; la contre-batterie après avoir ruiné les embrasures et bouleversé le parapet, dirigera son feu plus bas, contre l'escarpe, à travers le fossé de la demi-lune, battant la muraille en brèche suivant les règles que nous indiquerons tout à l'heure.

Nous avons établi deux contre-batteries, mais une seule batterie de brèche dirigée contre la face de la demi-lune qui regarde le bastion d'attaque, parce que les ouvrages qui défendent cette face ont eu plus à souffrir de nos projectiles ; il suffit en général d'ouvrir une seule brèche à un ouvrage extérieur ; cependant si on craignait une résistance trop vive, on pourrait en faire deux symétriques de chaque côté de la capitale afin d'aborder la demi-lune par deux points à la fois. Les brèches ne se font point au saillant ; la maçonnerie en est trop épaisse ; on les ouvre à 8 ou 10^m,00 de distance sur une longueur de 20^m,00 environ ; il ne faut pas disséminer ses coups et tirer au hasard, mais suivre une marche régulière que voici : on fait d'abord une coupure horizontale au tiers de la hauteur de la muraille à partir du fond du fossé s'il est sec, un peu au-dessus du niveau de l'eau dans le cas contraire ; les quatre pièces y contribuent chacune pour une longueur de 5^m,00. Quand les terres se montrent sur tout ce développement, c'est signe que le mur est tranché ; alors les deux pièces extrêmes exécutent chacune une coupure verticale aux extrémités de la coupure horizontale et en commençant par le bas ; les deux autres pièces font deux coupures intermédiaires que l'on tient en retard sur les extrêmes. La muraille s'écroule habituellement avant que ces coupures ne soient achevées ; s'il reste des piédroits, on continue à les battre en brèche.

Les terres se maintiennent après la chute de la muraille sous des talus très-raides et tout à fait impraticables ; pour les adoucir on peut y envoyer encore quelques boulets, tirant par salves pour produire un plus grand ébranlement ;

ce moyen réussira probablement dans les terres légères ; mais dans les terres argileuses et compactes, il faudra employer les obus. Celui de 0ᵐ,15 peut être envoyé avec la pièce de 24 ; on pourra donc essayer ce genre de tir, mais avec une charge très-faible si on ne veut pas que l'obus se brise en arrivant sur les terres ; il vaudra mieux se servir de l'obusier court de 0ᵐ,22 qui a le même affût que la pièce de 24.

Quelquefois par suite de la grande profondeur du fossé ou de la largeur trop considérable des chemins couverts, le sommet de la contrescarpe empêche les pièces de la batterie de brèche de battre le mur suffisamment bas ; alors on renverse cette contrescarpe par l'explosion d'un fourneau de mine placé en arrière, ou on descend la batterie dans le terre-plein du chemin couvert. Dans ce dernier cas les coups plongeants rendent la construction longue et difficile.

Pendant que l'artillerie s'occupe de ces différents travaux, le génie continue les siens ; aux extrémités des couronnements à droite et à gauche des attaques, il a tracé une sape en retour organisée en place d'armes pour résister aux sorties ; du côté du bastion d'attaque on continue les couronnements, et pour soutenir ces travaux trop éloignés de la troisième parallèle quand le bastion est dans un rentrant, on en construit une quatrième partant des points du couronnement situés en arrière de la batterie de brèche : elle communique avec la troisième par des cheminements exécutés en même temps et composés alternativement de sapes simples parallèles à la place pour les défiler et de sapes doubles debout.

Il faut aussi descendre sur le terre-plein de la place d'armes saillante pour établir un cheminement en arrière de l'arrondissement de contrescarpe, ce qui s'appelle *couronner* cet arrondissement, et prévenir ainsi toute tentative de retour offensif débouchant des escaliers permanents ou provisoires qui se trouvent en ce point. Si la demi-lune a peu de commandement sur son chemin couvert, la *descente de chemin couvert* s'exécute au moyen d'une sape double dirigée dans le massif de la grosse traverse ménagée entre la contre-batterie et la batterie de brèche, traverse à laquelle nous avons laissé à cause de cela 10^m,00 au moins d'épaisseur. Cette sape double descend suivant une pente qui ne doit pas dépasser 4 pour 1, et vient déboucher à 1^m,00 au-dessous du sol du passage dans le mur qui soutient le glacis en arrière de la première traverse ; un semblable passage est construit au delà de la traverse de 4^m,00 d'épaisseur qui défile la contre-batterie du côté opposé aux attaques. Deux sapes simples partent en même temps des deux débouchés et marchent à la rencontre l'une de l'autre en suivant d'abord les pieds des talus extérieurs des premières traverses, puis contournant la contrescarpe à 4 ou 5^m,00 de distance.

Mais si la demi-lune domine suffisamment ses glacis, l'intérieur de cette descente sera soumis à des feux plongeants partant du saillant de cet ouvrage, et cette communication sera impraticable. Il faut alors la *blinder*, c'est-à-dire la recouvrir de fascines et de terre sur une épaisseur suffisante pour arrêter les projectiles ; on soutient ce *blindage* au moyen de châssis rectangulaires en bois nommés *blindes*, qui ont les dimensions indiquées à la figure 6 de la planche XXVIII. Les blindes sont placées verticales, leur plan parallèle à l'axe de la descente et deux à deux dans une position symétrique par rapport à cet axe, laissant entre elles un espace de 2^m,00 qui donne la largeur du passage (Pl. XXX, *fig. 1 et 2*). Deux systèmes successifs de blindes verticales sont réunis par une blinde placée horizontalement à leur partie supérieure. Les fascines de blindages qui ont 2^m,60 de longueur reposent sur cette espèce de charpente ; on en met au moins trois épaisseurs recouvertes d'une couche de terre de 0^m,50 à 0^m,60 d'épaisseur. Les terres de droite et de gauche sont soutenues par des fascines maintenues par les blindes. La sape ne doit avoir que 2^m,35 de largeur au fond, son palier de départ est à 0^m,50 au-dessous du sol de la tranchée. Le travail de la *descente blindée* s'exécute successivement à mesure que la sape double avance, les sapeurs travaillant toujours à couvert.

Il faut en même temps s'occuper d'arriver dans le fossé, et ensuite sur le talus de la brèche; on construit successivement pour cela une *descente de fossé*, puis un *passage de fossé*. La descente de fossé est dirigée dans le massif de la grosse traverse qui défile la batterie de brèche; elle peut être à ciel ouvert, comme nous l'avons dit pour la descente de chemins couverts; mais le plus souvent elle est blindée pour la garantir des coups plongeants, et quand elle s'enfonce à plus de 3^m,50 au-dessous du sol, on la continue souterrainément afin de ne pas être obligé d'ouvrir une tranchée sur une profondeur aussi considérable; elle devient alors semblable pour la forme et le mode d'exécution aux galeries de mine dont nous parlerons au chapitre VII. La pente du sol de la descente est toujours fixée à 4 pour 1; le point d'arrivée varie avec la nature du fond du fossé. S'il est en bonne terre jusqu'à 1^m,00 de profondeur, comme le passage de fossé ne sera autre chose qu'une sape ordinaire, la descente doit arriver à 1^m,00 au-dessous du sol (PL. XXX, *fig. 3*); mais si plus haut se rencontre l'eau ou le roc, la descente arrive à 0^m,30 au-dessus de l'eau ou au niveau du roc. Si on connaît le point d'arrivée et la pente, la distance du point de départ à la contrescarpe s'en déduira (1); il faut donc qu'une reconnaissance nocturne préalable ait instruit l'assiégeant de la profondeur des fossés, de la nature du sol, etc. L'origine de la descente détermine la longueur de la grosse traverse qui défile la batterie de brèche. Les descentes étant des ouvrages très-longs à exécuter, il faut les commencer aussitôt que possible; la marche du travail général, c'est-à-dire l'avancement du siége peut dépendre à un moment

---

(1) Cette distance est égale à quatre fois au moins la différence de niveau entre le point de départ situé à 1^m,50 en dessous du glacis, et le point d'arrivée.

donné de cette opération de détail : ainsi les couronnements des places d'armes rentrantes ne peuvent s'exécuter qu'après la prise des demi-lunes, que le travail des descentes retarde souvent.

Les passages de fossé s'exécutent différemment suivant les cas qui peuvent se présenter. Nous avons déjà dit que dans le cas des fossés secs et quand leur sol est en bonne terre au moins jusqu'à 1^m,00 de profondeur le passage de fossé se fait au moyen d'une sape simple ordinaire dirigée vers la partie d'escarpe restée debout du côté de l'angle d'épaule ; comme le travail est très-dominé, le premier sapeur s'enfonce de suite à 1^m,00 ; il est protégé d'abord par le tir des contre-batteries, par le tir de mousqueterie partant des couronnements, et quelquefois aussi contre les petites sorties par les créneaux d'une galerie souterraine ouverte le long et en arrière de la contrescarpe (1).

Si on rencontre l'eau ou le roc à moins de 1^m,00 au-dessous du fond du fossé, le passage s'arrête au niveau du fond, et il est garanti par un épaulement ou *gabionnade* formé de la manière suivante : deux files de gabions remplis de sacs à terre sont placées jointives sur le sol et couronnées d'une épaisseur de fascines ; sur cette plate-forme de 1^m,00 de hauteur on place un troisième rang de gabions remplis de la même manière et couronnés comme d'habitude de trois fascines ; les joints sont bouchés par des fagots de sape ; des peaux d'animaux fraîchement tués recouvrent le tout pour éviter l'incendie. Ce parapet de 2^m,30 de hauteur suffit pour abriter contre la mousqueterie ; le feu d'artillerie de la place doit être à peu près éteint pour que l'on puisse faire ces constructions difficiles et fragiles à la fois. La tête du travail est protégée contre les coups de face par une cloison en

---

(4) On voit ici l'inconvénient des galeries de contrescarpe qui donnent à l'assiégeant une excellente position pour protéger le passage de fossé.

madriers épais, suffisamment haute et large, montée sur un châssis à roulettes et manœuvrée par les sapeurs.

Quand le roc ou l'eau dormante existent à une certaine distance au-dessus du fond du fossé, la descente s'arrête à cette hauteur, et on le traverse sur une digue en fascines qui s'élève au niveau du roc ou à 0ᵐ,30 au-dessus de l'eau; les fascines sont remplies de pierres pour les faire couler à fond. La digue offre à sa partie supérieure une largeur de 5ᵐ,00 environ; elle supporte du côté de la place une gabionnade ou un parapet en fascines qui laisse encore au passage une largeur de 3ᵐ,00 environ. Les travailleurs sont couverts de face par un masque en madriers porté sur un radeau (PL. XXX, *fig. 4 et 5*), dans le cas des fossés pleins d'eau.

Si l'eau a du courant, la digue ainsi construite sera emportée ou au moins submergée; on ménage alors un écoulement dans l'intérieur, au moyen de conduits en bois posés pendant la construction; on arrange les fascines par lits successifs piqués les uns sur les autres; on les surcharge de pierres. Si le courant est fort, ces moyens sont insuffisants; on a essayé d'employer des gabions au lieu de fascines, disposant leurs axes suivant le courant; on a proposé aussi l'emploi de ponts sur radeaux ou sur chevalets. Ces moyens ne peuvent réussir que si l'assiégé n'a plus d'artillerie, et encore seront-ils toujours d'une exécution longue et périlleuse. Quand on attaque par de pareils points, il faut donc avoir une supériorité d'artillerie telle que celle de l'assiégé ne puisse plus paraître sur ses parapets, et en outre on activera son feu de manière à annuler presque complétement le tir de mousqueterie.

L'assiégeant à force de persévérance touche enfin au talus de la brèche; pour se rendre maître de la demi-lune il peut employer deux méthodes bien différentes, soit l'attaque de vive force en donnant l'assaut à l'ouvrage, soit celle pied à pied qui consiste à cheminer à la sape d'abord sur le talus des brèches, puis à leur partie supérieure sous la protection des feux des batteries et des logements en arrière.

Sauf des cas très-rares comme celui où la place peut exposer une très-grande quantité de monde sans crainte d'en manquer pour les dernières opérations, Vauban ne conseille que l'emploi du second moyen. On ne se presse point d'attaquer, mais quand la brèche est suffisamment adoucie, quand le parapet a été renversé jusqu'au pied du talus de banquette, on procède à cette opération de la manière suivante : tous les logements qui ont vue sur la brèche sont occupés par des hommes adroits tirant à travers des créneaux en sacs à terre; les batteries de toutes espèces font pleuvoir des projectiles dans la demi-lune et sur le haut de la brèche ; à un signal donné par l'enlèvement d'un drapeau placé en vue de tous, ordinairement sur les couronnements du saillant, tous les feux qui pourraient atteindre la brèche cessent, et deux ou trois sapeurs se glissent contre la partie du mur restant debout du côté de l'angle d'épaule et y préparent un logement; ils se couvrent en tête par un sac à laine, et sur le côté par des gabions calés avec des fagots de sape. D'autres sapeurs se joignent à eux pour approfondir le logement, l'augmenter et le pousser en avant. Si l'ennemi se montre en haut de la brèche pour les chasser, ils se retirent, et aussitôt le drapeau relevé donne le signal pour recommencer les feux avec vivacité ; au bout d'un certain temps on baisse de nouveau le drapeau, les feux cessent et les sapeurs reprennent leur travail. En répétant cette manœuvre, ils finissent par arriver en haut de la brèche ; si la demi-lune est complétement abandonnée, ils couronnent le sommet de la brèche par une sape, sans s'étendre sur le terre-plein; mais s'il reste encore quelques défenseurs, on les fait chasser par de petits détachements de grenadiers sous la protection desquels on exécute le couronnement.

On voit que cette méthode n'expose que peu de monde à la fois, et ne livre rien au hasard; il ne faut donc y renoncer que si le défenseur s'obstine à se maintenir en force dans l'ouvrage, malgré les pertes qu'il éprouve, et si par les moyens dont il dispose il parvient à arrêter la marche des cheminements : on a recours alors à la première méthode, il faut donner l'assaut.

On lance des colonnes d'attaque qui gravissent les brèches, s'élancent sur le terre-plein et en chassent le défenseur; à leur suite viennent des travailleurs qui exécutent à la sape volante le couronnement de la brèche en même temps que la communication sur son talus. Le couronnement s'appelle aussi *nid de pie;* aussitôt que son parapet est suffisant les colonnes d'attaque qui étaient restées en avant un genou en terre prêtes à repousser les retours offensifs, viennent s'y mettre à l'abri, et on l'organise pour la fusillade.

Nous ne nous étendrons pas davantage sur l'emploi de ce procédé, sur lequel nous aurons à revenir au moment de l'attaque du bastion.

Quand le couronnement est perfectionné, l'assiégé est obligé d'abandonner complétement la demi-lune, à moins qu'il n'ait établi dans les faces des coupures à l'abri desquelles il puisse encore se maintenir. Dans tous les cas, il faut venir couronner la contrescarpe du réduit de demi-lune pour préparer l'attaque de ce dernier ouvrage; on débouche en sape double du couronnement de la brèche, se dirigeant vers l'arrondissement de contrescarpe, à 4^m,00 duquel on s'arrête; puis la sape double se divise en deux sapes simples, suivant à 4^m,00 de distance les bords de cette contrescarpe, et on ménage de distance en distance des traverses pour le défilement. Sur les faces des demi-lunes qui regardent le bastion d'attaque, on prolonge ces cheminements jusqu'à l'extrémité pour empêcher les retours offensifs. Sur les faces opposées, on se contente d'arriver jusque vis-à-vis le point extrême de la brèche que l'on sera obligé de faire au réduit.

On continue en même temps le couronnement des chemins couverts au delà de la deuxième traverse, comme nous l'avons déjà indiqué, et pour soutenir ces travaux on construit la quatrième parallèle, qui doit être maintenue hors de la portée des grenades lancées des chemins couverts, c'est-à-dire qui est éloignée de leurs saillants de 30^m,00 au moins. Tout son développement est organisé partie pour la fusillade, partie pour le franchissement; les crêtes sont garnies de créneaux en sacs à terre, à travers lesquels de bons tireurs guettent constamment l'ennemi.

Si l'assiégé se maintient avec opiniâtreté dans les chemins couverts, les places d'armes et leurs réduits, on établit encore, en avant de cette quatrième parallèle, quelques batteries de mortiers et surtout de pierriers, pour achever sous leur protection le couronnement pied à pied. On débouche en même temps de la quatrième parallèle, cheminant vers les saillants des places d'armes en sapes alternativement simples et doubles; des travaux analogues sont dirigés vers le saillant de la place d'armes du bastion (PL. XXIX). Pour chasser l'ennemi de cette dernière position, on sera peut-être obligé de construire, à droite et à gauche de ces derniers cheminements, soit des cavaliers de tranchée, soit des batteries de pierriers, quelquefois tous les deux en même temps, comme nous l'avons indiqué sur le plan. Les couronnements sont d'ailleurs tracés à la sape de manière à ménager l'emplacement des batteries et traverses nécessaires, prévues à l'avance sur le plan directeur et dont nous parlerons tout à l'heure; on organise pour la fusillade tous ceux qui ne sont pas sur l'emplacement des batteries, et on les garnit de troupes.

L'assiégé, refoulé successivement de position en position, ne possède plus au delà du grand fossé que les réduits de place d'armes et de demi-lune. Nous allons nous occuper de la prise de ces ouvrages, et d'abord de celle du réduit de demi-lune. On se rappelle que l'assiégeant en a couronné la contrescarpe : il faut qu'il y fasse brèche pour pouvoir y pénétrer. Il peut le faire à la manière ordinaire, avec le canon, le couronnement étant transformé en batterie; mais cette opération, facile à comprendre, est d'une exécution lente et périlleuse. L'élargissement de la tranchée nécessite d'abord des déblais considérables, car le revers de la batterie est reporté environ jusqu'à la crête intérieure par suite de la faible largeur du terre-plein, et il faut en sus du déblai ordinaire, sur 7^m,00 de largeur et 1^m,00 de hauteur, enlever le massif de la banquette avec son talus, et peut-être une partie de celui du parapet. De plus, l'armement offre de grandes difficultés; il faut que chaque pièce amenée dans les couronnements de chemins couverts arrive dans les fossés par la descente souterraine, étroite et raide, franchisse le passage de fossé quelquefois peu solide, et enfin gravisse le talus des brèches, et tout cela sous des feux très-rapprochés. On peut cependant réussir en prenant les moyens que nous indiquerons plus tard, à l'époque de l'attaque du retranchement intérieur; mais on recule presque toujours devant ces difficultés quand il s'agit d'un ouvrage de peu d'importance, d'un ouvrage extérieur, et on fait brèche au moyen de la mine.

On arrive d'abord dans le fossé du réduit, soit par une descente blindée, soit par une descente souterraine, partant des couronnements; on peut encore renverser la contrescarpe par un fourneau de mine, c'est-à-dire au moyen d'une certaine quantité de poudre déposée dans la terre en arrière de la contrescarpe ; l'explosion de la poudre renverse la muraille et la remplace par un talus sur lequel on construit une descente à ciel ouvert; cette opération se fait en même temps à droite et à gauche du saillant. On traverse le fossé suivant deux sapes simples, continuations des descentes et qui arrivent au pied des escarpes des faces, à 15^m,00 environ du saillant; on attache le mineur en ces deux points, c'est-à-dire que l'on fait percer la maçonnerie; on pénètre jusque sous le massif du saillant par des galeries de mine, de

la construction desquelles nous donnerons une idée au chapitre VII, et on dispose des fourneaux dans les piédroits en
maçonnerie et dans les terres en arrière. Un blindage formé
de madriers épais, garnis de fer-blanc pour éviter l'incendie,
couvre l'entrée en galerie du mineur contre les matières
incendiaires ou pesantes que l'assiégé fait rouler sur lui du
haut du parapet. Les charges de poudre sont calculées pour
que leur explosion enlève tout le saillant sur une longueur
de 12 à 15^m,00 de chaque côté.

Habituellement ces brèches ne sont pas praticables, les
talus sont trop escarpés; après avoir réparé les dégâts causés
dans les cheminements par l'explosion, on y établit des fusiliers tirant derrière des créneaux en sacs à terre, et sous leur
protection des sapeurs en petit nombre adoucissent la rampe;
en même temps on accable de feux verticaux l'intérieur des
réduits pour en chasser le défenseur. Si celui-ci n'y conserve
qu'un faible détachement, on fait le couronnement pied à
pied, comme nous l'avons dit pour la demi-lune : deux sapes
simples gravissent la brèche à droite et à gauche, la contour-
nent et viennent se rencontrer en capitale. Mais si l'assiégé
oppose une grande résistance, s'il se maintient en force dans
l'ouvrage, on envoie vers le soir un petit détachement composé d'hommes d'élite qui abordent franchement la garnison
de l'ouvrage à la baïonnette et la culbutent dans le fossé;
sous leur protection des travailleurs exécutent le couronnement à la sape volante, et le détachement s'y met à l'abri
aussitôt qu'il est assez avancé. Ensuite pour enlever à l'assiégé la possibilité des retours offensifs et pour rester définitivement maître du réduit, on débouche du couronnement
et on chemine sur le terre-plein haut d'abord, puis sur le
terre-plein bas, comme l'indique la planche XXIX, pour
venir couronner la gorge de l'ouvrage.

L'attaque des réduits de place d'armes se fait en même
temps que celle des réduits de demi-lune. Pour forcer le
défenseur à abandonner cet ouvrage, on conduit dans le

massif du parapet de la demi-lune une sape demi-double, enfoncée de 1ᵐ,50 ; elle part des cheminements déjà exécutés. Pris à revers par la garde de ces logements, le terre-plein des réduits n'est plus tenable, et il faut que l'assiégé les abandonne au moins pendant le jour (1). Pour éviter qu'il n'y rentre pendant la nuit et que de cette position il ne domine des cheminements plus avancés, comme les batteries dressées contre les bastions, il faut y pénétrer et en couronner la gorge. On a d'abord construit des descentes de chemins couverts pour pénétrer dans les places d'armes rentrantes vers leurs extrémités ; deux sapes simples en débouchent et viennent se rencontrer vis-à-vis de l'arrondissement de la contrescarpe du réduit ; ensuite on renverse une partie de cette contrescarpe vis-à-vis des poternes par un fourneau de mine, et une sape simple descendant la brèche ainsi pratiquée conduit à la porte de la poterne du réduit placée du côté de la demi-lune. On traverse la poterne en la désencombrant, s'il est nécessaire, et on débouche sur le terre-plein du réduit par une sape qui contourne la gorge à 3 ou 4ᵐ,00 de distance.

Si la poterne était murée ou par trop obstruée, il faudrait attacher le mineur à l'escarpe et en enlever une partie pour pénétrer dans le réduit ; on pourrait aussi exécuter cette brèche avec une petite batterie de deux pièces, placée dans les couronnements de la place d'armes du côté de la demi-lune. On sera encore obligé d'en venir là si l'assiégé peut s'abriter par une gabionnade des coups partant du cheminement fait dans le parapet de la demi-lune, ou bien si une coupure dans la face de ce dernier ouvrage a empêché l'exécution du cheminement. On attaque la coupure en même temps que les réduits de demi-lune et de place d'armes, après avoir comblé son fossé.

(1) L'emploi de cette méthode suppose qu'il n'existe point de coupures dans les faces de la demi-lune.

L'assiégé a vu successivement tous ses dehors tomber au pouvoir de l'assiégeant; les tenailles seules lui restent : mais nous verrons qu'on ne s'en inquiète pas; elles tombent en même temps que le bastion de l'attaque duquel nous allons nous occuper. Pendant tous les combats, pendant tous les travaux que nous venons de décrire, les couronnements de la place d'armes saillante ont été transformés en batteries de brèche et en contre-batteries de manière à développer la plus grande quantité de feux possible et en ménageant cependant les traverses nécessaires pour le défilement. Les contre-batteries sont destinées à ruiner les flancs des bastions collatéraux dont les feux arrêteraient la construction des passages de fossé, ou verraient à revers les talus des brèches; ces batteries sont armées de six pièces chacune, et tirent dans le prolongement du fossé ; leur construction ne demande que vingt-quatre heures. Aidées dans leur œuvre de destruction par les batteries à ricochet de la deuxième parallèle qui peuvent reprendre leur feu en faisant évacuer les parties de la troisième parallèle qui en seraient gênées, ainsi que par les feux verticaux, elles ne doivent pas tarder à détruire l'artillerie des flancs et à bouleverser leurs parapets; pour que l'assiégé ne puisse même plus garnir ces flancs de mousqueterie, les contre-batteries les battent en brèche au niveau des crêtes des tenailles.

Les batteries de brèche placées à la suite des contre-batteries doivent ouvrir dans chaque face du bastion une brèche de 30^m,00 de largeur, située à 10 ou 12^m,00 de l'angle saillant qu'on laisse subsister, d'abord parce que son épaisseur le rend plus difficile à renverser, et ensuite parce qu'il abrite la montée des brèches contre les coups de revers venant des bastions voisins. On suivra pour exécuter la brèche les règles indiquées plus haut en parlant de la prise de la demi-lune; d'après ce que nous avons dit, il faudrait que la batterie de brèche fût armée de six pièces, à raison de 5^m,00 de brèche à exécuter par chaque pièce; si la longueur des crêtes de la place d'armes saillante ne le permet pas, on change la direction des embrasures des dernières pièces de la contre-batterie quand celle-ci a suffisamment pris le dessus, pour que les pièces restantes à elles seules empêchent le réarmement des flancs.

On a commencé aussitôt que possible les descentes de fossés toujours très-longues à faire et qui souvent arrêtent la marche en avant. On peut les faire partir de différents points du couronnement ; nous avons préféré comme point de départ une sape arrivant dans le fossé du réduit de place d'armes, afin d'avoir une hauteur moindre à franchir. Le palier de départ étant à 1^m,50 en dessous du sol dans lequel on creuse la sape, sera coté 7^m,20, d'après les hauteurs adoptées et 10^m,00 étant la cote du sol : en fossé ordinaire la descente débouche à 1^m,00 au-dessous du fond, c'est-à-dire à la cote 3 ; il y a donc à descendre 4^m,20, ce qui donne avec la pente choisie de 4 de base pour 1 de hauteur, une longueur de 16^m,80 ou environ de 18^m,00 en admettant un palier horizontal de 1^m,20 au point d'arrivée. A raison de 4^m,00 courants de descente exécutés par vingt-quatre heures, on voit qu'il faudra encore quatre jours et demi pour l'achever. Son débouché doit se trouver vis-à-vis les extrémités de la brèche du côté des angles d'épaule ; il est protégé par une galerie souterraine exécutée en arrière de la contrescarpe, à droite et à gauche de la descente et crénelée. Si le sol du fond du fossé était de roc ou si on trouvait l'eau, le débouché de la descente s'arrêterait bien entendu au niveau du roc ou à 0^m,30 au-dessus du niveau de l'eau.

Les passages de fossé s'exécutent comme nous l'avons indiqué pour la demi-lune et suivant les cas qui se présentent.

Les contre-batteries construites en avant des crêtes de la place d'armes saillante de la demi-lune, après avoir détruit le parapet des faces du bastion, ont ouvert aux escarpes à travers le fossé de la demi-lune deux brèches d'une vingtaine de mètres de longueur chacune, de telle sorte que le bastion a quatre brèches qui peuvent être rendues praticables. Si les fossés sont pleins d'eau, on ne peut arriver aux deux dernières brèches dont nous venons de parler; elles ne seront donc pas d'une grande importance; mais si les fossés sont secs et en bonne terre, on y parvient de la manière suivante : on construit d'abord dans les fossés de la demi-lune des cheminements en zigzag qui partent du passage de fossé; on vient ainsi couronner la crête de la caponnière simple, puis suivant la rampe qui est le long de la contrescarpe, on se dirige vers l'angle d'épaule de la demi-lune; c'est de ce point que part le passage de fossé dirigé toujours sur la partie de la brèche qui avoisine l'angle d'épaule du bastion, que l'on aborde par quatre points à la fois.

Les passages de fossé sont prêts; les brèches sont rendues praticables par les moyens dont nous avons parlé en traitant de la prise de la demi-lune : avant de tenter une attaque de la réussite de laquelle il n'est pas toujours sûr, et qui dans tous les cas doit lui coûter beaucoup de monde, le commandant en chef cherchera à entrer en conférence avec l'assiégé. Les propositions qu'il offrira au gouverneur varieront suivant l'état respectif des corps assiégeants et assiégés : si la garnison est encore nombreuse et bien munie de provisions de toutes espèces, si la mauvaise saison arrive, si l'armée assiégeante est décimée par la maladie, ou bien si l'on craint l'arrivée d'une armée de secours, on pourra offrir des avantages considérables, laissant la garnison se retirer librement et sous escorte en un lieu choisi par elle, avec ses armes, ses drapeaux et quelques pièces de canon; on garantira aux habitants la conservation de leurs priviléges et libertés, avec l'oubli complet du passé; le commandant en chef accompagnera ses propositions de menaces pour le cas où elles ne seraient pas acceptées, avertissant le gouverneur que toute demande postérieure de capitulation faite par lui sera nulle, à moins qu'il ne se rende à discrétion; il sera d'autant plus menaçant que sa faiblesse est plus grande. Mais si la garnison est considérablement réduite, si elle est découragée ou privée d'approvisionnements, ce n'est pas à l'assiégeant à offrir de composition, à moins qu'il ne redoute une lutte désespérée de la part de gens disposés à tout plutôt qu'à se rendre. C'est au gouverneur à connaître sa position et à savoir jusqu'où il peut pousser sa résistance.

Si le gouverneur ne fait pas de propositions, ou s'il refuse celles de l'assiégeant, celui-ci se décide à l'attaque du bastion. Il faut d'abord avoir des notions suffisantes sur l'ouvrage que l'on veut attaquer et surtout savoir s'il est muni ou non de retranchement intérieur; on comprend facilement que les dispositions à prendre ne seront pas les mêmes suivant que le bastion est retranché ou non, et que dans le premier cas la force de l'ouvrage intérieur influera beaucoup sur le mode d'attaque. Si en effet l'assiégé n'a aucun retranchement en arrière des brèches, le combat qui s'engagera sera pour lui une question de vie ou de mort, sa résistance sera désespérée et il y emploiera toutes les ressources qu'il possède encore; il devra en être de même s'il n'a pour refuge en cas d'insuccès et comme dernier obstacle à opposer à un assiégeant victorieux et exalté par la victoire, qu'un retranchement passager faible, souvent inachevé ou imparfait. L'armée de siége n'a plus à faire qu'un dernier effort, tout doit être disposé pour qu'il soit décisif.

Si au contraire en arrière des brèches se trouvent des retranchements permanents fortement organisés et que l'on ne puisse enlever par un coup de main, la prise de la partie saillante du bastion ne sera qu'un épisode du siége, sans en être la conclusion.

Pour savoir s'il y a un retranchement intérieur et comment il est organisé, on consulte les espions, les déserteurs, les prisonniers, on observe directement et avec de bonnes lunettes en se plaçant sur des lieux élevés; enfin on tente une reconnaissance directe faite par quelques hommes hardis et entreprenants qui se coulent la nuit le long des brèches et observent les dispositions prises par le défenseur.

Supposons d'abord que celui-ci ait un retranchement intérieur terrassé, en bon état et assez fort pour n'être pas escaladé. L'assiégeant a deux genres d'attaque à sa disposition, celle pied à pied et celle de vive force; la première, qui expose moins les hommes, est, comme nous le savons, préférable : nous en avons parlé à propos de l'attaque de la demi-lune; nous avons dit qu'après avoir écrasé l'ouvrage de feux de toutes sortes, pour en écarter le défenseur, quelques sapeurs, protégés par ces feux et ceux de mousqueterie préparés dans les couronnements, exécutaient une sape le long du talus de la brèche dont ils couronnaient ensuite pied à pied la partie supérieure.

Cette méthode, excellente pour des ouvrages extérieurs ou contre une garnison démoralisée et réduite par les fatigues et les dangers du siége, aura peu de chances de réussite si le défenseur résiste avec opiniâtreté. Il faut alors attaquer de vive force et donner l'assaut.

L'assiégeant s'y dispose de la manière suivante : on commande en sus de la garde ordinaire des tranchées ce qu'il faut de troupe d'élite pour accabler les défenseurs de la partie que l'on veut attaquer, et on les forme en autant de colonnes qu'il y a de brèches abordables; d'autres colonnes sont placées en réserve, prêtes à porter secours aux premières. Pendant la matinée on redouble la vivacité des feux de toutes espèces; deux heures environ avant l'attaque, les colonnes se rassemblent, massées dans les cheminements les plus rapprochés des brèches; elles ont en tête chacune un petit détachement de sapeurs du génie commandés par un officier de la même arme et munis de haches, de pinces, de sacs à poudre, pour rompre les obstacles opposés par l'ennemi, et de quelques échelles pour franchir les ressauts dont on n'a pas eu connaissance. En arrière des colonnes d'assaut, dans les couronnements, sont des tirailleurs en quantité suffisante pour exécuter les logements des brèches; ils sont formés en autant de colonnes qu'il y a de brèches, dirigées chacune par un officier du génie; les hommes portent un gabion, une pelle et une pioche. Enfin viennent les réserves.

Une heure à peine avant la chute du jour, à un signal donné, les colonnes s'élancent en même temps, gravissent les brèches sur le plus grand front possible, surmontant les obstacles opposés par le défenseur, l'abordent à la baïonnette, et secourues par les réserves, s'il en est besoin, le forcent enfin à évacuer le terre-plein. On le poursuit jusque dans les fossés, on se mêle avec lui afin de profiter de la faute qu'il aura peut-être faite de laisser les poternes du retranchement ouvertes; on entrerait alors immédiatement dans la ville : dans tous les cas, au milieu de cette mêlée, les sapeurs détruisent les communications destinées à mettre le feu aux mines, et les officiers du génie reconnaissent les fossés du retranchement.

Les travailleurs ont suivi les colonnes; les officiers du génie tracent les couronnements en laissant quelques espaces libres pour la retraite des combattants, et le travail s'exécute rapidement. Quand il est suffisamment avancé, c'est-à-dire au bout d'une demi-heure ou trois quarts d'heure de travail, alors que le parapet est à l'épreuve de la balle, les colonnes dont les hommes étaient restés en avant, un genou en terre, prêtes à repousser l'ennemi, rentrent dans le couronnement et s'y mettent à l'abri de manière à ne pas gêner les travailleurs qui élargissent et approfondissent le logement : si le défenseur tente un retour offensif, ils s'élancent sur lui à la baïonnette pour le rejeter encore une fois dans le retranchement.

Nous ne pouvons donner ici tous les détails, toutes les péripéties diverses d'une lutte toujours très-vive et sanglante de part et d'autre; en étudiant les moyens de défense de l'assiégé, en connaissant tous les obstacles qu'il oppose à l'assiégeant, on se fera une juste idée du courage, de l'intelligence, de l'opiniâtreté que celui-ci doit déployer pour les surmonter, arriver en haut de la brèche et s'y main-nir. On verra alors que pour réussir il faut avoir sous la main de nombreuses réserves, les lancer à propos pour soutenir les premières troupes engagées, remplacer les pertes et ré-sister aux attaques furieuses d'un ennemi qui voit tomber ses derniers retranchements.

Aussitôt que les logements ont reçu leur organisation dé-finitive, on y construit des gradins de fusillade, on les cou-ronne de créneaux en sacs à terre, et on y place une garde suffisante pour les mettre à l'abri de toute tentative ; puis on commence les travaux dirigés contre le retranchement inté-rieur. La position de celui-ci, par rapport au bastion, est la même que celle du réduit de demi-lune par rapport à la demi-lune ; aussi les travaux à exécuter sont-ils dans le même genre : on débouche des nids de pie, s'avançant en sape double pour faire le couronnement de la contrescarpe du retranchement ; il est composé de sapes simples ou dou-bles situées à 4 ou 5m,00 du mur pour ménager une épaisseur de parapet suffisante ; de distance en distance on laisse des traverses pour le défilement. Ces travaux sont protégés par un tir de mousqueterie très-actif organisé dans les sapes en arrière, et par les feux verticaux de toutes les batteries.

Pour faire brèche au retranchement, on peut tenter l'em-ploi de la mine ; mais il est probable que le défenseur a préparé les moyens de déjouer ces tentatives par des contre-mines dont nous parlerons plus tard : sinon de continuelles sorties ne permettront peut-être pas au mineur de s'enfon-cer. Il faut alors avoir recours au canon et vaincre par suite toutes les difficultés dont nous avons déjà parlé, difficultés plus grandes encore, car le fossé est plus large et le talus de la brèche plus élevé. On enlève d'abord les pièces de dessus leurs affûts et on les fait arriver au bas des descentes de fossé en les retenant par des cordages solidement amarrés à de forts piquets. La pièce glisse ensuite à force de bras sur une plate-forme en madriers suffisamment unie, disposée sur le passage de fossé et qui se continue tout le long du talus de la brèche. Pour lui faire gravir cette pente, on se sert de moufles et de poulies fixées à de forts piquets; enfin il faut par une autre manœuvre de force replacer la pièce sur l'affût. Du reste, la transformation du couronnement en batterie se fait à la manière ordinaire; il faut exécuter deux brèches, une sur chaque face, aussi larges et aussi douces que possible; chacune des batteries est armée de quatre pièces au moins. On construit en même temps deux descentes pour arriver dans le fossé.

Tous ces travaux demandent un temps assez long; mais enfin l'assiégeant les termine, les perfectionne et il se trouve alors dans la position où nous l'avons laissé précédemment, lorsque l'assiégé n'avait pas de retranchement intérieur permanent dans le bastion. Si celui-ci ne parle pas de capitulation, si le gouverneur, confiant dans le courage de ses troupes, protégé par quelque retranchement fait au moyen des maisons de la ville, ou bien ayant une retraite assurée pour lui et la garnison dans une citadelle, veut tenter encore le hasard d'un dernier assaut, l'assiégeant s'y prépare comme nous allons l'indiquer, traitant en même temps ce dernier cas et celui où il n'y a point de retranchement intérieur au moins suffisant pour résister à l'escalade.

Dans cette situation, il est évident que l'assiégeant ne peut songer à une attaque des brèches pied à pied; la résistance du défenseur rendrait inutile toute tentative de ce genre. Pour vaincre cette résistance, il faut une attaque de vive force, il faut en un mot donner l'assaut.

Les préparatifs de l'attaque sont les mêmes que ceux indiqués précédemment; il faut donc commander autant de colonnes qu'il y de brèches à escalader, et avec chaque colonne un certain nombre de travailleurs. Pour cette action décisive à laquelle prendra part toute la garnison, les colon-

nes seront fortes, les réserves nombreuses. Des détachements
de sapeurs du génie munis de tous les instruments et outils
nécessaires pour briser les différents obstacles ou les escalader sont joints aux colonnes. Pour recevoir ces troupes on
donne aux couronnements et aux descentes toute la largeur
possible. Tous les officiers sont munis d'instructions précises
pour indiquer la marche à suivre en cas de réussite; nous y
reviendrons tout à l'heure.

L'armée entière prend les armes le jour de l'assaut; tous
les corps qui ne sont pas commandés pour pénétrer dans la
ville ou pour le service des tranchées bordent les lignes de
contrevallation afin d'arrêter la garnison ou les fractions de
garnison qui tenteraient de s'ouvrir un passage les armes à
la main.

Les jours précédents, et pendant toute la matinée du jour
de l'assaut, toute l'artillerie en batterie inonde la place de
projectiles de toutes espèces pour démoraliser la garnison,
lui faire perdre du monde et l'empêcher de construire d'autres retranchements. Vers le milieu du jour, le signal est
donné et les colonnes abordent vivement les brèches sur six
ou huit hommes de front; secondées successivement par les
réserves placées en arrière, leurs efforts sont couronnés de
succès, elles arrivent au sommet de la brèche et parviennent
à s'y maintenir. Elles attaquent de vive force les retranchements passagers qui se trouvent devant elles et s'en emparent
par les moyens indiqués dans la fortification passagère. A ce
moment il est de la plus haute importance que les troupes
emportées par leur ardeur ne s'oublient pas à poursuivre
l'ennemi dans les rues de la ville; elles pourraient ainsi
tomber dans quelque embuscade et perdre le fruit de leur
victoire : elles ne doivent pas quitter les fortifications; mais
secourues et renforcées par les réserves elles s'étendent
successivement le long des remparts jusqu'aux portes les
plus voisines qu'elles ouvrent à des colonnes disposées dans
ce but. C'est alors seulement, lorsque l'on est suffisamment

fort, que l'on peut s'engager dans les rues, mais toujours avec précaution, se rendant maître d'abord des places principales et des grandes voies de communication.

Pour faire diversion au moment de l'assaut, il convient de menacer d'escalade plusieurs points de l'enceinte ; on commande à cet effet deux ou trois petites colonnes munies d'échelles, de cordages, en un mot de tous les instruments nécessaires ; il faut choisir pour ces expéditions des hommes d'élite, lestes, adroits et que l'on allège autant que possible. On a vu réussir ces attaques secondaires, et la garnison succomber au moment où elle se croyait victorieuse. C'est ce qui arriva au second siége de Badajoz ; tous les efforts des Anglais avaient été impuissants ; les colonnes du général Wellington n'avaient pu forcer les brèches, il faisait sonner la retraite, lorsque la garnison lâcha pied subitement. C'est qu'un faible détachement anglais avait escaladé le haut des murailles en un point du château mal gardé ; une des brèches dégarnie de ses défenseurs fût alors enlevée, et les autres prises en même temps de front et à dos furent abandonnées forcément par la garnison.

Si l'assiégé veut se défendre dans les maisons, s'il a organisé à l'avance des barricades, la marche de l'assiégeant doit être encore plus circonspecte. Il fait attaquer de suite ces barricades par des corps de 50 à 100 hommes lancés successivement, avant que le défenseur ait eu le temps de se reconnaître et d'organiser complétement la défense de ces positions. Si ces petites colonnes qui emploient du reste les moyens indiqués dans la première partie de cet ouvrage, échouent devant une résistance trop énergique, il faut avoir recours au canon ou à l'incendie pour chasser le défenseur de ces dernières positions. Dans certains cas, comme à Saragosse, lorsque les maisons sont solidement construites et formées de murs très-épais, on est obligé d'employer la mine, ce qui exige un temps considérable ; on n'arrive à la possession complète de la ville qu'après une suite d'opérations de détail longues et sanglantes. Ainsi on ne mit que vingt-huit jours (du 29 décembre 1808 au 26 janvier 1809) pour s'emparer des dehors et de l'enceinte fortifiée de Saragosse, et il en fallut vingt-six autres (du 26 janvier au 21 février) pour conquérir les maisons de la ville.

Lorsque la ville est emportée d'assaut après une résistance aussi énergique, il est bien difficile de retenir le soldat, et les lois de la guerre autorisent le pillage ; on a même vu des généraux réglementer cette liberté en imposant à l'avance une limite à ce temps de licence immodérée. Les annales modernes pourraient fournir plusieurs exemples de ces faits ; ainsi les Anglais à Badajoz livrèrent au pillage une ville amie cependant et avec un acharnement tel qu'un écrivain de la même nation, le général Napier, flétrit en termes sévères la conduite de ses compatriotes. Il faut l'avouer, les mœurs actuelles répugnent à de pareilles extrémités et un général en chef doit tout faire pour les éviter ; ce ne sera pas seulement un bienfait pour l'humanité, mais le vainqueur recueillera les fruits de sa conduite généreuse, car il conservera des approvisionnements précieux qui auraient disparu au milieu de ce tumulte. Ainsi le maréchal Suchet en 1811 arrêta ses soldats qui commençaient à piller la ville de Tarragone dans laquelle ils étaient entrés après cinq semaines de siége (du 21 mai au 28 juin) et après avoir livré cinq assauts meurtriers. Mais si le général en chef n'a pas assez d'influence sur des troupes irritées d'une longue résistance pour défendre absolument le pillage, il doit au moins y soustraire tout ce qu'il est possible ; il fera donc entrer dans la ville une troupe d'élite qui occupera les principaux bâtiments et établissements publics, les colléges, les couvents, les églises, les maisons de banque, les caisses publiques ou privées, les magasins nécessaires à l'armée, etc. ; de plus, tous ces points seront des lieux de refuge inviolables pour les habitants. Tels sont les moyens d'adoucir un mal que l'on ne peut empêcher.

Mais il est peu probable que l'on soit obligé d'en venir à de pareilles extrémités; le gouverneur voudra éviter ces malheurs aux habitants comme à la garnison, et quand il verra que toute résistance est devenue impossible et n'aurait d'autre résultat que celui de répandre beaucoup de sang, sans profit pour la défense, il demandera à capituler. Le commandant en chef de l'armée de siège règle les articles de la capitulation; il est plus ou moins sévère suivant sa position, suivant celle de l'assiégé; souvent il accorde de belles conditions à une garnison dont il veut honorer la courageuse résistance. Quelquefois tout se réduit à un seul article : l'assiégé est obligé de se rendre à discrétion. Dans tous les cas, il faut toujours qu'il commence par céder une ou plusieurs portes de la ville comme gages pour l'assiégeant. Ce dernier s'empresse aussitôt de prendre possession de tout ce qui ressort du domaine militaire : l'artillerie fait rassembler les armes et les munitions; le génie s'occupe des bâtiments et terrains militaires, ainsi que de la fortification qu'il remet en état si on tient à la conserver, ou dont il commence au contraire la démolition; l'intendant en chef de l'armée recueille tous les approvisionnements divers autres que les munitions, comme grains, farines, bois de chauffage, matériel d'hôpital et de manutention, et enfin la caisse militaire. Le général en chef s'occupe de l'administration intérieure de la ville, de la police des habitants, etc.

Quelquefois l'assiégeant n'est pas aussi heureux; la résistance du gouverneur a duré assez longtemps pour permettre l'arrivée d'une armée de secours, ou bien la mauvaise saison arrête les travaux et détermine des maladies nombreuses dans l'armée de siège; peut-être aussi la présence de cette armée est-elle nécessaire en un autre point : dans ces différents cas, il faut se résoudre à lever le siège. C'est une opération d'autant plus délicate qu'il faut la faire sous les yeux d'un ennemi exalté par le succès, peut-être en face d'une armée de secours, et traîner après soi un matériel

considérable. Si l'on n'a pas une armée d'observation pour
tenir en respect l'armée de secours, on charge de ce soin
un des corps de l'armée de siége ; un autre est échelonné
sur la route qui mène au point de retraite, afin de protéger
les convois, enfin le reste tient tête à la garnison et exécute
les travaux nécessaires. On évacue d'abord les malades et
les blessés, puis le matériel d'artillerie de siége, les vivres,
le campement, etc. ; on détruit tout ce que l'on ne peut emporter ; on brûle les affûts et les bois de toutes espèces, on
noie les poudres, on met les pièces hors de service en bri-
sant les tourillons, etc. Le gros de l'armée se met ensuite en
route protégé contre les entreprises de la garnison par une
forte arrière-garde composée de troupes légères.

CHAPITRE V.

DÉFENSE D'UNE PLACE FORTIFIÉE SUIVANT LE SYSTÈME BASTIONNÉ.

PREMIÈRE SECTION.

NOTA. Nous ne répéterons pas les titres des sections qui sont les mêmes qu'au chapitre IV.

A la fin du premier chapitre nous avons laissé le gouverneur au milieu des précautions de tout genre que lui indiquait la prudence; il est en train de compléter sa garnison, de réparer ses fortifications et de rassembler son matériel, lorsqu'il apprend que les troupes ennemies se concentrent et qu'elles pourraient bien en vouloir à la place qu'il commande; l'avis lui en vient de tous côtés. Il presse l'arrivée de ses approvisionnements, puis insiste auprès de son gouvernement pour que la place soit déclarée en état de siége. Si l'ennemi s'avance à moins de cinq journées de marche, il réunit en conseil de défense les officiers généraux présents dans la ville, les commandants de l'artillerie et du génie, et le chef du service de l'intendance; sur l'avis de ce conseil, la place est déclarée en état de guerre.

Aussitôt l'autorité militaire redouble d'activité; on tend les inondations, on achève de mettre en état les fortifications, et on établit sur les parapets de l'enceinte un armement dit *de sûreté*. Cet armement se compose d'un obusier court de 0ᵐ,22 tirant à barbette au saillant de chaque bastion, d'une pièce sur chaque face tirant dans le prolongement du fossé de la demi-lune, et de deux pièces de campagne tirant à embrasure sur chaque flanc. Cet armement est destiné à se mettre en garde contre les surprises et surtout contre l'escalade; aussi les flancs sont-ils mieux armés que le reste. On place des gardes pour éviter les surprises; les places d'armes rentrantes reçoivent un poste de 15 hommes environ, fournissant des factionnaires aux places d'armes saillantes; quelques patrouilles d'infanterie circulent au pied des glacis, elles partent des places d'armes rentrantes; enfin de distance en distance sont de petits postes de cavalerie destinés aux patrouilles plus éloignées. A l'intérieur un détachement de 45 hommes environ par front suffit pour la surveillance et même au besoin pour le service de l'artillerie des bastions en cas de surprise et en attendant les secours.

Le maire est immédiatement prévenu de la mise en état de guerre, et il invite à se retirer librement ceux qui ne voudraient pas s'exposer aux dangers d'un siége; le gouverneur fixe un délai pour ce départ. Passé ce délai, défense est faite aux habitants de rien emporter; ils doivent au contraire se munir de vivres pour le temps présumable de la durée du siége.

Le génie active ses travaux; il prépare les ponts et les rampes pour les communications; il pose tout le long des chemins couverts, au pied du talus intérieur, une rangée de palissades, interrompue par des barrières placées aux sorties et dans les passages derrière les traverses; il recoupe les différents talus de la fortification et en répare les rampes, parapets et terre-pleins. Ses ouvriers préparent les bois né-

cessaires pour construire des *blindages*, c'est-à-dire des
abris passagers contre la bombe, destinés à suppléer, comme
nous l'avons déjà dit au chapitre Ier, à l'insuffisance des abris
voûtés en maçonnerie. Ces blindages sont horizontaux ou
verticaux (PL. XXXI, *fig. 1*). Pour construire les premiers,
on choisit les bâtiments de la ville les plus solides, ceux dont
les murs de façade ont au moins 0^m,80 d'épaisseur ; on ne
blinde en général que le rez-de-chaussée. On double d'abord
le nombre des poutres et on les soutient par des poteaux
verticaux placés à leurs extrémités et au milieu de leurs
longueurs, afin que les portées ne soient jamais de plus de
3^m,50 à 4^m,00 ; sur ces poutres on place une rangée de pièces
de bois de 0^m,25 d'équarrissage environ, posées jointives ;
sur cette rangée on met deux couches de fascines, puis un
lit de terre ou de fumier pour éviter l'incendie ; on peut
remplacer les fascines par deux couches de bois de palissade. Des arcs-boutants ou des blindages inclinés consolident
les murs ; ces derniers ont en outre l'avantage d'abriter les
portes et les fenêtres contre les éclats de bombe. On les dispose de la manière suivante : des poutres ou bois en grume
sont appuyés contre le mur à leur partie supérieure et enfoncés dans le sol de l'autre côté ; leur base est à 2^m,00 au
moins du pied du mur, et ils sont inclinés à 2 de hauteur
pour 1 de base ; on les pose jointifs. En dessus sont deux
couches de fascines ; puis de la terre ou du fumier sur une
épaisseur de 0^m,80 au moins. On construit souvent de ces
blindages inclinés aux pieds des contrescarpes, dans les
fossés des fronts inattaquables et le long des gorges revêtues (1).

L'artillerie prépare les bois de plate-forme, les affûts de
rechange et les bois nécessaires aux batteries blindées, dont

---

(1) Les particuliers qui ont des caves voûtées peuvent les mettre à l'épreuve
de la bombe en recouvrant la voûte de 1^m,00 d'épaisseur de terre ou de fumier, ou mieux encore de trois épaisseurs de fascines.

nous parlerons plus tard; elle organise aussi quelques cha-
loupes canonnières, dans le cas où la place est traversée par
une rivière ou entourée d'une inondation.

Cependant l'ennemi s'avance toujours, et tout indique de
sa part une attaque prochaine. Le gouverneur se hâte de faire
sortir les bouches inutiles, les gens sans aveu et ceux qui
n'auraient pas une suffisante quantité de vivres; puis il fait
raser tous les obstacles ou couverts qui existent dans les
zones de servitude; on prend note des réclamations au sujet
des indemnités, qui ne sont réglées et payées qu'après le
siége. En même temps on fait rentrer dans la ville les troupeaux, les chevaux, les voitures, les bois, en un mot tous
les approvisionnements des villages voisins.

Le gouverneur organise le service de la garnison : des
meilleures troupes il forme une réserve qu'il conservera avec
soin pour la fin du siége, et qui sera toujours sous sa main ;
il crée ou augmente le corps des sapeurs-pompiers recrutés
d'habitants aptes à ce service ; ils sont disposés par quartiers,
et le gouverneur met à leur tête des hommes influents de la
ville qui sont ainsi les premiers à donner l'exemple. Dans
chaque quartier on établit un dépôt de pompes à incendie,
d'échelles, de crocs, de haches, en un mot d'instruments
propres à éteindre le feu. Enfin chaque habitant est tenu
d'avoir toujours devant sa porte un certain nombre de cuves
remplies d'eau.

Tout en prenant ces précautions intérieures, le gouverneur ne néglige aucun moyen de se tenir au courant des
actions de l'ennemi, et il reste en correspondance avec les
généraux commandants des corps actifs dans les environs;
ces corps réunis plus tard sous un même commandement
formeront probablement l'armée de secours, dont le nom
seul indique le but. Les correspondances se font en chiffres;
le gouverneur seul en a la clef. Les compagnies franches
dont nous avons déjà parlé servent à les entretenir; elles
battent la campagne, harcèlent les convois ennemis, et

tiennent le gouverneur au courant de tout ce qui se passe.

Au moment de l'arrivée du corps d'investissement, le gouverneur est renfermé dans la place avec sa garnison ; nous supposons que rien ne lui manque pour faire une vigoureuse défense, et nous allons le suivre dans les différentes périodes du siège.

Son premier soin est d'augmenter le chiffre des gardes des chemins couverts qui ont, en outre des sentinelles, à fournir de fréquentes patrouilles tant d'infanterie que de cavalerie. Il renforce aussi celles du corps de place : il faut dans chaque bastion un poste de 15 hommes, et en outre 30 hommes pour servir les pièces et les fusils de rempart ; au centre de chaque courtine est un autre poste de 30 hommes qui fournit les patrouilles intérieures le long du rempart, et sert de réserve à la garde du bastion.

Le gouverneur ne doit rien entreprendre d'important contre le corps d'investissement, à moins qu'il n'ait à protéger la rentrée de quelque convoi considérable : dans ce cas il l'attaque en force sur un point opposé à celui par lequel arrive le convoi. Sinon il se contente de le faire observer de près par la garde du chemin couvert, surtout la nuit. Des partis de cavalerie soutenus par de l'infanterie légère se portent à 2 ou 300^m,00 de la place et se tiennent cachés cherchant l'occasion d'enlever les ingénieurs faisant les reconnaissances. S'ils rencontrent des détachements ennemis, ils cherchent par une fuite simulée à les attirer sous le canon de la place, et les poursuivent ensuite vivement sans jamais trop s'engager. Des patrouilles sont continuellement en circulation au pied des glacis pour empêcher les reconnaissances et donner une idée de ce que prépare l'assiégeant. On y emploie de la cavalerie quand elles doivent s'écarter davantage.

En même temps on active tous les travaux intérieurs dont nous avons déjà parlé.

Le gouverneur ne peut contrarier en rien l'établissement des camps et des lignes; son canon agit seulement contre les groupes, jamais contre les hommes isolés sur lesquels on tire avec les armes de précision. Il n'emploie d'ailleurs que les pièces d'un faible calibre, avec de faibles charges, pour chercher à tromper l'ennemi sur la valeur de son artillerie; si celui-ci donne dans ce piège, s'il établit ses camps trop près de la place, il le laisse achever, et quand il est installé l'accable de projectiles de gros calibre tirés à pleine charge; l'assiégeant est obligé d'aller camper plus loin, ce qui en outre de la perte d'hommes lui cause un retard toujours préjudiciable.

Pendant que l'armée de siége fait ses préparatifs d'attaque, rien ne change dans les dispositions de la défense; seulement le gouverneur doit employer tous les moyens possibles pour arriver à connaître d'abord le point d'attaque choisi par l'assiégeant, ensuite le jour où il doit commencer ses travaux, ou autrement dit le jour de l'ouverture de la tranchée. La force plus ou moins grande des différents points de sa fortification ne lui permet pas d'hésiter entre un grand nombre de positions, et les mouvements de l'assiégeant dans les premiers temps fixeront probablement ses idées; les allées et venues vers certains points déterminés, les amas de matériaux, la position des parcs, des dépôts de tranchée, sont autant d'indices qu'il faut consulter. Ces renseignements sont donnés par des espions et aussi par des observations directes faites avec de bonnes lunettes et par des hommes intelligents du haut des lieux élevés et surtout des clochers. Quand ces indices seront suffisants, on ne perdra pas de temps pour construire les retranchements intérieurs en arrière des points menacés et pour y mettre l'armement de défense, variable suivant la quantité de matériel dont on dispose; on renforce aussi les gardes de ce côté. Enfin, si la fortification n'est point complète, si les places d'armes et les demi-lunes n'ont pas de réduits, on en construit au moyen de palanques précédées d'un petit fossé ; on peut y mettre une toiture en fortes poutres recouvertes de terre. Ces réduits forment alors de véritables blockhaus, qui doivent être peu élevés pour échapper aux vues de l'artillerie.

On palissade aussi les caponnières des fossés ; on ferme de la même manière la place d'armes qui est en arrière de la tenaille, et on ménage dans ces clôtures des ouvertures fermées par des barrières.

On exécute en même temps les communications sur les fossés pleins d'eau : ce sont des ponts faits sur pilotis, sur radeaux ou sur bateaux. Les premiers sont forts bons, mais longs à réparer quand ils ont été atteints par l'artillerie ennemie ; les derniers, d'une construction facile, sont trop fragiles, les bombes les mettent trop vite hors de service ; nous préférons les ponts sur radeaux, qui résistent bien aux bombes, mais ont l'inconvénient d'employer beaucoup de bois. Un de ces ponts est placé en capitale des fronts attaqués et des fronts voisins, pour communiquer de la poterne du corps de place d'abord à la tenaille, puis à la gorge du réduit de la demi-lune ; d'autres sont disposés à l'extrémité des fossés des demi-lunes pour conduire de la poterne qui est sous la face de cet ouvrage, dans le cas des fossés pleins d'eau, jusqu'au pas de souris double des réduits de places d'armes. Enfin un certain nombre de bateaux sont tenus prêts en arrière des tenailles pour porter du secours si les ponts se rompaient.

Le gouverneur met tout en œuvre pour connaître le jour de l'ouverture de la tranchée ; il y parviendra par les rapports des espions et les observations directes ; quand vers le soir il verra de grands mouvements de troupes, ce sera un indice. Mais la meilleure méthode pour n'être pas surpris, c'est de faire faire au commencement de la nuit des patrouilles de cavalerie ; de faibles détachements poussent rapidement jusqu'à 6 ou 800 mètres de la place et rapportent ce qu'ils ont vu. On peut aussi éclairer le terrain par des balles à feu ou des fusées à parachute.

Si toutes ces dispositions sont bien prises, le gouverneur peut se dire prêt pour le moment de l'ouverture de la tranchée.

DEUXIÈME SECTION.

—

Le gouverneur a dû faire tous ses efforts pour s'assurer d'abord du point d'attaque et ensuite du jour de l'ouverture de la tranchée. Sachant quel doit être le point d'attaque, il met en place son armement de défense; l'action de son artillerie retarde les travaux de l'assiégeant, lui fait éprouver des pertes considérables et le force peut-être à établir ses batteries dès la première parallèle; de plus, il exécute, avant l'ouverture du feu des assiégeants, les différents travaux, tels que coupures dans les faces d'ouvrages réduits en palanques, et surtout les retranchements intérieurs; enfin, si la garnison est nombreuse, aguerrie et confiante, le gouverneur s'avance au-devant de l'assiégeant par de petits ouvrages construits au pied des glacis et nommés *flèches*, dont nous parlerons plus tard. Il n'est guère moins important de ne pas se laisser surprendre par l'ouverture de la tranchée. L'armement étant préparé, et sachant d'ailleurs à peu près en quel point il faut diriger ses coups, l'assiégé pourra pendant cette nuit faire éprouver des pertes nombreuses à l'assiégeant, retarder ses travaux et acquérir peut-être dès le commencement du siége une supériorité morale dont les résultats sont incalculables.

Supposons donc que le gouverneur bien pénétré des considérations que nous venons d'exposer n'ait rien négligé pour être au courant des desseins de l'assiégeant, et voyons quelle doit être sa conduite pendant cette deuxième période.

Aussitôt que le gouverneur apprend que les travailleurs de l'assiégeant ouvrent la tranchée, il éclaire le terrain par des balles à feu et des fusées à parachute et on fait sur le travail et de toutes les faces qui peuvent l'apercevoir un feu nourri de toute l'artillerie en batterie, tirant à balles pendant les premières heures de la nuit, alors que les travailleurs sont encore découverts, et ensuite à boulets. Il dirige en même temps vers les fronts d'attaque toute l'artillerie légère dont il peut disposer ; on la met dans le terre-plein des places d'armes tant saillantes que rentrantes ; ces pièces tirent à faible charge et sous un grand angle par-dessus le parapet, dans la direction des capitales. Les crêtes des chemins couverts et des ouvrages les plus avancés sont garnies de bons tireurs munis de carabines pour faire feu contre la garde lorsque les balles ardentes l'éclairent suffisamment, ou si elle se risquait à poursuivre une sortie.

La question des sorties a été fort controversée de tout temps ; mais les meilleurs auteurs, et Vauban à leur tête, proscrivent en général les grandes sorties à cette époque du siége : « Elles ont plus d'ostentation que d'utilité, » dit Vauban. Toute sortie faite d'un peu loin est ramenée d'une manière qui cause plus de dommages que de profits, car les pertes en hommes sont beaucoup plus sensibles pour l'assiégé que pour l'assiégeant qui peut recevoir des renforts, et le résultat est toujours minime. On ne doit donc faire de sortie que si l'ennemi en fournit l'occasion en s'avançant trop vite, sans être soutenu ou en se faisant mal garder ; voici alors comment on dispose les troupes :

On commande environ moitié de la garnison en infanterie, et toute la cavalerie ; l'infanterie est dans les places d'armes rentrantes et saillantes vis-à-vis des travaux, la cavalerie dans les ouvrages analogues, sur la droite et la gauche ; on joint à ces troupes quelques travailleurs munis de tourteaux, fascines goudronnées, etc. Environ deux heures avant le jour, au moment où les travailleurs doivent être fatigués,

ces troupes débouchent par tous les passages, se forment en
un certain nombre de colonnes et se portent directement,
en silence et au pas accéléré sur les travailleurs; la cavalerie
se tient sur les ailes, prête à repousser celle des assiégeants.
Les colonnes renversent la garde, tombent sur les travailleurs,
les mettent en déroute, mais sans s'abandonner à leur poursuite; les travailleurs de la défense bouleversent le travail
déjà fait et allument en différents points leurs tourteaux pour
servir de points de visée au tir de la place. On se retire alors
emportant les outils et les armes abandonnés, sans attendre
les retours offensifs de l'assiégeant. Si celui-ci commet la
faute de poursuivre trop loin la sortie, on le laisse s'engager,
puis à un moment donné les troupes rentrent précipitamment
dans les chemins couverts et laissent l'ennemi exposé au feu
de tous les ouvrages, qui était préparé d'avance. Cette courte
description fait voir combien ces sorties ont peu de chances
de succès dans les circonstances ordinaires, quels risques
courent les troupes qui les entreprennent, et pour quel minime résultat.

Mais si les grandes sorties ne doivent pas être employées,
voici une disposition indiquée par Vauban qui peut sans faire
courir de grands risques à l'assiégé, retarder le travail de
nuit de l'assiégeant et l'empêcher d'être couvert au jour
dans la première parallèle : on fait sortir des chemins couverts situés à la droite ou à la gauche des attaques quelques
pièces légères, comme obusiers de montagne ou même obusiers de $0^m,15$, qui sont traînées à bras d'hommes; on les
conduit à 2 ou $300^m,00$ de la place; en des points où elles
puissent battre la parallèle d'écharpe, et elles sont protégées
par quelques compagnies de grenadiers : en même temps
sort une petite troupe de cavalerie légère de 80 ou 100 hommes qui se portent sur les travailleurs, les chargent à grand
bruit en parcourant leurs lignes, et les mettent en désordre;
ils se retirent alors derrière les grenadiers et les obusiers
dont le feu combiné avec celui des ouvrages de la place con-

tribue à augmenter le trouble parmi les assiégeants. Le terrain est en même temps éclairé par quelques balles ardentes pour donner de la sûreté à la direction du tir. Des feux allumés aux barrières voisines des chemins couverts indiquent aux troupes sorties les points de retraite, pour le cas où l'assiégeant viendrait les attaquer en force, ce qui est peu probable; car il s'exposerait trop aux feux des ouvrages préparés pour cette éventualité. Un peu avant le jour, toutes les troupes rentrent dans les chemins couverts.

La tranchée est ouverte, le point d'attaque est déterminé d'une manière certaine, le gouverneur voit tous ses doutes à ce sujet levés, si toutefois il lui en reste encore; il faut qu'il se hâte de mettre en état les fronts attaqués, avant que l'assiégeant ne puisse incommoder ses travaux par son artillerie. La première chose à faire est de compléter l'armement de ces fronts. Les pièces sont sur deux genres d'affûts : les affûts de place ayant $1^m,50$ de hauteur de genouillère, et ceux de siége n'en ayant que $1^m,19$; il emploiera les premières pour tirer à barbette vers les saillants, ou à embrasure en des points quelconques, la crête du parapet étant à $1^m,82$ au-dessus de la plate-forme; nous préférons cette seconde disposition qui donne un champ de tir suffisamment vaste en abritant mieux la pièce et les canonniers que dans le cas du tir à barbette. Les pièces sur affûts de siége tirent à embrasure, leurs plates-formes sont à $2^m,10$ au-dessous des crêtes. Les canons de gros calibre sont sur les faces des bastions ou des demi-lunes, les obusiers tirent en capitale. Les flancs n'ont pas encore besoin d'être armés, et on se contente de préparer les plates-formes et les embrasures sans amener les pièces qui seraient exposées inutilement. Les embrasures des faces sont tracées de manière que les pièces à un moment donné puissent être séparées de deux en deux ou de trois en trois par des traverses destinées à arrêter le ricochet.

Les mortiers sont sur les terre-pleins des bastions et de la tenaille, sur les terre-pleins bas des réduits de demi-lune et dans les réduits de place d'armes; les premiers peuvent être abrités contre les feux verticaux par un blindage horizontal, les plus gros sont toujours en arrière, ceux de faible calibre dans les ouvrages les plus avancés; ceux-ci servent surtout à lancer des balles à feu.

Dans la planche XXVI, le bastion A étant celui d'attaque, il faut disposer les pièces sur ses deux faces d'abord, puis sur celles des deux demi-lunes voisines E et E'; on en met aussi sur celles des bastions collatéraux qui ont vue sur les attaques, face droite du bastion B, face gauche du bastion B', et en outre sur les faces analogues des demi-lunes E, E'. Les batteries de mortiers sont placées dans les bastions B et B', dans les réduits des demi-lunes E, F, E', F', et enfin dans les réduits de places d'armes compris entre ces ouvrages. On ne peut mettre de mortiers dans le bastion A si on y construit un retranchement intérieur; mais rien n'empêche d'en placer en arrière du retranchement s'il est permanent.

Avant de continuer à décrire la résistance du gouverneur, parlons de la manière dont le service intérieur de la place est fait pendant le siége. C'est au gouverneur, qui exerce comme nous le savons le pouvoir absolu, à régler cette organisation. Il s'occupe d'abord du service de la garnison; parmi les soldats d'élite il choisit une réserve de quelques centaines d'hommes auxquels il donne une haute paye et qui doivent être toujours sous sa main, prêts à se porter au secours des points menacés : il leur donne pour commandant un officier intelligent et ferme, et les caserne à portée de son logement; ces hommes ne font aucun autre service pendant tout le siége.

Le reste de la garnison est divisé en trois parties qui seront de service successivement pendant vingt-quatre heures : le premier tiers fournit les gardes et les travailleurs; le second tiers est au bivouac sans fournir aucun homme pour le travail; il se tient en arrière des attaques, prêt à se porter aux endroits menacés; enfin le dernier tiers jouit d'un repos complet dans le casernement. Les hommes n'ont donc qu'un jour de repos sur trois : c'est une grande fatigue, et si la garnison est assez nombreuse, si les habitants concourent à la défense, on tâchera de donner un jour de repos sur deux . les troupes sont alors divisées en deux parties, dont une se repose ; moitié de l'autre est au bivouac, le reste fournit la garde et les travailleurs. Les officiers généraux et les colonels présents dans la ville concourent ensemble pour le commandement de ces différentes fractions : un major de place est chargé spécialement du service des travailleurs ; un officier supérieur commande la garde des dehors, un autre celle intérieure : les officiers supérieurs font ce service à tour de rôle.

Nous avons déjà dit que les habitants pouvaient et devaient rendre de grands services dans un siége, surtout quand leur patriotisme les empêche d'être spectateurs indifférents d'une lutte dans laquelle l'honneur et la prospérité du pays sont engagés. Mais leur bonne volonté demande à être réglementée, et voici comment : le gouverneur a d'abord sous ses ordres directs la garde nationale ; il la charge du maintien de la tranquillité intérieure concurremment avec quelques détachements de cavalerie, et même de la garde d'une partie des remparts intérieurs, ceux du côté opposé aux attaques, lui adjoignant toutefois quelques détachements de troupes régulières. Le service sera organisé par compagnies, de manière que les gardes nationaux aient au moins un jour de repos sur deux. Le commandement appartient toujours à des officiers de l'armée. Les pompiers, divisés par quartiers comme nous l'avons déjà indiqué, auront un service de surveillance continuelle, et dans chaque quartier il y aura toujours un piquet de garde, de nuit comme de jour.

On choisit en outre parmi les habitants des travailleurs qui sont enrégimentés et soldés ; on leur donne des chefs, et ils sont sous les ordres directs du major de place dont nous parlions tout à l'heure, qui est déjà chargé des travailleurs de la troupe. Ces hommes sont occupés aux travaux de terrassement les moins périlleux, ainsi qu'aux travaux d'art : les travailleurs de cette dernière catégorie sont plus particulièrement sous les ordres des commandants de l'artillerie et du génie, qui les emploient aux réparations.

Le gouverneur fait en même temps un appel au dévouement si connu des femmes, pour les employer au service des hôpitaux et des ambulances. Dans la défense de Lille, en 1792, les enfants eux-mêmes ne restaient pas inutiles ; ils se chargeaient d'indiquer les endroits où tombaient les bombes, obus et boulets rouges.

Tous les habitants employés reçoivent une solde légère et le pain de munition ; les distributions de viande, légumes, vin, eau-de-vie et autres comestibles, ne se font qu'aux troupes réglées, dont on doit en outre augmenter la ration de pain, s'il est possible, à cause des lourdes fatigues qui leur sont imposées.

Pour employer ainsi les habitants, le gouverneur doit être en rapport constant avec l'administration municipale qu'il a laissée subsister, mais qui n'agit que d'après ses ordres. Cette administration, réformée par lui s'il est nécessaire, est en permanence pendant tout le temps du siége, afin de pouvoir communiquer aux habitants les décisions de l'autorité. On l'appelle, si les vivres sont en petite quantité, à faire le recensement de ceux possédés par les habitants, afin qu'on puisse les mettre en réquisition pour le service de la défense.

Si l'esprit des habitants est hostile, il faut en opérer le désarmement complet et les effrayer par un déploiement de forces intérieures considérables, et même par quelques rigueurs. Ils doivent toujours faire le service en cas d'incendie, et ils fournissent des corvées pour les différents travaux.

Au commencement du siége le gouverneur établit les

hôpitaux dans des bâtiments à l'épreuve, ou au moins dans les parties de la ville éloignées des attaques. Il écarte aussi de ce point les munitions, le matériel, les vivres et surtout les dépôts de poudre, de crainte d'accidents. Tous ces approvisionnements sont disposés par petits groupes, pour que la destruction de l'un d'eux n'entraîne pas la perte des autres, ce qui pourrait entraver complétement la défense. Un major de place est spécialement chargé de tout ce matériel ; aucune distribution ne peut se faire sans ses ordres ; il est responsable et tient une note exacte de ce qui existe en magasin à tous les moments du siége.

Le gouverneur se loge à portée des attaques dans quelque magasin à poudre évacué : tous les jours à une heure donnée les différents chefs de service viennent lui faire leurs rapports ; il se tient ainsi au courant des progrès de l'assiégeant, des pertes éprouvées par la garnison, de l'avancement des travaux de défense, de la consommation journalière en poudre et en vivres, de l'état des magasins, de l'esprit des habitants, etc. Il vérifie tous ces rapports en visitant souvent lui-même les différentes parties de la ville, les magasins, les arsenaux et surtout les fronts attaqués et les travaux que l'on y exécute. Dans ces visites il entretient la confiance du soldat, et récompense publiquement les actions d'éclat par des éloges, des secours pécuniaires, ou des distinctions honorifiques, suivant les cas. Il anime aussi l'esprit militaire et patriotique des habitants par tous les moyens en son pouvoir. D'une bravoure froide et réfléchie, le gouverneur ne doit pas s'exposer sans nécessité, car sa conservation est nécessaire au salut de la patrie ; mais il doit partager les fatigues et les privations de la garnison, et savoir au besoin payer de sa personne.

Comme ces soins occupent le gouverneur pendant toute la durée du siége, nous n'aurons pas à y revenir. Nous allons continuer maintenant la description de la résistance successive de l'assiégé. Pendant les premiers jours, il ménage son

feu, se contentant de tirer sur les parties de tranchée
inachevées et sur les rassemblements d'hommes. Les obusiers des places d'armes tirent toujours à ricochet et à faible
charge par-dessus les crêtes, dans la direction des capitales.

Les gardes conservent les positions que nous avons déjà
indiquées ; seulement celles des chemins couverts attaqués
sont renforcées : elles se répartissent le long des crêtes,
surtout la nuit, prêtes à faire feu sur l'assiégeant qui aurait
l'imprudence de s'oublier à la poursuite d'une sortie. Quelques bons tireurs armés de carabines ou de fusils de rempart
sont dans les chemins couverts et les demi-lunes pour tirer
sur les hommes isolés ou les petits groupes.

Pendant les deuxième et troisième nuits on peut encore
faire sortir des chemins couverts quelques obusiers de petit
calibre pour tirer sur les cheminements et parties de parallèle inachevés ; mais il ne faut pas renouveler la course de
cavalerie de la première nuit, car il est probable que l'assiégeant est préparé à la recevoir. On active les feux en capitale, c'est-à-dire sur les directions des cheminements. On
peut essayer de faire sortir une vingtaine d'hommes résolus
qui s'avancent en silence, fondent sur les travailleurs et se
retirent aussitôt que l'ennemi revient en force : leur retraite
se fait par la droite ou la gauche vers des sorties de chemins
couverts éclairées par des feux ; on la protége par quelques
coups de canon ou par l'envoi de quelques cavaliers. On
pourra répéter cette attaque deux ou trois fois dans la nuit,
tantôt sur un point, tantôt sur un autre, avec plus ou moins
de monde, observant de ne pas faire cesser les feux sur les
points opposés ; on retarde ainsi le travail sur l'avancement
duquel on obtient en outre des renseignements précieux.

Cependant les officiers du génie activent tous les différents
travaux dont nous avons parlé et s'occupent aussi des travaux de mine. L'artillerie construit les plates-formes, dégorge
les embrasures, amène les pièces et commence en même
temps la construction des batteries blindées. On les dispose

sur les faces du bastion de manière à voir les travaux de l'ennemi sur les glacis, vers les saillants des demi-lunes; elles sont en général pour deux pièces qui tirent à embrasure. Le blindage est formé (Pl. XXXI, *fig. 2 et 3*) d'une couche horizontale de pièces de bois équarries surmontée de deux couches de fascines ou de bois en grume, et d'une autre de terre de 0^m,50 à 0^m,60 d'épaisseur. Cette toiture est soutenue à droite et à gauche par des poutres jointives et par une ligne de poteaux placés entre les deux pièces. Un parapet en terre suffisamment épais garantit la paroi verticale du côté du saillant contre les coups à ricochet ou de plein fouet; à l'intérieur la batterie est ouverte pour la circulation de la fumée.

Chaque jour les officiers du génie relèvent tous les travaux faits par l'assiégeant, et les rapportent sur le plan directeur d'après lequel le gouverneur règle ensuite ses dispositifs de défense; cela se continue jusqu'à la fin du siége.

La conduite de l'assiégé pendant l'exécution de la deuxième parallèle est analogue à celle qu'il a tenue la nuit de l'ouverture de la tranchée, seulement il ne peut y avoir aucun tâtonnement. Les travaux étant reconnus par quelques petites sorties sont éclairés par des balles ardentes, et l'artillerie qui a pu préparer son tir pendant le jour sillonne de ses feux tout cet emplacement; le tir de mousqueterie des chemins couverts peut aussi avoir une action dans les premières heures. L'artillerie tire d'abord à mitraille, puis à boulet quand on suppose le parapet susceptible d'arrêter les premiers projectiles; en ce moment cessent aussi les feux d'infanterie.

Les grandes sorties ont plus de chances de succès contre ce travail que contre celui de la première nuit; car d'un côté les troupes plus rapprochées de la place sont moins exposées à être coupées, et de l'autre les travailleurs sont moins bien gardés, comme nous l'avons vu. Si la garnison est nombreuse, on pourra donc tenter ce mode de défense:

la disposition des troupes est semblable à celle dont nous avons déjà parlé, seulement on augmente le nombre des travailleurs. Les colonnes sortent deux heures avant le jour, lorsque l'assiégeant est fatigué ; elles tombent sur les travailleurs, les mettent en déroute et rasent tout ce qu'il y a de fait, rassemblant les gabions et y mettant le feu au moyen des tourteaux goudronnés dont on s'est muni. On se retire aussitôt que l'assiégeant revient en force, sous la protection de la cavalerie et des ouvrages. On retarde ainsi les travaux de l'assiégeant, mais assez peu, et au prix de sacrifices toujours lourds pour la garnison. Nous ne pouvons donc faire un précepte des sorties dirigées contre l'établissement de la deuxième parallèle ; mais elles valent mieux que celles exécutées dans les moments du siége qui précèdent.

Peut-être vaudrait-il mieux encore si l'assiégeant marche méthodiquement et avec prudence se contenter de faire sortir un peu d'artillerie sur la droite et sur la gauche du travail, comme nous l'avons indiqué pour la première parallèle, en ne faisant attaquer les travailleurs que par de faibles détachements. Le résultat serait plus certain, puisque l'assiégeant s'éloigne de ses gardes, et on exposerait moins de monde.

Au jour on tire contre les parties de parallèle inachevées et contre les groupes ; le feu de mousqueterie se continue quand l'occasion s'en présente.

Voyons maintenant les obstacles que l'assiégé oppose à la construction des batteries ; ce que nous dirons sera applicable à celles que l'assiégeant construit dès la première parallèle, comme à celles placées seulement en avant de la seconde, sauf qu'il sera plus difficile d'entraver l'exécution des premières qui sont plus éloignées de la place. Pour fixer les idées, supposons qu'il s'agisse des batteries mises en avant de la deuxième parallèle (PL. XXVI). L'assiégé qui connaît à l'avance la position de ces batteries prépare son tir pendant le jour de manière à le diriger avec exactitude pendant la nuit sur leurs emplacements où seront réunis un grand nombre de travailleurs à découvert; il les éclaire par des balles ardentes, et lance quelques bombes dans ces directions. C'est la première fois qu'il se sert de ses mortiers, tir qu'il ne doit employer qu'avec réserve, car les bombes n'ont d'effet que sur les rassemblements d'hommes un peu nombreux ou sur un matériel resserré dans un étroit espace, et ce genre de projectile consomme beaucoup de poudre; l'assiégé ne s'en servira donc que contre les batteries. Le tir de toute espèce continue avec activité pendant le temps de la construction, mais surtout vers la fin de la deuxième nuit, alors que l'on suppose les pièces arrivées.

Ce moment est favorable aussi pour entreprendre quelque sortie destinée à enclouer les pièces, briser les affûts, renverser les épaulements, mettre le feu aux magasins, etc. Mais comme la deuxième parallèle est déjà achevée, que la garde y est renfermée à proximité de la batterie attaquée, ce sera encore une opération hasardeuse et qui demandera de mûres réflexions; seulement les résultats auront au moins quelque importance en cas de réussite. On suivra toutes les règles que nous avons déjà données au sujet des grandes sorties.

TROISIÈME SECTION.

D'après tout ce que nous avons dit jusqu'ici, on voit que les moyens de résistance de l'assiégé se réduisent à deux bien distincts : d'abord l'action de ses feux qui ont plus ou moins d'efficacité suivant qu'ils sont préparés de longue main par un gouverneur actif et intelligent qui devine pour ainsi dire les travaux que va faire l'assiégeant, ou suivant qu'il faut les organiser pour résister à un travail commencé et qui sera terminé avant que l'assiégé n'ait peut-être achevé ses préparatifs; en second lieu l'action des sorties, très-importantes en ce qu'elles permettent à la garnison de prendre l'offensive, mais dont on ne doit user qu'avec modération dans le commencement du siége, quand il faut pour aller chercher l'ennemi quitter un terrain préparé pour la résistance et s'aventurer au delà de la protection de ses feux efficaces.

L'assiégé continue l'emploi de ces deux moyens, mais avec discernement. Quand l'attaque commence son tir, la place lui riposte avec vivacité, sans disséminer ses coups, mais les réunissant au contraire contre une batterie de l'attaque pour l'accabler et passer à une autre. Le gouverneur a pris à l'avance des précautions contre les effets de cette artillerie; déjà nous avons parlé des blindages destinés à mettre les pièces à l'abri des feux verticaux; pour les soustraire au moins en partie aux effets du ricochet, on construit de distance en distance des traverses perpendiculaires aux faces ricochées, s'élevant à $0^m,50$ au-dessus de leurs crêtes et ayant de 10 à $12^m,00$ de longueur, sur 4 à $5^m,00$ d'épaisseur. On peut les faire en terre comme celles de la fortification passagère élevées pour le défilement; mais un moyen plus expéditif consiste à former la masse couvrante de gabions remplis de terre; la base de la traverse est faite avec quatre ou cinq rangs de gabions surmontés d'une épaisseur de fascines; en dessus on place un second rang construit comme le premier, mais un peu moins épais; on le couronne de fascines et de terre. Par cette méthode on a en outre l'avantage d'occuper beaucoup moins de place sur le terre-plein. Ces traverses sont disposées de deux en deux ou de trois en trois pièces; les canons sur affûts de place sont contre la traverse, tirant à embrasure; ceux sur affûts de

siége placés après ceux-ci sont encore suffisamment couverts. Les embrasures sont munies de volets en bois nommés
portières pour abriter les canonniers contre le tir des armes
de précision ; les Russes employèrent avec succès à Sébastopol des portières faites en cordages tressés sur une épaisseur suffisante pour résister à la balle ; ils se servirent même
de simples toiles qui cachaient à l'ennemi les mouvements
des canonniers.

Outre les blindages horizontaux, il faut encore prendre
certaines précautions contre les projectiles creux : on élève
de distance en distance dans les bastions et sur les terre-
pleins de petites traverses assez rapprochées pour que les
hommes puissent rapidement les mettre entre eux et un projectile creux dont ils évitent ainsi les éclats. On a recom-
mandé aussi de dépaver les rues voisines des attaques ; mais
cette mesure entraine des conséquences fâcheuses pour la
salubrité. Il faut avoir la précaution de visiter souvent les
magasins blindés ou voûtés ; on vérifie s'ils sont en bon état,
sinon on les répare immédiatement.

Dans le combat d'artillerie qui s'engage entre les batteries de la deuxième parallèle et celles de la défense, le gouverneur ne doit pas s'obstiner à soutenir une lutte inégale ;
aussitôt que le tir de l'assiégeant prend une supériorité décidée, il cesse de lui répondre avec autant de vivacité, retire les pièces sur affûts de place et met au même point
d'autres pièces sur affûts de siége ; il supprime en outre une
partie de son armement, enlevant les pièces les plus éloignées des traverses, sans détruire les embrasures ni les
plates-formes. Il n'y a plus alors en batterie qu'une petite
quantité de grosse artillerie établie à demeure, bien abritée
derrière les traverses et tirant sur les travaux de l'ennemi ;
on y joindra le tir d'une artillerie légère changeant constamment de position, placée tantôt vis-à-vis d'une embrasure tantôt vis-à-vis d'une autre et sur laquelle l'assiégeant
n'aura que peu de prise. Faute de prendre ces précautions,

le gouverneur qui n'a qu'une quantité d'artillerie souvent très-limitée la verrait détruite avant la fin du siége et n'en conserverait pas pour les derniers moments de la défense (1). Le feu des mortiers se continuera contre les batteries et les rassemblements d'hommes; des mortiers de 0^m,15 disposés dans les chemins couverts gêneront beaucoup l'assiégeant par leur tir, lorsqu'il approchera de la troisième parallèle.

La troisième parallèle masque une partie des batteries situées en arrière, celles-ci sont obligées de suspendre ou au moins de ralentir beaucoup leur feu; l'assiégé profite de ce moment de répit pour remettre en position une partie de son artillerie; les travaux de l'assiégeant en seront tellement inquiétés qu'il sera peut-être obligé de faire retirer ses travailleurs et ses gardes pour reprendre le feu de son artillerie. Le défenseur enlève rapidement ses pièces, puis les ramène aussitôt que les travaux ont repris. Ces mouvements successifs et rapides exigent comme on le voit l'emploi d'une artillerie légère qui suffit d'ailleurs au but que l'on se propose, celui de tirer sur des travaux rapprochés et d'un profil encore très-faible.

Le tir de nuit peut aussi avoir quelque efficacité en le réglant convenablement d'après la marche présumée des sapes; mais il faut surtout compter sur celui de mousqueterie qui devient très-dangereux au moment de l'exécution de la troisième parallèle, s'il a été réglé convenablement. Ce tir part de la crête du chemin couvert; les défenseurs sont divisés en deux séries tirant alternativement pendant une heure, l'autre étant au repos. Les hommes sont abrités par des créneaux faits en sacs à terre ou au moyen de deux paniers remplis de terre et laissant entre eux l'espace nécessaire pour passer l'arme et viser. De jour on vise directement; la nuit

---

(1) Les Russes ne furent point obligés de dégarnir ainsi les parapets de Sébastopol: l'immense matériel qu'ils avaient à leur disposition leur permit de remplacer au fur et à mesure toutes les pièces hors de service.

des espèces de gaînes en bois sont placées par les officiers du génie dans la direction que doit avoir le tir qui est continu, afin d'empêcher s'il est possible l'emploi de la sape volante.

De bons tireurs armés d'armes de précision sont dans les demi-lunes vers les saillants pour tirer aux embrasures de l'assiégeant contre les canonniers, contre les hommes isolés, et surtout contre les officiers qui cherchent à apercevoir ce qui se passe. Les Russes n'avaient point négligé ce moyen et plusieurs de nos officiers du génie ont été atteints par leurs tirailleurs en se découvrant pour se rendre compte de leurs travaux et des nôtres.

Les sorties viennent à l'aide des feux, mais il faut avoir soin d'exposer peu de monde; les grandes sorties n'ont plus lieu qu'exceptionnellement à cette époque du siége, les résultats obtenus n'étant jamais en rapport avec les pertes éprouvées. Mais plus l'assiégeant s'avance, plus il se trouve dans les avantages de la place, c'est-à-dire éloigné de ses gardes et rapproché du feu des ouvrages : des sorties peu nombreuses, mais fréquentes, faites de nuit, retardent les approches qui le jour sont presque toujours arrêtées par le tir bien dirigé de l'artillerie. Ces petites sorties sont faites par des détachements de 12 ou 15 hommes, 30 au plus, déterminés et de bonne volonté; ils partent des chemins couverts dont ils franchissent le talus intérieur et les palissades au moyen d'escaliers en bois préparés à l'avance et pouvant se placer en un point quelconque. Ils se portent directement sur les têtes de sape, fusillent les sapeurs à bout portant, renversent quelques gabions, y mettent le feu, font sauter le gabion farci au moyen d'un sac de poudre placé contre, et se retirent rapidement en allumant quelques pots à feu pour éclairer le terrain. Les gardes du chemin couvert sont prévenus et ne tirent pas pendant ce temps, ou mieux encore changent la direction de leur tir, prêtes à soutenir la sortie par leurs feux si les gardes de la tranchée s'aventuraient à la pour-

suivre. Ces sorties doivent être renouvelées souvent et en
des points différents.

Cependant l'assiégé continue ses travaux intérieurs qui à
cette époque ne consistent plus guère qu'en réparations et
constructions de mines. Il faut d'abord entretenir constamment l'épaisseur des parapets dégradés par les boulets et
obus : on les répaissit à l'intérieur à mesure qu'ils s'éboulent
à l'extérieur; on remplace en même temps les palissades du
chemin couvert détruites par le tir à ricochet, on répare les
embrasures, et on en construit de nouvelles, en particulier
les embrasures biaises placées dans la courtine pour battre
les travaux de l'ennemi vers le saillant du bastion. Il faut
aussi tenir en état les communications, les blindages, les
traverses, etc., et achever les retranchements intérieurs.

Nous nous occuperons des mines dans le chapitre VII.

QUATRIÈME SECTION.

—

Plus l'assiégeant se rapproche des fortifications, plus il
faut que le défenseur mette d'énergie dans l'emploi des deux
principaux moyens de défense dont nous venons de parler,
à savoir les feux, tant d'artillerie que de mousqueterie, et les
sorties; il faut ajouter aussi que la position de l'assiégeant
devient de plus en plus aventurée; il s'éloigne de ses gardes,
d'enveloppant il devient enveloppé, une partie de ses batteries
est masquée par l'existence de la troisième parallèle : c'est
donc pour l'assiégé le moment de redoubler d'efforts pour
arrêter l'avancement des travaux qui se dirigent d'abord

comme nous le savons sur le saillant des chemins couverts
de la demi-lune. Il sera surtout important d'empêcher la
construction des cavaliers de tranchée : c'est en effet avec
leur aide que l'assiégeant compte arriver à exécuter le couronnement pied à pied, bien préférable pour lui à un couronnement à la sape volante élevé à la suite d'une action de
vive force. Or c'est bien ici le cas de mettre en pratique un
principe d'un usage constant à la guerre, de toujours vouloir le contraire de ce que veut son ennemi ; l'assiégé a donc
un immense intérêt à forcer celui-ci au couronnement de
vive force, et il faut d'abord pour cela empêcher la construction des cavaliers de tranchée, ou au moins les détruire
après leur exécution.

Pour arriver à ce résultat, l'assiégé doit d'abord se maintenir en nombre dans les chemins couverts et les ouvrages
en arrière ; il construit le long des parapets et dans les ouvrages attaqués de petits abris blindés, afin de ne pas être
accablé par les bombes, les grenades et les pierres ; ces abris
creusés dans les talus sont recouverts de fortes pièces de
bois, puis de fascines et de terre ; ils reçoivent toute la portion de la garde qui n'est pas employée aux feux.

Ces troupes sillonnent les glacis de feux de mousqueterie
mêlés aux feux d'artillerie des parapets ; elles les interrompent
de temps à autre pour permettre aux sorties de tomber à
l'improviste sur les travaux : ces sorties plus ou moins fortes
partent de points quelconques des chemins couverts au
moyen des petits escaliers en bois dont nous avons parlé. Si
les feux et les sorties ne peuvent empêcher la construction
des cavaliers, des fourneaux de mine préparés à l'avance
les font sauter une ou même deux fois. Entravés par cette
résistance, les travaux de l'assiégeant n'avancent plus, il est
obligé d'en venir à une attaque de vive force ; on s'en aperçoit
lorsqu'au lieu d'avancer il élargit et perfectionne sa troisième place d'armes et y rassemble les matériaux nécessaires ;
on prépare tout pour la résistance.

Rien de plus complet à ce sujet que les prescriptions données par Vauban, que nous allons copier presque textuellement. En thèse générale, il faut bien se garder de soutenir une pareille attaque de pied ferme, car le défenseur n'est jamais assez fort pour se maintenir, et on expose inutilement des hommes dont l'existence est précieuse pour la défense. Au lieu de laisser dans les chemins couverts une force considérable pour repousser les assaillants, on en réduit la garnison aussitôt que l'on s'aperçoit de l'intention où est l'ennemi de l'attaquer d'emblée. Il suffit de laisser dans chaque place d'armes saillante 20 hommes commandés par un lieutenant, et 10 en arrière de chaque traverse sous le commandement d'un sergent. On maintient au contraire 150 ou 200 hommes dans les places d'armes rentrantes et leurs réduits, avec de bonnes réserves en arrière des tenailles pour arrêter l'ennemi s'il tentait, ce qui n'est pas probable, un couronnement général, ou du moins pour faire des retours offensifs.

Pour que les défenseurs du chemin couvert puissent rapidement disparaître devant des forces supérieures, en laissant agir les feux en arrière, on prépare sur le bord de la contrescarpe un petit chemin dont le profil est donné à la planche XXXI, figure 4, et qui passe derrière les traverses (1) : il a la forme d'une tranchée simple ou faite à la sape volante; les terres retirées de l'excavation forment parapet et sont dressées en glacis à leur partie supérieure, pour être battues des ouvrages en arrière. C'est dans ce petit chemin que la garde se retire d'abord pour se rendre ensuite dans la place d'armes.

L'artillerie de tous les ouvrages en arrière est prête à faire feu et bien approvisionnée de mitraille et de boulets; tous les points des crêtes non occupés par l'artillerie le sont par des tirailleurs.

_____

(1) Il y aurait peut-être économie à l'exécuter en construisant la fortification.

Au moment où les colonnes débouchent de la troisième parallèle, les défenseurs des places d'armes saillantes se réunissent, font leur décharge d'aussi près que possible et disparaissent par le petit chemin dont nous venons de parler. Aussitôt, à un signal donné, on fait feu de toutes parts sur le terrain occupé par les travailleurs et les combattants; la mitraille, les boulets, les bombes, les obus, les grenades, les balles se croisent en tous sens sur ce point; des balles à feu, des fusées à parachute éclairent la scène. Ce feu terrible doit durer deux ou trois heures; puis quand on suppose les pertes de l'assiégeant assez nombreuses pour le décourager, on tente un retour offensif précédé, s'il est possible, du jeu de quelque mine. Les colonnes partent des places d'armes rentrantes pour attaquer les travaux en flanc pendant que les défenseurs du chemin couvert y rentrent par le petit chemin susdit et prennent ces travaux de face : un signal convenu a, bien entendu, fait cesser tous les feux. Peut-être réussira-t-on à chasser l'ennemi, auquel cas quelque travailleurs venus à la suite des colonnes entassent les gabions, y mettent le feu et emportent les outils pendant que la garde des chemins couverts reprend son poste; mais si les réserves envoyées successivement par l'assiégeant ont le dessus, on se retire en les laissant exposées à tous les feux dont nous parlions tout à l'heure qui ont repris à un autre signal avec toute l'activité possible. Au jour le travail ainsi interrompu sera peu avancé, les travailleurs seront mal abrités dans ces logements imparfaits, et les feux de la place arrêteront le travail en faisant éprouver à l'assiégeant de nouvelles pertes.

Ce mode de défense des chemins couverts fut adopté à Lille en 1708 par M. de Boufflers. Les alliés employèrent 10,000 hommes aux couronnements; ils ne purent couronner que les saillants et encore au moyen de logements imparfaits, et ils eurent 6,000 hommes hors de combat dont 2,000 tués.

Soit pied à pied, soit de vive force, les places d'armes

saillantes des demi-lunes sont couronnées; l'assiégé se maintient en arrière des premières traverses, n'y laissant, il est vrai, qu'un petit nombre de défenseurs, mais qui doivent y résister avec fermeté, accablant les têtes de sape de grenades et faisant jouer de petites mines dont nous parlerons plus tard, indépendamment de leurs feux de mousqueterie. Cette défense opiniâtre arrête encore l'avancement des sapes et force l'assiégeant à de nouvelles attaques de vive force moins importantes que la première, moins meurtrières sans doute, mais où il sera toujours plus maltraité par l'assiégé que dans une attaque pied à pied. Celui-ci ne doit jamais lâcher prise que s'il y est contraint de vive force, et on voit quel rôle important jouent les traverses de chemins couverts pour contraindre l'assiégeant à une série d'attaques d'emblée.

Les feux de toutes espèces contrarient en même temps l'établissement des contre-batteries et des batteries de brèche, ainsi que la construction des descentes blindées; les bombes, les grenades, les pierres sont surtout utiles pour cette résistance. Dans le cas des fossés secs, les sorties retardent l'exécution des passages de fossés : elles sont composées de quelques hommes courageux qui partent de la gorge des demi-lunes, longent le fossé d'une face, tombent subitement sur les travailleurs, les fusillent à bout portant, renversent leurs travaux, y mettent le feu et se retirent au plus vite par le fossé de l'autre face sans laisser à l'assiégeant le temps de se reconnaître. Ces tentatives sont souvent répétées pendant la nuit, à des époques indéterminées et avec plus de force la deuxième ou la troisième fois que la première. Si les fossés sont pleins d'eau, ces fréquentes sorties ne sont plus possibles; on peut encore en tenter quelqu'une au moyen de bateaux, ou faire amener des matières incendiaires contre les matériaux du passage sur des radeaux conduits par de bons nageurs; mais ce sont toujours des opérations hasardeuses et de peu d'importance. Pour avoir des feux de face contre ces passages, en outre des feux de flanc, on avance dans les parapets de la demi-lune quelques petits logements à la sape, et on les arrête à 1^m,00 environ de la crête extérieure. De bons tireurs abrités par des sacs à terre plongent de ces logements sur la tête du travail qu'ils retardent beaucoup.

A ce moment les ponts de communication sur les fossés des demi-lunes sont détruits par les contre-batteries, et peut-être même longtemps avant par le tir à ricochet ou les bombes. On les remplace par des bateaux que l'on tient en sûreté derrière les gorges et que l'on manœuvre au moyen d'une corde nommée *cinquenelle*, tendue du point de départ au point d'arrivée. On rétablit de même la circulation entre la tenaille et le réduit de demi-lune sur le grand fossé, lorsque le pont est détruit.

Nous sommes arrivés à la résistance que l'assiégé doit opposer à l'attaque des brèches de la demi-lune ou plus généralement de tout ouvrage extérieur. Quel que soit le mode d'attaque employé par l'assiégeant, voici d'abord quelles sont les précautions à prendre par le défenseur pour prolonger sa résistance, repousser les attaques ou au moins les rendre très-meurtrières. Pour être maître de défendre pied à pied le terre-plein de la demi-lune, il y fait des traverses de distance en distance ; ce seront, si on veut, celles employées pour arrêter le tir à ricochet et qui n'ont plus d'emploi, car l'ouvrage a été désarmé au moment où l'on y faisait brèche : en avant, s'il est possible, est un petit fossé, ou au moins on les palissade avec soin à l'intérieur. Ces traverses forment des retirades successives que l'assiégé n'évacue qu'après une lutte opiniâtre qui coûte beaucoup de monde à l'assiégeant. Le grand principe de toute bonne défense est en effet de ne jamais céder un pouce de terrain à l'ennemi sans l'avoir énergiquement défendu.

Dans le cas des fossés secs, avant que la batterie de brèche ne soit prête, on prépare au pied de l'escarpe, sous l'endroit que l'ennemi doit abattre, des mines volantes ou fougasses construites de la manière suivante : des caisses longues et plates en bois goudronné, ou mieux en métal, remplies de 100 à 120 kilogrammes de poudre, sont enterrées dans le sol du fossé, contre la fondation du mur ; des saucissons placées dans des augets, enterrés aussi, partent de ces caisses et arrivent à la gorge, au point où l'on donne le feu. Ce travail se fait de nuit, et on égalise bien la terre par-dessus, afin que l'assiégeant ne s'en aperçoive pas. Les débris s'amoncelleront sur ces fourneaux de mine, et quand il en sera temps on pourra déblayer le pied des brèches par leur explosion, et escarper aussi leurs talus.

Pour rendre l'escarpement des brèches plus difficile à gravir, pour ralentir le travail dans le cas de l'attaque pied à pied, on jette sur le talus force broussailles qui s'entremêlent avec les terres sous l'action des projectiles destinés à adoucir la montée. Quand celle-ci est assez douce pour qu'on ne craigne plus d'éboulements, on enterre à la partie supérieure de la brèche et de distance en distance des bombes isolées ou réunies quatre par quatre dans des boîtes ; on y communique le feu par des saucissons enterrés, ou bien elles éclatent sous une action extérieure ; les Russes en avaient ainsi disposées à Sébastopol : une tige de fer, formant levier et dépassant quelque peu le sol, faisait éclater par son mouvement une amorce fulminante mise au milieu de la poudre. Des mines inférieures sont en outre préparées à une certaine profondeur, pour jouer quand il en sera temps.

Force grenades, bombes, obus sont disposés en arrière de la brèche, sous de petits magasins blindés, ainsi que des matières incendiaires de toutes espèces, comme barils foudroyants, fascines et gabions goudronnés, etc., etc. Si le parapet s'est écroulé sur la largeur de la brèche, le défenseur y supplée par une masse couvrante faite à la sape volante et couronnant la brèche de manière à n'être pas vue de l'ennemi, en abritant suffisamment l'assiégé. Si les gabions manquent, on les remplace par des barriques vides.

Supposons maintenant que l'assiégeant attaque la demi-lune dans les règles, c'est-à-dire pied à pied; l'assiégé y laisse le nombre de défenseurs strictement nécessaire pour ne pas exposer inutilement les hommes au feu violent qui précédera certainement l'attaque de l'ouvrage. Dans ceux en arrière il en laisse davantage, mais ils sont abrités sous les blindages dont nous avons parlé, ne se découvrant qu'au moment du besoin.

Aussitôt que les sapeurs ennemis commencent à gravir le talus, les défenseurs placés vers le saillant font rouler incessamment sur le travail des bombes, des obus, des gabions enflammés, etc. Quand il en est temps, ils font partir les bombes enterrées; à chaque instant quelques hommes hardis se montrent au haut de la brèche, tirent à bout portant sur les sapeurs et disparaissent aussitôt. Si cette défense est bien menée, les sapeurs dont la position est d'autant plus critique qu'ils s'élèvent davantage finissent par ne plus pouvoir avancer, et l'assiégeant envoie un petit détachement pour chasser le défenseur; si celui-ci est en force, il oppose de la résistance, sinon il lâche pied après avoir fait sa décharge à bout portant et se retire derrière les traverses dont le feu joint à celui du réduit accueille vivement l'assaillant et ses travailleurs, soumis d'ailleurs au jet des grenades, aux éclats des bombes enterrées, etc., etc. On tente alors quelque retour offensif pour chasser l'ennemi, se rétablir au saillant et recommencer la défense comme nous l'avons indiqué; mais s'il échoue, on fait jouer les mines volantes chargées de déblayer le pied de la brèche, et choisissant le moment où l'ennemi est étonné de l'explosion, on le charge avec vigueur: on le rejettera probablement dans le fossé avec grande perte de sa part. Mais il ne faut pas s'abandonner à sa poursuite, de peur de s'exposer aux feux préparés par l'assiégeant; on se rétablit au saillant et on prépare tout pour résister à un nouvel effort; l'assiégeant ne pourra le tenter qu'après avoir repris son tir en brèche pour détruire l'escarpement produit par l'explosion; on profite de cet intervalle pour tout remettre en ordre. Mais enfin l'assiégeant revient à la charge, les pertes qu'il éprouve ne le rebutent point; des réserves viennent successivement au secours des premières colonnes; son couronnement est exécuté; alors on attire le plus de monde possible sur la brèche par un retour offensif, puis se retirant brusquement on donne le feu aux mines du fond. Le terrain est alors tellement bouleversé qu'il est impossible de s'y maintenir contre une nouvelle et dernière attaque qui sera seulement accueillie par les feux des traverses et du réduit qui se concentrent sur l'établissement formé en haut de la brèche et sur les travaux qui en débouchent.

Il reste cependant encore un moyen de retarder cette prise de possession, c'est d'entretenir un grand feu dans un fossé creusé en haut de la brèche sur tout son développement.

Nous voyons que l'opiniâtre résistance de l'assiégé a eu pour résultat de forcer l'assiégeant à transformer pour ainsi dire son attaque pied à pied en une attaque de vive force dans laquelle il doit toujours perdre plus de monde.

Si les traverses ont été bien organisées, il faut les attaquer successivement de vive force, et la défense y trouve toujours de grands avantages; l'assiégé n'attend jamais l'ennemi, mais il lâche pied après avoir fait sa décharge, laisse agir les feux de tous les ouvrages en arrière, puis revient en force quand il le voit ébranlé; les grenades et les fougasses à bombes jouent encore un grand rôle dans ce genre de défense.

La défense du réduit de demi-lune exige les mêmes soins que celle de la demi-lune : si l'assiégeant fait brèche avec le canon, on contrarie l'établissement de ses batteries par les feux de toutes espèces, surtout par les grenades que l'on peut très-bien lancer à la main de l'intérieur du réduit. En même temps on pratique dans l'épaisseur du parapet des logements analogues à ceux dont nous avons déjà parlé à l'occasion de la demi-lune, pour plonger sur les batteries et les descentes. Si l'ennemi emploie la mine, après avoir contrarié par les feux et les sorties le travail des descentes et des passages de fossé, on fait rouler sur le mineur des bombes, des obus, des grenades, des bois que l'on allume en y mêlant des tourteaux enflammés et des sachets de poudre; tant que ce feu est entretenu, le mineur ne peut commencer son travail. Nous verrons plus tard comment on peut aussi lui opposer d'autres mines.

La brèche est préparée pour la résistance comme nous l'avons dit déjà. Pour rendre plus opiniâtre la défense de cet ouvrage et permettre les retours offensifs, on peut y construire un réduit. Quelquefois c'est un blockhaus mis à la gorge sur le terre-plein bas; on peut aussi employer la méthode suivante qui du reste n'exclut pas la première : deux traverses analogues à celles dont nous avons parlé pour la demi-lune barrent le terre-plein haut en s'appuyant aux angles d'épaule; une ligne de palanques disposée sur le terre-plein bas réunit leurs extrémités; elle est précédée d'un petit fossé dont les terres relevées contre les bois les abritent des éclats de la bombe. Une barrière établit la communication entre les deux parties du réduit. Il est bien entendu que l'artillerie de l'ouvrage est enlevée aussitôt qu'on craint l'attaque.

La manière de se défendre étant du reste en tout semblable à celle employée déjà pour la demi-lune, nous n'avons point à la détailler. Après avoir arrêté l'ennemi sur la brèche par tous les moyens connus, on entrave ses couronnements et ses cheminements par une succession de feux et de retours offensifs. Les retranchements permettent de défendre le terrain pied à pied; puis enfin quand l'ouvrage n'est plus tenable, on bouleverse son terre-plein avec les travaux de l'attaque au moyen de mines de fond préparées à l'avance.

En même temps que l'assiégeant s'empare du réduit de demi-lune, il attaque aussi le réduit de place d'armes rentrante. Les coupures exécutées dans les faces de la demi-lune ont retardé les cheminements poussés dans les parapets et par conséquent le défenseur s'est maintenu jusqu'ici dans le réduit. Mais pour lui donner plus de sécurité et forcer l'assiégeant à faire brèche à l'ouvrage, on le partage en deux par une traverse en capitale de manière à garantir la partie qui est du côté du bastion contre les coups partant du logement dans le parapet de la demi-lune. Cette traverse peut même être garnie d'une petite banquette et palissadée du côté du bastion ; elle forme alors une sorte de réduit qui force l'ennemi s'il veut faire brèche du côté de la demi-lune à marcher avec circonspection, sous des coups de fusil rapprochés et sous le jet des grenades. Il n'est pas probable que pour tourner ce réduit il établisse ses batteries de brèche contre l'autre face, c'est-à-dire du côté du bastion dont les feux gêneraient beaucoup ces travaux. Du reste, il n'y a rien de particulier à dire sur la défense de ces ouvrages.

Contre les couronnements du chemin couvert du bastion on emploie les feux de mousqueterie et d'artillerie, puis les retours offensifs, dans le but de retarder l'ennemi et de le contraindre peut-être à une action de vigueur dont la non-réussite lui serait fatale. Cependant il est peu probable qu'on puisse l'amener à un couronnement de vive force ; mais dans tous les cas pour contrarier l'établissement de ces logements, on établit de l'artillerie sur les faces du bastion, sur les flancs des bastions voisins et aussi sur les courtines ; ces dernières pièces tirent à travers des embrasures biaises dont nous avons déjà parlé. Sur les terre-pleins on dispose tous les mortiers et pierriers encore en état : on peut aussi employer les pièces démontées ou hors de service que l'on enterre à moitié dans le sol sous l'angle de 45° ; elles lancent des grenades ou même des balles et cubes de fer de forte dimension.

Cette artillerie concentre son feu sur les batteries de brèche et les contre-batteries. Il faut surtout s'attacher à conserver les flancs, dont on rétablit le parapet à mesure qu'il est désorganisé par les contre-batteries; il est de la plus haute importance que le feu de cette partie de la fortification soit conservé pour le moment de l'assaut.

Tous les moyens proposés pour la défense de la demi-lune sont employés à celle du bastion : on arrête le travail du passage par des feux de flanc et des feux de face plongeants partant des petits logements déjà décrits; on fait rouler sur la tête du travail des bombes et des obus, enfin on dirige contre les travailleurs de nombreuses sorties qui partent de derrière les tenailles. Ces sorties de plus en plus fortes et faites par des hommes énergiques abordent résolûment les travailleurs, les fusillent à bout portant, renversent une partie de l'ouvrage fait, et se retirent en mettant le feu au reste, ou le renversant par l'explosion de sacs à poudre. Les feux obliques partant de la tenaille ont encore une certaine action sur ces travaux.

Pour la défense des brèches on prépare d'abord aux pieds des escarpes les mines volantes ou fougasses dont nous avons déjà parlé; on peut aussi envoyer pendant la nuit des travailleurs qui déblayent le pied des brèches, escarpent leurs talus et répandent les déblais dans le fossé. On enterre sur le talus et surtout à la partie supérieure des boîtes à bombes ou des bombes isolées; on le parsème de chausse-trapes. Au sommet on construit un petit parapet à la sape volante pour abriter le défenseur, puis de petites traverses semblables à celles dont nous avons déjà parlé sont disposées de droite et de gauche de chaque brèche, aux extrémités du parapet qui les couronne; en arrière sont des banquettes et on y ménage une embrasure pour des pièces légères que l'on tient toujours chargées à mitraille.

Des amas de matières incendiaires, de bombes, d'obus, de grenades, de fascines et gabions goudronnés, des corps d'arbre, des chevaux de frise faits avec des lames de sabre ou d'épée, des pierres, sont accumulés sur le terre-plein pour être lancés sur l'assiégeant.

En même temps le gouverneur se prépare à la résistance par une bonne disposition de ses troupes. Nous supposons qu'en arrière des brèches est un retranchement intérieur sur lequel on compte, non pas peut-être pour se défendre, mais au moins pour obtenir une capitulation honorable si l'assiégeant se maintient dans le bastion. Il n'en est pas moins vrai que le moment est arrivé pour le gouverneur de ne rien épargner pour empêcher cet établissement; jusqu'à présent il avait ménagé sa garnison et ses munitions; aujourd'hui l'attaque du bastion est une action décisive et il ne faut rien négliger pour empêcher sa réussite. D'abord une partie de la garnison surveille tout le développement des remparts, car il est possible que l'assiégeant fasse quelque tentative d'escalade sur une partie éloignée. De plus, il est à craindre qu'en un pareil moment la bourgeoisie, peu confiante dans la valeur du retranchement intérieur, redoutant le sort réservé aux habitants d'une ville prise d'assaut, travaillée d'ailleurs par les mécontents, et il y en a partout, cherche à en imposer au gouverneur et à le contraindre à une capitulation : une autre partie de la garnison comprenant ce qui reste encore de cavalerie s'établit dans les points les plus importants et sillonne la ville de fortes patrouilles; on peut lui adjoindre quelques détachements de la garde nationale, composés des hommes dévoués. Les autres troupes sont réparties dans le bastion et les ouvrages voisins; la réserve particulière du gouverneur est sous les armes, prête à marcher. Les défenseurs du bastion sont disposés en autant de colonnes qu'il y a de brèches à défendre; chacune d'elles a une réserve assez forte et d'autres réserves sont placées en arrière. Il serait bon que les premiers rangs des colonnes eussent des armes défensives et surtout des armes offensives de longueur, comme piques, hallebardes, etc. ;

on en retirerait certainement un très-grand secours. A chaque brèche sont en outre attachés un certain nombre d'artilleurs et de sapeurs pour servir l'artillerie et mettre le feu aux machines infernales ; des servants d'infanterie ont pour mission de faire rouler sur l'ennemi tous les matériaux préparés.

Pour ne point exposer inutilement ces hommes aux feux de tous genres que lance l'assiégeant, ils s'abritent sous les abris blindés qui bordent les parapets à l'exception de ceux qui doivent concourir immédiatement à la défense du bastion. Sinon il pourrait arriver quelque chose d'analogue à ce qui s'est passé dans les derniers jours du siége de Sébastopol : les Russes, malgré le feu violent des alliés qui leur occasionnait des pertes énormes, se maintenaient avec énergie sur leurs remparts, de manière à ne pas être surpris par les colonnes d'assaut qu'ils attendaient à chaque instant ; le dernier jour, fatigués de ces pertes inutiles et ne croyant pas à une attaque immédiate, ils étaient dans leurs abris lorsque les colonnes d'assaut débouchèrent, et le moment de désordre qui s'ensuivit pour eux, bien que très-court, fut peut-être une des causes de notre succès.

Du moment où l'attaque est imminente, les troupes bivouaquent dans les positions qui leur sont assignées ; les hommes invalides ou en convalescence sont chargés conjointement avec la bourgeoisie d'apporter aux combattants de la nourriture, des rafraîchissements et des munitions. Quelques compagnies de bourgeois sont aussi commandés pour emporter les blessés.

Pour retarder un peu l'attaque, pour se donner le temps de terminer quelques préparatifs, on entretient de grands feux aux sommets des brèches ; mais quand il y a quatre brèches à un bastion, il est douteux qu'on puisse employer longtemps un pareil moyen.

Tous les mouvements de l'ennemi sont surveillés avec soin pour ne pas se laisser surprendre. Devant de pareils préparatifs, il n'est pas probable qu'il essaie d'une attaque pied à pied ; il lancera ses colonnes d'assaut, ce dont le défenseur est presque toujours prévenu par les mouvements inusités qu'il remarque dans la tranchée ; il peut donc se tenir prêt, les hommes à leur poste, les pièces chargées à mitraille et prêtes à faire feu.

Au moment où les colonnes débouchent, elles sont accueillies par les feux de tous les ouvrages qui les voient de flanc. On fait rouler sur elles les bombes, obus, grenades, pierres, corps d'arbre, chevaux de frise, gabions enflammés, barils foudroyants, etc., ménageant cependant ces moyens pour les continuer longtemps. A mesure qu'elles gagnent du terrain, on met le feu aux bombes enterrées qui éclatent sous leurs pieds ; quand elles arrivent au sommet, les défenseurs placés derrière les traverses les reçoivent à coups de fusil et de mitraille, les premiers chargés de chevrotines, de balles coupées en quatre, de clous, etc., pour produire plus d'effet ; car il ne s'agit point de justesse dans le tir, mais de mettre hors de combat le plus d'assaillants possible. Puis on lance sur ces troupes en désordre une colonne de défenseurs qui les chargent vivement à la baïonnette.

Cependant de nouvelles troupes arrivent au secours des assaillants qui s'entassent sur la brèche malgré les obstacles qu'on leur oppose ; c'est le moment de faire jouer les fougasses ou mines volantes qui déblayent le pied des brèches et enlèvent une partie des ennemis, dont les têtes de colonne étonnées de cette explosion inattendue et assaillies par de vigoureux retours offensifs sont rejetées dans le fossé ou passées par les armes.

La brèche n'est plus praticable ; l'assaillant ne peut renouveler sa tentative avant d'avoir pris de nouvelles dispositions. Il faut qu'il batte en brèche plus bas et qu'il adoucisse les rampes. L'assiégé profite de ce moment de répit pour se remettre en état de soutenir un nouvel assaut par les mêmes moyens, mais en remplaçant les mines volantes par des fourneaux de mine ordinaire situés à une faible profondeur. La nuit il enterre encore des bombes sur les brèches, des travailleurs escarpent les talus, que l'on parsème ensuite de chausse-trapes. On renouvelle aussi les approvisionnements en munitions et engins divers.

A une nouvelle attaque, les colonnes d'assaut sont reçues comme à la première ; il faut surtout bien prendre son temps pour faire jouer les mines, seulement elles ne produisent plus d'escarpement, mais causent à l'ennemi une grande perte d'hommes. Cependant les colonnes de troupes fraîches se succèdent sur la brèche, et l'assiégé de son côté engage ses réserves ; alors entre le défenseur exalté par un premier succès et l'assiégeant irrité s'engage un de ces combats dont ne peuvent avoir d'idée que ceux qui y ont assisté : le fer et le feu se croisent en tous sens ; les armes ordinaires ne suffisent plus, on se bat à coups de pierre, de crosse, de levier ; les éclats d'obus et de bombes deviennent de nouvelles armes. En ce moment critique tous les expédients sont bons, il suffit de les employer à propos : ainsi Vauban raconte qu'au siége de Chatté en Lorraine, les assiégés aux abois eurent l'idée de renverser quelques paniers de mouches à miel sur les assiégeants qui, assaillis par cet ennemi imprévu, durent lui céder la place.

Enfin, les assiégés vaincus par le nombre se retirent dans leurs retranchements ; les défenseurs des parapets en arrière commencent un feu des plus vifs contre les assaillants qui se retranchent au haut de la brèche. Ce sera le moment de faire partir les mines du fond qui bouleversent complétement le terre-plein ; à la faveur du désordre produit par l'explosion on tente un retour offensif pour réoccuper sinon le haut de la brèche, au moins les traverses construites de droite et de gauche. Il faut que l'assiégeant fasse encore un nouvel effort pour se rendre définitivement maître du bastion, effort qui lui coûtera de nouvelles pertes.

Une fois que ces logements sont solidement établis, il en part pour venir couronner les contrescarpes du retranchement. Ces travaux se font sous les feux rapprochés de l'assiégé qui les accompagne de quelques sorties tentées avec à-propos. Dans les retranchements semblables à celui qui est dessiné à la planche XXIX, l'espace qui existe en avant est tellement réduit qu'il est difficile d'y exécuter ces retours; les feux tant d'infanterie que d'artillerie seront donc les seuls moyens à mettre en œuvre pour arrêter la marche de l'assiégeant. Il sera bon aussi d'avoir gardé quelques mines pour faire sauter la batterie de brèche; on ne les fera jouer qu'au moment où la batterie commence son feu.

La résistance que doit opposer l'assiégé dans ce retranchement intérieur permanent est exactement la même que celle que nous venons de décrire; la disposition des gardes, les préparatifs pour défendre les brèches, la conduite de leur défense, rien n'est à changer; nous nous dispenserons d'en parler, ce serait une répétition inutile.

Dans le cas d'un retranchement intérieur passager, l'assiégeant ne prend pas tant de précautions, et il cherchera probablement à l'enlever de vive force en l'escaladant sur plusieurs points à la fois. Les dispositions des troupes de la défense sont toujours les mêmes, seulement les réserves sont encore plus rapprochées pour repousser immédiatement ces attaques. L'assiégé en est à sa dernière ressource, il est de la plus haute importance pour lui de ne pas échouer dans cette tentative de résistance. Il faut donc empêcher à tout prix l'assiégeant d'escalader le retranchement : ses palissadements sont entretenus en bon état; les escarpes et les contrescarpes sont revêtues en charpente, et les premières fraisées, pour rendre l'escalade plus difficile, le fossé est garni de défenses accessoires comme chausse-trapes, petits piquets, etc.; des fougasses, des bombes enterrées y sont placées. Enfin, rien ne sera négligé pour arrêter le premier élan de l'ennemi et empêcher qu'il ne puisse aller au delà du sommet des brèches du bastion.

Mais quand le gouverneur en est arrivé à ce point, quand

tout le terrain dont l'ennemi s'est emparé n'est tombé en son pouvoir que par suite de luttes successives et opiniâtres, quand il n'a pour dernière ressource qu'un retranchement qui, d'un instant à l'autre, peut être enlevé de vive force, doit-il livrer au hasard de ce dernier combat les restes d'une garnison héroïque qui pendant plusieurs mois a su résister à une armée dix fois plus considérable, en supportant des fatigues et des privations sans nombre? Doit-il fermer les yeux sur le sort réservé à une bourgeoisie dévouée qui a partagé les privations, les fatigues et peut-être les dangers de la garnison? La loi, d'accord avec l'humanité, déclare alors qu'il a rempli son devoir jusqu'au bout et qu'il est arrivé au terme de sa défense.

Cependant, avant de tenter aucune démarche auprès de l'assiégeant, il prend l'avis du conseil de défense pour mettre sa responsabilité à couvert. Nous connaissons déjà la composition de ce conseil ; au moment de prendre une décision si importante, le gouverneur peut en outre appeler au conseil tous les chefs de corps. Il expose l'état des fortifications, des vivres, des munitions, le chiffre réduit de la garnison, en un mot l'impossibilité dans laquelle il croit être de prolonger plus loin sa défense ; puis il prend l'avis de chaque membre. Un procès-verbal de la séance, où chaque membre peut inscrire son opinion, est rédigé pour servir plus tard de pièce justificative. Mais il faut ajouter que si le conseil émettait un avis entaché de faiblesse ou même de lâcheté, cela n'absoudrait en rien le gouverneur, qui reste toujours le maître de décider d'après son propre avis, le conseil étant seulement consultatif.

Le drapeau parlementaire est arboré, puis le gouverneur envoie au commandant en chef de l'armée de siége un officier de confiance porteur de ses demandes et chargé de les discuter. Ces prétentions sont examinées par le commandant en chef qui refuse ou accorde, ajoute ou retranche suivant la position dans laquelle il se trouve et les ressources qu'il croit encore à la défense. L'assiégé peut transiger sur les honneurs plus ou moins grands avec lesquels la garnison sortira de la place ; mais il doit maintenir avec fermeté toutes les conditions qui ont rapport à la sûreté des habitants, à l'honneur de la garnison ; on spécifie avec soin que les propriétés particulières ne seront point saisies et qu'il ne sera fait aucune recherche sur la conduite antérieure des habitants ; on demande que la garnison sorte par la brèche avec armes et bagages et même avec quelques pièces de campagne, et qu'elle soit reconduite en pays ami avec une escorte convenable. Dans aucun cas, le gouverneur ne doit rien stipuler pour lui-même ou pour ses bagages, mais il partage le sort réservé à la garnison : un article spécial règle celui des malades et convalescents.

Si les conditions proposées par l'assiégeant semblent trop dures, plutôt que de les accepter, le gouverneur menace de s'ensevelir sous les ruines de la ville ; le général ennemi, qui connaît toute l'énergie du gouverneur, toute la confiance qu'il a su inspirer à la garnison, qui sait par conséquent qu'il est homme à mettre ce projet à exécution, ne voudra pas s'exposer à de nouvelles pertes pour forcer une garnison se défendant avec l'énergie du désespoir, et il posera des conditions plus douces : il doit d'ailleurs se montrer généreux pour un ennemi que sa belle défense a couvert de gloire.

Il faut qu'un gouverneur soit bien à bout de toutes ressources en vivres et en munitions, il faut que sa garnison soit bien réduite ou bien découragée pour qu'il parle de se rendre à discrétion. Mieux vaut, s'il est possible, tenter de s'ouvrir un passage les armes à la main, comme nous le dirons tout à l'heure.

Il semblerait inutile d'ajouter que jamais un gouverneur ne doit parler de capitulation avant d'avoir vu tomber successivement toutes ses défenses, avant d'avoir consommé tous ses vivres, toutes ses munitions, et quand le terrain même lui manque pour ainsi dire; en un mot, tant qu'il lui reste une cartouche à brûler, un morceau de pain à manger, un pouce de terre à défendre. Malheureusement, à côté des nombreux traits d'héroïsme que l'on pourrait citer dans notre histoire militaire viennent se placer quelques rares exemples d'incapacité, d'imprévoyance, de faiblesse et même, faut-il le dire, de lâcheté et de trahison! Aussi les lois militaires ont porté contre le gouverneur aussi indigne de la confiance de son gouvernement les peines les plus sévères. L'article 218 de la loi du 28 avril 1832 est ainsi conçu :

Les lois militaires condamnent à la peine capitale tout commandant qui livre sa place sans avoir forcé l'assiégeant à passer par les travaux lents et successifs des siéges, et avant d'avoir repoussé au moins un assaut au corps de la place sur des brèches praticables.

Tout commandant qui a perdu une place est tenu de justifier sa conduite devant un conseil d'enquête.

Ce conseil d'enquête, qui fut plusieurs fois rassemblé et notamment sous l'empire, peut dans certains cas condamner et dans d'autres blâmer la conduite du gouverneur, suivant qu'elle a été coupable ou seulement entachée de faiblesse et d'imprévoyance; mais si elle est telle que nous l'avons supposé jusqu'ici, le conseil saura aussi l'apprécier, et son avis sera un hommage public rendu à un officier qui dans une position des plus difficiles a su conquérir l'estime et la reconnaissance de ses chefs et de son pays.

Il est des cas où le salut de l'armée, peut-être celui de la patrie, exigent que la défense se prolonge au delà du terme que nous avons fixé tout à l'heure. Alors le gouverneur, si ses vivres et ses munitions ne sont point épuisés, trouvera de nouvelles ressources dans les maisons de la ville pour préparer un second retranchement. En arrière du bastion attaqué, les maisons sont organisées défensivement, comme il a été indiqué dans la première partie du cours, et les rues sont barricadées avec soin. Pour que l'assiégeant ne puisse s'étendre le long des fortifications, de fortes coupures rejoignent les maisons avec les courtines situées à droite et à gauche du bastion attaqué. Ces coupures sont des parapets avec fossés en avant; elles sont palissadées, fraisées et garnies en un mot de toutes les défenses accessoires possibles ainsi que d'artillerie. De pareils retranchements sont encore fort respectables, et l'assiégeant ne pourra probablement pas en brusquer l'attaque, surtout s'ils sont soutenus par d'autres situés dans les maisons en arrière, de sorte que la ville présente des obstacles successifs d'une grande valeur. Le canon, la mine, l'incendie seront nécessaires pour les surmonter, et nous avons dit dans la première partie combien alors était beau le rôle de la défense. Chaque maison peut soutenir un siége en règle, et des retours offensifs toujours faciles à exécuter permettent au défenseur de ne céder le terrain qu'au moment où il devient un monceau de ruines. Ainsi fut conduite la brillante défense de Saragosse.

Quelquefois, au lieu de maisons, le gouverneur trouve une ancienne enceinte composée de murs élevés et flanqués de tours. La défense en peut être encore plus vigoureuse : un fossé est creusé en avant; les terres que l'on en retire servent à construire un rempart intérieur pour consolider le mur et placer l'artillerie. Si le temps manque pour construire ce rempart, on se contente d'échafaudages élevés derrière le mur pour porter les défenseurs. En arrière, on peut toujours organiser la défense des maisons.

Enfin, il peut arriver qu'un gouverneur, doué d'une énergie peu commune, ne veuille pas entendre parler de capitulation. Ainsi que Blaise de Montluc, enfermé dans la ville de Sienne, il ne peut supporter l'idée de voir son nom figurer au bas d'un pareil acte, quelque honorable qu'il soit d'ailleurs. Il ne lui reste plus alors qu'à s'ouvrir un passage les armes à la main en sortant en bon ordre, avec toutes ses troupes, par une porte opposée aux attaques, fondant sur les gardes du camp et s'échappant ainsi pendant que l'ennemi pénètre d'un autre côté dans la ville. Cette entreprise ne peut se faire que si l'on est à proximité d'une armée de secours ou dans un pays ami, et quand on ne redoute pas le pillage pour les habitants.

S'il y a une citadelle, on peut encore capituler pour ménager la ville, quand l'ennemi est arrivé devant le retranchement intérieur; on se retire dans la citadelle pour y soutenir un nouveau siége, et la capitulation stipule presque toujours que les attaques ne se feront pas du côté de la ville, afin de ne pas créer de nouvelles souffrances à ses habitants. C'est ce qui se passa au siége de Lille en 1708, siége remarquable à tous égards et dans lequel se couvrit de gloire le gouverneur, M. de Boufflers, qui résista pendant près de quatre mois, et ne capitula que sur un ordre exprès du roi Louis XIV.

Nous avons supposé jusqu'ici que le gouverneur malgré son énergie et sa bravoure était obligé de céder, et que le siége finissait par la prise de la place. Cette supériorité de l'attaque sur la défense n'est point surprenante, comme nous le montrerons au dernier chapitre, mais elle ne doit pas décourager le défenseur, car sa résistance aura toujours eu de grands résultats. Quelquefois cependant, il n'en est point ainsi et la fortune lui est plus favorable : ainsi Bayard fit lever le siége de Mézières en 1520; ainsi Charles-Quint dut renoncer en 1552 à son entreprise sur la ville de Metz défendue par le duc de Guise et l'élite de la noblesse française; le prince de Condé échoua devant Lérida en 1647 et fut obligé de se retirer après cinq semaines de travaux; M. de Calvo en 1676 eut la gloire de faire lever au prince d'Orange le siége de Maëstricht que celui-ci attaquait en vain depuis six semaines; la garnison française enfermée dans la ville de Badajoz résista à un premier siége du 22 avril au 12 juin 1811, et les Anglais ne purent même s'emparer d'un seul ouvrage avancé; l'arrivée des maréchaux Soult et Marmont força le général Wellington à lever le siége.

Dans ce cas la retraite de l'armée ennemie est presque toujours décidée par l'arrivée d'une armée de secours et plus rarement par les pertes que les maladies et le feu de la place causent à l'assiégeant ou bien encore par suite du découragement des troupes devant les lenteurs et les fatigues d'un siége trop prolongé.

Aussitôt que le gouverneur voit l'assiégeant prendre les mesures nécessaires pour se retirer, il redouble d'efforts afin de rendre plus difficile une opération déjà délicate. Son canon tire sans relâche sur les travaux que l'ennemi garde encore et des sorties fréquentes se portent sur les points moins bien soutenus ou déjà abandonnés pour saisir tout le matériel qui s'y trouve. Si le désordre accompagne cette opération de retraite, on l'augmente en faisant poursuivre les derniers corps par quelques troupes munies d'artillerie légère, et quelquefois on peut s'emparer ainsi d'une certaine quantité de matériel, et faire même des prisonniers.

CHAPITRE VI.

ATTAQUE ET DÉFENSE DES OUVRAGES DÉTACHÉS, DES OUVRAGES AVANCÉS ET DES DEHORS. — DÉFENSE PAR LES EAUX.

—

Dans les deux précédents chapitres nous n'avons tenu aucun compte des ouvrages accessoires que l'assiégé peut avoir à sa disposition sur les fronts d'attaque ou sur les fronts voisins; voyons quelle influence ils auront sur l'attaque et sur la défense.

Nous avons dit dans la deuxième partie que ces ouvrages étaient classés en trois catégories : les ouvrages détachés, ou qui ne sont point soutenus du canon de la place; les ouvrages avancés situés hors des glacis, mais flanqués par les ouvrages intérieurs; enfin les dehors qui sont tous les ouvrages compris sous la même contrescarpe et à l'intérieur des chemins couverts. Nous allons nous en occuper successivement et dans l'ordre suivant lequel l'assiégeant les rencontrera.

Les ouvrages détachés sont des forts plus ou moins considérables fermés de tous côtés et défendus par une garnison à part, mais qui se maintient en relation avec celle de la place dont elle dépend, car il n'est pas probable que l'assiégeant puisse les investir; la partie du corps d'investissement située entre le fort et la ville serait trop compromise.

Ces forts auront pour premier avantage celui de forcer l'ennemi à reculer considérablement ses lignes de circonvallation et de controvallation dont la grande étendue exige d'abord plus de travail et ensuite des gardes plus nombreuses ; l'armée de siége sera donc plus faible en tous ses points. En outre, il faut qu'elle se rende maîtresse de un ou deux de ces forts pour parvenir à la ville. On tentera peut-être de s'en emparer par un coup de main, suivant les différents moyens que nous avons indiqués, par surprise, escalade, attaque de vive force, etc. ; nous n'avons rien de nouveau à dire sur leur emploi. Mais si l'assiégeant échoue dans cette entreprise, il faut qu'il déploie contre ces ouvrages des attaques régulières, suivant la marche indiquée au chapitre IV. Seulement elles avancent plus rapidement devant une fortification munie de moins de ressources. On ouvre la tranchée plus près ; on continue plus long-temps la sape volante ; les actions de vigueur ont plus de chances de réussite ; le chemin couvert qui n'est soutenu par aucun dehors se couronne de vive force ; une fois la brèche ouverte, on ne sera peut-être pas obligé de donner l'assaut, s'il n'existe ni retranchement intérieur, ni réduit : le gouverneur préférera conserver la garnison pour la défense rapprochée, plutôt que de l'exposer à être passée par les armes après une résistance inégale. Il n'y a donc à construire ni descente, ni passage de fossé ; on se contente de renverser la contrescarpe avec une mine pour arriver à la brèche et donner l'assaut, si on y est contraint. Mais s'il y a un réduit qui puisse servir de retraite à la garnison, comme par exemple une tour dans un fort construit suivant le système allemand, après s'être emparé de la brèche, on la couronne et on y place une batterie pour ruiner les maçonneries de la tour, que l'on attaque de vive force à la manière ordinaire, si l'assiégé a la témérité de vouloir y résister.

Le mode d'attaque de ces forts, que nous venons de décrire succinctement, donne la mesure de la défense que l'assiégé peut y faire. Il faut d'abord que l'ouvrage soit muni de tous les approvisionnements nécessaires ; sa garnison, calculée d'après la fortification, est mise sous les ordres d'un commandant particulier dépendant du gouverneur qui choisit un homme ferme et intelligent, comprenant bien l'importance du rôle qu'on lui confie. L'attention de ce commandant particulier se porte, dans le principe, vers les attaques irrégulières, desquelles il est possible que l'ennemi veuille se servir ; les précautions qu'il doit prendre sont indiquées plus haut. Mais, s'il est attaqué régulièrement, il arrête ou ralentit les progrès de l'attaque par des feux, jusqu'au moment du couronnement des chemins couverts. Contre ce couronnement, il fait usage des feux, des sorties et des fourneaux de mine. Il a construit, en arrière de la brèche, un retranchement intérieur, afin de pouvoir soutenir l'assaut ; enfin, s'il est obligé d'évacuer l'ouvrage, en le quittant il le bouleverse par des fourneaux de mine, de manière que l'ennemi n'y trouve qu'un monceau de ruines dans lesquelles il ne puisse s'établir. On le voit, nous n'avons fait ici qu'appliquer des principes déjà connus.

Occupons-nous maintenant des ouvrages avancés, et principalement des lunettes qui sont sur le terrain des attaques ou qui prennent ce terrain à revers, et dont il faut, par conséquent, se rendre maître. Rarement l'assiégeant recule à cause d'elles sa première parallèle, qui est distante de leurs saillants de 450^m,00 environ ; si leur feu était trop redoutable pour les travailleurs, on exécuterait une partie du travail à la sape volante, au lieu d'employer la tranchée simple. En avant de cette première parallèle, on établit des batteries pour ricocher et contrebattre les faces des lunettes ; sous leur protection, on continue les cheminements, élevant d'abord une deuxième parallèle qui est encore à près de 200^m,00 de ces ouvrages, puis une troisième qui les embrasse tous en passant aux pieds de leurs glacis.

Si ces ouvrages sont médiocrement organisés, si leurs

hauteurs d'escarpe et de gorge sont faibles, on peut chercher à les enlever de vive force en débouchant de la troisième parallèle. Trois colonnes sont destinées à attaquer chaque lunette ; deux sont dirigées sur l'escarpe et escaladent les faces au moyen d'échelles ; la troisième se porte rapidement à la gorge pour l'escalader aussi et couper la retraite au défenseur ; une quatrième colonne, composée de travailleurs et conduite par des officiers du génie, établit en même temps une sape volante située à la gorge et venant se réunir à la troisième parallèle, qu'elle remplace ensuite.

Mais, si l'ouvrage est muni d'escarpe et de contrescarpe, si sa gorge est à l'abri d'une surprise, si les fossés sont pleins d'eau, il faut l'attaquer dans les règles en cheminant sur les glacis, couronnant de vive force les crêtes des chemins couverts, établissant une batterie de brèche contre l'escarpe, une descente et un passage de fossé, et enfin donnant l'assaut, qui est presque toujours combiné avec une attaque de vive force dirigée sur la gorge. Une fois maître de l'ouvrage, on chemine sur son terre-plein, on couronne sa gorge et on transforme ce couronnement en batteries très-bien placées à cause de leur élévation.

Pour recevoir de ces ouvrages tout le secours qu'il en attend, le gouverneur doit les organiser à l'avance ; les chemins couverts sont palissadés et des mines disposées sous les glacis ; le fond du fossé est garni de défenses accessoires, pour éviter une attaque de vive force, et la gorge munie de palanques si elle n'est pas assez élevée. La double caponnière qui sert à la communication est palissadée aussi. Enfin, si l'intérieur n'a pas de réduit permanent, on y construit un blockhaus ou au moins un tambour en palanques. De plus, l'ouvrage est garni d'artillerie, garantie du ricochet par des traverses ; quelques blindages intérieurs abritent la garnison contre les feux verticaux. Les hommes sont généralement relevés toutes les vingt-quatre heures pour ne pas trop les fatiguer, mais on conserve habituellement le com-

mandement au même officier, qui se tient mieux au courant
des ressources de la défense. Les ouvrages de la place qui
flanquent les fossés des lunettes sont armés et prêts à faire
feu.

Si, malgré la connaissance de tous ces obstacles, l'ennemi
tente une attaque de vive force, il est probable qu'il
échouera, surtout si le gouverneur fait en même temps une
sortie contre ses colonnes; il en revient alors à l'attaque
méthodique. Le défenseur a pour lui les feux de la lunette
et des ouvrages en arrière, puis les mines préparées à l'a-
vance et les retours offensifs contre les couronnements de
vive force. Au moment de l'assaut, il peut se maintenir de
pied ferme, protégé par le réduit, qui permet en même
temps au gouverneur de faire de nombreux retours offensifs;
en abandonnant définitivement l'ouvrage, on bouleverse son
terre-plein par l'explosion de fourneaux de mine.

Quelquefois toutes les lunettes sont reliées par un avant-
chemin couvert précédant un fossé : l'attaque et la défense
sont toujours les mêmes. La troisième parallèle s'arrête au
pied des avant-glacis; les avant-chemins couverts sont couronnés de vive force; car ils sont moins bien protégés que
ceux de la place; l'assiégeant exécute ensuite un certain
nombre de passages sur les avant-fossés, opération peu difficile à cette distance; il fait brèche et donne l'assaut aux lunettes. Leurs gorges sont réunies par une quatrième parallèle, de laquelle il part, comme il faisait de la troisième
dans le cas général.

Quand de pareils ouvrages n'existent pas sur les fronts attaqués ou sur les fronts voisins, que cependant la garnison
est nombreuse et capable de se porter au-devant de l'assiégeant, le gouverneur peut faire construire aux pieds des glacis de petits ouvrages en terre qui seront très-utiles. Ces
petits ouvrages ne se mettent généralement pas vis-à-vis du
point d'attaque, mais sur les côtés, en avant des fronts voisins; ainsi placés, ils voient à revers les ouvrages de l'assié-

geant, qui, pour s'en débarrasser et en chasser l'ennemi définitivement, doit étendre beaucoup ses travaux, d'où résulte pour lui perte de temps et d'hommes. On trace ces ouvrages en forme de redans ou de lunettes, ce qui leur a fait donner le nom de *flèches*; leur emplacement est en capitale des bastions ou des demi-lunes, aux pieds des glacis, leurs fossés flanqués par les chemins couverts; il ne faut pas les avancer davantage, de peur qu'ils ne soient mal soutenus par les ouvrages de la place, à moins que l'on ne puisse en construire en arrière, pour protéger les plus avancés, et avoir ainsi une série d'ouvrages se soutenant mutuellement et défendus en dernière analyse par les ouvrages permanents.

Le profil varie nécessairement, suivant l'importance de l'ouvrage, le nombre de ses défenseurs et surtout suivant le temps dont on dispose pour l'exécuter. S'il est possible, on adopte le profil ordinaire de la fortification passagère avec un glacis précédé d'un chemin couvert en avant du fossé; sinon, on se contente de l'un des profils indiqués pour la fortification à exécution rapide dans la première partie, ou même d'un simple profil de tranchée à la sape. Une double caponnière, enfoncée de 1^m,00 dans le sol des glacis et se rendant aux chemins couverts, sert de communication; son profil est souvent celui d'une sape double; elle doit être enfilée par les feux des ouvrages en arrière.

Pour que ces retranchements passagers ne puissent être enlevés de vive force sans grande perte pour l'assiégeant, on y accumule les défenses accessoires : des palissades sont plantées au pied du talus intérieur, dans le fond du fossé, au pied du talus intérieur du glacis, à la gorge et le long de la communication ; on fraise les bermes, on parsème de chausse-trapes le fond du fossé et les glacis ; sous ces derniers, on dispose, à une certaine profondeur, des fourneaux de mine, et, à 1^m,00 seulement au-dessous de leurs surfaces, des bombes sont enterrées, isolées ou réunies par quatre dans des caisses. L'ouvrage ne serait pas complet

sans un réduit : c'est le plus souvent un blockhaus dont les
parois sont abritées du boulet par les terrassements en
avant, et qui est garanti des bombes par une toiture recouverte de terre. Faute de temps ou de matériaux, on remplace le blockhaus par un simple tambour en palanques.

Parlons maintenant de l'attaque et de la défense de ces
ouvrages. L'assiégeant qui par suite de leur existence sur les
fronts voisins de ceux attaqués, a été obligé d'étendre ses
travaux à droite et à gauche, est arrivé jusqu'à la construction des demi-places d'armes sans éprouver de retards;
il a dirigé contre ces ouvrages le feu d'une ou de plusieurs
de ses batteries de canons et de mortiers pour ruiner les
défenses accessoires, écrêter les parapets, enfoncer le réduit,
etc. Si les flèches sont fortement organisées, peut-être sera-
t-il obligé de réunir ses demi-places d'armes pour en former une
troisième parallèle passant à 30 ou 40^m,00 de leurs saillants;
il l'élargit, y dispose quelques pierriers pour accabler les défenseurs de grenades et de pierres, et garnit les crêtes de
gradins de franchissement. Il exécute ensuite de la manière
suivante l'attaque de vive force : trois colonnes précédées
de petits détachements de sapeurs pour briser les obstacles
s'élancent ensemble de la tranchée environ une demi-heure
avant la chute du jour, ou un peu avant suivant la durée
présumable du combat; une se porte vers le saillant, les
deux autres vers la droite et la gauche près de la gorge pour
tâcher de pénétrer par ce point faible ; la force de ces colonnes est calculée d'après le chiffre présumé des défenseurs; Cormontaingne recommande de ne point l'exagérer
de peur d'exposer inutilement des hommes au feu de la
place. Une réserve considérable se tient dans la tranchée,
prête à les soutenir. L'attaque se conduit du reste comme
celle d'un ouvrage de campagne, sauf une plus grande énergie à déployer de part et d'autre, à cause des moyens de
résistance du défenseur.

Aussitôt que celui-ci est chassé de l'ouvrage, des travailleurs avec leurs outils, munis de gabions, fascines, sacs à terre, etc., conduits par des officiers du génie et protégés par les combattants, élèvent une gabionnade à la gorge pour se garantir contre les retours offensifs, renversent dans le fossé une partie du parapet, se font un épaulement du reste et exécutent en même temps à la sape volante une communication avec la troisième parallèle. Ces logements servent de point de départ et de soutien pour la construction d'une quatrième place d'armes longeant le pied des glacis et remplaçant la troisième parallèle d'une attaque ordinaire.

Voici maintenant quel est le rôle de ces ouvrages dans la défense. D'abord dans le commencement du siége, on peut y disposer quelque artillerie légère qui prend les tranchées d'écharpe et force l'assiégeant à écarter de la place leur direction; le feu de mousqueterie partant du même point l'oblige probablement aussi à se servir plutôt de la sape pleine et amène par conséquent de nouveaux retards. Mais l'utilité de ces ouvrages se fait sentir surtout au moment de la défense rapprochée qui doit être très-opiniâtre si le défenseur sait tirer parti de toutes les ressources que nous avons indiquées.

Au moment où les colonnes assiégeantes débouchent de la tranchée, il les accueille par un feu vif partant de l'ouvrage attaqué et de ceux qui le flanquent; pendant que l'ennemi renverse les défenses accessoires, on l'accable de grenades et on fait partir les bombes enterrées; les explosions seront suivies de sorties partant des chemins couverts voisins et tombant sur le flanc de ces colonnes déjà mises en désordre par les feux et les explosions. On les refoule sans les poursuivre et on rentre rapidement dans les ouvrages pour laisser agir les feux. Si l'ennemi tient bon, si des secours lui arrivent, on fait jouer les mines au moment où il est rassemblé au-dessus des fourneaux; l'effet qu'elles produiront pourra conduire encore à tenter d'autres retours offensifs. On n'abandonne l'ouvrage qu'après avoir épuisé tous ces moyens successifs de défense, se maintenant dans le réduit sous la protection duquel on peut encore essayer de regagner le terrain perdu; on répare alors rapidement le parapet et les défenses accessoires pour être en mesure de soutenir de nouvelles attaques. Mais si les retours offensifs ne réussissent pas, le défenseur abandonne le réduit, et bouleverse le terrain par le jeu de quelque gros fourneau qui détruit le logement de l'assiégeant et renverse le blockhaus. On a vu de pareils ouvrages, pris et repris plusieurs fois, ne céder enfin qu'au bout de trois ou quatre jours après avoir fait éprouver à l'assiégeant des pertes considérables.

Dans la défense de Sébastopol, les Russes mettant à profit leur force numérique, leur habileté dans les travaux de terrassement et l'espace considérable qui les séparait de nous, vinrent occuper en avant de leur première position une seconde ligne de défense composée d'ouvrages analogues à ceux dont nous venons de parler, mais encore plus fortement organisés, et surtout armés d'une artillerie formidable. On sait ce que coûta aux armées alliées la prise des ouvrages blancs, du mamelon vert, de la redoute des carrières, des ouvrages du cimetière, etc.

Les lignes de *contre-approche* sont des travaux de sape exécutés par le défenseur pour se porter en avant sur les flancs de l'assiégeant et prendre ses tranchées à revers. Généralement mal soutenus parce qu'ils s'éloignent trop de la place, ces travaux ne sont approuvés par les bons auteurs et en particulier par Vauban que dans certains cas où l'ennemi ne peut les attaquer facilement, par exemple dans le cas où les travaux de siége s'appuient à une rivière; l'assiégé s'il est maître de l'autre rive peut y conduire une de ces lignes qui prend des revers sur les travaux exécutés de l'autre côté : on les emploie encore avec avantage sur une digue entourée d'eau ou de marécages que l'assiégeant ne peut attaquer que de front.

Nous avons peu de choses à dire sur l'attaque et la défense

des ouvrages avancés, tels qu'ouvrages à corne, à couronne simple ou double couvrant un faubourg ou des parties faibles de la ville. Ce sont des fronts bastionnés contre lesquels il faut employer les mêmes moyens que ceux dont on se sert contre les fronts de la place. On chemine ensuite sur leurs terre-pleins pour venir attaquer les ouvrages en arrière. Nous remarquerons seulement que l'assiégeant trouve d'excellents lieux de rassemblement ou places d'armes dans leurs fossés.

Si ces ouvrages deviennent des dehors, c'est-à-dire s'ils sont enveloppés par la même contrescarpe que le corps de place, on les attaque toujours de la même manière, mais il survient pour le défenseur de graves inconvénients : l'assiégeant peut, à travers les fossés des branches de ces ouvrages et au moyen des contre-batteries placées dans le couronnement de leurs chemins couverts, faire brèche de loin aux bastions ou demi-lunes qui les flanquent; de sorte que s'il s'agit de bastions non retranchés, et si les fossés sont secs, la place se trouve ouverte et exposée à quelques tentatives d'attaque de vive force longtemps avant l'achèvement des travaux ordinaires.

L'attaque des contre-gardes placées en avant des bastions se conduit comme l'attaque de ceux-ci; une fois maître de la contre-garde, il faut couronner sa gorge et y construire des batteries pour faire brèche au bastion : on sait toutes les difficultés qui se présentent alors. On peut essayer de raser la contre-garde par l'explosion d'un gros fourneau de mine placé dans le massif vis-à-vis la batterie qui lui a fait brèche, et qui sert encore pour ouvrir le bastion. Il n'y a rien à dire de particulier sur la défense de ces différents ouvrages.

Une des meilleures méthodes pour résister à un couronnement de vive force consiste à construire dans les places d'armes saillantes un réduit embrassant l'escalier qui se trouve souvent à l'arrondissement de contrescarpe. Il se composé d'un tambour en palanques ayant ses parois formées de deux épaisseurs de corps d'arbre pour mieux résister à l'artillerie. On le met à l'épreuve au moins des pierres et des grenades en le recouvrant comme les blockhaus ordinaires. Sous sa protection, l'assiégé se maintient dans la place d'armes, arrête les couronnements de vive force, et l'assiégeant n'a souvent d'autre ressource contre ce genre d'ouvrages que celle de l'enlever par un fourneau de mine placé à l'extrémité d'un rameau partant des cheminements sur le glacis.

Occupons-nous maintenant de la manière dont le gouverneur doit employer les eaux dans la défense, en supposant que tous les moyens dont nous avons parlé dans la deuxième partie sont à sa disposition. Son premier soin sera de tendre les inondations assez tôt pour qu'elles aient le temps de se produire. Quand elles sont supérieures et sûres, il n'a rien autre chose à faire qu'à blinder avec soin les écluses qui retiennent l'eau pour que les bombes ennemies ne les détruisent pas ; mais quand elles sont retenues seulement par des digues en terre que l'ennemi peut couper, il faut armer d'artillerie les ouvrages qui défendent ces digues et faire exercer une surveillance active sur tout leur développement au moyen de patrouilles qui circulent continuellement à leur partie supérieure pendant la nuit. En outre des bateaux sont préparés pour porter des troupes à tous les points attaqués, et des matériaux, comme fascines, gazons, sacs à terre, sont disposés en différents endroits pour réparer les avaries causées aux digues par l'artillerie.

Pendant l'investissement, il faut tenir de l'eau dans les fossés pour donner de la sécurité à la place ; on l'y conserve pendant toute la durée du siége, excepté devant la partie attaquée. De cette manière on diminue beaucoup le service d'une garnison déjà si fatiguée par d'autres travaux : car il n'est pas besoin de faire aussi bonne garde sur les remparts, les surprises et tentatives d'escalade étant peu à craindre.

Nous avons dit que les fossés des fronts attaqués devaient rester secs : c'est afin d'avoir toujours de ce côté de libres communications, de pouvoir y préparer les rassemblements de troupes, et aussi afin de pouvoir employer les sorties à leur défense. Il faut pour cela que les fossés soient séparés de distance en distance par des bâtardeaux, entre lesquels se trouvent autant de bassins indépendants les uns des autres, et que l'on peut vider ou remplir à volonté. Ces bâtardeaux et leurs écluses doivent être blindés.

Si l'ennemi ignore que l'on peut mettre de l'eau dans le fossé, ce qui est peu probable à vrai dire, on lui laisse commencer son passage de fossé sec, arrêtant le travail par les chicanes ordinaires, petites sorties, etc.; quand il a vaincu toutes ces difficultés, au moment où il touche au pied de la brèche, on inonde ses travaux et il est obligé de recommencer le passage, peut-être même la descente qui arrive trop bas. On retire aussitôt les eaux, comme nous l'avons indiqué dans la deuxième partie, en fermant les écluses d'amont et en ouvrant celles d'aval, et on contrarie ces nouveaux travaux par d'autres sorties. Enfin, quand ils sont sur le point d'être terminés, le défenseur ouvre toutes les écluses, tant d'amont que d'aval ; l'eau s'élance avec force par les premières, et dans sa course rapide elle entraîne la digue servant de passage ainsi que les terres amoncelées au pied de la brèche : c'est ce qui s'appelle, nous le savons déjà, donner une chasse. Une fois le passage emporté et la brèche déblayée, on arrête le courant en fermant les écluses d'amont, et on laisse celles en aval ouvertes pour le complet écoulement de l'eau.

L'assiégeant sera d'abord obligé de recommencer son tir en brèche sur un point plus bas de l'escarpe, ce qui peut lui occasionner de grandes difficultés à cause de l'inclinaison à donner au fond des embrasures; puis il reconstruit son passage que de nouvelles chasses lui enlèveront tant qu'il ne sera pas suffisamment solide. Le bassin supérieur d'inondation est probablement assez vaste pour fournir toute la quantité d'eau nécessaire.

Au moment de l'assaut, les fossés des fronts attaqués sont tenus sans eau, pour faciliter les retours offensifs. Les autres sont toujours remplis afin d'éviter les tentatives de surprise.

Ces manœuvres dont nous venons de donner une description générale se font également pour la défense des demi-lunes et celle des bastions.

CHAPITRE VII.

DES MINES DÉFENSIVES. — GALERIES DE MINE. — FOURNEAUX. — ENTONNOIRS. — DES MINES OFFENSIVES. — PUITS DE MINE. — COMBAT SOUTERRAIN. — GLOBES DE COMPRESSION. — FAÇON DES BRÈCHES A LA MINE. — DESTRUCTION DES OUVRAGES AVEC LA POUDRE.

—

Dans le chapitre VI de la deuxième partie, nous avons dit que le défenseur possédait souvent des galeries de mine construites en maçonnerie sous les glacis, et nous avons donné la forme et les dimensions de ces ouvrages. Nous allons voir maintenant comment il peut les mettre à profit pour entraver la marche de l'assiégeant. Ces galeries sont construites pour aller disposer sous les travaux ennemis une charge de poudre plus ou moins considérable afin de les renverser par son explosion. Mais leur tracé ne permet pas toujours de porter cette charge immédiatement sous le travail que l'on veut enlever; on est obligé d'ajouter à ces galeries permanentes d'autres galeries en bois exécutées au moment du besoin et dont le point de départ, la direction et la pente sont calculés pour arriver juste au point voulu : elles portent le nom de *rameaux*. Les terres sont soutenues à droite et à gauche par des planches dites de *coffrage*, et à

la partie supérieure par des planches de *ciel,* absolument
comme les passages sous les traverses construits en fortification passagère : seulement, pour maintenir ces planches
contre la poussée des terres, on ne peut employer les pieux
verticaux enfoncés dans le sol et supportant un chapeau ; il
faut se servir d'un *châssis* quadrangulaire composé de deux
montants verticaux réunis en haut et en bas par deux pièces
horizontales dont la première se nomme *chapeau* et la seconde *semelle :* elles sont toutes deux destinées à empêcher
la réunion des montants pressés par les terres, et le chapeau
soutient en outre les planches du ciel (PL. XXXII, *fig. 1, 3
et 4).* La semelle est enfoncée dans le sol de la galerie jusqu'à l'arasement de sa partie supérieure. Les châssis sont
espacés de mètre en mètre ; des tringles horizontales les relient entre eux.

Quelquefois le rameau se construit sans châssis avec un
coffrage formé de madriers : chaque portion de coffrage se
compose de quatre bouts de madrier de 0ᵐ,30 de largeur,
assemblés deux à deux de manière à former un rectangle
de 0ᵐ,80 de hauteur sur 0ᵐ,65 de largeur. Les châssis se
placent à la suite les uns des autres et jointifs ; la galerie
ainsi construite porte le nom de *rameau à la hollandaise.* Le
plan dessiné à la figure 4 de la planche XXXII représente une
amorce de ce genre de travail.

Le réseau de galeries employées par l'assiégé s'étend souvent un peu loin ; il faut alors y renouveler l'air au moyen
de *ventilateurs.* Ils sont de deux sortes : les uns aspirent
l'air vicié, les autres au contraire envoient de l'air pur au
fond des galeries.

Les poudres qui par leur explosion bouleversent les travaux sont enfermées dans une boîte dite *boîte aux poudres*
que l'on place, non dans le prolongement du rameau, mais
dans un petit retour fait sur la droite ou sur la gauche afin
que la force expansive n'agisse pas dans la direction de la

galerie. Cette disposition est indiquée en plan à la figure 4. Pour la même raison, une fois la boîte en place, il faut boucher une certaine longueur de galerie, ce qui s'appelle en faire le *bourrage;* on emploie pour cela des gazons, des sacs à terre, de la terre franche, entremêlant ces différents matériaux, les arrangeant avec ordre et surtout sans laisser aucun vide. La longueur du bourrage est égale à deux fois et demi environ la hauteur des terres depuis le fourneau jusqu'au sol.

Quand il n'existe pas de galeries de mine permanentes en maçonnerie, on construit au moment du siége sur les fronts d'attaque, des galeries provisoires en bois toutes semblables aux rameaux dont nous avons parlé d'abord, sauf les dimensions qui sont plus considérables pour les principales galeries. On en fait non-seulement sous les glacis, mais encore sous le terre-plein des ouvrages attaqués, afin de pouvoir enlever par des explosions les travaux de l'assiégeant.

Il y a différents moyens pour communiquer le feu aux poudres : le plus anciennement employé est le *saucisson;* mais il a l'immense inconvénient de donner beaucoup de fumée et par conséquent de rendre les galeries inhabitables pendant un temps assez long après l'explosion, jusqu'à ce que le ventilateur ait enlevé cet air méphitique. Le saucisson est enfermé dans une gaîne en bois nommée *auget,* de $0^m,04$ de côté environ, clouée sur les semelles des châssis et traversant le bourrage.

On le remplace avec avantage par le cordeau porte-feu du capitaine du génie Larivière, qui communique le feu presque instantanément et peut être rendu imperméable à l'humidité au moyen d'un enduit en caoutchouc; de plus il est assez solide pour que l'on se dispense d'auget.

Enfin dans ces derniers temps on a employé avec succès l'élévation considérable de température produite sur un fil de métal qui met en communication les deux pôles d'une pile électrique. On dispose dans la boîte aux poudres au milieu de pulvérin un fil de fer ou de cuivre très-fin de quelques centimètres de longueur; à ses deux extrémités sont fixés deux autres fils assez forts qui viennent s'attacher aux deux pôles d'une pile voltaïque située hors du rayon d'action de la mine : au moment où le courant s'établit, le fil de fer rougit et enflamme le pulvérin et par suite la poudre. La communication est encore instantanée.

Au moment de l'explosion, la terre qui se trouve au-dessus du fourneau est soulevée avec violence et il se forme une excavation qui porte le nom d'*entonnoir*, parce qu'elle a la forme d'un tronc de cône renversé (PL. XXXII, *fig. 6*). Le sommet du cône est au centre O des poudres; les terres en retombant comblent cette partie inférieure. La distance OC du centre des poudres au sol est ce qu'on appelle *la ligne de moindre résistance*. La charge de poudre est en général calculée pour que le rayon AC de la base du cône soit égal à la ligne de moindre résistance OC; ce calcul est facile à faire par une simple proportion, car on sait ce qu'un kilogramme de poudre peut enlever de mètres cubes de terre, et par suite il est facile de calculer combien il en faut de kilogrammes pour enlever le volume du cône AOB. Si on augmentait cette quantité de poudre, le rayon de l'entonnoir augmenterait, serait plus grand que la ligne de moindre résistance, et le fourneau serait *surchargé*; il serait *souschargé* dans le cas contraire, c'est-à-dire si la charge de poudre n'était pas suffisante pour que le rayon de la base du cône atteignît la longueur de la ligne de moindre résistance.

Les principaux ouvrages de l'assiégeant que l'assiégé doit enlever sont les cavaliers de tranchée et leurs communications avec la troisième parallèle, les batteries de brèche et contre-batteries tant de la demi-lune que du bastion, et tous les établissements sur les terre-pleins des ouvrages, les brèches, etc. De plus, l'assiégé peut préparer contre le cou-

ronnement du chemin couvert le dispositif suivant : au moyen
d'une tarière on perce de distance en distance dans le massif
des glacis et en partant du talus intérieur (Pl. XXXI, *fig. 4)*
des trous de 4^m,00 environ de longueur sur 0^m,10 de diamètre ;
leur extrémité doit être à 1^m,50 en dessous du sol. On dépose
au fond une cartouche en métal de même diamètre que le
trou et contenant 10 kilogrammes de poudre ; un cordeau
porte-feu sort de la boîte et vient aboutir derrière les traverses en arrière ; il est dans un auget soigneusement enterré
à 0^m,20 en dessous du sol. On bourre ensuite ces petites
fougasses et on efface toute trace de ce travail pour que
l'ennemi ne puisse s'en apercevoir s'il pénètre dans les chemins couverts. Au moment où le gabion farci de la sape des
couronnements est au-dessus de la cartouche dans un couronnement pied à pied, ou quand les travailleurs sont rassemblés au même point dans un couronnement de vive
force, on met le feu aux poudres et leur explosion tue les
sapeurs et les travailleurs, enlève le gabion farci et favorise
l'action de quelques retours offensifs.

Aussitôt que l'assiégeant rencontre ce genre d'obstacle, ce
dont il s'aperçoit au jeu des premiers fourneaux, à moins
qu'il n'ait su à l'avance par des espions ou des déserteurs
que le terrain sur lequel il chemine est contreminé, il faut
qu'il s'enfonce à son tour sous le sol pour combattre l'assiégé
par les mêmes armes et aller chercher ses mineurs jusque
dans leurs galeries. Il arrête momentanément ses travaux
au-dessus du sol, les tenant toujours un peu en arrière des
travaux souterrains pour qu'ils ne soient pas enlevés par les
explosions des fourneaux.

Les travaux souterrains de l'assiégeant partent habituellement de la troisième parallèle : le mineur s'enfonce verticalement dans le sol en creusant un *puits de mine* qui l'amène
à la profondeur voulue. Ce puits, quand ses dimensions sont
un peu grandes ou quand le terrain est sablonneux, est cons-

truit comme les galeries en bois, c'est-à-dire que les terres sont soutenues sur les quatre faces par des planches verticales maintenues par des châssis ou *cadres* de forme carrée et situés dans des plans horizontaux, à 1^m,00 de distance les uns au-dessous des autres. Chaque cadre est fixé au précédent par quatre tringles solidement clouées. La figure 1 de la planche XXXII donne une coupe verticale passant par l'axe d'un de ces puits et par celui de galeries qui en débouchent; la figure 2 est une coupe faite dans le puits par un plan horizontal.

Dans les terres de consistance moyenne et quand le puits n'a pas besoin d'une grande ouverture, on le construit au moyen de châssis rectangulaires analogues à ceux des rameaux à la hollandaise : il s'appelle alors *puits de Boule*, du nom de son inventeur. Les quatre planches qui forment chaque châssis ont 0^m,04 d'épaisseur et 0^m,30 de largeur environ. La dimension du puits dans œuvre est de 0^m,80 dans les deux sens; les cadres sont placés tant pleins que vides dans un terrain ordinaire, ou même plus espacés si le sol a plus de ténacité (PL. XXXII, *fig. 5*). Les châssis sont réunis l'un à l'autre par quatre tringles verticales.

Lorsque ces puits ont conduit le mineur à la profondeur voulue, il chemine en avant presque toujours au moyen de galeries à la hollandaise, marchant à la rencontre du mineur assiégé. Entre eux s'engage alors une guerre souterraine dans laquelle la victoire doit rester au plus actif comme au plus intelligent. Le mineur prête l'oreille avec le plus grand soin à tous les bruits souterrains qui peuvent l'éclairer sur la marche de son ennemi; les coups de masses, de maillets et de marteaux s'entendent fort bien à une assez grande distance. De son côté il travaille en évitant tous ces bruits, et se dirige rapidement vers les points où son oreille lui a signalé l'ennemi; quand il en est arrivé à trois ou quatre mètres, s'il craint d'être prévenu par une explosion

ou d'avoir été découvert, il perce rapidement un trou avec
une tarière du côté de la galerie ennemie, y enfonce une
cartouche remplie de 10 ou 15 kilogrammes de poudre,
bourre avec des mandrins en bois préparés à l'avance et met
le feu à cette petite fougasse qui porte le nom de *camouflet;*
il étouffe ainsi le mineur ennemi, crève sa galerie, le force
à l'abandonner pendant quelque temps (cela s'appelle *donner
le camouflet)*, termine la sienne, charge, bourre et enfin
met le feu à son fourneau pour bouleverser définitivement
les travaux qui se trouvent dans le rayon d'explosion.

D'autres fois les galeries viennent à se rencontrer. Le plus
alerte des deux mineurs pratique à la hâte un trou de
quelques centimètres, tue le mineur ennemi d'un coup de
pistolet et jette dans sa galerie une composition asphyxiante
qui empêche de reprendre les travaux pendant quelque
temps. Il rebouche le trou, charge et bourre avec rapidité,
et l'explosion détruit les ouvrages du mineur qui s'est laissé
surprendre.

Si les galeries se rencontrent par une large ouverture,
les mineurs se livrent un combat souterrain; le pistolet est
la seule arme à feu qu'ils puissent y employer; mais ils appellent à leur secours tous les instruments dont ils se servent, comme masses et pinces en fer, haches, etc.

Dans ce genre de combat, nous n'avons point distingué
l'assiégeant de l'assiégé, mais on voit facilement que ce dernier doit avoir l'avantage puisque ses moyens sont presque
tous préparés à l'avance, tandis que l'assiégeant doit tout
créer. De plus, celui des deux dont les mines sont les plus
basses, qui tient le dessous, comme on dit, l'emporte encore
sur l'autre, car il lui est plus facile de le prévenir; ceci est
encore en faveur de l'assiégé qui connaît mieux son terrain
et a eu plus de temps pour conduire ses galeries.

Cependant il faut ajouter que celui-ci est toujours obligé
de ménager sa poudre, en premier lieu parce qu'il n'en a

qu'une quantité limitée, ensuite parce qu'en chargeant trop ses fourneaux, leur action au-dessous du sol serait trop considérable, il risquerait de crever ses propres galeries, et enfin parce que les vastes entonnoirs provenant de l'explosion des gros fourneaux offrent à l'assiégeant d'excellents couverts. L'assiégeant au contraire n'a rien de semblable à redouter; il peut renouveler sa provision de poudre et rien ne l'empêche par conséquent de surcharger ses fourneaux pour crever au loin les galeries de l'assiégé, ce qui lui rend une partie de sa supériorité. Ces fourneaux surchargés dont l'action souterraine est très-grande portent le nom de *globes de compression ;* s'ils ne crèvent pas les galeries, ils peuvent au moins les enfumer, et les vastes entonnoirs produits deviennent facilement de bons logements.

A mesure que le mineur assiégeant gagne du terrain, on avance les travaux situés à l'air libre et l'on couronne à la sape volante les entonnoirs produits par les explosions. Ces logements sont reliés par des cheminements faits à la sape pleine ou volante, suivant les cas.

Mais tous ces détails sont toujours fort longs, et l'assiégé a gagné du temps, ce qui est son véritable but. M. le capitaine du génie Gillot a proposé un mode d'attaque plus rapide qui porte son nom.

Quand, après l'exécution de la troisième parallèle, les explosions de l'ennemi ont averti de l'existence des mines, on envoie pendant la nuit, à 20 ou 30^m,00 en avant, quelques sapeurs qui peuvent en deux heures de temps creuser et élargir une sape volante; des mineurs se relevant de demi-heure en demi-heure creusent au fond de cette sape des puits à la Boule espacés de 6^m,00 en 6^m,00; en trois heures de temps ils leur donnent une profondeur de 3 à 4^m,00, et ils exécutent au fond un petit retour de 1^m,00. A l'extrémité de chacun de ces retours on dispose 200 kilogrammes de poudre, et l'on se retire rapidement en y mettant le feu sans

prendre la précaution de bourrer. Les explosions crèvent les
galeries ennemies qui sont aux environs, et on peut alors
venir sans crainte couronner les entonnoirs. On part de ces
logements d'une manière analogue pour crever les galeries
des assiégés 30ᵐ,00 plus loin.

Nous avons déjà dit que l'assiégeant pouvait employer la
mine pour faire brèche ou pour renverser les contrescarpes,
et qu'il fallait alors disposer des fourneaux non-seulement
dans les contre-forts, mais encore dans les terres en arrière.
Des rameaux à la hollandaise conduisent en ces différents
points. Nous n'avons rien à ajouter à ce sujet.

En temps de guerre, la poudre par son explosion peut encore rendre de grands services pour la destruction rapide des
maçonneries, des ponts et même de la fortification. Bien que
les officiers d'infanterie ne soient pas appelés à concourir à
l'exécution des travaux nécessaires, il est bon qu'ils puissent
se faire une idée juste de la manière dont s'y prend le mineur
et des résultats qu'il obtient; nous en dirons donc quelques
mots.

Quand on veut démanteler une place, il faut ruiner toutes
les maçonneries et les renverser dans les fossés avec les remparts. Au moyen de rameaux à la hollandaise et de puits de
Boule, perçant la maçonnerie avec la pince et le pic à roc,
on établit de petits fourneaux au centre des contre-forts à
leur jonction avec le mur à renverser, ou dans le mur lui-
même s'il n'y a pas de contre-forts, près du parement intérieur; d'autres fourneaux sont établis en arrière, dans le
massif des terres. On fait jouer en même temps tous les fourneaux d'une même face, pour que leur explosion simultanée
renverse dans le fossé le revêtement et les terres en arrière.

On démolit les voûtes en mettant des fourneaux dans leurs
piédroits; si le temps manque pour creuser l'emplacement
de la poudre, on se contente de la disposer sur la clef de la
voûte en quantité suffisante; on surcharge de sacs à terre et

on y met le feu. C'est ainsi que l'on peut démolir les ponts en pierre quand on veut détruire la communication entre les deux rives d'un cours d'eau.

Pour détruire les ponts en bois, il suffit de disposer la poudre par tas sur leurs tabliers, au-dessus des radeaux, des ponts ou des chevalets qui les supportent; on contrebutte la poudre par quelques sacs à terre. On obtient des effets de destruction peut-être encore plus considérables en la disposant sous l'eau, entre les travées, dans des boîtes métalliques soigneusement closes. On donne le feu avec un cordeau porte-feu imperméable.

CHAPITRE VIII.

RÉCAPITULATION DES TRAVAUX D'ATTAQUE ET DE DÉFENSE. — PRINCIPES GÉNÉRAUX QUI DOIVENT GUIDER L'ASSIÉGEANT ET L'ASSIÉGÉ. — BUT ET VALEUR RESPECTIVE DES DIFFÉRENTS OUVRAGES DE FORTIFICATION. — IMPOSSIBILITÉ DE L'APPRÉCIATION DE LA DURÉE D'UN SIÉGE. — JOURNAL DE SIÉGE.

—

Les chapitres IV et V de cette troisième partie ont été exclusivement destinés à la description des procédés d'attaque et de défense des fortifications régulières; dans le chapitre suivant nous avons indiqué les modifications apportées dans les travaux par la présence d'ouvrages accessoires, dehors, ouvrages avancés ou ouvrages détachés en avant de la place; mais nous supposions toujours que l'enceinte proprement dite était régulièrement organisée. Il nous était impossible de faire autrement; la marche de l'assiégeant ne pouvait être complétement expliquée que sur un exemple, et à moins de tomber dans des cas particuliers, dans des exceptions, il nous fallait décrire l'attaque d'une enceinte régulière. Or cette régularité se présente rarement dans la pratique; soit par suite des accidents de terrain, soit à cause des époques différentes de la construction des ouvrages, l'enceinte des places fortes présente habituellement de nombreuses irrégularités; de même le sol sur lequel cheminent les attaques est plus ou moins accidenté. On est alors nécessairement entraîné à faire des modifications à la marche ci-dessus indiquée; mais la direction à imprimer aux travaux repose toujours sur l'observation d'un certain nombre de préceptes qu'il faut déduire de tout ce que nous avons dit jusqu'ici. Pour cela il est indispensable de faire une récapitulation générale, un résumé de ce que contiennent les chapitres précédents; nous y trouverons en outre l'avantage de bien mettre en évidence la succession des travaux que les descriptions de détail ont peut-être fait perdre de vue.

Le général en chef qui veut attaquer une place forte rassemble d'abord le matériel nécessaire et prend secrètement des informations sur la position dans laquelle elle se trouve; ensuite il la fait investir par un corps de troupes légères qui empêche ses communications avec l'extérieur en attendant l'arrivée de l'armée principale. Celle-ci s'avance à la suite du corps d'investissement, avec tout le matériel; on établit les camps autour de la place, on les protége par des lignes, on dispose en même temps les parcs de l'artillerie et du génie et on confectionne les fascinages de toutes sortes : le plan directeur est dressé avec soin, le point d'attaque choisi; alors seulement peuvent commencer les travaux, sous la protection d'une armée d'observation.

On ouvre d'abord une première parallèle contournant les ouvrages attaqués à environ 600^m,00; elle est jointe avec les dépôts de tranchée par des boyaux défilés, et garnie de gradins de fusillade et de franchissement. Si ces extrémités ne peuvent s'appuyer à des obstacles infranchissables, on y élève de petites redoutes. D'autres cheminements poussés en avant conduisent à une deuxième place d'armes située à 325^m,00 des saillants des chemins couverts et faite à la sape volante, tandis que les travaux précédents se construisaient

à la tranchée simple. La deuxième parallèle est aussi organisée en partie pour la fusillade et le franchissement; la garde
qui stationnait dans la première y laisse seulement sa réserve
et vient se placer dans la seconde. En avant de cette place
d'armes sont établies les batteries destinées à contrebattre
et à ricocher l'artillerie de la place, ainsi qu'à envoyer des
bombes dans l'intérieur des ouvrages. Les extrémités s'appuient à la première parallèle, à défaut d'obstacles naturels.

Sous la protection des feux d'artillerie, on continue les
cheminements dirigés en zigzag suivant les capitales et défilés des ouvrages de la place. Ils se font à la sape volante
jusqu'à environ 200^m,00 des chemins couverts; à cette distance on adopte la sape pleine : des demi-places d'armes
sont construites en ce point pour rapprocher la garde des
travailleurs.

A 60^m,00 des saillants des chemins couverts, on construit
une troisième parallèle à la sape pleine; elle est immédiatement organisée pour la fusillade et le franchissement, et ses
crêtes sont garnies de créneaux en sacs à terre, derrière
lesquels on place de bons tireurs. On en débouche pour
s'approcher des places d'armes saillantes des demi-lunes,
construisant successivement la portion circulaire, le T, les
cavaliers de tranchée; en même temps, des batteries à feux
verticaux sont disposées en avant de la troisième parallèle.
On entreprend alors les couronnements à la sape pleine ou
de vive force suivant les circonstances.

Ces couronnements sont transformés en contre-batteries
pour ruiner les faces des bastions dans le prolongement des
fossés de la demi-lune, et en batteries de brèche dirigées
contre les faces de ces derniers ouvrages. On construit en
même temps les descentes de chemins couverts et de fossés,
le couronnement de l'arrondissement de la contrescarpe,
puis le passage de fossé. Une attaque pied à pied ou de vive
force rend maître des demi-lunes, sur le terre-plein des-

quelles on chemine pour venir couronner la contrescarpe du réduit.

Pendant la construction de ces cheminements, on achève les couronnements des chemins couverts, et ce travail est protégé, s'il est nécessaire, par une quatrième parallèle ; les crêtes sont garnies de fusiliers tirant à travers des créneaux en sacs à terre. On descend aussi dans les places d'armes rentrantes, et on arrive dans les fossés de leurs réduits, pendant qu'on fait brèche aux réduits de demi-lune.

Les réduits de demi-lune, les réduits de places d'armes rentrantes et les coupures de demi-lunes s'attaquent ensemble, et on chemine sur leurs terre-pleins pour en couronner la gorge et interdire tout retour offensif.

Enfin, les couronnements des chemins couverts du bastion sont transformés en contre-batteries et batteries de brèche ; on construit les descentes, puis les passages de fossés et on donne l'assaut.

Si le bastion est retranché, il faut encore cheminer sur son terre-plein, faire brèche au retranchement, construire des descentes et des passages de fossés et livrer enfin un dernier assaut. Peut-être même faudra-t-il ensuite attaquer les maisons de la ville.

Telle est sommairement la marche des attaques; la conduite de la défense demande encore plus d'énergie.

Le gouverneur, qui dans la prévision d'une attaque a rassemblé un matériel et des approvisionnements suffisants, qui a tenu sa garnison au complet et ses fortifications en bon état, fait déclarer la place en état de siége aussitôt que possible et use alors de tous ses droits pour diriger vers un même but toutes les ressources de la ville. Il organise le service intérieur, la garde nationale, les sapeurs-pompiers, embrigade les ouvriers de divers états et les emploie aux travaux de tous genres; il fait tendre les inondations, palissader les chemins couverts, construire des retranchements intérieurs, des blindages, etc., etc. Il dispose aussi les gardes du chemin couvert et de l'enceinte et fait circuler de nombreuses patrouilles au dehors, sans cependant rien entreprendre contre le corps d'investissement. Il faut en même temps chercher à pénétrer les desseins de l'assiégeant, pour disposer à temps l'artillerie des parapets, préparer les traverses et parados et construire les retranchements ainsi que les communications. On règle aussi le service de la garnison, et on construit, s'il est possible, des travaux extérieurs, flèches, etc.

Contre les feux de l'assiégeant on emploie successivement les feux et les sorties : les feux de mitraille et de mousqueterie pendant les premières heures de la nuit, les feux à boulets ensuite ; les bombes sont dirigées sur l'emplacement des batteries et contre les rassemblements. Les grandes sorties ne s'emploient que dans des circonstances particulières, pour s'opposer aux travaux de la première et de la deuxième parallèle et surtout à ceux des batteries. Quand elles réussissent, il ne faut jamais poursuivre trop loin l'assiégeant ni se maintenir contre ses réserves ; on a exclusivement pour but de détruire les ouvrages faits et non d'engager un combat dans lequel le défenseur doit avoir le dessous.

Lorsque l'assiégeant commence son feu d'artillerie, on lui riposte avec vivacité tant que l'on conserve l'avantage ; sitôt qu'on a le dessous, on désarme en partie les faces ricochées et contrebattues, ne laissant en batterie que les pièces bien abritées par les traverses, afin de conserver les autres pour la fin du siége, alors que les travaux de l'assiégeant rendent son tir d'un usage moins facile. L'artillerie restée sur les parapets s'emploie seulement contre les travaux, sans répondre au feu de l'assiégeant.

Après l'exécution de la deuxième parallèle, on organise le tir de mousqueterie des chemins couverts et celui des armes de précision, abritant les tireurs par des créneaux en sacs à terre.

Les petites sorties n'ont d'action importante qu'au moment de l'exécution de la troisième parallèle, c'est-à-dire jusqu'aux limites des glacis ; on les combine avec les feux et l'explosion des fourneaux de mine, pour entraver les progrès des attaques. Plus les travaux de l'assiégeant se rapprochent, plus l'énergie de la défense doit être grande ; la position du premier devient de plus en plus critique ; d'enveloppant, il est enveloppé ; il ne s'avance que lentement et par des défilés étroits sur un terrain qui lui est inconnu, tandis que le défenseur a pu y accumuler tous ses moyens de résistance. Celui-ci opposera une résistance directe aux attaques pied à pied ; il cédera au contraire devant une attaque de vive force, pour accabler de feux les colonnes assaillantes et les chasser ensuite par de vigoureux retours offensifs. Le gouverneur ne cède ainsi le terrain qu'après l'avoir disputé pied à pied, s'en être fait chasser plusieurs fois, et il ne l'abandonne définitivement que bouleversé par l'explosion de gros fourneaux de mine. C'est surtout dans la défense des brèches qu'il faut appliquer tous ces principes. Cependant il faut ménager les approvisionnements en vivres et en munitions pour les faire durer jusqu'à la fin du siège.

Poussé dans ses derniers retranchements, le commandant ne capitule qu'à la dernière extrémité ; il s'échappe, s'il le peut, les armes à la main, se faisant jour à travers l'armée de siège, ou bien il se retire dans la citadelle avec les restes de la garnison. Dans tous les cas, la capitulation doit être honorable pour la garnison et sauvegarder les intérêts des habitants.

Tel est le résumé rapide des travaux de l'assiégeant et du défenseur ; nous allons maintenant énumérer les préceptes généraux qu'il faut suivre dans l'attaque, quelle que soit la forme de la place attaquée et indépendamment de la régula-

rité de ses fortifications et du sol qui est en avant. Pour
mettre plus d'ordre dans leur énumération, nous parlerons
successivement de ceux qui ont rapport aux travaux du génie, à ceux de l'artillerie et enfin de ceux qui ne dépendent
d'aucun de ces deux services, mais rentrent dans les attri-
butions de l'état-major général.

Occupons-nous d'abord des principes généraux qui doivent régler la conduite des officiers du génie.

Le tracé des lignes de circonvallation et de contrevallation doit s'appliquer à la forme du terrain en profitant de
tous les obstacles naturels; on n'hésite pas pour améliorer
ce tracé à l'écarter plus ou moins de la ville; on emploie
d'ailleurs les différents genres de lignes que nous connaissons suivant les circonstances.

Lorsque le plan directeur est terminé, on y fait le tracé
des premiers travaux, en rapprochant la première parallèle
autant que possible, sans s'astreindre à la distance exacte
de 600^m,00, ni à une distance quelconque et constante,
mais profitant de tous les accidents favorables du terrain
pour s'avancer plus près. Le nombre de cheminements partant de cette parallèle varie; on en met un par capitale sur
les fronts réguliers ; vis-à-vis des fronts irréguliers, il faut
en disposer assez pour que les communications soient faciles.

Ces communications sont reliées entre elles et soutenues
par des places d'armes situées de distance en distance que
l'on peut éloigner plus que nous ne l'avons fait dans
l'exemple général; mais si la résistance de l'ennemi est vigoureuse, s'il faut repousser de fréquentes et puissantes
sorties, on multiplie ces places d'armes sans être obligé de
leur faire embrasser à chacune tous les fronts d'attaque.

Les travaux s'exécutent à la tranchée simple, à la sape
volante ou à la sape pleine, suivant la distance de la place
et la vivacité de son feu; la règle est de quitter la tranchée
simple pour la sape volante quand on est à bonne portée de

mitraille, et la sape volante pour la sape pleine quand on arrive à portée de mousqueterie ; ces distances varient avec la portée des armes de la défense. Quand on manque de gabions pour les sapes, on prend ceux des cheminements en arrière dont les parapets prennent la forme de ceux construits en tranchées simples. Tous les cheminements doivent être défilés ; ceux qui ne le seraient pas sont approfondis sur le revers. Une partie des places d'armes est organisée pour la fusillade, une autre pour le franchissement.

Tous les matériaux nécessaires aux couronnements des chemins couverts, aux descentes et aux passages de fossés, comme fascines de toutes espèces, sacs à terre, blindes, châssis de galeries souterraines, planches de coffrage, etc., sont préparés à l'avance pour que la marche du travail ne soit jamais arrêtée. Les outils de tous genres et même ceux de terrassement doivent se trouver dans le parc du génie ; il ne faut point compter sur ceux trouvés dans le pays.

Pendant tout le temps du siége, pour que la marche du travail soit régulière et ne souffre pas de temps d'arrêt, le commandant du génie doit prévoir au moins 24 heures à l'avance le nombre de travailleurs dont il a besoin, pour en faire la demande à l'état-major général. Il faut dans le commencement du siége ménager les sapeurs du génie dont on n'a jamais qu'un nombre trop restreint et qui sont si utiles à la fin. Si on en manque, on peut prendre dans d'autres corps avec l'autorisation du général en chef des hommes d'élite et de bonne volonté qui servent de sapeurs auxiliaires et reçoivent une haute paye.

L'artillerie joue dans un siége un rôle fort important ; c'est elle qui doit éteindre le feu des parapets, arrêter les travaux intérieurs par ses feux verticaux et enfin ouvrir aux troupes l'entrée dans la place en pratiquant aux murailles des brèches suffisantes. De plus elle est chargée de l'approvisionnement en munitions de toutes espèces et de la réparation du matériel de guerre.

L'emplacement des batteries dépend de la forme des fortifications; il faut le combiner avec le tracé des cheminements et parallèles de manière à ce que ces travaux ne se gênent point réciproquement, mais au contraire se prêtent un mutuel secours. Les pièces du plus gros calibre sont les meilleures quand il ne s'agit point de batteries de brèche; et dans tous les cas elles ne doivent pas être inférieures à celles de la défense. Les batteries éloignées tirent à ricochet ou de plein fouet; ce dernier tir ne doit être employé que si le premier, qui est plus destructeur, qui use moins de poudre et qui fatigue moins les pièces, ne suffit pas ou est impossible. Ces batteries ne doivent pas être en général à plus de 600^m,00 des ouvrages.

Aux batteries de canons sont jointes des batteries de mortiers pour détruire les établissements militaires et arrêter les travaux intérieurs. On emploie en général les calibres de 0^m,22 et de 0^m,27; les mortiers de 0^m,32 dont la manœuvre est plus difficile sont réservés pour tirer à de grandes distances.

Quand on arrive à 50 ou 60^m,00 de la place, on ne peut plus se servir que de feux verticaux; on construit alors des batteries de mortiers et de pierriers rapprochées des chemins couverts pour les inonder de bombes, de pierres et de grenades. Des petits mortiers de 0^m,15 disposés dans la parallèle et transportés à bras d'hommes en des points quelconques gênent aussi beaucoup le défenseur.

Les batteries de brèche sont ordinairement armées de pièces de 24; il faut pouvoir battre le mur assez près du fond du fossé; on suit dans le tir la marche régulière que nous avons indiquée. Les contre-batteries destinées à ruiner les parapets des faces qui battent les fossés de l'ouvrage attaqué, sont dans le prolongement de ces fossés. Leur armement est en rapport avec l'artillerie qu'elles doivent combattre.

L'artillerie doit encore avoir tout préparé pour faire franchir les talus des brèches aux pièces qu'il faut amener dans les ouvrages.

Examinons maintenant les principes qui guident le général en chef dans le courant du siége pour toutes les opérations qui ne dépendent directement ni de l'artillerie ni du génie.

Le premier de tous est d'avoir des approvisionnements suffisants, et de s'entourer de tous les renseignements nécessaires sur la place qu'il veut attaquer. L'armée doit être assez forte pour fournir un corps d'observation.

L'envoi d'un corps d'investissement est à peu près indispensable; mais comme il est faible, il faut le suivre de près avec tout le matériel.

Les camps sont placés hors de portée du canon de la place, mais aussi rapprochés que possible pour éviter aux hommes la fatigue de longues courses dont la durée ne compte pas dans le temps de service. Il faut les entourer de quelques fortifications de campagne ainsi que les parcs.

Nous avons suffisamment parlé des principes qui devaient diriger le général en chef dans le choix du point d'attaque; nous n'y reviendrons pas.

Le service de la tranchée est réglé avec soin, de manière que tous les corps de l'armée y prennent part successivement, tant pour la garde que pour le travail. L'armée d'observation peut aussi être appelée à fournir son contingent de gardes ou de travailleurs, quand le siége se prolonge, pour soulager le corps principal. Il vaut mieux dans ce cas appeler successivement les différentes brigades ou divisions à faire partie de l'armée d'observation dont les fatigues sont moindres.

Les officiers qui commandent les travailleurs doivent déférer aux recommandations des officiers de l'artillerie et du génie chargés des travaux. Ils surveillent leurs hommes, les excitent au travail et les empêchent de s'écarter sous aucun prétexte.

Pour résister aux grandes sorties, on tente d'abord de les arrêter par les feux d'artillerie et de mousqueterie; si elles continuent à s'avancer malgré ces feux, on les aborde vivement à la baïonnette quand elles ne sont plus qu'à une faible distance, et sans jamais se laisser prévenir. Après les avoir repoussées, on se garde bien de les poursuivre trop loin, pour ne pas se soumettre inutilement aux feux de la place. La nuit quelques éclaireurs de bonne volonté placés en avant des travaux et abrités dans des trous ou par quelques sacs à terre, préviennent à temps de leur arrivée.

Les attaques de vive force ne sont bonnes que contre les ouvrages placés en dehors des chemins couverts et mal soutenus par conséquent. Les attaques pied à pied sont préférables pour les autres. Dans tous les cas, il est de la plus haute importance de ne tenter une attaque de vive force qu'au moment où les travaux conduisent à couvert au moins à portée de grenade des ouvrages attaqués. Faute de cette précaution, les colonnes d'attaque obligées de franchir à découvert sous le feu de l'ennemi un espace trop considérable, éprouvent des pertes énormes et n'arrivent qu'en désordre et déjà trop affaiblies.

En général, on n'est obligé à l'attaque de vive force que pour enlever le corps de place et les retranchements intérieurs; dans ce dernier cas, il faut agir avec précaution, ne pas se lancer tout d'abord dans l'intérieur de la ville, mais se répandre le long de la fortification, se mettre en communication avec l'extérieur, faire entrer les réserves, et pénétrer alors en bon ordre, occupant successivement les points les plus importants.

Comme dernier principe nous ne saurions trop recommander une cordiale entente entre les officiers des différentes armes employées au siége; il en résultera nécessairement un plus grand ensemble dans les travaux dont la marche pourrait au contraire être entravée par de mesquines rivalités.

Dans la seconde partie de ce cours, nous avons décrit les divers ouvrages de la fortification permanente sans pouvoir au juste indiquer leur but immédiat et les rapports qu'ils ont entre eux, puisque nous ne connaissions pas encore les méthodes d'attaque et de défense. Il nous est possible actuellement de juger en connaissance de cause de leur valeur respective : c'est ce que nous allons faire en quelques lignes, en commençant par les ouvrages les plus éloignés.

Nous ne dirons rien des ouvrages détachés dont nous avons suffisamment indiqué la raison d'être dans certains cas particuliers, non plus que des ouvrages avancés destinés à couvrir une portion d'enceinte trop faible, un faubourg ou des établissements militaires. Un mot sera seulement nécessaire sur la position des lunettes destinées à renforcer un point donné : il est évident que celles situées en avant des fronts attaqués peuvent ralentir les attaques, mais n'obligent pas l'assiégeant à un plus grand développement de travaux ; si elles se trouvent au contraire sur la droite ou sur la gauche de ce terrain de manière à le bien flanquer, l'ennemi sera toujours obligé de les attaquer, et pour établir les batteries dirigées contre elles comme pour embrasser leurs saillants par ses travaux, il faudra qu'il augmente le développement des deux premières parallèles. Il sera donc obligé d'employer plus de temps, et aussi d'exposer plus de travailleurs à la fois.

Parmi les dehors, on rencontre en premier lieu les chemins couverts qui mettent l'assiégé en communication avec la campagne : les difficultés que l'assiégeant éprouve pour s'en emparer et qui font de leur prise une des opérations les plus graves du siége, donnent une idée de leur importance. On a vu le rôle joué par les traverses qui permettent une défense pied à pied vigoureuse, après avoir diminué le danger du tir à ricochet.

L'existence des places d'armes rentrantes favorise les retours offensifs et leurs réduits qui servent de points de ralliement dans la défense des chemins couverts sont aussi d'une grande utilité. Des réduits dans les places d'armes saillantes auraient pour résultat d'empêcher le couronnement pied à pied et de rendre bien difficile le couronnement de vive force, opération déjà si meurtrière pour l'assiégeant.

Les contrescarpes en maçonnerie auxquelles s'appuient les chemins couverts donnent de la sécurité aux fossés et par suite à toute l'enceinte ; de plus elles empêchent l'assiégeant de se répandre dans les fossés quand ils sont secs, et d'aborder les brèches en masses considérables ; il faut que les colonnes défilent par l'ouverture étroite des descentes dont la construction demande d'ailleurs à l'assiégeant un temps assez long.

Nous n'avons rien à dire des fossés ; leur importance est trop évidente pour avoir jamais été niée, et nous avons vu plus haut lesquels on devait préférer des fossés secs ou des fossés pleins d'eau.

Les demi-lunes ont pour but principal de couvrir de feux croisés le terrain en avant des bastions et de mettre ceux-ci dans des rentrants plus ou moins prononcés. Ce dernier effet ne se produit pas si le bastion est un peu aigu ; alors son saillant se trouve à peu près sur la même ligne que celui des demi-lunes, on pourrait donc l'attaquer en même temps, et les demi-lunes n'auraient pas produit l'effet que l'on attend d'elles, s'il ne se trouvait dans leur intérieur un réduit ; les feux de flanc de ce dernier ouvrage parfaitement intact voient à revers les brèches faites aux faces du bastion sur le sommet desquelles l'ennemi ne pourrait s'établir. Nous voyons donc l'utilité des demi-lunes et de leurs réduits ; cependant s'il n'y a pas de retranchement intérieur, l'action des réduits de demi-lune est bien diminuée ou même est annulée, car es colonnes d'assaut peuvent braver les feux de leurs flancs pour s'élancer immédiatement dans la ville qui succombe ainsi prématurément. Ceci nous montre en outre l'enchaînement qui existe entre les différents ouvrages de la fortification et comment l'absence de l'un entraîne souvent l'inutilité des autres. On sait d'ailleurs que les demi-lunes dans le front de Cormontaingne ont un inconvénient assez grave, c'est que les contre-batteries qui sont construites le long des crêtes des places d'armes saillantes peuvent faire brèche aux faces du bastion à travers leurs fossés.

Ce défaut existe aussi lorsque l'on couvre une partie d'enceinte par un ouvrage à cornes formant dehors, c'est-à-dire compris sous le même chemin couvert que celui de la place, si les branches tirent leur flanquement de l'enceinte. De plus, quand une fois ce dehors est entre les mains de l'assiégeant, il trouve d'excellentes places d'armes bien abritées dans les fossés du front et son terre-plein lui offre un terrain commode pour les cheminements, tandis que l'assiégé s'y retranche difficilement.

Les ouvrages à cornes disposés comme dehors en avant d'un bastion valent mieux que ceux placés en avant des demi-lunes; car en premier lieu ils recouvrent directement le point le plus important, et en second lieu les contre-batteries enfilant les fossés des longues branches ne peuvent faire brèche qu'aux faces des demi-lunes qui les flanquent, tandis que pour ceux placés en avant des demi-lunes et qui sont flanqués par les faces des bastions, ce serait contre ces faces que tireraient les contre-batteries, et les brèches qu'elles y feraient seraient bien plus importantes.

On n'admet pas en général de contre-garde couvrant les demi-lunes; mais ces ouvrages placés en avant des bastions peuvent rendre d'assez grands services. Cependant il faut remarquer que leur saillant se trouve à la hauteur de ceux des demi-lunes voisines : ces ouvrages seront donc attaqués ensemble, et par conséquent la présence de la contre-garde

ne fait presque pas perdre de temps à l'assiégeant; mais
il faut qu'il fasse plus de travaux, qu'il expose plus de monde;
puis l'établissement des batteries de brèche sur le terre-plein
de la contre-garde est toujours une opération difficile.

Les coupures faites, soit dans les faces des demi-lunes, soit
dans les faces des contre-gardes, et situées vis-à-vis les fossés
des réduits de places d'armes rentrantes, sont nécessaires,
comme on le sait, pour que ces derniers ouvrages puissent
rendre tous les services que l'on est en droit d'en attendre
et pour que leurs défenseurs, pris à revers, ne soient pas
obligés de les abandonner. Ces réduits, outre leur rôle actif,
font encore fonction de masses couvrantes pour abriter l'angle d'épaule du bastion concurremment avec l'extrémité de
la face de la demi-lune.

Les tenailles ne jouent pas un rôle très-actif dans la défense; aussi l'assiégeant ne se donne-t-il pas la peine de s'en
emparer; elles tombent naturellement après la prise du
bastion. Cependant le défenseur peut, au commencement du
siége, placer avec avantage quelques mortiers sur le terre-
plein de ce petit ouvrage, et les feux obliques qui partent
de ses crêtes ont sur les colonnes d'assaut dirigées contre
le bastion une action qui n'est point à négliger. De plus,
leur masse empêche l'assiégeant de faire brèche à la courtine au moyen d'une batterie établie à la gorge du réduit de
demi-lune et de tourner par suite le retranchement intérieur. L'espace compris entre la tenaille et la courtine forme
en outre une excellente place d'armes où l'assiégé peut
rassembler ses troupes pour faire des retours offensifs dans
les fossés.

Nous avons suffisamment justifié le tracé bastionné; nous
n'avons pas besoin d'y revenir ici; on remarquera seulement que, par suite de ce tracé et de la longueur de la ligne
de défense adoptée, les feux de mousqueterie d'un flanc
battent les brèches faites à la face du bastion voisin; or, si

abimé que soit ce flanc par le tir de la contre-batterie opposée, on peut toujours placer à sa partie supérieure des
hommes abrités par quelques gabions ou quelques sacs à
terre, tandis qu'il ne serait pas toujours possible d'y mettre
de l'artillerie.

Nous avons peu de choses à dire des retranchements intérieurs : leur nécessité a été suffisamment établie, et il est
facile de voir qu'il faut les appuyer à une partie de l'escarpe
en arrière de laquelle on ne puisse faire brèche. Il est en
outre important que l'espace restant dans l'intérieur de la
partie du bastion séparée, vers le saillant, soit assez vaste
pour y tenir les troupes et les réserves nécessaires au moment de l'assaut ; un retranchement qui diminuerait trop
cet espace n'aurait qu'une faible valeur, à cause des difficultés de sa défense.

Il serait important de pouvoir donner quelques notions sur
la durée présumable du siége d'une place, mais il est bien
difficile d'apprécier les circonstances si diverses qui peuvent
se présenter dans le cours de cette opération, soit pour l'assiégeant, soit pour le défenseur. Les bases d'appréciation
sur lesquelles on devrait s'appuyer sont trop variables :
non-seulement il faudrait tenir compte de la force des différents ouvrages attaqués, de leur nombre, de la fortification
en un mot, base fixe et connue à l'avance, mais encore on
devrait faire entrer dans ce calcul les quantités plus ou
moins grandes d'approvisionnements de toutes sortes, le moral des troupes assiégeantes et assiégées, la conduite plus ou
moins savante des travaux d'attaque et de défense, etc., etc.,
toutes circonstances qui échappent complétement à une détermination quelconque. Aussi a-t-on vu telle place, qui venait de faire une résistance de quelques jours seulement,
tenir des mois entiers dans d'autres circonstances. En thèse
générale, il est donc impossible de déterminer d'une ma-

nière précise la durée de la résistance d'une place. Cependant, comme, toutes circonstances égales d'ailleurs, c'est par la connaissance de cette résistance plus ou moins grande que l'on peut avoir une idée de la valeur relative de plusieurs places fortes, il importe de faire cette appréciation au moins dans certains cas particuliers bien définis ; elle est encore nécessaire pour connaître la valeur des différents ouvrages ajoutés devant un front, valeur se mesurant évidemment par la prolongation de résistance qu'ils apportent à la fortification préexistante.

Pour arriver à ce but, on a fait d'abord les suppositions suivantes : l'assiégeant fait régulièrement ses travaux en passant par tous leurs détails et n'employant que les attaques pied à pied ; il n'a à lutter ni contre les mauvais temps ni contre les maladies ; l'assiégé se contente de surveiller l'assiégeant, de l'empêcher d'avancer plus vite qu'il ne le doit, de faire de la sape volante, par exemple, quand il doit faire de la sape pleine ; mais le défenseur n'arrête les travaux ni par les mines, ni par les sorties, ni par le tir d'une artillerie supérieure bouleversant les têtes de sape, ni par les retours offensifs : aucunes erreurs ne sont commises de part ni d'autre ; tout marche régulièrement, mécaniquement pour ainsi dire. On comprend combien ce cas particulier est défavorable pour la défense, qui ne peut employer aucun de ses moyens de résistance les plus puissants.

La durée de la résistance est alors appréciable. En effet, les travaux à exécuter par l'assiégeant sont de deux sortes : ceux qui se font simultanément et ceux au contraire d'une exécution successive qui commencent au moment où l'on quitte la sape volante pour la sape pleine. Les premiers demandent pour leur exécution de sept à neuf jours dans le cas particulier qui nous occupe, c'est-à-dire quand rien ne vient contrarier l'assiégeant ; les autres exigent un temps variable suivant le genre de travail et suivant sa proximité de la place. On sait qu'une sape simple avance plus lentement sur les glacis que sur le terrain en avant, et plus lentement encore sur le terre-plein des ouvrage (on suppose que le sol est de bonne qualité et que l'on n'y rencontre ni roc, ni racines, ni eau). Une sape double avance moins vite qu'une sape simple; les descentes, les passages de fossé sont d'un avancement encore plus lent; le temps nécessaire à l'exécution de ces différents ouvrages a été déterminé par l'expérience des siéges, ainsi que celui employé pour les retours et les débouchés.

Cela posé, si on dessine à l'avance sur un plan analogue au plan directeur toutes les attaques d'une fortification en disposant les places d'armes aux distances voulues, et défilant les cheminements par les procédés indiqués, on peut sur ce dessin calculer le nombre de jours nécessaire à l'assiégeant pour arriver dans l'intérieur de la place à partir du jour de l'ouverture de la tranchée; c'est ce qui s'appelle *dresser le journal de siége* de la place ou de la fortification. On trouvera dans les traités spéciaux le temps nécessaire à l'exécution d'une longueur donnée de chaque espèce d'ouvrage.

D'après ce que nous avons dit tout à l'heure, il est évident que la durée du siége ainsi déterminée ne doit être considérée que comme un minimum, puisqu'on suppose que rien ne vient arrêter les progrès de l'assiégeant. Il est bien important de se pénétrer de cette vérité et de ne pas croire qu'un gouverneur qui a résisté le temps indiqué par le journal de siége de sa fortification a rempli son devoir : il est au contraire coupable de la plus grande négligence, si ce n'est pis, pour n'avoir pas mis en œuvre tous les moyens énergiques de défense dont nous avons parlé. Ce mode d'appréciation n'est nullement absolu, mais seulement comparatif; il ne donne pas la valeur réelle d'une place forte, mais seulement le rapport qui existe entre la force de deux places. Encore faut-il, pour que cette comparaison puisse avoir lieu, que leurs fortifications aient été construites à peu près suivant les mêmes règles et non point dans des systèmes tout différents, car alors les temps nécessaires à l'exécution des travaux pourraient n'être nullement les mêmes.

Il importe surtout que le gouverneur ne base point le calcul des approvisionnements nécessaires sur le chiffre ainsi trouvé; ils seraient évidemment beaucoup trop faibles.

En finissant ce dernier chapitre nous dirons qu'après avoir pris connaissance des règles qui guident l'attaque et la défense, il faut pour se faire une idée juste de ce qu'est un siége, des difficultés que l'assiégeant y rencontre, des travaux nombreux qu'il doit exécuter, comme aussi pour connaître parfaitement la marche de la défense, il faut, dis-je, étudier avec soin les relations des siéges les plus importants : rien ne peut remplacer cette étude que nous conseillons fortement aux officiers désireux de s'instruire complétement dans cette partie de l'art de la guerre.

FIN DE LA TROISIÈME ET DERNIÈRE PARTIE.

TABLE DES MATIÈRES.

——

DEUXIÈME PARTIE.

FORTIFICATION PERMANENTE.

TROISIÈME PARTIE.

ATTAQUE ET DÉFENSE DES PLACES.

Evreux, A. Hérissey, imp.—1157.

www.ingramcontent.com/pod-product-compliance
Lightning Source LLC
Chambersburg PA
CBHW050542270326
41926CB00012B/1876

9782012773370